ちくま学芸文庫

インド洋海域世界の歴史

人の移動と交流のクロス・ロード

家島彦一

筑摩書房

目次

写真＝注記のないものは著者による

インド洋海域世界の歴史

人の移動と交流のクロス・ロード

序　インド洋海域世界とは何か——木造帆船ダウを共有する文明

近代にはいって、世界の遠洋を行くほとんどの船はエンジンを備えた鋼鉄船に変わってしまったが、インド洋の、とくにその西海域（アラビア海、ペルシア湾、紅海を含む）では、現在もなお昔ながらの三角帆を張った木造船「ダウ」が航海と貿易活動をつづけている。ダウは、その長い歴史過程のなかで、それぞれの時代の要請を受けながら、人間社会・経済と文化の要求に適応しつつ、たえず変容を遂げてきたが、その船体構造や、インド洋特有のモンスーンを最大限に利用した航海期、航路、寄港地、積載貨物の種類、船乗りたちが使っている造船と航海用語などをみると、過去二千年以上の歴史をもった、インド洋の海上運輸と貿易の諸体系をとどめていることがわかる。

では、なぜ、インド洋において時代後れともいえるダウが、古い交易体系にもとづき、いまなお根強く生きつづけているのか。また、数千年におよぶダウの往来が、アジア・アフリカの諸地域と諸民族のあいだをどのように結びつけ、その結果として、いかなる役割を歴史展開のうえに果たしてきたのだろうか。

ダウは現在でもインド洋周縁部に生活する人びとの足として、また商売の道具として欠くことのできない船であるが、そのことの理由は、まず、ダウがモンスーンと、海表面に発生する吹送流（モンスーン・カレント）とを最大限に利用して、遠距離間を低廉な経費で人間やものの輸送を可能にしていること、陸上の運輸が困難な沙漠、山岳、河川、島嶼、沼沢地やマングローブの密林がインド洋の周縁部に多いこと、また近代船の航行には不適当な浅瀬、岩礁、干潟、クリークや珊瑚礁があって天然の良港が少ないこと、などが考えられる。

たしかに、インド洋とその周縁部の自然地理環境や生態系の諸条件がダウの活動に最適であって、そのことが近代船の進出を妨げてきた重要な理由といえるかもしれない。しかし、ダウの数千年にわたる活動とその歴史的役割を考慮するとき、ダウが現在に生きる、さらに根本的な理由が求められなければならないと思う。つまり、ダウによる人の移動やさまざまな物産、情報・文化の交流をつねに必要とする共通性をおびた広域社会が、インド洋とその周縁・島嶼部を覆っていることを示しているのではないだろうか。別の言い方をすれば、自然地理・生態系の多様性とともに、人間社会と文化の多重的・複合的な海域でありながらも、いつの時代にもダウを必要とする、ある種の構造と機能をもった共通の文化的・経済的結合の世界——著者はいま、これを「インド洋海域世界」と呼ぶ——がそこに想定されるのである。

ケニアのラム島沖を帆走中のラム・ジャハーズィー型ダウ。この型のダウは、30〜50トンの中型ダウで、モンスーンを利用してアデン湾沿岸と東アフリカ海岸とのあいだを航海している（1975年撮影）

このように著者は、ダウによる海域を舞台とした広域的な移動と交流の実態を明らかにすることによって、インド洋とその周縁・島嶼部を一つの「世界」として捉えようとしている。

ユーラシア大陸のほぼ南限に位置する広大な海域世界「インド洋海域世界」は、従来の歴史研究ではあまりに無視されてきた。われわれは、未熟な造船技術と航海術しかもたなかった近代以前にあっては、このような広大な荒海はむしろ諸民族・社会の越えがたい境界であり、文化的・経済的交流上の大きな断層であったと、現代的な常識にたって考えがちである。それによって、もっぱらユーラシア大陸を結ぶ内陸ルートの歴史とその東西交渉上の役割のみを強調してきた。

インド洋にかぎらず、地中海や東シナ海・南シナ海などにおける海域を通じての人間の交流とその歴史的役割を軽視して、陸上のみに研究上の関心を限定しがちな傾向は、一つには、海上文化の担い手を、漁民、漂海民や土地を失った下層民のものとする先入観にもとづくのかもしれない。しかし、われわれは近代以前の、とくに海を舞台とする交流や、海を通じて結びつけられた広域的地域社会を考えるとき、例えば、距離観や危険度の認識、あるいは時間の観念等々について、従来、陸上中心に考えられてきた歴史観を改める必要があるように思える。もし、われわれが広くユーラシアとアフリカ大陸を舞台として展開してきた複雑多岐な諸民族・社会・文化などの移動と交流や、それらに関連する諸々の歴史現象のなかから、共通の歴史展開の動きをとりだして、相互有機的に関連づけたり、全体を巨視的に把握しようとする視点にたった場合、このインド洋という「場」を、世界史を動かし結びつけてきた大きな原動力の舞台として、改めて認識する必要があるのではないだろうか。

では、「インド洋海域世界」というとき、その「世界」とは何をもっていうのか、つまり歴史的文明交流圏としての「世界」を構成する要素と指標は何か。

歴史的世界としてのインド洋

狭い血縁的・地縁的枠や国家枠を超えた、ある広がりをもつ歴史空間をどのような基準や指標のもとに捉えるかという問題は、歴史学における大問題であり、これまでにさまざまな議論が展開されてきた。例えば、地中海をとりまくローマ帝国の軍事的統合と政治的理念のおよぶ空間を「地中海世界」の用語のもとに、一体的に説明しようとしたり、中国の皇帝と諸国の王とのあいだに結ばれた冊封体制や漢字文化、中国仏教と儒教などの共通要素によって生成した「東アジア世界」の存在を認めようとする議論がある。また最近では、関連体、地域圏、生活圏、システムといった用語を使って、「国家」と「国際」との中間に位置する、各時代のそれぞれの歴史空間において形成・消滅していった人間活動の「場」を捉えようとする試みがなされている。

しかし、以上のような「世界」に代表される広域論は、もっぱら政治的統治や軍事力といった国家観念、法的理念、あるいは文化的影響関係のみが問題にされているように思える。

著者は、ある広がりをもつ歴史展開の場を「世界」として想定する場合、(1)構造、(2)空間、(3)時間（歴史）、の三つの基本要素を設定するべきであると考えている。第一章で述べるように、「空間」の骨組みをなす「構造」は「ネットワーク」という言葉で置き換えることができる。そして広域的な地域間を結ぶ複数の交通ネットワークが組み合わさることによって、より広い面を統合する関連体＝「空間」が形成される。「世界」や「場」を捉える基準は、その「空間」が比較的長い時間軸のなかでさまざまに示すところの機能について、他の「空間」との比較と関係において究明されるべきものであろう。

以上は、「世界」の意味を説明するための単なるメソドロジカルな枠組みに過ぎないが、本書の目的はインド洋とその周縁部（空間）を成り立たせている構造（ネットワーク）について、またその構造が歴史的にどのような展開過程（時間）をたどったのか、その過程のなかで示したところのさまざまな現れ方（機能）を明らかにすることで、「インド洋海域世界」とは何かを、さらに世界史全体のなかでのインド洋海域の位置づけを考えてみることにある。

そこでここではまず、「インド洋海域世界」を理解するために、インド洋の自然地理環境と生態系条件の特徴、中心文明としてのイスラーム文明の影響、十、十一世紀を境とする人間の移動・拡散とインド洋世界の変容過程などの基本問題を、現代に残るダウの交易活動と関連させながら説明してみたい。

自然地理環境と生態系条件の特質

地理学上のインド洋は、インド亜大陸が大きく南に突き出ていることによって、東側のインド洋（ベンガル湾を中心とする）と西側のインド洋（ペルシア湾、紅海、アラビア海を含む）に分かれる。その東側を区分するマレー半島、スマトラ島、スンダ列島から、西側を区分するアフリカ大陸まで六〇〇〇〜九〇〇〇キロの隔たりがあり、南側は南極大陸までの限りなく広大な海洋がつづく。マダガスカルとスリランカの大島、ソコトラ、コモル（コモロ）、セーシエル、モーリシャス、マルディヴ、ラッカディヴ（ラクシャディーパ）、ニコバール、アンダマーンなどの島嶼群をのぞいて、全般的に島は少ない。一方、歴史的世界としてのインド洋は、以上の海域に加えて太平洋の付属海としての南シナ海、ジャワ海、スルー海、セレベス海とバンダ海などの東南アジア島嶼部と南中国にまたがる海域が含まれる（詳しくは第一章参照）。

インド洋の自然地理、生態環境と人間社会を特徴づける最大の条件は、規則的に交代するモンスーンの存在である。とくに、南西モンスーンの出現率六〇パーセント以上の地域

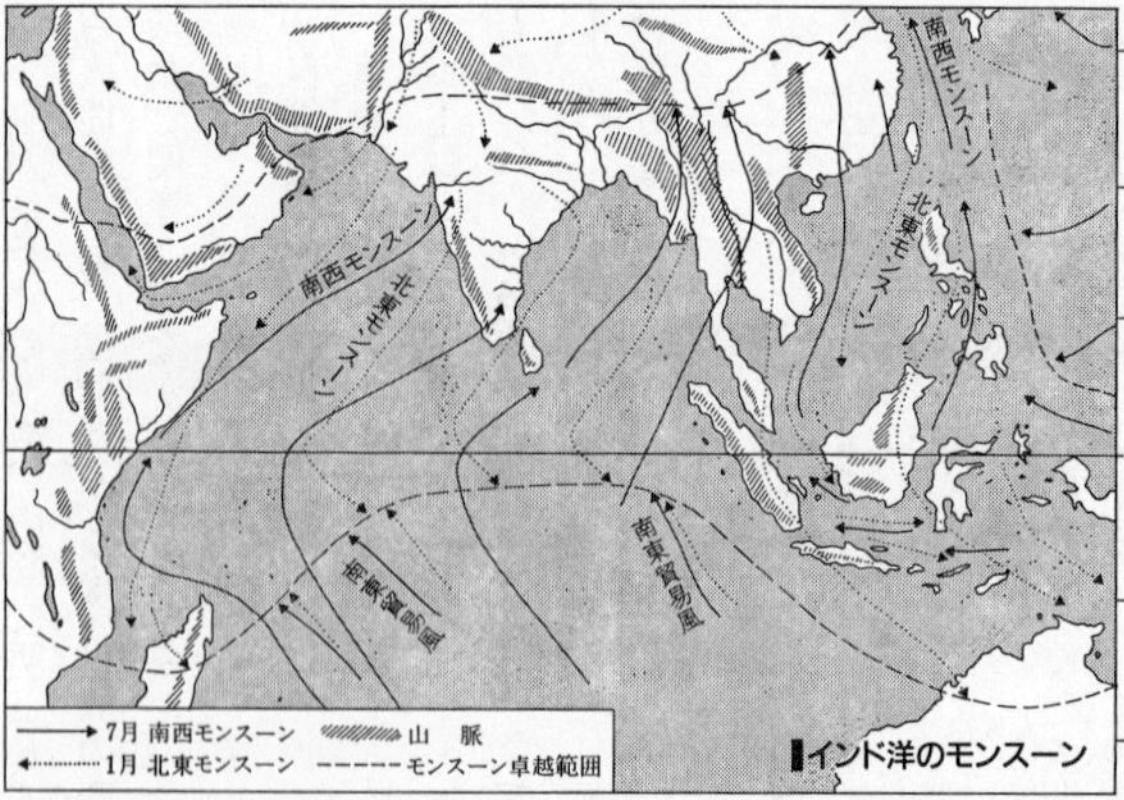

インド洋のモンスーン

は、東はインドシナ半島、東南アジア島嶼部、インド亜大陸、スリランカから、西は南アラビア、東アフリカ海岸とマダガスカル島の北東部まで広くまたがり、この海域内では気象条件から動植物の分布、人間の生業形態や習俗にいたるまで、共通の規則性と相互関連性が認められる。

また、アラビア半島からペルシア湾岸、インダス川流域、インド亜大陸と中国にかけての、インド洋の北側とその内陸部の中緯度地域には、沙漠、山岳、オアシスと、限られた大河川、人口を多く集めた都市、等々があって、流通経済と高度文明が古くから発達していた。一方、インド洋の南側に位置する東アフリカ海岸、インド南西部、スリランカ、東南アジアとその島嶼部には、多雨の熱帯湿潤地帯と森林地帯が広く分布する。これらの地域は、おもに自然経済を

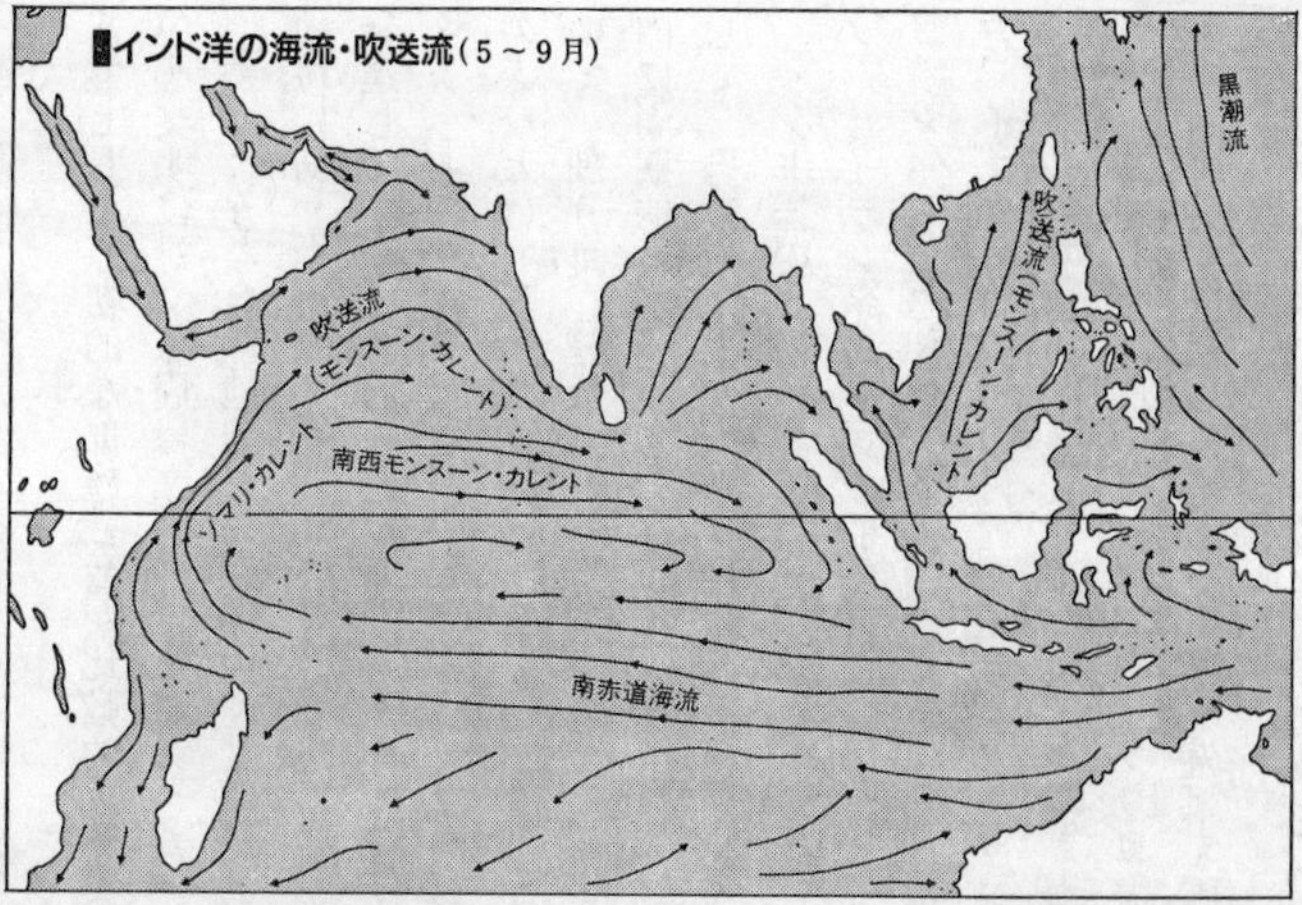

■インド洋の海流・吹送流（5～9月）

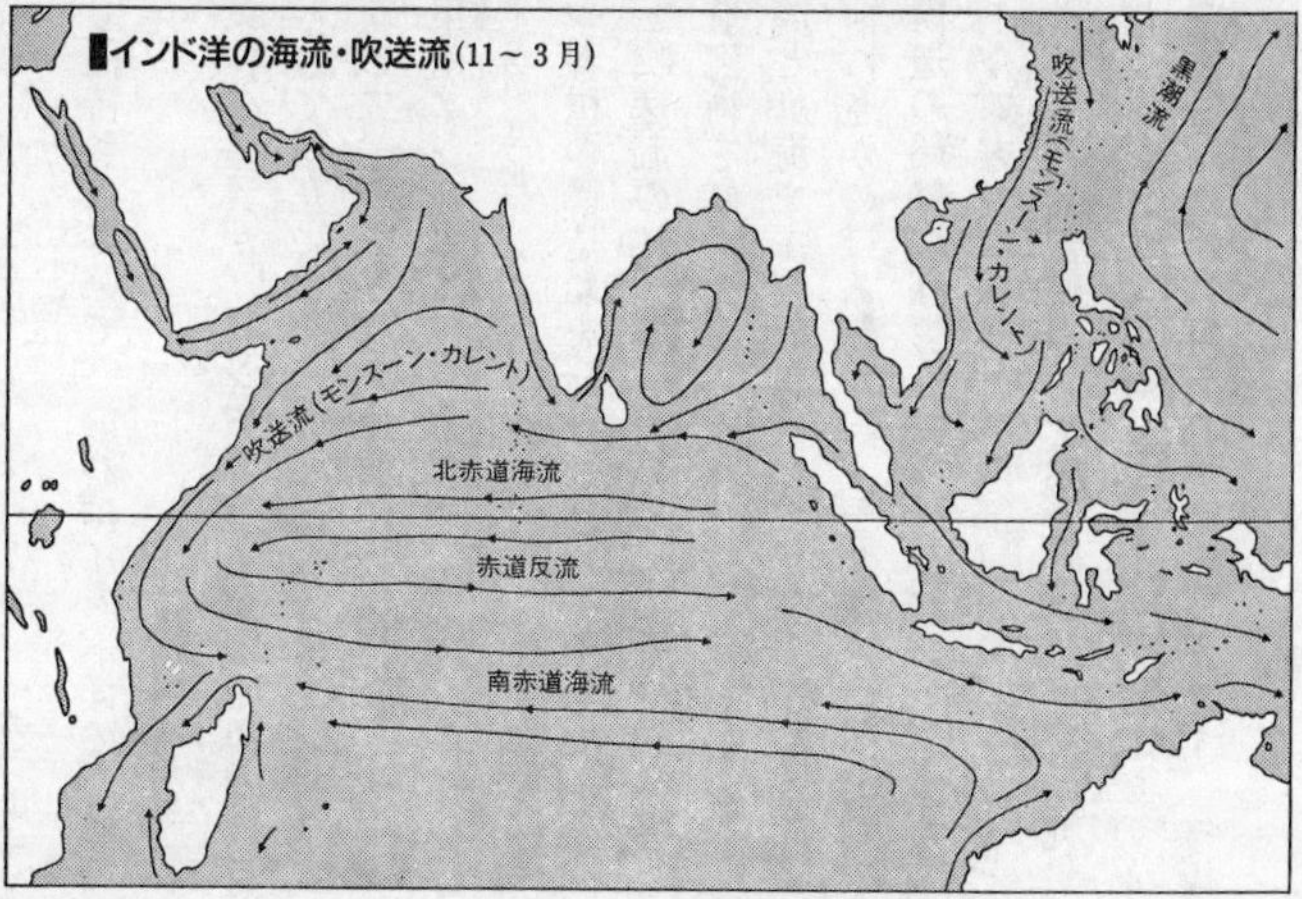

■インド洋の海流・吹送流（11～3月）

基盤とした原初的な部族社会が比較的近年まで保持されていて、いわばインド洋の北側の中心文明に対する周縁文明の位置にあった。

このような自然地理と生態環境や文明史的条件の差異が、インド洋とそれをとりまく諸地域にあったがために、船を主要な交通手段として相互に結びついた海域世界が歴史的に発達してきたのである。ペルシア湾岸、南アラビア、インド亜大陸西岸のグジャラートやマラバールなどの諸地方の人びと、あるいは東南アジアのオーストロネシア・マレー語系の人びとは、熱帯地域に産するココヤシ、チーク、ラワン、マンゴーや竹などの木材を用いて、刳《く》り舟《ぶね》、縫合型船、アウトリガー型船や各種の構造船を発達させた。そして一年の内に周期的かつ一定の方向に吹くモンスーンと吹送流のリズム、さらに星の知識にも習熟して、迅速で確実に大陸・島嶼間を横断する航海術を知った。

インド洋の西海域、アラビア海、ペルシア湾と紅海を主要舞台として活動していたアラブ系とイラン系の漁民や船乗りたちは、紀元前にさかのぼる昔から、三角帆をつけた縫合型船を使用してきた（第十四章参照）。縫合型構造の船は現在でもオマーンのズファール地方、インダス川の河口付近やインド・マラバール地方の内水湖と海岸部、スリランカなどにおいて使用されている。また東アフリカ海岸の大型縫合船はムテペと呼ばれて、一九二〇年代まで南アラビア、紅海と東アフリカ海岸とを結ぶ大型の輸送船として活動していた。この船の構造は船を建造するとき、外板を固定するための鉄釘をいっさい使用せず、外板に枘穴《ほぞあな》をあけて、その穴にココヤシ繊維からつくった細紐（キンバール）をとおして縫い合わせたのち、縫い穴と外板との隙間を樹脂、魚油（サメの肝油と鯨油）と焼成・粉砕した石灰石を練り合わせて、まいはだ＝充塡した船である。こうした構造の船については中世のイスラーム文献史料、西ヨーロッパの旅行家たちの記録や中国の文献史料にも、インド洋西海域で使用する特殊な船として興味をもって記録されている。

十三世紀後半にペルシア湾のホルムズ（旧ホルムズ）港を訪れたマルコ・ポーロは、鉄釘を使わず、縒《よ》り糸で外板を縫い合わせただけの脆弱《ぜいじゃく》な構造の船が碇泊している光景を見た。この船は、マスト、帆と舵がそれぞれ一つで、甲板もなく、荷物を積むと獣皮をかぶせ、そのうえにインドへ輸出する馬を積みこむので、インド洋の嵐にあってたびたび難破したという。ヴェネツィア生まれのマルコ・ポーロが知っていた当時の地中海の船は、おそらく竜骨と肋骨材で組み合わせたフレーム・タイプの装釘船であったと考えられるので、それとはまったく異なる構造のインド洋の船を見て、ひどく驚いたにちがいない。

次ページの表は、主にイブン・マージド、スライマーン・アル＝マフリーなどの中世イスラーム文献史料を使って作成したインド洋におけるダウの航海スケジュールであって、ダウの活動は南西モンスーンが弱まる八月下旬――八月二十日が一年の航海期の開始と考えられた――に開始されて、翌年の五月末に終わり、その間、三回の航海期に分かれた。なお、現在活動しているダウの航海期もこれとほぼ一致する。この表から明らかなように、ダウ

インド洋のモンスーン航海表

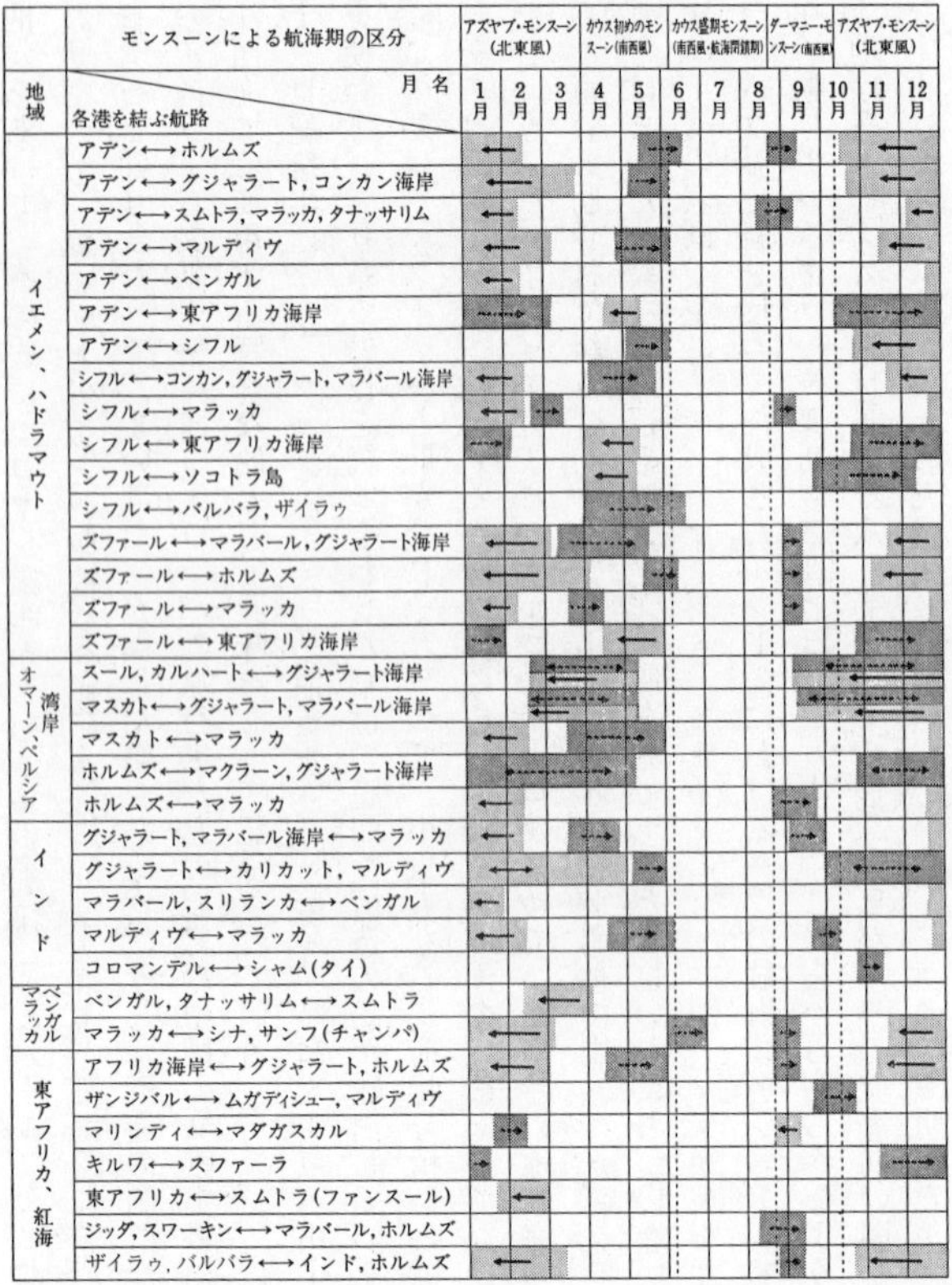
モンスーンによる航海期の区分
アズヤブ・モンスーン(北東風)
カウス初めのモンスーン(南西風)
カウス盛期モンスーン(南西風・航海閉鎖期)
ダーマニー・モンスーン(南西風)
アズヤブ・モンスーン(北東風)
月名
1月
2月
3月
4月
5月
6月
7月
8月
9月
10月
11月
12月
地域
各港を結ぶ航路
イエメン、ハドラマウト
アデン←→ホルムズ
アデン←→グジャラート，コンカン海岸
アデン←→スムトラ，マラッカ，タナッサリム
アデン←→マルディヴ
アデン←→ベンガル
アデン←→東アフリカ海岸
アデン←→シフル
シフル←→コンカン，グジャラート，マラバール海岸
シフル←→マラッカ
シフル←→東アフリカ海岸
シフル←→ソコトラ島
シフル←→バルバラ，ザイラゥ
ズファール←→マラバール，グジャラート海岸
ズファール←→ホルムズ
ズファール←→マラッカ
ズファール←→東アフリカ海岸
オマーン、ペルシア湾岸
スール，カルハート←→グジャラート海岸
マスカト←→グジャラート，マラバール海岸
マスカト←→マラッカ
ホルムズ←→マクラーン，グジャラート海岸
ホルムズ←→マラッカ
インド
グジャラート，マラバール海岸←→マラッカ
グジャラート←→カリカット，マルディヴ
マラバール，スリランカ←→ベンガル
マルディヴ←→マラッカ
コロマンデル←→シャム(タイ)
ベンガル、マラッカ
ベンガル，タナッサリム←→スムトラ
マラッカ←→シナ，サンフ(チャンパ)
東アフリカ、紅海
アフリカ海岸←→グジャラート，ホルムズ
ザンジバル←→ムガディシュー，マルディヴ
マリンディ←→マダガスカル
キルワ←→スファーラ
東アフリカ←→スムトラ(ファンスール)
ジッダ，スワーキン←→マラバール，ホルムズ
ザイラゥ，バルバラ←→インド，ホルムズ

冬季の北東モンスーンと夏季の南西モンスーンは海表面にぶつかると、摩擦流＝吹送流（モンスーン・カレント）が発生する。吹送流は、海流とはちがってモンスーンの風向に合わせて流れを変え、夏季には時計針と同じ右回りに、冬季には逆の方向に大きな流れをつくる。

(1) 北東モンスーン航海期（アズヤブまたはサバーの航海期）＝インド洋周縁部の各地域によって、モンスーンの卓越する時期と期間は多少のちがいがあるが、十月中旬から三月末までの長い航海期。

この期間のモンスーンは、ユーラシア大陸内陸部に発達した高圧部から赤道付近の低圧部に向かって流れ出す寒冷な気流で、北から南、北東から南西に吹くが、インド洋の北側を縁どるように高山帯（ヒマラヤ山系、西ガーツとザグロスの山脈など）が東西、あるいは北西から南東に連なっているために、インド洋海域への吹き込みは少ない。したがって冬季には、比較的ゆるやかな北東風が吹き、海は安定し、晴天の日がつづく。この期間の航海は安全で、三角帆を利用することによって、東から西、北から南、またはその逆方向の移動も可能となる（とくに九月後半から十月中旬は〝二つ帆〔両帆〕の風の季節〟と呼ばれて、東西間と南北間の全方向の航海が可能）。北東モンスーン航海期は、日本、朝鮮、中国から東南アジアへ、東南アジア、インドから南アラビア、ペルシア湾岸へ、また、ペルシア湾岸から南アラビア、イエメン、東アフリカ海岸への横断航海の最適な時期である。十二月後半から二月末までは、北風による安定した航海期となる。なお、十二月初旬から中旬にかけて、オマーン、インド南西海岸や東南アジアの一部では、不連続線の通過にともなって雷と豪雨がおこることがある。

(2) 南西モンスーン前期の航海期（カウス期）＝四月上旬から五月末まで。

(3) 南西モンスーン後期の航海期（ダーマニー期）＝八月下旬から十月上旬までの短い航海期。

(2)と(3)は、(1)と逆の方向の航海期であって、東アフリカ海岸から南アラビア、ペルシア湾岸とインド西岸へ、また南アラビアからインド西岸と東南アジアへ、東南アジアから中国方面などへ向かう。六月中旬から八月中旬までの約三カ月（百日）は南西モンスーンが強く卓越して、ところによっては激しい雷、嵐と豪雨の日がつづくので、海（港）の閉鎖期（ガラク・アル＝バフル）と呼ばれて遠洋の航海活動は行われず、南側または西側に面した港はすべて閉鎖される。この時期のダウは、浜にあげられて補修、塗装や改造が行われる。ペルシア湾のオマーンからカタル、バーレン（ウワール）島の海域では、この時期が真珠採集の盛期にあたる。また、夏季は、沿岸漁業によるイワシやサメの漁期でもある。スリランカの西海岸やインド南西部の漁民たちは、この時期に南西風の影響の少ない東側の海域に移動することで漁をつづける。

ダウが積載する重要な商品の一つであるナツメヤシの果実（タムル）はイラクのバスラ

付近、東アラビアのハサー・バフライン地方やオマーンが名産地として知られた。タムルは、六〜八月の盛夏から秋に結実するので、ペルシア湾岸の漁民や船乗りたちは、その期間にナツメヤシ樹の下葉刈りやタムル採集のための季節労働に参加する。

このようにモンスーンは、インド洋周縁部に住む人びとの一年の生活リズムを大きく決定していたことがわかるが、さらに重要な点は、モンスーンによるダウの活動が海だけにかぎらず、陸上の交通・運輸と貿易体系にも強い影響力を及ぼしていることである。次ページの表は、インド洋と地中海の航海スケジュールと、西アジア地域を中心とした内陸キャラバンの移動時期との相互関連を示したものである。この表によって、近代以前、西アジア地域を中心とした内陸部の交通・運輸と都市の市場活動は、つねにインド洋のダウ航海期に合致させながら行われていたことがわかる。毎年、規則的で限られた期間、一定の方向に吹くモンスーンに乗ってインド洋を横断してきたダウが港に到着すると、そこで積み荷がおろされ、人びとが集まって港がにぎわい、物品や情報・文化が交換された。その後、内陸へ向けてのキャラバン隊が組織され、その移動にともなって内陸都市の経済的・文化的活動が開始された。また、船の出港日に合わせて、地中海沿岸の諸地方や西アジアの各地からキャラバン隊がペルシア湾岸やインド洋沿岸の港に集結したのである。こうしたインド洋のモンスーン航海期に合わせて移動する大キャラバン隊は、「季節（モンスーン）のキャラバン（カーフィラ・アル＝マウスィム）」と呼ばれた。

陸上キャラバンと海上航海期との連係

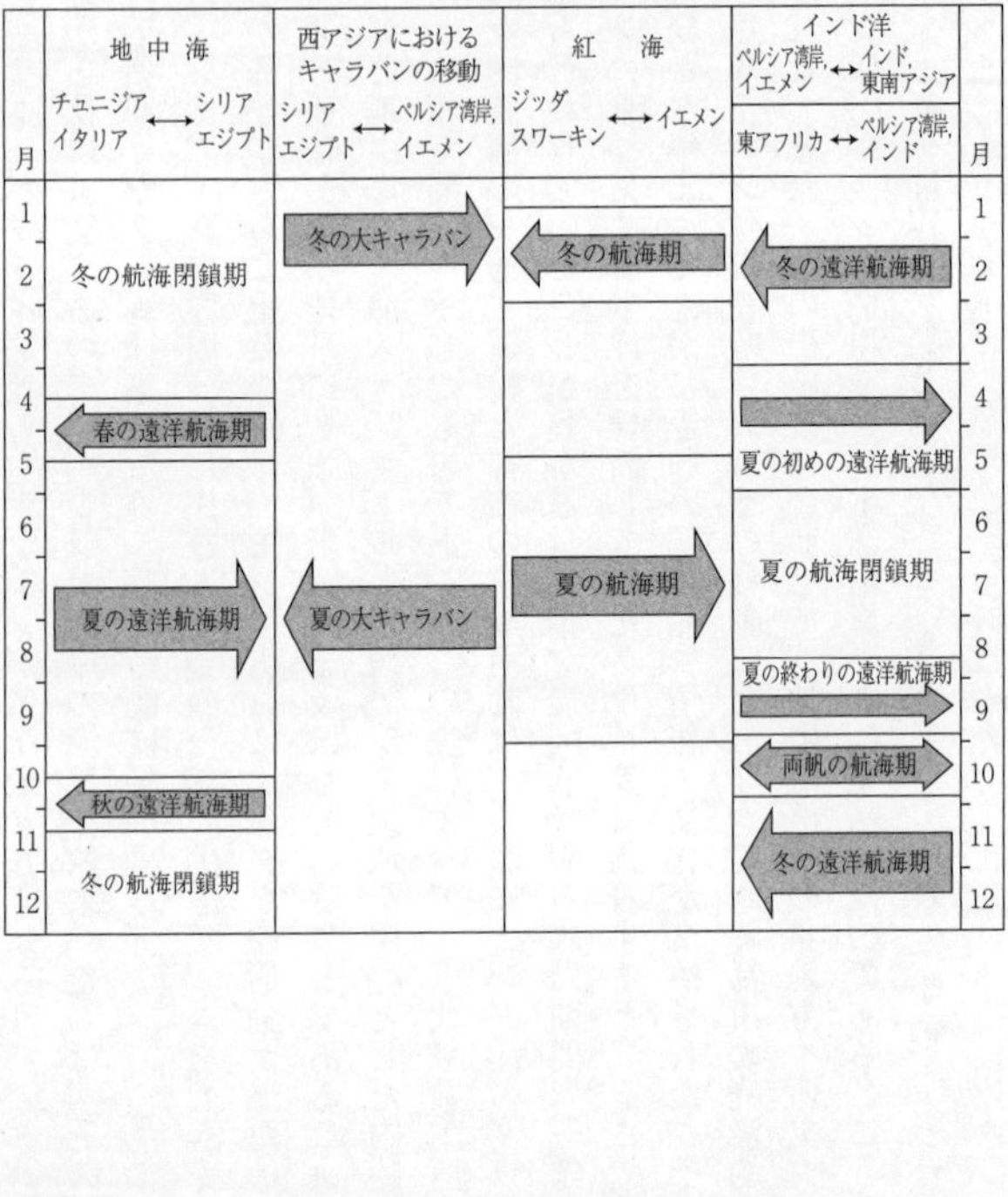

月
地中海
チュニジア イタリア ⟷ シリア エジプト
西アジアにおけるキャラバンの移動
シリア エジプト ⟷ ペルシア湾岸, イエメン
紅海
ジッダ スワーキン ⟷ イエメン
インド洋
ペルシア湾岸, イエメン ⟷ インド, 東南アジア
東アフリカ ⟷ ペルシア湾岸, インド
月
1
2
3
4
5
6
7
8
9
10
11
12
冬の航海閉鎖期
春の遠洋航海期
夏の遠洋航海期
秋の遠洋航海期
冬の航海閉鎖期
冬の大キャラバン
夏の大キャラバン
冬の航海期
夏の航海期
冬の遠洋航海期
夏の初めの遠洋航海期
夏の航海閉鎖期
夏の終わりの遠洋航海期
両帆の航海期
冬の遠洋航海期

このようにみてくると、港（港市）はまさに海上と陸上との交通・運輸、流通経済と文化・情報上の接点として機能し、海上と陸上の両文化は港市を基軸として連動する共通の世界であるということができる。

現在においては、陸上運輸はトラックに変わり、道路も整備されたので、過去のこうした陸と海との有機的な関連は捉えにくい。しかし、現在のダウが運んでいる主要な商品であるタムル、乳香、没薬《もつやく》、塩、乾燥魚やマングローブ材などの採集・集荷と取引のシーズンは、ダウの航海期と相互に有機的な関係が認められる。

イスラーム文明の影響とインド洋世界の成立

ペルシア湾岸、南アラビアのハドラマウトやイエメン地方出身の商人および航海者たちの活躍によって、ペルシア湾岸地方と、インダス川流域、東アフリカ海岸とのあいだに、また、イエメンと、インド南西海岸のマラバール地方、グジャラート地方、スリランカとのあいだには、紀元前にさかのぼる時代から頻繁な文化的・経済的交流があったことが、最近の港市遺跡の考古学的発掘調査によって、しだいに明らかにされつつある。

サーサーン朝ペルシア帝国は、東地中海の沿岸部、エジプトとシリアを領有したビザンツ（ビザンチン）帝国に対抗して、紀元後四、五世紀のころから、徐々にアラビア海とインド洋の海上経営に力を注ぎ、フスロー一世（在位西暦五三一〜五七九年）の時代には、南はイエメン、東アフリカ海岸、東はインド亜大陸西岸とスリランカにおよぶインド洋の西海域とその周縁部を軍事的・経済的支配下に収めた。ネストリウス派キリスト教やゾロアスター教の僧侶、商人、船乗りたちは、サーサーン朝ペルシア帝国の軍事的支援を得て、インド洋西海域とその周縁部に広く拡大することができた。七世紀半ばには、ネストリウス派キリスト教徒たちの遠東の活動拠点は、マレー半島の南西海岸のカラ（カラフ、カラバール）に建設された。

一方、サーサーン朝勢力のインド洋西海域への軍事的・経済的進出の影響を受けて、インドの仏教文化とヒンドゥー文化は、マルディヴ諸島とスリランカを西限として、インド洋の東海域方面への道を見いだし、東南アジア地域にいわゆる「インド化」をもたらした。七世紀半ばに、アラブ・ムスリム軍の進出によって、サーサーン朝ペルシア帝国が崩壊すると、それが大きな人間の移動と離散（ディアスポラ）の原因となって、イラン系の人びとは、一方は内陸アジアをとおって中国に、他方はペルシア湾からインド洋の周縁部に向かって移動した。そして、内陸アジア・ルートとインド洋の海上ルート沿いにイラン系ネットワークが拡大した。

イスラーム世界の成立する前後のころ、すなわち七世紀後半から八世紀半ばになると、イラン系商人たちの活動圏はマラッカ海峡付近の拠点カラ（カラバール）からさらに東に拡大し、南シナ海を北上、中国の広州（広東）、福州や揚州などに達した。

アッバース朝時代、イスラーム世界の政治・経済と文化活動の中心がバグダードに置かれるにおよんで、ペルシア湾をとおって、広大なインド洋の周縁や島嶼部と結ばれた海上運輸と貿易活動が急速に盛んになり、ムスリムたちのほか、キリスト教、ユダヤ教、ゾロアスター教などの種々の宗教・教派の集団が、東アフリカ、南インド、東南アジア方面に進出し、八世紀半ばから後半には中国に達する定期海上ルートを完成させた。

イスラーム教・文化のもつ結合力は、ある場合はダール・アル＝イスラーム（「イスラームの家」の意味で、イスラーム法の支配する地域）とダール・アル＝ハルブ（「戦いの家」を意味し、異教徒の法の支配する非イスラーム地域）との空間的枠組みと、ウンマ（ムスリム共同体）、イスラーム法の理念、文化・精神面での連帯感などによっても生まれた。しかし現実にはむしろ、イスラーム化にともなうさまざまな広域的文化・情報ネットワーク――教団、法学派、ウラマー（イスラームの学者、教育・宗教指導者層）の文化的活動やズィンミー（イスラーム世界に滞在または居住を許されたキリスト教徒やユダヤ教徒などの非ムスリムたち）の相互連帯、メッカ巡礼のもつ広域的流動性、商品文化の普及と技術・情報交流など――の相乗作用によって引きおこされた。

つまり、アッバース朝時代のイスラーム世界は、西アジアの諸都市を「中心」として、西は大西洋岸のイベリア半島、モロッコ、地中海沿岸から、東は中央アジア、イラン、スィンド（インダス川の下流域）、グジャラートなどの諸地方を「周縁」とする巨大な文化・

情報ネットワークの形成によって、みずからの結合力を生んだのである。そのネットワークの「中心」と「周縁」とを結ぶ強い吸引力の影響を受けて、インド洋周縁部が大きく変容を遂げていったことは言うまでもない。このようにイスラーム化の波が空間的に拡大し、また地域社会へ浸透していく過程で、インド洋とその周縁部はイスラーム世界全体を覆うネットワークの重要な一部として機能し、しだいにインド洋西海域だけでなく、その東海域をも含めて独自のあり方を規定する個性体（＝世界）を形成していった。

八世紀半ばから十世紀半ばまでの約二百年間は、バグダードがイスラーム世界の文化的連帯のシンボルとして、また富の源泉としてその周縁地域に強く意識されていく過程であった。この時期のインド洋海域世界は、アッバース朝の経済的・文化的繁栄を支える重要な交流軸としてバグダードと直結しており、熱帯・亜熱帯の諸地域で産出する奇異な特産品から日用の必需品にいたるまで、多種多品目の商品（香辛料、薬物類、金、鉛、錫、宝石類、木材、米、豆類、熱帯産果実、動物皮革、象牙、家畜、繊維原料、染料類、奴隷、海産物など）を多量に提供し、その代価として、西アジアと地中海沿岸部の諸都市で生産・取引された衣料品、敷物類、金属製品、陶器、ガラス容器、装身具、金銀貨幣、武器類、そして他の地域からの多様な中継品などを獲得した。これらの商品は遠い過去から現在にいたるまで、ダウの基本的な積載品目であって、ダウの活動が西アジアと地中海沿岸の諸地域をも含めたインド洋海域の南北の自然地理環境と生態系の諸条件の差異にもとづく生産物の価格差と交換原則から生まれたものであることを示している。

では、この時代のインド洋の海上運輸と貿易活動に使用されたダウとは、どのような船であったのか。また、海上交易の担い手たちは誰であったのか。ウマイア朝末期からアッバース朝初期に、東アフリカからインド、東南アジアと中国にまたがる広範な航海・運輸と貿易活動を行った担い手たちとして、とくにペルシア湾の港市バスラ、スィーラーフとオマーンのスハールなどを拠点としたアラブ系、イラン系の人たちが知られていた（第二章参照）。

九世紀半ばから十世紀初めに著された匿名の商人（一説ではスライマーン）とスィーラーフの人アブー・ザイド・アル＝ハサンによる『中国とインドの諸情報』、ブズルク・ブン・シャフリヤールの『インドの驚異譚』に残された記録や、アラブの文法家で文学者のハリーリーの『マカーマート説話集』に描かれた十三世紀初めの写本の挿絵などによると、ダウは帆を装備した縫合型船であって、インドの西ガーツ山脈の山中から伐採されたチーク材と、マルディヴ諸島のココヤシ材を使って造られ、最大級の船は艇身五〇ズィラーウ（二九〜三五メートル）に達し、乗客は二百人、その他五〇〇マン（約三トン）の積み荷を運んだという。

その船型は船首と船尾が鋭く突き出たダブル・エンダー型であり、現在のアラビア海とペルシア湾で多く活動しているダウのタイプ「ブーム」と類似している。マストは大檣

（メーンマスト）と小檣の二本のほか、船首部にジブ・セイルを備えていた。当時の船種名のなかで、現在のダウと共通する名称として、サンブーク、カーリブ、ドゥーニィジュ、ズーラク、ブルマート（おそらく現在のブームと一致する）、シューアイ、イブリー、ザイーマなどがあった。これらの船種名は、同じ名称を用いながらも地域、用途や時代によって船型が異なっていることが多い。

サンブークは、一般には、波止場、海浜と沖に碇泊の本船とのあいだを往復する艀《はしけ》やローカルな輸送に使用する小舟であるが、十世紀のブズルク・ブン・シャフリヤールの記録『インドの驚異譚』によれば、スマトラ島のサルブザ（シュリーヴィジャヤ）と中国とを結ぶ南シナ海航行の船の名称としてサンブークが使われた。またカーリブは、地中海では大型船を意味したが、インド洋やペルシア湾では本船に係留された小舟や、ティグリスの川舟であった。帆型はアラブ型三角帆、インド系の船や一部の東アフリカ海岸の船は四角帆を使用した。

帆布はナツメヤシやココヤシの樹葉と靭皮《じんぴ》繊維をむしろ状に編んだものや、織布（亜麻布と木綿布）が用いられた。マルコ・ポーロや一部のポルトガル人たちの記録によると、ダウには甲板が装備されていなかったという。しかしブズルク・ブン・シャフリヤールの記録と『マカーマート説話集』の挿絵を見ると（左ページ）、ダウには明らかに甲板、商人用の船室と船艙があったことがわかる。櫂《かい》は警備船や軍船を除いて用いず、また舵は

ハリーリー『マカーマート説話集』の13世紀写本に描かれた縫合型ダウ。おそらくペルシア湾とアラビア海を航行中のアラブ・イラン船であろう。絵はかなり抽象化されて描かれているが、縫合船体、ダブル・エンダー型の船型、船艙、錨、帆柱などを知る貴重な資料である

『マカーマート説話集』の挿絵に長方形の正舵一枚が描かれている。錨は爪型の鉄製錨や穴のあいた四角錐の大理石を、さらに船のバランスを保つために二~六個の錨を舷側から太綱でたらした。乳香、沈香《じんこう》、木材、石材、米、宝貝、陶器などのかさばって重量ものの商品がバラスト商品（底荷）として積みこまれた。インド洋航行の大型ダウは、カーリブ、ドゥーニィジュ、ミトヤール、またはズーラクと呼ばれる救命用の補助ボートを曳き（あるいはダウの甲板に積んだ）、三艘以上が一つの船団（サンジャル、スィルスィラ）を編成して航行した。

インド洋世界の変容過程

十、十一世紀は、イスラーム世界全体が大きく構造的に変容を遂げた注目すべき時代といえる。

イスラーム世界の政治・文化と経済活動の中心がアッバース朝スンナ派政権のバグダードから、ファーティマ朝シーア・イスマーイール派政権のエジプト地方（フスタートとカイロ）に移動したこと、十字軍以後の地中海における、ムスリム、ユダヤ教徒、コプト教会派キリスト教徒、ギリシア系船乗りや商人たちによる海上活動の後退と、それにかわるイタリア系都市商人の進出、クルド系（アイユーブ朝）、トルコ系や北カフカース系軍人政権の台頭（マムルーク朝）、アラブ遊牧民の移動、国家行政と社会・経済体制の根本を変えた軍事イクター制（俸給の代わりに授与された土地の管理と徴税権をもとに軍人が支配する制度）の普及、マグリブ、アンダルス地方を中心とするベルベル系ムスリム国家の独立等々、イスラーム世界の諸国家と社会・経済がはげしく変容を繰り返すなかで、その世界は大きく外縁部へ拡大し、また地域間の交流関係にも遠隔地性を増した。

その外縁的拡大の衝撃を受けとめた一つの重要な「場」がまさにインド洋海域世界であって、ここにインド洋海域世界もまた新たな変容を遂げることとなった。

十〜十二世紀には、中国の宋王朝、インドシナ半島のアンコール王朝とパガン朝、シュリーヴィジャヤ王国、南インド・チョーラ朝やエジプト・ファーティマ朝などのあいつぐ新国家の成立と隆盛がみられた。そして十三世紀になって、東アフリカ・スワヒリ文化圏、インド西海岸のボフラー（シーア派ムスリム商人）とマーピッラ（マラバール地方の土着ムスリムたち）の社会や東南アジア・マレー海域圏の形成などの、インド洋周縁部の各地でおこった新しい地域社会と文化・経済圏の成立は、中国、インドと西アジアのそれぞれの地域の外縁的拡大を受けとめたインド洋海域世界が、相互に交流関係を深めることで、構造的変貌をひきおこしたことに原因している。

この時期のインド洋海域世界は、中国ジャンクの南海進出と、海上交通の活発化によって大きな変化をこうむった。アッバース朝経済の停滞、南イラク地方のザンジュとカルマト派の叛乱とあいまって、唐末期における中国南部の諸港市、とくに広州の荒廃がおもな原因となって、ペルシア湾の諸港市を拠点としていたムスリム、ユダヤ教徒、ゾロアスター教徒やインドのタミール系などの商人たちは中国との海上運輸と貿易を手控えるようになった。そのために、十世紀半ばには、アラブ系、イラン系のダウが中国の港まで直接航海することはなくなり、彼らの航海上また中継貿易上の拠点はマレー半島西岸のカラ（マレーシア・ケダ州のペンカラン・ブジャンとムダ川下流付近に比定される）、さらには南インドのマラバール地方のクーラム（クーラム・マライ）、カリカット（カーリクート）などの諸都市へと後退していった。一方、中国の大型ジャンクは十世紀半ばには、すでにカラ、サルブザ（シュリーヴィジャヤの訛）に、そして南宋から元初にかけて、スマトラ島の最北端に近いスムトラ・パサイ（須文答剌、蘇門答剌）やラムリー（藍里、藍無里）を経由して南インドのマラバール地方のクーラム、カリカット、ジュルファッタンやヒーリー（エリー）などの諸港市を頻繁に訪問するようになった。したがって、西アジアの国家使節団や商人たちは、クーラムとカリカットで中国ジャンクに便乗して、東南アジアや中国の諸港市を訪れた。こうして、とくにインドのマラバール地方が東西インド洋世界を統合する交流上の一大中心地として繁栄した。

このころのイスラーム側史料には、ジャンク（戎克）、ダウ（艅または船）、ブーム（舶）、フーリーまたはフラウ（艀、プラウ）などの新しい船舶名称が登場するので、マラバール地方への中国のジャンクの来航がアラブ系、イラン系ダウの造船技術と航海術（とくに羅針盤による計測航海）にも影響を及ぼしたと考えられる。興味深い点は、十六世紀以降、ポルトガル人がやはりこのマラバール地方に船の修理と造船基地を置いて、インド洋経営に乗りだしたことである。現在、ペルシア湾、アラビア海とインド洋で活躍する大型ダウの多くは、クチェ（カッチ）・グジャラート地方からマラバール海岸にいたるカラチ（カラーチー）、マーンドゥヴィー、ベイプール（ヴェープル）などの造船所で建造されている。また、インド系ムスリムの船大工が、南アラビア、ペルシア湾岸と紅海の沿岸や東アフリカ海岸のダウ造船所で活躍している。これらの事実は、いまのダウが過去においてインド、アラブ、イラン、中国とポルトガルなどの造船技術の影響をつぎつぎに受けながら、洗練され、完成していった船であるといわれるゆえんである。

ポルトガル艦隊のインド洋進出、オランダとイギリスによる本格的なアジア貿易の展開と植民地政策の拡大するなかで、インド洋海域世界がどのように変容していったか、またダウやジャンクによる海上運輸と貿易活動が、インド洋の海域内交流のうえでいかなる役割を果たしたかの追究は、今後に残された大きな研究課題である。ヨーロッパ列強諸国が軍事的・経済的覇権を競うなかで、インド洋海域世界はむしろ結合性と連帯性を強めながら、アジア・アフリカ諸国を結ぶ紐帯としての重要な役割を果たしつづけた、と著者は考えている。ペルシア湾岸の人びとによる東アフリカ・スワヒリ社会との交流関係、南アラビアのハドラマウト地方の人びとによる南インドや東南アジア諸地域への植民活動（第十三章参照)、イギリスのインド統合時代のインド・ムスリムとヒンドゥー教徒たちによるインド洋西海域への経済進出と移住の拡大などは、インド洋海域世界をめぐる、より幅広い交流と融合の諸関係が進展していったことを物語っている。

「インド洋問題」とダウ貿易

一九七〇年代以降、インド洋海域世界が国際紛争と緊張の新しい舞台として、にわかに世界の注目を集めつつある。ペルシア湾内の島嶼領有問題、イラン・イラク戦争、ホルムズ海峡の安全航行の問題、オマーンのズファール地方の戦乱、紅海の出入り口のバーバル・マンデブ海峡周辺の諸国のあいつぐ社会主義化、ソマリアのオガディン分割問題、マルディヴ諸島やチャゴス諸島の軍事基地化、マラッカ海峡問題、そして湾岸戦争などの諸問題は、まさにインド洋という歴史的に形成された共通世界が現代における国際的な緊張関係、政治的・軍事的な「かこいこみ」と経済的な「なわばり争い」のなかで、分断され崩壊していく過程を示している。こうした急変する諸状況のなかで、歴史的世界としてのインド洋を舞台に生きつづけてきたダウは、その活動をどのように変えているのだろうか。

著者は、一九七〇年以来、七回にわたって、ペルシア湾岸、南アラビア海岸、紅海と東アフリカ海岸、パキスタンとインドにおけるダウの造船・航海と貿易活動の実態調査をつづけてきた。そして、第三回目の調査のために一九七八年の一月から三月にかけてケニアの

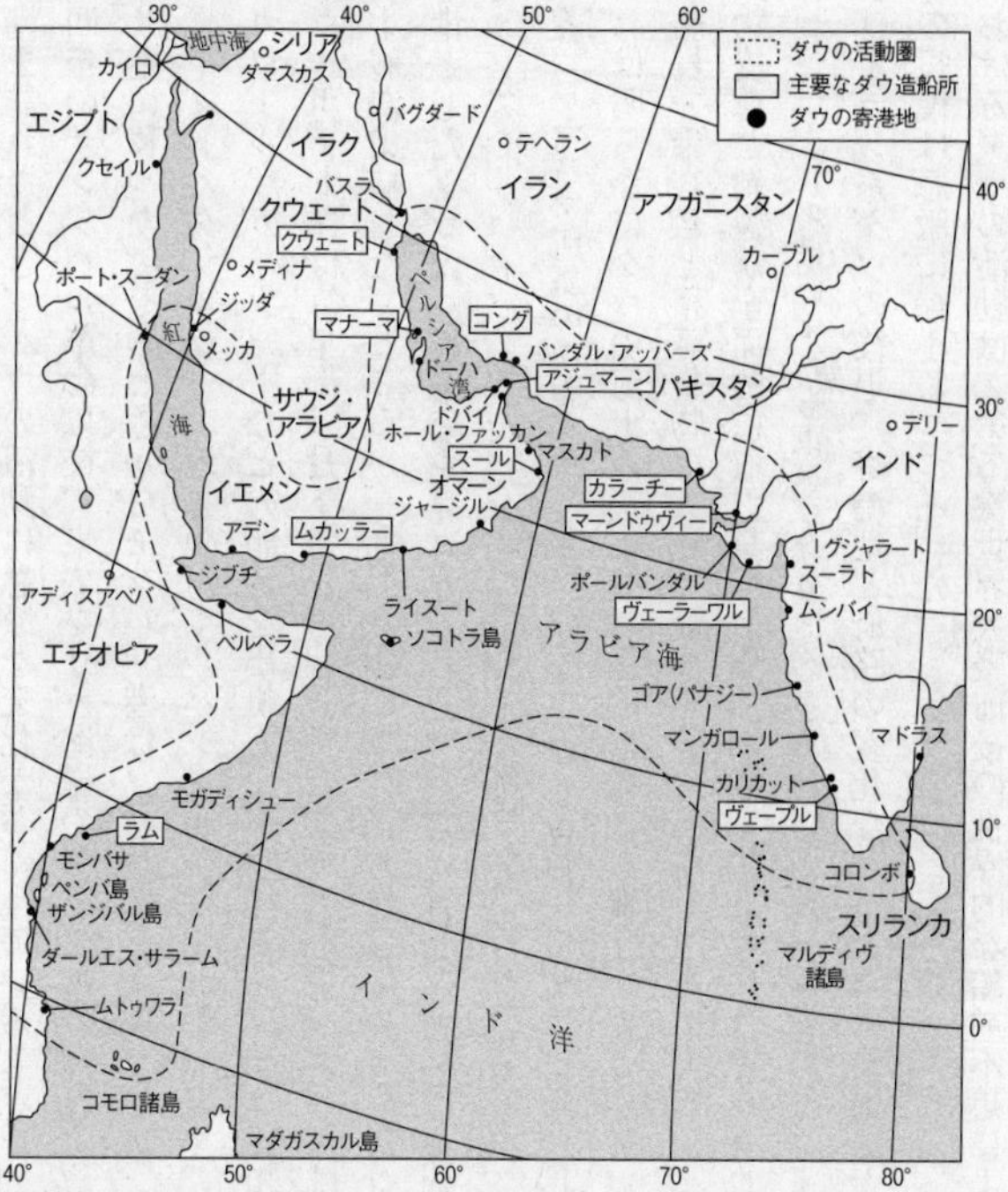

現在のアラビア海を結ぶ三角帆の木造船ダウの活動圏（主に1970年代の情況）

モンバサ港を訪れたとき、ダウの活動に急激な変化がおこっていることを知った。一九六四年のザンジバル革命以後、東アフリカ海岸のダウの海上運輸と貿易活動の中心はモンバサ港に移った。そのときからモンバサ港はソマリア、南アラビア、ペルシア湾岸やカラチ、インドのグジャラート地方のポールバンダル、マーンドヴィー、マラバール海岸のマンガロール、カリカットなどの諸港を出帆したダウのターミナル港であって、モンバサのダウ・ポートには毎年十二月下旬から翌三月末までの期間、さまざまな船型のダウ六十〜七十艘が集結した。ところが一九七八年には、三月にはいってもインドやペルシア湾岸を母港としたダウは一艘も姿を見せなかった。三月八日になって、最初のダウ（大型ブーム船、二五〇トン。ドバイ所属、二本マスト）が入港したが、その後も四月十日までに、わずか十艘（ソマリア所属の中型ダウ・ジャハーズィーを含む）のダウが入港したにすぎなかった。これは明らかにダウの海上運輸と貿易活動に大きな変化がおこっていることを示していた。船員・乗客数と積載貨物の大幅な減少——とくに一九七八年の三月、ケニア産の象牙、動物皮革と剝製が全面的に取引禁止となり、さらに五月にはマングローブ樹の伐採が禁止された（これらはいずれも東アフリカ・ダウ貿易の主要商品であった）——、クウェート系およびイラン系ダウの後退、寄港地と航路の変化など、ダウの航海スケジュールや運輸と貿易の規模は急激に縮小しつつあった。

近年におけるダウの活動は、第二次世界大戦前後の世界的な船舶不足によって、一時、繁栄のピークをむかえた。さらに、一九五六～六〇年には、ダウはエンジンを装備してスピード化、活動の季節的限界と活動海域を広げることによって近代船の進出に対抗した。しかし、一九六〇年代にはいると、ペルシア湾岸の諸国では石油資源の開発が進んで、石油収入が急激に増大するにつれ、それまでのダウの船主や航海者たちは危険で経済効率の低いダウ貿易に対して消極的になっていった。イギリス軍のインド洋基地撤退と引きかえにはじまったソヴィエト基地の建設、アメリカ艦隊のインド洋常駐化、南・北イエメンとソマリアの社会主義化など、一九七〇年代にはじまる政治的・軍事的諸問題がダウの活動をさらに困難なものにしていることは明らかである。しかし、著者は、ペルシア湾岸や南アラビア・ハドラマウト地方のダウ造船所（とくにイランのコング、カタルのドーハ、アラブ首長国連邦のドバイ、ラッセル・ハイマ、オマーンのスールや南イエメンのアデンとムカッラー）において、五〇～一〇〇トンの中型ダウが、つぎつぎに建造されているのを目撃した。また、パキスタンのカラチ、インドのマラバール地方のカリカット（カーリクート）に近いベイプール（ヴェープル）、グジャラート地方のジャームナガル、オカ（オーカ）、マーンドヴィーなどのダウ造船所では三〇〇～五〇〇トン級の大型ダウがつくられている。ダウはインド洋世界を結ぶ人びとの足として、また、ものと情報・文化の交流の道具として、今後、新しく生きる道をどこに見いだすのであろうか。

なお、近年、中国を中心とする巨大経済圏「一帯一路」と、米国や日本などが提唱する

「自由で開かれたインド太平洋（ＦＯＩＰ）」という二つの構想が交差する中で、インド洋から太平洋にまたがる海洋覇権を争う緊張の状況が再度高まってきた。

I
海域と文明

A　海域とイスラーム史の展開

一　インド洋海域世界とネットワークの三層構造

ネットワーク論の試み

空間の構造としてのネットワークという用語は、比喩的に使われることが多く、また分析的・計量的概念として、いっそう明確で厳密な用語として取りあつかおうとした人類学者や社会学者のあいだでも、ソーシャル・ネットワークやコミュニケーション・ネットワークなどのように、研究目的、テーマやレベルの異なる意味で使用されており、必ずしも統一的な意味をもつ用語となっていない。

しかしネットワークという考え方には、広域的な結びつきと流動性のダイナミズムを表現するための、多くの有効な手段が含まれていると考えられる。なぜならば、ネットワークという用語の類推から、わたしたちは人間や社会の諸関係や物品の交換、文化・情報の伝播などにみられる広域的・相互的な結びつきの方向性、広がりと連続の度合い――強さ、持続性、頻度、分布など——や連結の方法、手段、それらの役割、また担い手、中心、中間拠点と周縁の関係など、いわゆる「連関または相互関係性（relations）」のメカニズムを分析することができる。ネットワーク論の有効性もまさにこの点にあると考えられ、従来の研究に対する新しい分野を開く可能性をもっているといえよう。

著者がここでいうネットワークとは、広域的地域間の連関のメカニズムであって、広義の「交通」のネットワークを意味している。そして、ネットワークの具体的な分析の内容は、人間の移動、物品の交換や、情報・文化の伝達、融合と相互性などの交通関係を、長距離間の交通・運輸ネットワークの「中心」と「周縁」とのあいだに成立した諸関係のなかから究明することにある。つまり、「中心」と「周縁」とのあいだにみられる連関の方向性、範囲、度合い、「中心」と「周縁」の組織形態、中間経由の拠点、分岐のネットワーク、媒介の手段、技術、もの、担い手、またそれらの時間的変化の過程などを読み取り、分析することが必要な作業となる。

ネットワークの本質は、「中心」と「周縁」とのあいだに生成した諸関係であるから、長距離間の交通のネットワークの成立要因としては、(1)自然地理環境と生態系の条件、(2)人間の移動・拡散、(3)中心文明と周縁文明の関係、の三つが考えられる。

(1)　自然地理環境と生態系の条件

つまり、海洋、島、河川、山岳、沙漠、湖沼、干潟、土壌の差異、動植物の分布と生産性などの自然地理環境と、人間生活との有機的なかかわりである。ここで留意すべきことは、経済交換の原則は生産の余剰にあるのではなく、遠隔地間の生態系条件の多様性とそれによって生まれる生産性の質、種類、量、時間などの違いを相互的に補完しようとする交換関係として捉えるべき点にある。距離を隔てた地域間の交流関係の成立要因は、生態系条件の差異を基本としており、それにもとづいて物品の交換関係、人の移動や情報・文化の流れが生まれ、しかもその関係が長期的に持続してきたのである。

古代ギリシアやローマ史家たち、中世イスラーム時代の著述家たち、中国の王朝史料などが伝えているように、インド洋海域とその周縁部では、中緯度圏の都市や国家で流通・消費されるさまざまな動植物や鉱物を産出し、一方、それらを購入する代価として諸都市で加工・生産・仲介された商品を輸入するという相互補完の諸関係が成立していた。

十世紀初めに著されたスィーラーフの人アブー・ザイド・アル＝ハサンによると、インド洋の、とくにその東海域にある「インド・シナ（中国）の海」が中緯度の文明圏の諸都市で必要としたさまざまな物産にめぐまれていたことを伝えて、つぎのように説明している。

「インドとシナの海は、海中に真珠や竜涎香あり、山岳部に宝石と黄金の鉱山あり、その海獣の口に歯牙あり。そこに成育する植物に黒檀、蘇枋木《すおうぼく》、竹（ラタン）、沈香木、竜脳香、肉豆蔲《にくずく》の種子、丁香、白檀、その他のすべての良質の香気強い芳香類あり、また鳥類にはファファーギー、つまり鸚鵡《おうむ》、孔雀あり、地上で狩猟の対象とするものには麝香猫、麝香鹿があり。かくの如くに、その海のあまりにも素晴らしいもの（神の恩恵）はあまりにも多すぎて一つひとつ数えあげることができないほどである」

つまり、熱帯・亜熱帯圏の特産品である香辛料、薬物類をはじめとして、動物歯牙、木材、鉱物、繊維、染料や食糧（米、砂糖、豆芋類、乾燥果実・魚）などがインド洋海域を通じて、中国、インド、西アジアと地中海沿岸の諸都市に運ばれていたことがわかる。このようにして、古くからインド洋周縁部と中緯度の文明圏とを結びつけるさまざまな国際的交通・運輸と貿易のネットワークが形成され、相互の人びとの移動、物産や情報・文化の交流関係が維持されたのである。

また、交通関係を助ける運輸上の諸条件についても考慮すべきであろう。海洋、河川、風、沙漠や山岳などの位置関係や規模などによって、地域間の結びつきの方向性、経由拠点、時間などが決定される。著者はインド洋のダウ調査を通じて、モンスーンの存在がインド洋海域世界の形成と展開に重要な条件を与えていることを深く理解することができた。世界の海洋のなかでも、インド洋の西海域（大陸の東海域）はきわめて特徴的な海であって、とくにモンスーンが規則的に卓越すること、吹送流が冬季には時計回りと逆の方向に、夏季には時計回りと同じ方向に大きな流れをつくることであって、モンスーンと吹送流を利用すると時速一〇～一二ノット（一八・五～二二キロ）の速さで、帆船が安全で迅速に大陸間を移動できるといわれる（モンスーン航海については、序章を参照）。

(2) 人間の移動・拡散

人間の移動と一口にいっても、そこにはさまざまな要因がかかわっている。つまり移動の形態、規模（距離・集団）、方向や戦略があり、また移動後の個人や集団社会のあり方、原郷（出身地）との関係、さらに移動にともなう技術伝播や文化接触などの諸問題である。例えば、移動の要因について考えてみると、自然地理環境や生態系の変化、社会・経済・軍事・政治の変動、宗教（巡礼）や商売・出稼ぎなどを目的とする移動があり、また遊牧民や海民（海上民）のように、移動そのものを生業とする社会もある。重要な点は、移動・拡散の過程で、いくつかの中間拠点がつくられ、拠点間には原郷（出身地）をネットワークセンターとする人的交流のネットワークがめぐらされること、ネットワーク間には情報交換、信頼・贈与や法的保障などの諸関係が保たれて、その関係が歴史的に根強く維持されていくことである。人間の歴史は、まさにディアスポラ（離散と拡散）の歴史であって、古くから人口を多く集めた中緯度圏の国家や都市で何らかの政治的・軍事的・社会経済的変動、自然災害や飢饉・疫病などがおこると、それが人間移動の流動波となって、インド洋海域の周縁部に流れ込んだこと、しかも一度つくられた人間移動のネットワーク

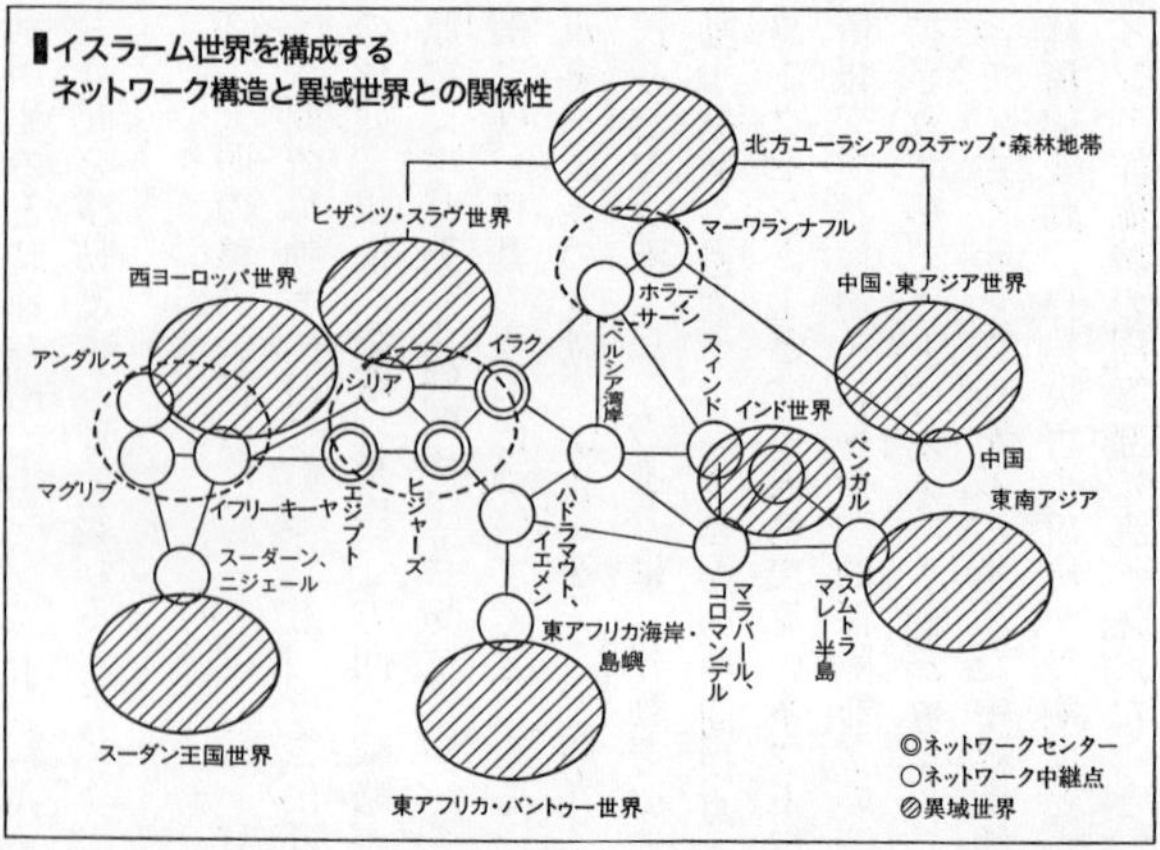

は二次的・三次的移動のネットワークとなり、平時には商売、金融、出稼ぎ、巡礼、学問修行やコミュニティー間の贈与・儀礼関係などをつくっている。

周知のとおり西アジア地域は、地中海とインド洋とを結ぶ東西軸と、ユーラシア大陸とアフリカ大陸とを結ぶ南北軸の、ちょうど十字の交通上の交点に位置したことから、その両軸を通じて遠隔地から人間・物品・情報・文化を集めて、国際的な交通・運輸と貿易活動の中心となり、また大文明の周縁への波及の原点として、大きな影響力をもっていたのである。さらに、その地域では多重多層の人間集団の出合い、衝突、共存と住み分け、社会や国家の衝突による共同体的連帯の絶えざる解体と再編という循環運動が繰り返された。インド洋の海域世界は、そうした西アジア地域に代表される社会的・経済的流動性の激しい中緯度文明圏の受け皿として、歴史的に重要な役割を果たしてきたといえよう。

(3)　中心文明と周縁文明の関係

一般に、文明の発展段階、種類や質は、それぞれの地域で多様であり、しかもさまざまな文明形態が重層的・複合的に並存することは言うまでもない。しかし、ひとたび強力で洗練された文明体系、例えば政治・軍事組織や宗教、技術、経済や生活文化などを含めた制度と体系が登場すると、それまでは並列的・複合的であった文明層のうえに新たに覆い被さるように波及・影響し、文明中心とその周縁とをつなぐ広域的共通文明圏をつくる。

インド洋西海域では、アラブ系とイラン系の人びとによる西アジア文明、インド亜大陸のグジャラート、コンカン、マラバール、コロマンデルなどの諸地方の人びとによる仏教とヒンドゥー教、東アフリカ海岸ではクッシート、ナイロート、バントゥー系、オーストロネシア・マレー系などの多様な人種構成と文明体系が分布した。一方、海、モンスーン、熱帯多雨林、島嶼やマングローブ林のつくり出す生態系の諸条件がそこに生きる人びとに共通する生活文化、技術、習慣や信仰形態の基層部を構成していた。

そして以上の基層文明のうえに、七世紀半ば以後、イスラームの商業、宗教と都市文明が進出していった。洗練されたイスラームの文化的・経済的諸体系やその都市文明は、とくにアッバース朝時代にバグダードをネットワークセンターとして、ペルシア湾、アラビア海とインド洋の周縁部に拡大した。また十世紀半ば以後には、フスタート、カイロをセンターとして、東は紅海、アデン湾、インド洋の周縁部に、西はエジプト、シリアと地中海の周縁部にまたがる東西軸のネットワークがイスラーム世界を貫く基軸となった。インドにおける仏教やヒンドゥー教の精神文明、中国の漢文明なども、インド洋東海域の周縁部に対する中心的文明として、歴史の各時代に重要な役割を果たしたことは言うまでもない。

以上によって明らかなように、長距離間の交通のネットワークは、まずネットワークの基層部に自然地理・生態系の諸条件、つぎの中間部に人間移動、そして最上層部に文明体系の三つの基本要素の重なりによって成立すること、そして、メソドロジカルにいうならば、このネットワークが複数組み合わさることによって、面的な広がりをもつ「空間」が形成される。

インド洋海域世界ネットワークの三層構造

ネットワークの意味が「中心」と「周縁」とのあいだに成立する「連関（relations）」であると規定すると、インド洋を取り囲んでさまざまなネットワーク関係が存在し、しかも

■インド洋海域世界の三層構造

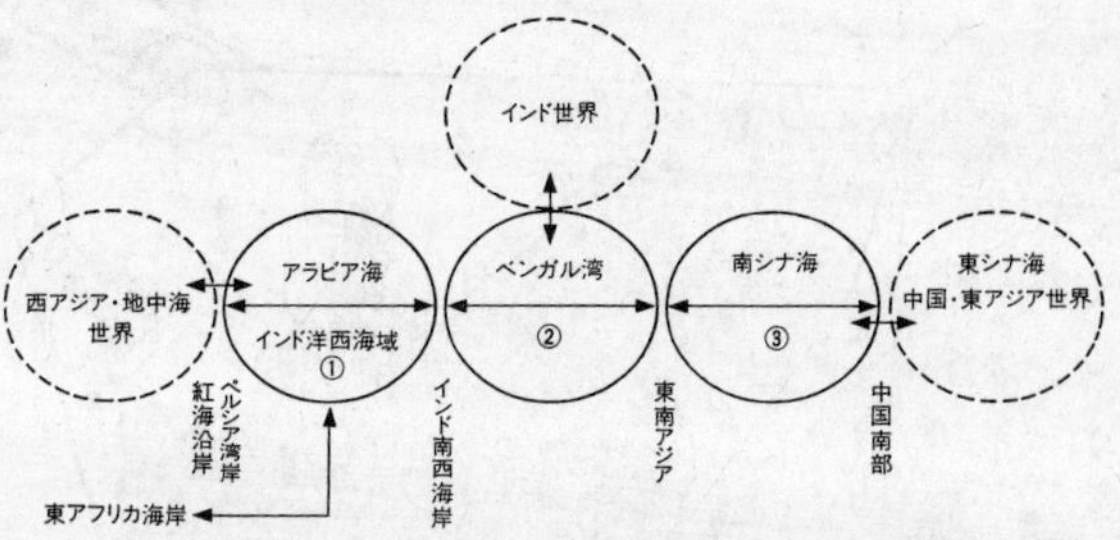

時代の経過と社会的・経済的環境の変貌するなかで、ネットワークは統合・拡大・移動・縮小・切断・消滅・分岐などの運動を繰り返してきた。しかし、そうしたさまざまなネットワークのなかにも、インド洋海域世界の基本軸となる「交通」のネットワークがあること、それらは長期的持続性をもっていることを読みとることができよう。上の図と次ページの地図に示したように、歴史的世界としてのインド洋海域は、①インド洋西海域世界、③ベンガル湾海域世界、③南シナ海海域世界、の三層構造から成りたっている。それぞれの海域世界の範囲とそのネットワークの基本構造は、以下のとおりである。

① インド洋西海域世界ネットワーク

地理学上の分類では、ペルシア湾と紅海の付属海、アラビア海、アデン湾とインド洋の西海域に縁どられた沿岸部、スリランカ、マルディヴとラッカディヴ（ラクシャディーパ）の諸島、ソコトラ、マダガスカルなどの島

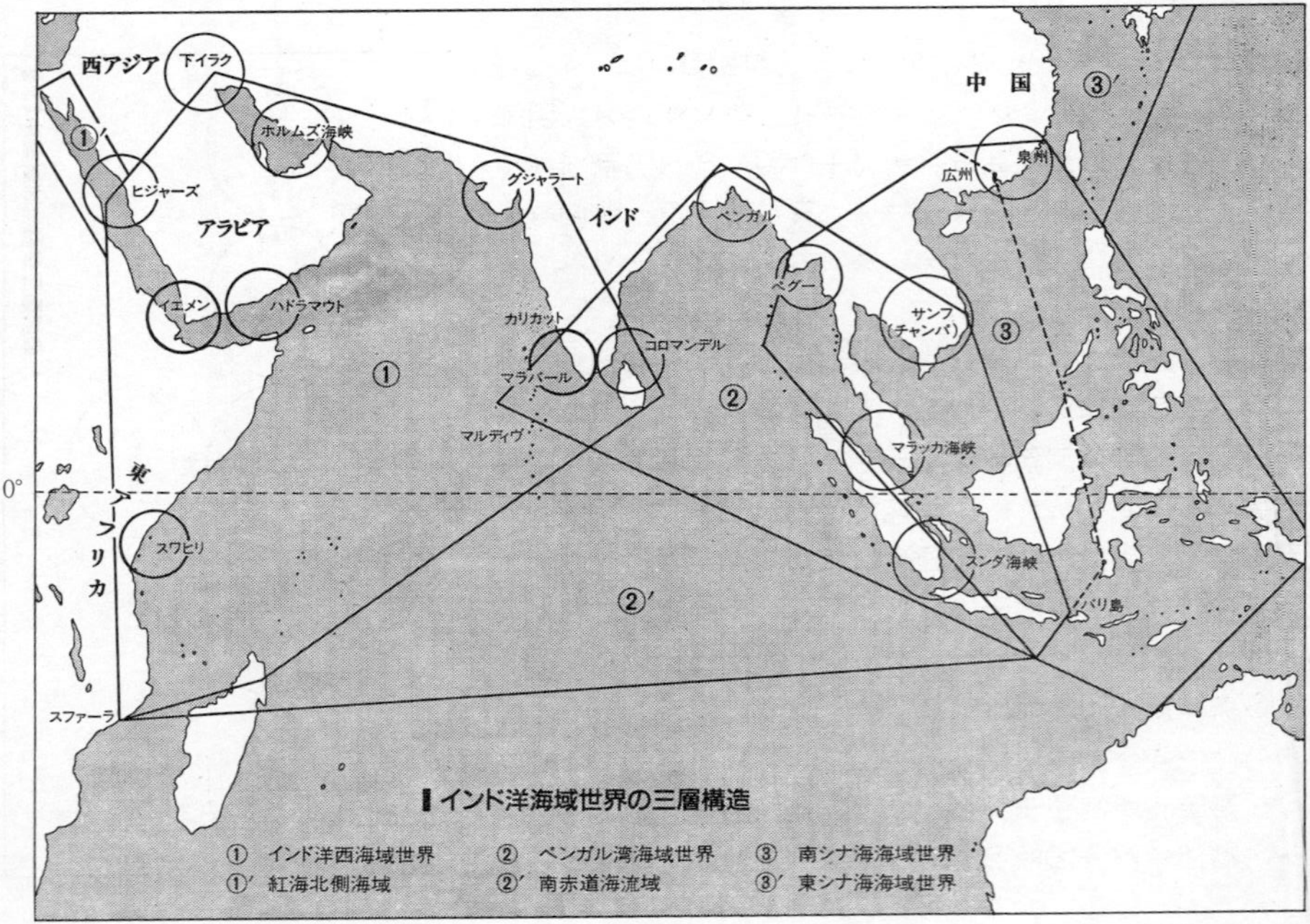

▌インド洋海域世界の三層構造

嶼を含む。この海域は、アフリカ大陸の東側に位置するために、モンスーンの風向が一定で、しかも海表面に生ずる吹送流が夏季は時計方向に、冬季は反時計方向に明確な流れをつくる。この自然のリズムがペルシア湾から南アラビア、イエメン、東アフリカに下る南北軸、イエメンとハドラマウトからインドに横断航海する東西軸の航海活動を可能にする基本的条件となった。また、この海域世界の北側には、西アジアの乾燥圏、地中海世界、北インドまでを含めた中緯度文明圏が広がり、他方、その南側には東アフリカ、インド南西海岸、スリランカなどの熱帯圏が分布する。この南北間の自然地理環境と生態系、文明の違いや人口差などが、インド洋西海域におけるネットワークの成立を促したといえよう。この海域世界のネットワークの拠点は、ペルシア湾海域、グジャラート、マラバール、コロマンデル、イエメン、ハドラマウト、東アフリカ海岸などにあって、これらの拠点間を結んで、ペルシア湾軸ネットワークと紅海―イエメン軸ネットワーク、の二つの基本軸が成立した。

ペルシア湾軸ネットワークは、イランとイラクを文明中心として、ペルシア湾―ハドラマウト―イエメン―東アフリカに通じる南北軸のネットワーク、ペルシア湾―グジャラート―マラバール―スリランカに通じる東西軸のネットワーク、の二つに分かれる。パルティア王国、サーサーン朝ペルシア帝国の時代やアッバース朝の成立とバグダードの繁栄の時代には、このペルシア湾軸を通じてインド洋海域世界に広がるネットワークが国際的交

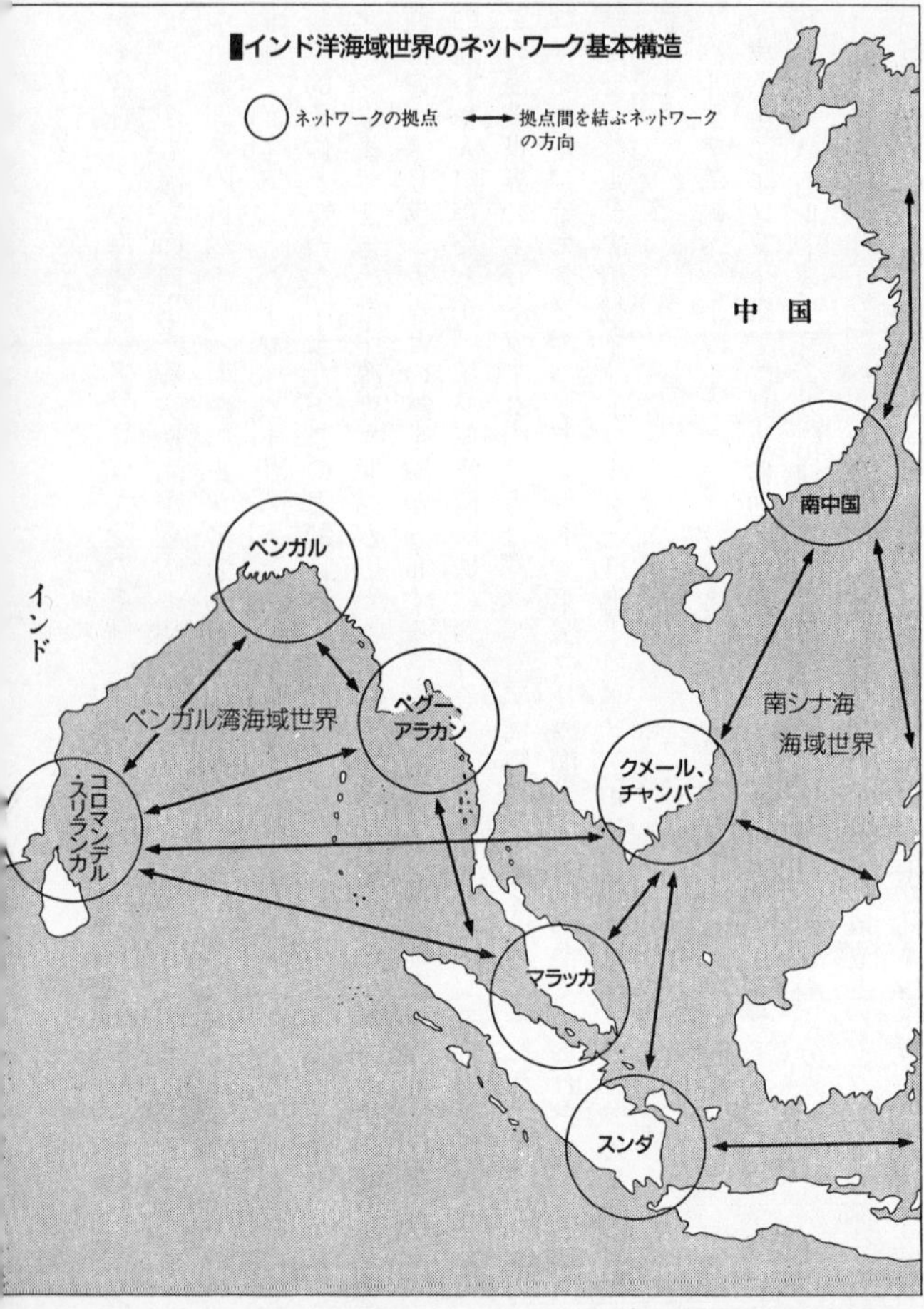
■インド洋海域世界のネットワーク基本構造
ネットワークの拠点
拠点間を結ぶネットワークの方向
中国
南中国
インド
ベンガル
ペグー、アラカン
ベンガル湾海域世界
コロマンデル・スリランカ
南シナ海海域世界
クメール、チャンパ
マラッカ
スンダ

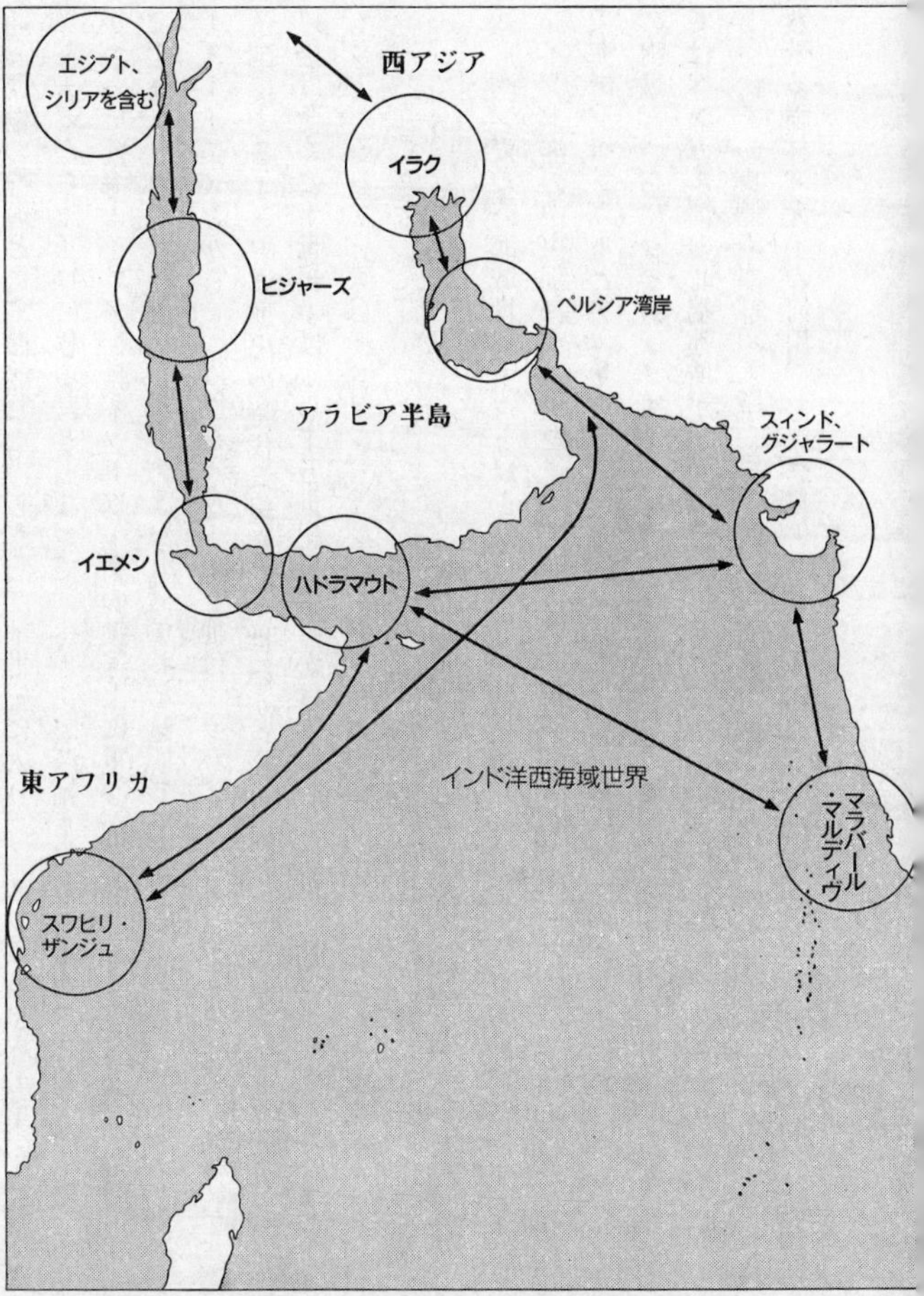
エジプト、
シリアを含む
西アジア
イラク
ヒジャーズ
ペルシア湾岸
アラビア半島
スィンド、
グジャラート
イエメン
ハドラマウト
東アフリカ
インド洋西海域世界
マラバール
・マルディヴ
スワヒリ・
ザンジュ

通・運輸の幹道として機能した。しかし、十世紀に入り、イスラーム世界の繁栄中心がバグダードからカイロに移るにともなって、ペルシア湾軸ネットワークの機能もまた弱まり、かわって紅海―イエメン軸ネットワークの軸線上に重心が置かれるようになった。紅海―イエメン軸ネットワークは、エジプトとシリアを文明中心として、紅海―ヒジャーズ―イエメンから一つはグジャラート、他はマラバール、スリランカに通じる。ローマ帝国によるインド洋進出の時代(紀元前一世紀から紀元後二、三世紀)、またイスラーム以後はとくに十世紀半ばから十五世紀後半にかけての時代には、西は地中海沿岸部からエジプト、シリア、東はイエメン、インドを結ぶ東西のネットワーク軸が国際交通・運輸の幹道として繁栄した。

② ベンガル湾海域世界ネットワーク

インド洋の中央部に突き出たインド亜大陸の東側、ベンガル湾によって囲まれたインド東海岸、ベンガルとアッサムの諸地方、マレー半島、スマトラ島、ジャワ島、バリ島までの海域、さらにシャム(タイ)湾に沿ったインドシナ半島の一部を含む海域である。ここではベンガル湾の北端地域が北回帰線上にあって、この海域世界のすべてが熱帯圏に属し、とくにその東側沿岸部(大陸、半島や島嶼の西側)は、南西モンスーンの影響を強く受けて、熱帯多雨林、大小の河川、マングローブ林、海に迫る山岳地帯が分布する。この海域世界の周縁部には、中緯度の文明圏で消費される熱帯産の香辛料、薬物料、鉱物、貴金属、動物歯牙などの主要な生産地がある。また仏教やヒンドゥー教の精神文明、インド系移民たちの拡大がこの海域を舞台に繰り広げられた。

この海域世界におけるネットワークの拠点は、マラッカ海峡付近、マルタバン湾、ガンジス川の河口付近、コロマンデル海岸、そしてインド洋西海域世界との接点にあたるマラバール海岸である。とくに、この海域の西側のマラバールとコロマンデルの海岸と、東側のマラッカ海峡の周縁部は、インド洋の三層構造を結びつける重要な交流接点に位置し、両拠点をつなぐ東西軸のネットワークは、東側は中国、西側は西アジアの大文明圏に通じる国際交通・運輸の重要な基軸として機能した。また、両拠点はモンスーンの交代する航海上の不可避の寄港地であり、熱帯産商品の集荷地としても重要な位置にあった。

ベンガル湾ネットワークの東西軸の支線として、マラバールとスリランカからベンガルとペグーの諸地方に通じるネットワーク、ベンガル地方からマルタバン湾、マレー半島西岸に沿って南下するネットワークがある。インド亜大陸東側海域からベンガル湾奥内は、複雑な風向と潮流、ガンジス川河口付近の浅瀬と入り江などによって航海条件は悪く、また東南アジア、中国と西アジアとを結ぶ東西間の主要航路からは外れていた。しかし、このネットワークを通じてベンガル、アッサム地方から産出する沈香、黒檀、犀角、象牙、金、瑪瑙《めのう》などや雲南とチベット産の麝香がマラッカ海峡、マラバールとグジャラートの諸地方のネットワーク拠点に運ばれた。

③　南シナ海海域世界ネットワーク

地理学上の分類では、南シナ海、ジャワ海、スールー海、セレベス海、バンダ海などの海域は太平洋の属海であって、インド洋に含まれないが、歴史的にみると、これらの海域はインド洋の三層構造の東の部分を占めている。北側は、東シナ海海域世界と隣接し、中国南部の杭州、揚州、温州、泉州、広州などの交易港が両世界のネットワーク接点として機能した。東側と南側はフィリピン、モルッカ、スラウェシ、スールーなどの諸島、ブルネイ島、ジャワ列島、西側は中国南部、インドシナ半島、そしてベンガル湾海域世界と接するマレー半島とスマトラ島に広がる。

この海域の特徴は、一部に黒潮と貿易風の影響を受けるが、インド洋の西海域と同じリズムと風向でモンスーンが卓越することから、国際交通・運輸のネットワークの軸線上に位置したこと、海に囲まれた熱帯多雨林、島嶼、半島と河川の支配する世界、古くはクメール系海上民、八世紀から十世紀にかけてのインド系、イラン系、アラブ系の人びと、十世紀半ば以後には中国ジャンクの造船と航海技術の発達にともなって、福建系や広東系の華人が活躍する世界、そして中緯度の都市文明圏で消費されるモルッカ諸島に代表される丁香、肉豆蔻、肉桂、白檀、沈香、竜脳などの生産地と集荷拠点＝交易港の発達などであった。マラッカ海峡は、長さ八〇〇キロにおよぶ細長い水路であって、南シナ海海域世界とベンガル湾海域世界とを結ぶ境域地帯、モンスーン航海の風待ちの場所、熱帯産商品の集荷地として、ネットワーク拠点の代表的交易港——カラ（箇羅国）、サルブザ（室利仏逝、三仏斉）、スムトラ・パサイ（蘇門答剌）、ムラユ（末羅瑜）、マラッカ（満剌加）、アチェなど——が歴史的に発達した。カラ、またはカラバールは、七世紀から十世紀後半にかけて、中国と西アジアとを結ぶインド洋航海の中間拠点として繁栄した重要な交易港であり、七世紀後半にはすでにイラン系商人が訪れて、カラ産の錫、竹（ラタン）、籐、金などを西アジア市場に運んだ。さらに、ネストリウス派キリスト教徒の東方拠点カラ（箇羅国）がここに設置されたといわれる。最近、マレー半島の考古学的発掘調査が進むにつれて、カラの位置としてマレーシアのケダ州にあるムダ川下流とペンカラン・ブジャン（ブジャン渓谷周辺）が有力視されている。

この海域のネットワークの基軸は、十二世紀以前には広東を、それ以後は泉州を起点として、インドシナ半島東岸沿いにプラウ・ティオマン（ティユーマ島）に向けて南下、マラッカ海峡の交易港にいたる南北軸のネットワークである。その分岐のネットワークは、シャム湾を越えて、マレー半島を横断の後、ベンガル湾海域世界に出る。このマラッカ海峡軸とマレー半島軸の二つのネットワークは、南シナ海—ベンガル湾—インド洋西海域を結ぶ国際交通・運輸のうえで、つねに対立・緊張の関係にあった。

なお十二世紀半ば以後、泉州とブルネイ島とを結ぶ軸線以東の海域、すなわち東南洋と西南洋のうちの「東洋諸国」に属するフィリピン、スールー、スラウェシ、モルッカなどの諸島、ジャワ列島への航海が中国ジャンクによって積極的に行われるようになった。これによって泉州をネットワークセンターとして、ルソン、ミンダナオを経由、モルッカ、ティモールの諸島にいたる南北の新しい分岐のネットワークが成立した。

ネットワークの歴史的展開過程

さきにも述べたように、ネットワークは時代とともにさまざまなあり方を示し、その変化は時代相を特徴づけるような世界史的な転換期とも一致しているということができる。したがって、インド洋海域世界のネットワーク構造の変化のなかから、中緯度圏の自然地理環境、生態系条件の変化、政治・軍事変動にともなう人間移動、社会的・経済的変化、都市の繁栄中心の移動、文明の成立と移転、等々の変化の様相を捉えることができる。では、インド洋海域世界が一つの「世界」として成立した時期をいつに設定すべきであろうか、またその成立の要因は何か。

十五世紀末に、ヴァスコ・ダ・ガマの一行はアフリカ南端の喜望峰を回ったあと、東アフリカ海岸を北上する途中で、キルワ、モンバサ、マリンディなどの交易港が高度に発達した都市文明をもっていたことを目撃している。ヴァスコ・ダ・ガマの記録だけに限らず、

J・デ・バロス、L・デ・ヴァルテーマ、D・バルボサやイタリア人宣教師、商人たちなどによる、とくに十五世紀末から十六世紀半ばにかけての記録史料は、概してインド洋海域世界の状況についての正確な情報を伝えている。しかもそれらの記録内容は、それ以前のマルコ・ポーロ（十三世紀後半）、イブン・バットゥータ（十四世紀前半）やアラブ航海者のイブン・マージド、スライマーン・アル＝マフリー（十五世紀末～十六世紀初め）などの伝えるところと一致する点が多い。それらの記録にもとづいて、十三世紀半ばから十六世紀半ばにかけてのインド洋海域世界の状況を要約するならば、以下のとおりである。

(1) 軽量で高価な物品だけでなく、米、砂糖、木材、あらゆる種類の香辛料と薬物料、鉱物、染料、繊維原料（木綿、絹、麻、羊毛）とその加工品、家畜、皮革、乾物魚、乾燥果実、ナツメヤシの果実（タムル）、ココヤシの果実、油脂、陶器・磁器、土器、金属容器、貝製品、装身具、武器、通貨、真珠、馬、象などのさまざまな生活必需品類が多量に取引されていた。

(2) 人間の移動がインド洋海域を隔てた地域間で頻繁に行われていたこと。商売、コミュニティー間の往来、巡礼、学問修行、旅などの種々の目的をもって、多くの人びとの往来があった。

(3) 多くの交易港が繁栄し、港の支配者は貿易の振興と交通・運輸の安全保持に努めていたこと。港にはイスラーム、ヒンドゥー、キリスト、ユダヤ、パールシー（ゾロアスタ

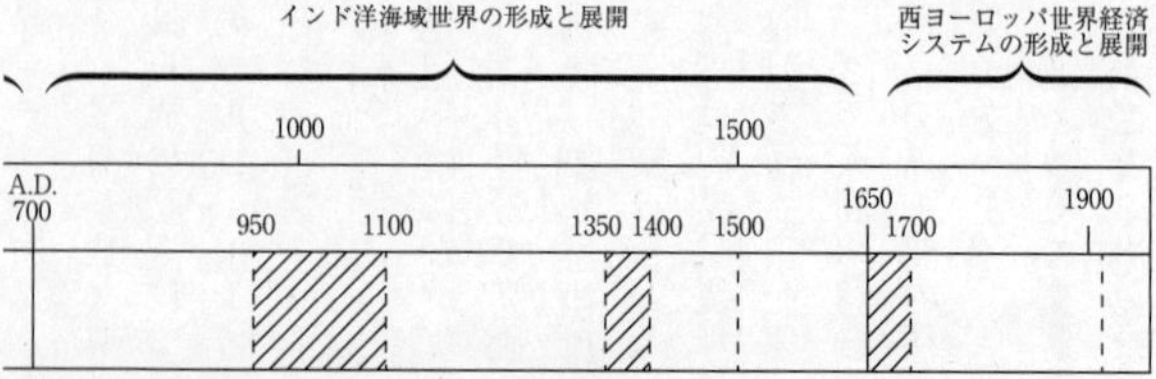

オスマン朝の解体
アチェ戦争
ムガル朝、イギリス軍によって追われる
スエズ運河開削
ワッハーブ派のイスラーム改革運動拡大
オマーン・ザンジバール王国の成立
気候変動

オランダの香料諸島支配
オランダとイギリスの東インド会社設立
オスマン・トルコ軍のエジプト・マムルーク朝支配、ムガール・サファヴィー・清朝・オスマン帝国の並立
サファヴィー朝の成立
ポルトガル艦隊、グジャラートとエジプトの連合軍を破り、インド洋進出、マラカ王国を攻略

鄭和の遠征、泉州・マラッカ・カリカット・ホルムズ・アデン・マリンディ、モンバサなど交易港の隆盛
ティムール朝の成立、ホルムズの隆盛
気候変動・人間移動・疫病・陸上ルート混乱、東南アジア交易港発達
元朝成立、海上・陸上ルートの統合
マムルーク朝の成立、紅海ルートの隆盛
アイユーブ朝のエジプト、ヒジャーズ、イエメン支配

南宋の成立、中国ジャンクの南インド進出
十字軍がエルサレム占領、イタリア都市商人の地中海進出
チョーラ朝の東南アジア進出、シュリーヴィジャヤ朝と交戦
イスマーイール派ファーティマ朝カイロ建設（地中海〜エジプト〜イエメン〜インド）

中国ジャンクの東南アジア進出、スィーラーフ港衰退
黄巣の叛乱軍、広州を陥れる。ザンジュの叛乱に続き、カルマト派の独立国成立

バグダード・バスラ・広東のインド洋航路
アッバース朝の成立、バグダード建設。タラス河畔の戦いに伴い内陸アジア・ルート途絶
広東に市舶司設置
アラブ・ペルシア船（舶）による中国との交易。天竺舶、崑崙舶の活躍

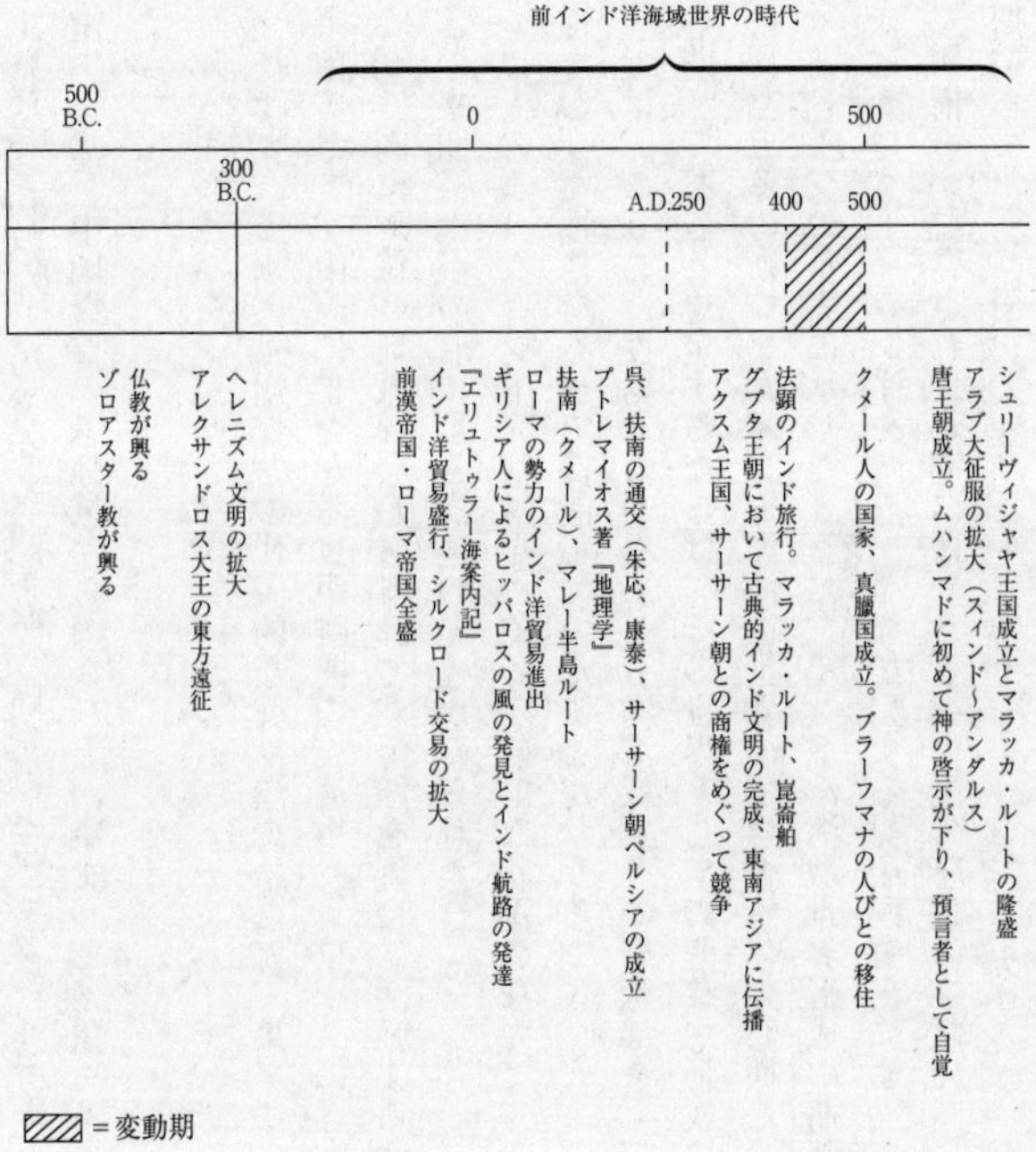
前インド洋海域世界の時代
500 B.C.
0
500
300 B.C.
A.D.250
400
500
シュリーヴィジャヤ王国成立とマラッカ・ルートの隆盛
アラブ大征服の拡大（スィンド〜アンダルス）
唐王朝成立。ムハンマドに初めて神の啓示が下り、預言者として自覚
クメール人の国家、真臘国成立。ブラーフマナの人びとの移住
法顕のインド旅行。マラッカ・ルート、崑崙船
グプタ王朝において古典的インド文明の完成、東南アジアに伝播
アクスム王国、サーサーン朝との商権をめぐって競争
呉、扶南の通交（朱応、康泰）、サーサーン朝ペルシアの成立
プトレマイオス著『地理学』
扶南（クメール）、マレー半島ルート
ローマの勢力のインド洋貿易進出
ギリシア人によるヒッパロスの風の発見とインド航路の発達
『エリュトゥラー海案内記』
インド洋貿易盛行、シルクロード交易の拡大
前漢帝国・ローマ帝国全盛
ヘレニズム文明の拡大
アレクサンドロス大王の東方遠征
仏教が興る
ゾロアスター教が興る
＝変動期

▌インド洋海域世界の歴史的展開過程

ー教徒)、仏教などの異なる諸宗教・諸宗派とアラブ、イラン、インド、東南アジア、中国などの各地域からの人びとが集まって多重・多層の港市社会を形成していた。

(4) キルワ、モンバサ、アデン、ホルムズ、カンバーヤ、カリカット(カーリクート)、マラッカ、広州、泉州などの代表的な交易港を結んで、東アフリカから西アジア、インド、東南アジア、中国にまたがる長距離間の交通ネットワークの存在が認められる。

(5) 国家や狭い地域社会から離れて、海洋を舞台に活動する漁民、船乗り、海上商人などの集団、大小の船による海運の発達がみられた。

以上のようなインド洋海域をめぐる一般的な状況のなかで、その海域世界が一つの共有性をおびた性格をもって機能していたことがわかる。

では、こうした性格をもったインド洋海域とその周縁部を「一つの世界」としての「成熟期」であると規定するならば、その世界としての萌芽・形成の時期はいつごろまでさかのぼりうるのか、またインド洋海域世界の変容と解体の時期とその要因は何か。

前ページの年表に示したように、インド洋海域世界形成の萌芽期は、八世紀初めから半ばにかけて、イラン系やアラブ系の船による対中国貿易によって、それまでのインド洋の三層構造が統合された時期にはじまる。中国の唐代の文献史料によると、ほぼ同時期に波斯船(ペルシア船)、大食船(アラブ系・イラン系のムスリム船)が天竺船、婆羅門船(とくに南インド・タミールの船）や崑崙船（インドシナ半島からのクメール系の船）にまじって、広州や揚州を訪問するようになった。この事実は、インド洋海域世界の構造に新しい時代が訪れたことを意味している。すなわちサーサーン朝ペルシア帝国の崩壊にともなうイラン系の人びとのインド洋海域への逃避・移住、内陸アジアのタラス河畔での唐軍とアラブ・ムスリム軍との衝突にともなう中央アジア・ルートの後退、バグダードを中心とするアッバース朝スンナ派政権の成立などの要因によって、ペルシア湾頭のウブッラ、バスラ、スィーラーフなどの交易港を拠点に、スハール、クーラム・マライ、カラを経由して南中国の諸港市にいたるインド洋海域ネットワークが急激に成立したものと考えられる。また東アジアにおける仏教文化、西アジア・地中海地域を中心とするイスラーム都市と文化の拡大は、インド洋海域の周縁部で産出する熱帯産の各種商品の需要を高め、三層構造を貫く国際的ネットワークの統合関係を強めた。

九世紀後半から十世紀半ばにかけての時期は、東西の中緯度圏の諸国家・社会にさまざまな変容がおこった転換期として注目される。中国の唐末から五代にかけての社会騒乱、江南地方における人口増加と都市手工業の発達、インド亜大陸におけるアフガン・トルコ軍の進出とムスリム国家の形成、西アジアでは経済と文化の繁栄中心がバグダードからカイロへ移動したこと、マムルーク軍人の台頭とイクター制の展開などの諸変化の影響は（三二一ページ参照）、インド洋海域世界にも直接的・間接的におよんで、その構造的な変質・変貌がひきおこされた。その変質・変貌の様態としては、インド洋海域のネットワークの主軸がペルシア湾軸から紅海軸へ移動したこと、東アフリカ・イスラーム都市の発達、インド・マラバール海岸の交易港の繁栄、南シナ海海域でのイラン系・アラブ系の船に代表された「外国船」の後退にかわって、中国ジャンクのカラ（箇羅国）方面への進出と、それにともなってカラがインド洋海域世界の東西を結ぶ新しい中継センターとなったことなどがあげられよう。中国ジャンクは、南宋から元初（十二〜十三世紀後半）にはベンガル湾を横断して、南インド・マラバール海岸の交易港クーラム・マライ、カーリクート（カリカット）、ジュルファッタン、ヒーリー（エリー）などをターミナルとした。またモンゴル帝国の成立にともなって、ユーラシア大陸を横断する陸上ルートとインド洋の海上ルートとが相互有機的に連関体系をもって機能するようになった。その影響を受けて、インド洋海域世界の交流関係は一層活発になり、三層構造の接点に位置する東南アジアにイスラーム・マレー世界、マラバール海岸にマーピッラ社会、グジャラート海岸にボフラー社会、東アフリカにスワヒリ社会などのそれぞれの特色ある地域社会・文化の発達を促した。

十五世紀前半、中国明朝の派遣した鄭和艦隊のインド洋遠征によって、中国ジャンクはインド・マラバール海岸を越えて、初めてインド洋の西海域に進出した。第四回以後の遠征では、鄭和艦隊の本隊はペルシア湾の入り口に位置する交易港ホルムズを西端の拠点として、さらにその分遣隊は南アラビア、東アフリカの諸港、ヒジャーズ地方のジッダとメッカを訪問した。前後七回、約三十年間にわたった鄭和の大遠征は、明朝の積極的な外交政策の一環として行われたが、その結果は多方面におよんでおり、インド洋海域世界の各地の交易港と貿易関係の繁栄や人間の移動がより一層増大することとなったのである。

十五世紀末、ポルトガル艦隊のインド洋進出は、確かに西ヨーロッパ世界と結ばれた喜望峰経由の新しいネットワークの成立を意味したが、伝統的なインド洋海域世界の基本構造には大きな影響を及ぼさなかった。ポルトガル人のインド洋海域支配の構造は、インド洋の三層構造の接点にあたる三つの中継港——マラッカ、カーリクート、ゴア、ホルムズ——の支配、艦隊と城塞による海上ルートと拠点の支配、商品取引の独占にあった。しかしインド洋海域は、すでに高度の都市文明、国際商業と情報化社会、多数の貿易商人たちの競い合っている世界であったので、ポルトガル人はスペイン人が新大陸で行ったと同じような貿易の完全支配と植民地化を達成することができなかった。結局、彼らの獲得したものは、伝統的なインド洋貿易の一仲介者にとどまることであって、既存の海運と商業構造に根本的な変質をもたらさなかった。したがって、ポルトガル艦隊の海上支配が弱体化する十六世紀半ばから十七世紀前半にかけての時代は、ポルトガルとスペイン、オランダ、イギリスの参加者を加えて、インド洋海域世界の内的交流関係が緊密化、発展した華々しい成熟期であったともいえよう。

十六、七世紀は、アジア的専制国家の再興の時代であって、中国清朝（一六一六〜一九一二年）、インド・ムガル王朝（一五二六〜一八五八年）、イラン・サファヴィー朝（一五〇一〜一七三六年）、オスマン・トルコ帝国（一二九九〜一九二二年）などの内陸型の大国があいついで成立した。これらの大国は、旧来の官僚機構に加えて近代式の火器と軍隊編成を競って導入することで長期にわたる領土の広域支配と行政統治を達成したが、その結果としてインド洋の海域世界から背を向けることとなった。

十七世紀半ば以後に本格化するオランダとイギリスなどによるインド洋進出は、ポルトガル人のように艦隊と要塞の建設によるインド洋ルートの支配を目的としたものとは異なって、王権や政府の認可を受けた民間の大カンパニー（貿易会社）を創設して、ムスリム系商人との貿易覇権を競い、国際的海運と貿易の新たなシステムをつくることであって、やがては彼らはアジア内陸部の大国をも脅かす大きな勢力をもつようになった。十七世紀後半から十八世紀の時代には、彼らによる新しい海上支配と経済体制の形成にともなって、しだいにインド洋海域世界の伝統構造が解体し始めていた。

以上のように、インド洋海域世界は八世紀前半に始まり、十七世紀半ばまでの約九百五十年間にわたって中国、東南アジア、インド、西アジア、東アフリカの各地を結びつける中間体として、また中緯度文明圏との経済・社会・文化の相互交流をつづけてきた。とくに十世紀から十一世紀にかけての世界史的な転換期を境として、その海域世界に新たな交通システムが生まれ、ますます共通性をおびた交流媒体として展開していった。

では、インド洋海域世界が成立する以前、つまり八世紀以前については、どのような状況であったのか。インド洋海域世界の三層構造が分離し、それぞれの枠組みのなかで展開していた時代は、紀元前三〇〇年ごろから紀元後七〇〇年までの約一千年間にわたっており、この時期を「前《プレ》インド洋海域世界の時代」と呼ぶことができる。アレクサンドロス大王（在位紀元前三三六～前三二三年）による大遠征は、未開のギリシア人が高度の先進文明をもつオリエント世界やインド世界と融合し、さらにインド洋海域の多様な自然地理環境と生態系の存在に関する理解を深める好機となった。それによって、新しいヘレニズム世界が大きく展開した点で注目される出来事である。紀元前三〇〇年ごろから前一二九年までつづいたセレウコス王朝とプトレマイオス王朝（紀元前三〇四～前三〇年）との争いは、イラク―ペルシア湾からインド洋に出るネットワークと、シリア―エジプト―紅海からインド洋に出るネットワークの、二つをめぐって展開した。つまり両国は互いに二つのネットワークを同時に掌握することで、西アジアを中軸とする世界交通システムの独占を企てたのである。この二つのネットワークをめぐる支配と対立の図式は、時代とともにいっそう激しくなり、ローマ帝国とパルティア王国、ビザンツ（ビザンチン）帝国とサーサーン朝ペルシア帝国、ビザンツ帝国とウマイア朝、アッバース朝とファーティマ朝などの国家間の対立は、基本的にはこの二つのネットワークの支配をめぐって展開した。

東に中国漢帝国、西にローマ帝国とパルティア王国の成立は、内陸アジア・ルートとならんで、インド洋海域を舞台とする海上交通の発展をもたらした。地中海世界の商人たちのあいだに、インド洋のモンスーン航海術が知られるようになったのも、この時期のことであろう。

南シナ海とベンガル湾海域における交通関係が三層構造分離の時代に、どのような発展過程をたどったかについて記録した史料はきわめて少ない。その理由は、中国に成立した諸国家がヴェトナム以南のインドシナ半島や東南アジアの諸地域に対する積極的な軍事的・政治的進出の意図をもたなかったこと、造船と航海技術の未発達によって外国船(舶)の来航に依存する受け身の貿易関係であったこと、などによっていると考えられる。三世紀半ばに入ると、呉国の使節の朱応と康泰が扶南国(メコン川の下流域に建てられたクメール族の国家)に派遣されて、インドシナ半島の地理・物産の知識とともに、インドにいたる海上ルート・拠点についても新しい情報が獲得された。インド文明の影響を強く受けたクメール族の扶南国は、一、二世紀から七世紀にかけて、南シナ海とベンガル湾の両海域世界を結ぶ中間的位置を利用して、海上運輸と交易の重要な担い手となった。扶南国の都ヴィヤーダプラの外港と考えられるオケオ遺跡からは、中国、西アジアと地中海世界からの国際的文物が多数出土している。クメール族に対抗する新しい海上勢力は、マラッカ海峡の海上通航権を制御したムラユ(末羅瑜)とシュリーヴィジャヤ(サルブザ、室利仏逝）であった。クメール族がインドシナ—シャム（タイ）湾—マレー半島横断—ベンガル湾のネットワークを握っていたのに対して、シュリーヴィジャヤはマラッカ海峡—カターハ（ケダ、カラ、羯荼）—ニコバール諸島—ガンジス川の河口、またはスリランカにいたるネットワークの支配権を確立するようになった。法顕や義浄などの中国の求法《ぐほう》僧たちは、この新しいマラッカ海峡ルートを利用した。

六世紀以後、扶南国と同じクメール族の王国の真臘国が成立し、シャム（タイ）湾—ベンガル湾を結ぶ海上ネットワークの支配権をめざして、マラッカ海峡を中心とする競争相手のシュリーヴィジャヤ王国との対立をつづけた。このように、南シナ海域とベンガル湾海域との両海域世界の接触する境域地帯では、マラッカ海峡を中心とする勢力とインドシナ半島を中心とする勢力との二極構造が緊張・対立するなかで展開していった。インド・グプタ王朝の衰退とブラフマーナ（司祭階級）の人びとの移住、中国における唐王朝の成立、サーサーン朝ペルシア帝国の崩壊、アラブ・ムスリム軍の大征服運動にともなうアラブ帝国の成立——東はスィンド地方（インダス川流域地方）から西は北アフリカ、アンダルスまでを覆う政治・経済圏——など、の激しく移り変わる状況のなかで、インド洋海域をめぐるネットワーク構造にも、しだいに三層構造を超えて、一つに統合を促すような活発な動きが生まれたのである。

B　海域ネットワークの成立

二　インド洋交易ルートの繁栄――唐とアッバース朝を結ぶルートと港

〈交易ルートの拡大と海上商人〉

一

アジア・アフリカのさまざまな地域間を相互に結びつけていた長距離間の国際交通・運輸と貿易活動の主要ルートが、どこを拠点とし、いかなる中継地と経路をたどって、どの方向に向いていたかを究明することは、時代と地域の構造的変化と結びついた歴史の全体像を明らかにするうえで研究上の大きな意義が認められる。

交易ルートとは、東西の限定された地域に産出する各種の特産品が交換・取引されたり、文化・情報などが伝播してゆく運搬ルートであるが、それはまた、大文明の「中心」における自然地理的・生態的な変化や、政治的・経済的状況の微妙な変化を投影するバロメーターであり、「周縁」の諸地域や国家にも影響力を及ぼす文化的・経済的交流のベクトルでもあったといえよう。

古来、南シナ海からインド洋、アラビア海に広がる海域は、中国、インド、西アジア、地中海沿岸部などの諸地域の、中緯度に位置した大文明圏を一つに結びつけ、さまざまな人間集団の移動や文化・情報を伝達し、融合するうえで大きな役割を果たしてきたといえる。とくに、七世紀前半にイスラームの時代が始まると、インド洋海域は、国際交流上のバックボーンとなったといっても過言ではない。したがって、インド洋海域の周縁・島嶼部に形成され、発達した多くの交易港や国家は、地方交易というよりはむしろ国際交通・運輸と貿易関係の影響を受けて成立・発達していった。事実、各港市の繁栄と衰退の歴史は、西アジア地域に成立したムスリム系国家、インドと中国などの、東西の諸大国の興盛と滅亡の影響を受け、また文化的・経済的繁栄の中心の移動とも深い関連をもっていた。

すでに、八世紀初めまでに、ウマイア朝カリフ政権の政治的・軍事的支配の領域は、東側はインダス川の下流域（スィンド）から、西側は北アフリカ、イベリア半島（アンダルス）まで拡大し、つづくアッバース朝スンナ派政権の統治下においても、アンダルスと北アフリカの一部をのぞいた西アジアと中央アジアの諸地域が一つの政治体制のもとにあった。一方、中国では、唐王朝が七世紀以来、十世紀の初めまでのあいだ、統一国家として東アジアに君臨していた。

したがって、ほぼ二百五十年間にわたり、インド洋海域を隔てた東西の両世界を結んで、活発な人的交流や経済的・文化的交換が行われ、その交通・運輸のルートに沿ったインド洋の諸地域には、新しく港市や国家が成立し、繁栄をみたことは想像に難くない。

イスラーム地理学者イブン・フルダーズベ（西暦八二五〜九一二年ごろ）の『諸道・諸国の書』によると、九世紀前半に活躍したラーザーニーヤと呼ばれたユダヤ系国際商人たちは、アラビア、ペルシア、ギリシア、フランク、スラヴなどの諸言語を解し、ひとりイスラーム地域のみでなく、西はフィランジュ（カーロリンガ朝フランク王国）にいたって、男女奴隷、毛皮、刀剣などを船載したのち、地中海をわたってナイル川の河口に近いファラマーに上陸し、荷をラクダの背に積んで紅海の港クルズムに出、ふたたび船でヒジャーズ地方のジャール、ジッダと紅海を南下し、さらにはインド洋を横断してインドを経て、中国にまでいたったという。中国からの帰路は、麝香、沈香、竜脳、肉桂などの香料と薬物類を購入して、インド洋、紅海を経由、ふたたび地中海の諸国やコンスタンチノープルへ、あるいはオマーン、ペルシア湾頭のウブッラを経て、ティグリス川をさかのぼり、アッバース朝の都バグダードに達するルートがあった。

この記録は、九世紀における東西貿易の規模の広域性と主要な交易ルート、中継拠点と取引商品などを端的に示している。

九世紀半ばころから十世紀後半にかけて編纂された各種のイスラーム地理書および旅行記は、西アジア地域出身のイスラーム、ユダヤ、キリスト、ゾロアスターなどの諸宗教・諸宗派の商人たち（大食商賈）によるインド洋での通商活動、取りあつかい商品、ならびに活動拠点や航海ルートについて詳しく記録している。とくにつぎの四つのアラビア語史料は、その代表的なものといえる。

(1) 匿名の商人スライマーン（九世紀半ば）らによる『中国とインドの諸情報』（現存するパリ写本の後半部には、九一六年ころ、スィーラーフの人アブー・ザイド・アル＝ハサンが海上商人や航海者たちの所伝を収集して編纂した補論を付す）

(2) イブン・フルダーズベの『諸道・諸国の書』

(3) ブズルク・ブン・シャフリヤールの『インドの驚異譚』

(4) マスウーディーの『黄金の牧場と宝石の鉱山』

また、中国側の史料としては、『新唐書』巻四三下の「地理志」に引用された賈耽《かたん》の『道里記（皇華四達記）』がある。

『道里記』には、中国から四方の諸外国に行く七つの主要ルートが記されている。その第七番目のルートとしてあげられた「広州より海夷に通じる道」は、広州（広東）から、南シナ海―インド洋―アラビア海をとおって、アッバース朝の首都バグダード（縛達城）にいたる海上ルートを中心とした記録である。現在に残されたその記載内容は、海上ルート

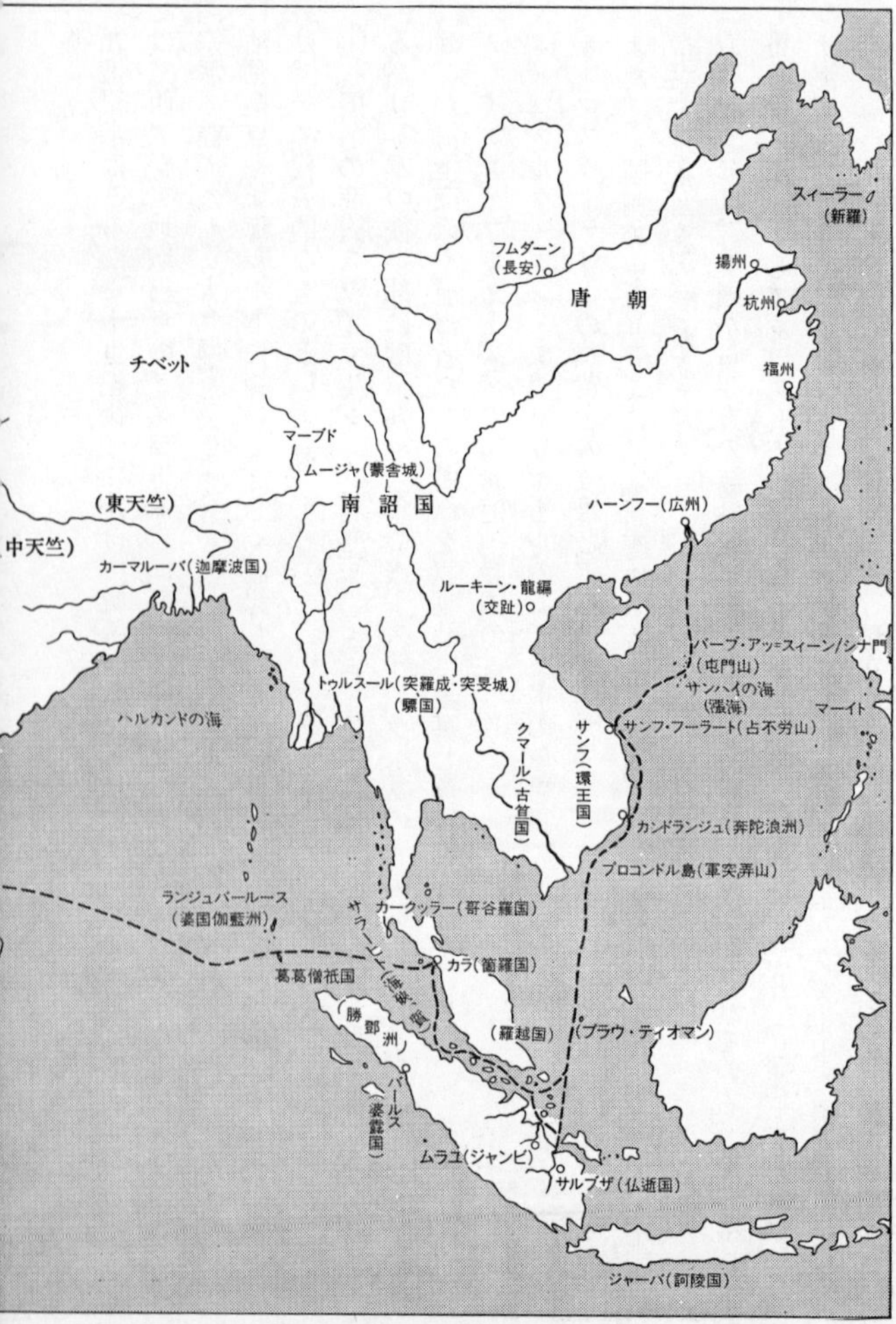

スィーラー
(新羅)
フムダーン
(長安)
揚州
杭州
唐　朝
福州
チベット
マーブド
ムージャ(蒙舎城)
南 詔 国
(東天竺)
中天竺)
ハーンフー(広州)
カーマルーパ(迦摩波国)
ルーキーン・龍編
(交趾)
バーブ・アッ=スィーン/シナ門
(屯門山)
サンハイの海
(漲海)
トゥルスール(突羅成・突旻城)
(驃国)
マーイト
ハルカンドの海
サンフ・フーラート(占不労山)
クマール(古笪国)
サンフ(環王国)
カンドランジュ(奔陀浪洲)
プロコンドル島(軍突弄山)
ランジュバールース
(婆国伽藍洲)
カークッラー(哥谷羅国)
カラ(箇羅国)
葛葛僧祇国
(勝鄧洲)
(羅越国)
(プラウ・ティオマン)
バールス
(婆露国)
ムラユ(ジャンビ)
サルブザ(仏逝国)
ジャーバ(訶陵国)

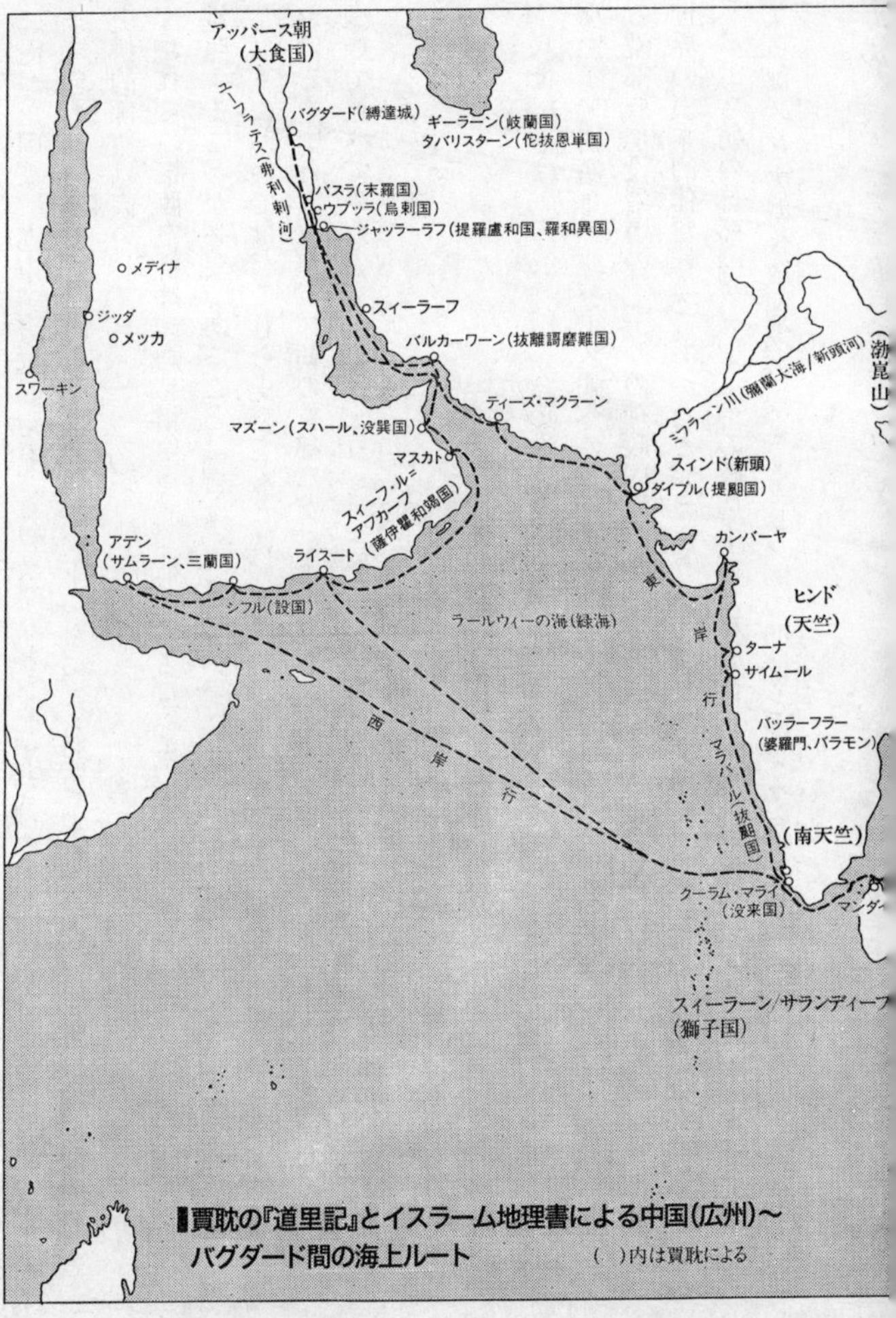

■賈耽の『道里記』とイスラーム地理書による中国(広州)〜バグダード間の海上ルート

(　)内は賈耽による

に沿った国家、港市、方位、距離（日程数）などを記すだけの無味乾燥なものではあるが、イスラーム側の史料である商人スライマーンらによる記録より五十年近く古いので、その史料的価値は高い。

これらの東西史料は、両々相俟って、補正する点を生ずるのであるから、つねに相互に対照することが必要であることは言うまでもない。

以下においては、これら史料をもとに、九世紀後半から十世紀半ば、すなわち唐末期における中国とアッバース朝の首都バグダードとを結ぶインド洋通商ルートと主要交易港について述べてみたい。

二

八世紀半ば、「アッバース朝革命」によるアッバース朝スンナ派カリフ政権の成立は、ウマイア朝からアッバース朝への政権の単なる交代ではなく、スンナ派カリフを頂点とする没部族・没階層の、一つの神政国家の建設をめざしたという意味において、イスラーム世界の根本的体質転換であったといえよう。つまり、ウマイア朝の首都ダマスカスからアッバース朝の首都バグダードへの政権中心の移動は、地理的移動以上の意味、言い換えるならばスンナ派神政国家の長（＝カリフ）の即位と、イスラーム都市「マディーナ・アッ＝サラーム（平安の都）＝バグダード」の建設というシンボリックな行為によって、新しい時代の開幕を示すことにあった。

アッバース朝第二代目カリフのマンスール（在位西暦七五四〜七七五年）は、七六二年、新都をティグリス川西岸の小村バグダードに定めた。その後、バグダードは急速にイスラーム世界の人びとや富を集め、文化と経済活動の一大中心地として繁栄し、その最盛期の八世紀後半から九世紀前半には人口百五十万を数えたといわれる。

バグダードは、イラクの肥沃な農耕地帯の中心にあり、陸上ルートを通じては、東はホラーサーン、マーワランナフルと、西はエジプト、マグリブの諸地方と結ばれた。また、そこはティグリス川の河畔にあって、ユーフラテス川とはイーサー運河によって直結していたので、水上ルートによって、シリア、アゼルバイジャーン、ファールス、オマーンの諸地方のみならず、東アフリカ、インド、中国などのインド洋周縁の諸地域との交通が可能であった。

広大なイスラーム世界の諸地域は、バグダードをネットワークの軸心として、相互に迅速で安全な海上・陸上を連ねる有機的な交通・運輸網の諸体系によって結びつけられ、そのネットワークの結集力はアッバース朝前期の二百年間にわたり（八世紀半ばから十世紀半ば）、圧倒的な影響力をもって作用したのである。

バグダードの経済的・文化的繁栄をささえた一つの要因は、そこがペルシア湾を通じて、広大で、多様な自然地理環境と生態系、異なる文明組織体をもつ「インド洋海域世界」の窓口としての位置にあったからである。八世紀前半には、すでにペルシア湾岸の諸港とインド、東南アジア、南中国とのあいだに、モンスーン航海による定期的交通・運輸と貿易のネットワークが成立していたと考えられ、その海上運輸による経済的交流がバグダードの繁栄にはかり知れないほどの力となったのである。

このネットワークの形成に大きな役割を果たしたのは、おもにイラン（ペルシア）系の航海者や海上商人たちであった。すでにサーサーン朝ペルシア帝国時代から、彼らはペルシア湾頭のウブッラ、スィーラーフ、ハーラク（カーグ）島、リーシャフル、スハール（マズーン）などの交易港を基地に、インド洋の各地に進出して活発な海運と貿易活動を行っていた。七、八世紀の中国側の文献史料に見える「波斯」「波斯人」「波斯舶（船）」は、イラン系の人びととその貿易船のことであって、彼らがサーサーン朝末期のころからイスラーム初期にかけて、すでにインド洋貿易において他勢力を圧する先進的に開発された造船と航海術、交易拠点、ルート、商業組織などをもっていたことを物語っている。

アッバース朝時代に入ると、ウマイア朝時代とは異なって、特定のアラブ人やムスリムだけに限らず、イスラーム世界内に居住するズィンマの民（イスラーム法によって、ムスリムではないが、納税義務を負うかわりに、生命財産の安全と各自の信仰の保障を得た人びと。ズィンミー）やその他の異教・異宗派の人びとが、広く社会・経済活動を展開できる道が拓けた。また内陸アジア・ルートの閉鎖にともない、イラン系ソグド商人たちの海上貿易への転換もみられた。こうした状況のなかで、イラン系商人たちだけでなく、とくにペルシア湾岸のアラブ系やユダヤ系の人びとが、八〜十世紀のインド洋で広く活躍し、バグダードの経済的繁栄の基礎を築いたのである。

バグダードの船着き場

バグダードの商工業活動の中心地カルフ地区は、ティグリス川とイーサー運河の交差する地点に位置し、商品を積みおろしする河岸や、運河と堀川に沿って設けられた倉庫・埠頭などの設備があり、そこが長距離間の国際交通・運輪と貿易活動のネットワークセンターとしての役割を果たした。ワースィト、バスラやマウスィル（モスル）からの穀物は、ティグリス川とサラート運河をとおってバーブ・アッ＝シャイールの船着き場に集められた。タービク運河とイーサー運河とが合流する地点は、マシュラアト・アル＝アースと呼ばれ、そこにはティグリスとユーフラテスの両河川から来た川舟が出合い、積み荷をおろす船着き場と河岸が設けられて、商人たちの倉庫や市場が立ち並んでいた。

バグダードの船着き場を出た川舟（ドゥーニィジュ、カーリブ、サンブーク）は、ティグリス川を下り、ワースィト付近で通航可能なバターイフの沼沢地（ハウル）に入り、さらにバスラまでは安全な航行がつづく。

バスラ—マスカト—クーラム・マライ（クイロン）

ペルシア湾頭の港市ウブッラ、バスラとスィーラーフは、インド洋を航行する大型船と河川航行の平底の川舟とが出合うバグダードの外港として繁栄した。ウブッラ（賈耽の『道里記』に記す烏剌国）は、ギリシア語史料にあらわれるアポロゴス（アポログー）であって、サーサーン朝ペルシア帝国の初代王のアルダシール一世（在位二二六〜四一年）による再建以後、ペルシア湾やインド洋方面を往来する船舶のターミナル港として繁栄をつづけた。歴史家タバリーがサーサーン朝ペルシア帝国時代のウブッラを〝インドの境域（ファルジュ・アル＝ヒンド）〟と呼び、賈耽もまたインド洋横断航路の「東岸行」と「西岸行」が合流する要地と記していることは、そこがまさにインド洋航海と貿易活動の一大中心地であったことを示している。しかし、六三八年、アラブ人がその近くに軍営地《ミスル》バスラを建設したことによって、徐々に経済活動の中心はバスラに移っていった。

バスラについて、賈耽は「大食国*の弗利剌河（フラート、すなわちユーフラテス川）は、南に向かうと海に入る。小舟は流れに沿って二日、末羅国（バスラ）に至る。そこは大食の重鎮である」と伝えている。ウブッラとバスラは、九世紀半ば以後に発生した黒人奴隷を中心とする叛乱「ザンジュの乱」とそれにつづくシーア・イスマーイール派の一分派カルマト教団による社会運動の拡大によって、放火・略奪と破壊が激しくなったため、いずれも町の経済活動は衰退し、人口も激減していった。

ウブッラからアッバーダーンにかけては、ティグリス川の堆積作用による浅瀬、干満による複雑な潮流と渦巻きの危険が多いため、アッバース朝時代には灯台(ハシャバ、ハシャーブ)が設置されて、夜間の船の安全通航が守られていた。灯台は、木造建ての四角の櫓《やぐら》で、水中にたてられて、夜間には監視人が篝火《かがりび》をともした。賈耽が「提羅盧和国は、一には羅和異国という。国の人びとは、海中に華表(墓所の前にたてる門)を立て、夜は則ちその上に炬を置き、船人の夜の航海に迷わないようにしている」と述べているなかの「華表」は、まさしくこの監視の灯台を指している。また「提羅盧和国」は、すでに桑原隲蔵がその論文「ペルシャ湾頭の東洋貿易港に就て」(『東西交通史論叢』所収)のなかで明らかにしたように、イスラームの歴史・地理学者マスウーディーがアッバーダーンに近い入り江の一つとして説明している「ジャッラーラフ」の音写であろう。マスウーディーによると、「ジャッラーラ(フ)は、ウブッラ地方から近い陸地、海からの入り江である。そのために、そこはバスラの運河のなかでも、最も塩分が多い。このジャッラーラフには、ウブッラとアッバーダーンに隣接する海の入り口のところに、木造の櫓台がある」という。「提羅盧和国」の別名「羅和異国」は、アラビア語の定冠詞をつけた(ア)ル=(ジャッ)ラーラフを略して音写したものと考えられる。

ティグリス川の河口付近からイラン海岸に沿ったジャンナーバにかけては、浅瀬、干潟と渦巻きの多い危険な海域として知られ、船乗りたちに恐れられていた。したがって、インド洋を航行する吃水の深い大型ダウは、ティグリス川の河口に近づくことを避けて、大陸から少し離れた小島やホルムズ海峡に近い港を拠点とするようになった。以上のようなペルシア湾内の自然地理的条件によって、バフライン（ウワール）島、ハーラク（カーグ）島、キーシュ（カイス）島、ホルムズ島やイラン側のスィーラーフ、ホルムズ旧港（ミーナブの近く）やオマーンのスハール、マスカトなどの国際的中継交易港が歴史的に発展したのである。

スィーラーフは、インド洋航行の大型船ダウとティグリス、ユーフラテスの両河川を往来する平底舟とが出合い、積み荷の交換と取引が行われる交易市場センターとして発達した。また、そこからザグロス山脈を南北に貫くキャラバン・ルートをとおって、イラン高原の諸都市、内陸アジアや黒海、カスピ海沿岸の諸地方とも結ばれていた。

スィーラーフ港発展の基礎は、すでに四、五世紀のサーサーン朝ペルシア帝国時代にあった。そしてアッバース朝に入るころ、そこはインド洋で活躍するイラン系の海上商人と航海者・船主たちの最大の拠点となった。

南宋の岳珂による『桯史』（巻十一）に見える尸羅囲や趙汝适『諸蕃志』（巻上）の「大食国」一条に「番商（外国商人）のなかに施那幃と呼ばれる人びとがいる。大食人である。泉州の南に豪勢な邸宅をかまえている」とある施那幃は、いずれもシーラーヴィー――

「スィーラーフ出身者」の意で、十三世紀の地理学者ヤークートが説明するように、当時、スィーラーフは方言ではシーラーヴと呼ばれていた――の音写である。つまり、後述するように、十世紀後半、スィーラーフ港の崩壊以後、その町の商人の一部が、中国の泉州に移住して、貿易活動をつづけていたことを示している。

このように、スィーラーフ出身の海上商人、ならびにその街の船舶（スィーラーフ船）について言及した史料は多い。これらの史料を通じて、スィーラーフ在住のイラン系商人、船主と航海者たちは、独自に建造した縫合型船ダウを所有し、しかも団結した彼らの強固な商業ネットワークと船団の組織、海外居留地における共同体的な連帯意識をもって、危険率の高い、しかし同時に利潤のある海上貿易を行っていたのである。急峻な山道と荒涼たる灼熱のイラン海岸のスィーラーフの地に、チークの良材でつくった高層の建物が立ちならび、バスラやバグダードとならぶ経済上の繁栄をきわめたのは、彼らの海上貿易によって得た巨万の富に支えられていたからである。

さて、匿名の商人（一説ではスライマーンと呼ばれた）、イブン・フルダーズベとブズルク・ブン・シャフリヤールなどの記録によると、ペルシア湾頭のバスラからインド、スリランカ方面にいたる主要航路には、つぎの二つがあったようである。

その一つは、バスラを出て、アッバーダーンを経由、イラン海岸沿いにスィーラーフに

■8〜15世紀のインド洋海上ルートと主要な交易港
(数字は航海日数を示す)

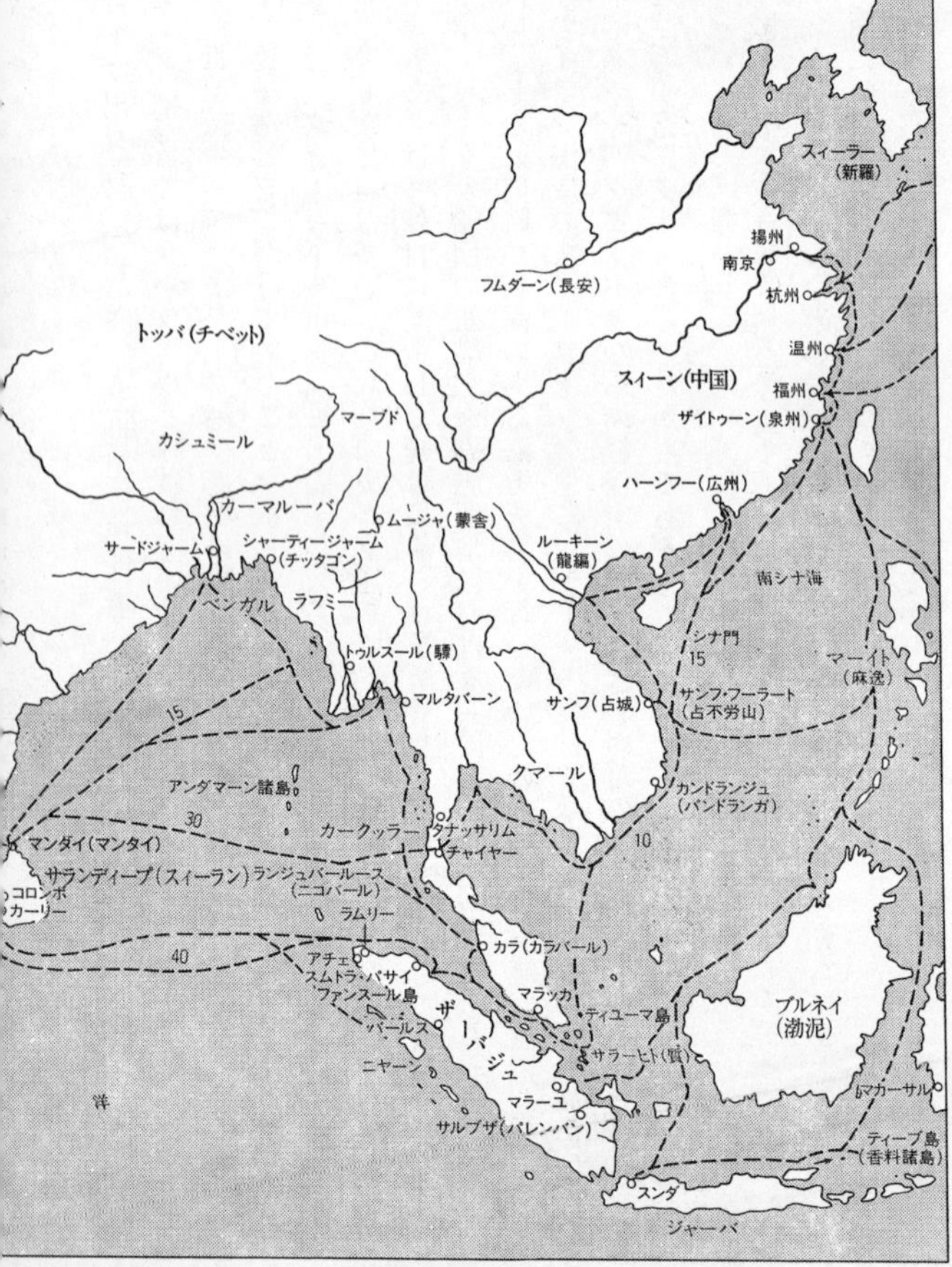
スィーラー
(新羅)
揚州
南京
フムダーン(長安)
杭州
温州
トッバ(チベット)
スィーン(中国)
福州
ザイトゥーン(泉州)
マーブド
カシュミール
ハーンフー(広州)
カーマルーバ
ムージャ(蒙舎)
サードジャーム
シャーティージャーム
(チッタゴン)
ルーキーン
(龍編)
南シナ海
ベンガル
ラフミー
トゥルスール(驃)
シナ門
15
マーイト
(麻逸)
15
マルタバーン
サンフ(占城)
サンフ・フーラート
(占不労山)
クマール
アンダマーン諸島
カンドランジュ
(バンドランガ)
30
カークッラー
タナッサリム
10
マンダイ(マンタイ)
チャイヤー
サランディーブ(スィーラン)
ランジュバールース
(ニコバール)
コロンボ
カーリー
ラムリー
カラ(カラバール)
40
アチェ
スムトラ・パサイ
ファンスール島
マラッカ
ザーバジュ
ティユーマ島
ブルネイ
(渤泥)
バールス
サラーヒト(質)
ニヤーン
マラーユ
マカーサル
洋
サルブザ(パレンバン)
ティーブ島
(香料諸島)
スンダ
ジャーバ

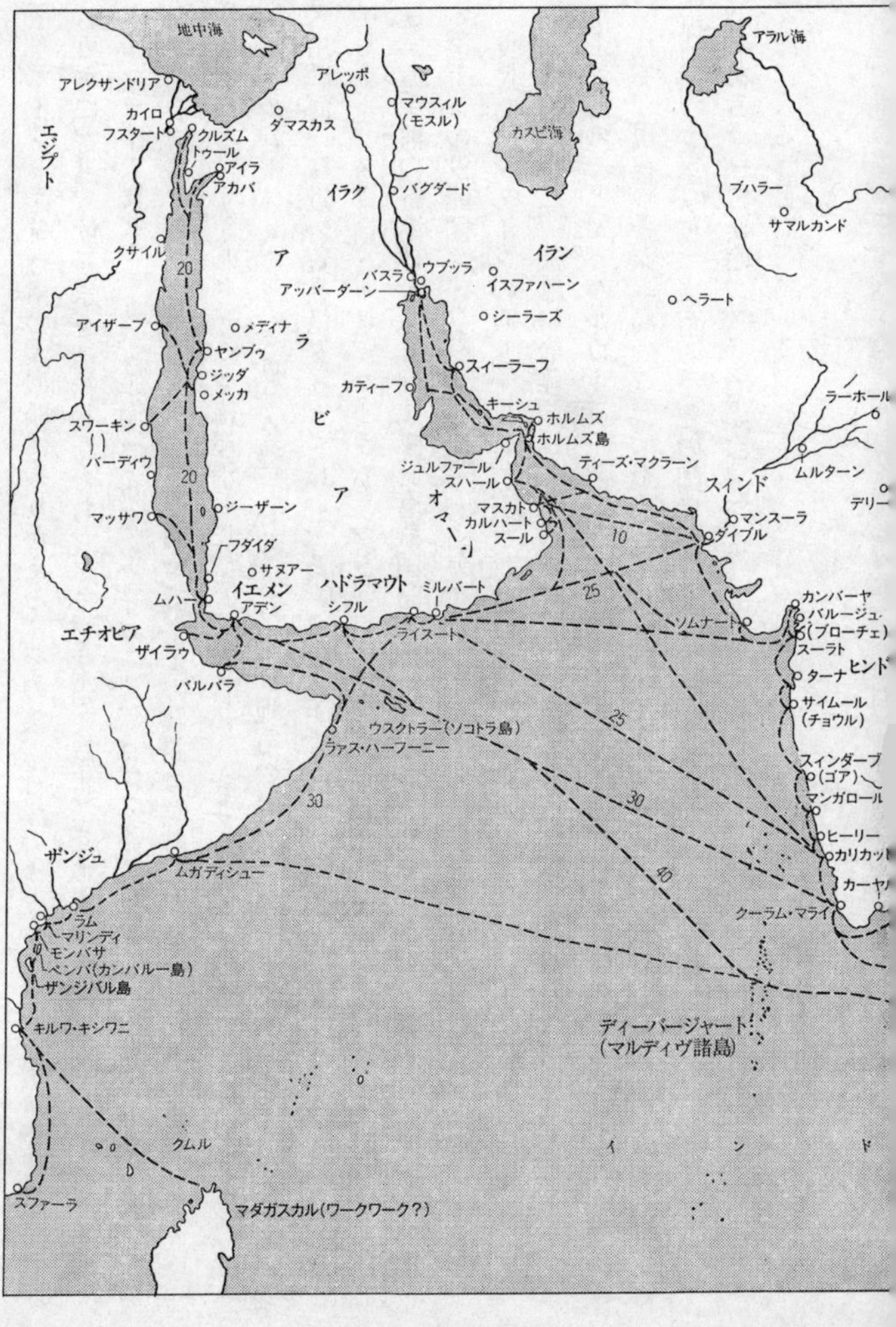

地中海
アレクサンドリア
カイロ
フスタート
エジプト
クルズム
トゥール
アイラ
アカバ
ダマスカス
アレッポ
マウスィル
（モスル）
イラク
バグダード
カスピ海
アラル海
ブハラー
サマルカンド
イラン
イスファハーン
シーラーズ
ヘラート
バスラ
ウブッラ
アッバーダーン
クサイル
アイザーブ
メディナ
ヤンブゥ
ジッダ
メッカ
ア
ラ
ビ
ア
スワーキン
バーディウ
マッサワ
ジーザーン
フダイダ
サヌアー
ムハー
イエメン
アデン
ハドラマウト
シフル
ミルバート
ライスート
オマーン
エチオピア
ザイラゥ
バルバラ
スィーラーフ
カティーフ
キーシュ
ホルムズ
ホルムズ島
ジュルファール
スハール
マスカト
カルハート
スール
ティーズ・マクラーン
スィンド
マンスーラ
ダイブル
ソムナート
ラーホール
ムルターン
デリー
カンバーヤ
バルージュ
（ブローチェ）
スーラト
ヒンド
ターナ
サイムール
（チョウル）
スィンダーブ
（ゴア）
マンガロール
ヒーリー
カリカット
カーヤ
クーラム・マライ
ウスクトラー（ソコトラ島）
ラァス・ハーフーニー
ザンジュ
ムガディシュー
ラム
マリンディ
モンバサ
ペンバ（カンバルー島）
ザンジバル島
キルワ・キシワニ
ディーバージャート
（マルディヴ諸島）
クムル
スファーラ
マダガスカル（ワークワーク？）
イ
ン
ド
20
20
10
25
25
30
30
40

至ってインド洋航行用の大型船に乗りかえる。その後、対岸のオマーンの港スハールとマスカトに寄港、飲料水を補給したのち、アラビア海（緑海）を直航して南インドのクーラム・マライ（賈耽のいう「没来国」、現在のクイロン）に達するものである。

他の一つは、いわゆる沿岸ルートであって、その経路は賈耽のいう「東岸行」とほぼ一致している。すなわちイラン海岸沿いに、ハーラク島、キーシュ島、イブン・カーワーン島、ウルムーズ（ホルムズ島）を経て、マクラーン地方のティーズ・マクラーン、インダス川の河口に近い貿易港ダイブルにいたる。そのあと、インドの西海岸沿いにターナ、サイムール、スィンダーン、クーラム・マライと南下する航路である。賈耽は、ウブッラに達する手前の寄港地として、抜離謌磨難国をあげている。この寄港地は、賈耽によると、オマーンの没巽国（すなわちマズーンの音写であって、スハールのこと）とウブッラとの中間に位置し、マズーンの西北十日行程、ウブッラから一日行程（十日行程の誤りと思われる）の距離にあった。抜離謌磨難国は、明らかにイブン・フルダーズベの伝えるイブン・カーワーン島のことで、バルカーワーン、アバルカーバーン、バニー・カーワーンなどとも呼ばれて、現在のキシム島のことである。また、ダイブルとインダス川についても、賈耽は「提颶国（ダイブル）に至る。その国は彌蘭（ミフラーン、すなわちインダス川のこと）の大海にある。一に新頭（スィンド）河という。北は渤崑山より西に流れ来りて、提颶国の北で海に入る」と記している。

賈耽は、インド西岸、マクラーン海岸およびペルシア湾沿いの「東岸行」とは別に、「西岸行」なるインド洋横断の直航ルートについても記録している。これは、商人スライマーンらの記録と少しく異なる興味深いルートである。賈耽によると、まず、南天竺（すなわち南インド地方）の最南端に近い没来国（クーラム・マライ）を出航してからインド洋、アラビア海を西に横断して、大食国の南端にある三蘭国、すなわちイエメンのアデン港（三蘭は明らかにアデンの古名であるサムラーン、サンラーンを音写したものである）に達する。

さらに西岸行は、南アラビア地方のシフル（設国）、ハドラマウト、マフラ地方のアフカーフ海岸（スィーフ・ル＝アフカーフ、すなわち賈耽の薩伊瞿和竭国）を周航したのち、針路を西に転じて、オマーン地方のマスカト、スハール（没巽国、マズーン）を経て、ペルシア湾に入るものである。

スハールは、イスラーム以前からスィーラーフとならんでイラン系の移住者、商人や航海者たちの重要な居留地として発達した。地理学者ムカッダスィーによると、十世紀後半のスハールは中国に達する回廊に位置し、人口多く、レンガとチーク材で建てた高層のミナレットを備えた大モスクがあったという。また十世紀半ばの地理学者イブン・ハウカルは、そこではペルシア語が使用され、町の財政上の実権はペルシア（イラン）人の手に握られていたことを記している。この事実は、アデンやインド・グジャラート地方のターナ、サイムールなどと同様に、イラン系の社会が堅く保持されていたためであると考えられる。買耽の言う没巽国は明らかに、スハールのペルシア名マズーンの音訳であるから、以上のことを考え合わせると、アッバース朝初期におけるイラン系商人、航海者たちの海上活動を知るうえで、大変に興味深い事実といえよう。

クーラム・マライ

さて、インドの最南端のコモリン岬（カニヤークマリ）に近いクーラム・マライは、マラバール地方の胡椒、肉桂、チーク材、米や、マルディヴとラクシャディーパの諸島に産したココヤシ油脂、木材、宝貝、竜涎香、スリランカの宝石、象牙、香薬類などの物産の集散地であり、またインド洋航海のうえでは、西はイエメン、紅海、東アフリカ海岸、ペルシア湾方面へ、東はニコバール諸島を経てマレー半島、マラッカ海峡、東南アジア島嶼部や中国方面へ、あるいはインド東岸沿いにガンジス川の河口、アッサム（カーマルーパ）やアラカン地方にいたる、いわばインド洋航海の十字路の要衝に位置した。商人スライマーンらの記録によると、オマーンのマスカトからクーラム・マライまでの距離は順風で一カ月の航海であるという。

中国・宋代の周去非の『嶺外代答』「海外諸蕃国」の故臨国（クーラム・マライ）条に、「中国の船商（海上商人）が、もし大食に往くことをのぞむならば、必ず故臨から小舟に乗りかえて往く」と述べている。また、西アジア・イスラーム諸国の「大食国から来るときは、小舟で運び、南に向かって航海して、故臨国に至り、そこで大船に乗りかえて東に航海し、三仏斉（スマトラ島の要衝サルブザまたはシュリーヴィジャヤ）に至る」とある。つまり、十二、十三世紀における中国と西アジア諸国とを結ぶインド洋航海は、クーラム・マライを中継地として、中国の大型ジャンクとインド洋西海域で活動する縫合型船ダウとが交代していたのである。こうした状況は、十四世紀末までつづいたが、十五世紀初め、明朝の皇帝永楽帝が派遣した鄭和艦隊は、クーラム・マライ（没来国）とカリカット（古里国）を越えて、ペルシア湾のホルムズ島まで進出するようになった。

では、中国ジャンクは、いつごろから南インドの諸港を訪れるようになったのであろうか。商人スライマーンらの記録には、つぎのようにある。

「クーラム・マライには、クーラム・マライ地方の税関（マスラハ）があって、そこではシナ（中国）船（アッ＝スフン・アッ＝スィーニーヤ）に税が課せられる。そこでは井戸から真水が得られる。シナ船からは千ディルハム銀貨が、その他の船からは十ディーナール金貨から一ディーナール金貨のあいだで税が徴収される」

ディーナール金貨とディルハム銀貨の換算率は、一般には当時、一対十もしくは十二であるから、シナ船からはディーナール金貨に換算すると、百ディーナールの高率税が課せられていたことになる。では、右の文中の「シナ船」が果たして中国人自身が所有し、乗船した、中国ジャンクであっただろうか。なるほど、九、十世紀のイスラーム史料には、しばしばシナ船（マラーキブ・アッ＝スィーン、スフン・スィーニーヤ）という言葉が登場してくる。例えば、九世紀末の地理学者ヤァクービーは、その著書『諸国誌』のなかで述べている。

「アデンは、すなわちサヌアーの海岸で、そこにはシナ、サラーヒト（後述するように、マラッカ海峡周辺の地域、質の音写）、マンダブ（バーバル・マンデブ海峡）、ガラーフィカ、ヒルダ、シャルジャの船の船着き場（マルファウ）である」

また、ブズルク・ブン・シャフリヤールによると、イランのキルマーン地方出身のある牧夫は、漁夫になり、やがてインド通いの船に乗る水夫となり、ついには「シナ船」のナーホダー（船舶経営者および船長）に出世したという。しかし、「シナ船」の特徴や乗組員の構成について具体的に記録した史料はほとんどなく、右の若干の事例によっても明らかなように、「シナ船」は、「中国向けの貿易船」「中国と西アジア・イスラーム世界（大食）とのあいだを往復するアラブ系・イラン系の船」と解釈すべきであろう。すでに、G・ハウラニは、シナ船問題にふれて、記録史料の文脈から考えて「シナ船」は「西方の船」のことで、「中国貿易のための船」を意味する、と結論づけている。

インドのクーラム・マライでは、中国向けの貿易船に対して、インド洋の西海域やインド海岸などでローカル貿易を行う船の十倍から百倍の高い関税が課せられたのである。これは、船の規模が大きく、高価な積み荷が多量に船載されていたからであると考えられる。

クーラム・マライ—ハーンフー(広州)

クーラム・マライを出港した中国向けの貿易船は、スリランカとコモリン岬のあいだのマンナール湾に入り、アダムズ・ブリッジ、ポーク海峡を通過して、ベンガル湾に出た。アダムズ・ブリッジ付近は、強い潮流、渦巻き、浅瀬や砂洲が多く、「波頭たつ海(グッブ海)」と呼ばれて、船乗りたちに恐れられた航海難所であった。スリランカのマンナール半島の付け根部分には、マンタイ(マンダイ)の港市遺跡があって、一九八〇年からシカゴ大学の考古学調査隊による発掘調査がつづけられている。この遺跡は、おそらくブズルク・ブン・シャフリヤールの記録にみえるアブリールと呼ばれる貿易港であって、内陸部のアヌラダプーラから運ばれてきたスリランカの特産品(沈香、宝石、香辛料、薬物料や象牙)の集荷地と積み出し港として、十世紀末ごろまで繁栄した。

十一、十二世紀になると、大型船はマンナル湾とポーク海峡をとおらずに、スリランカの南端を迂回するようになった。これは、船の大型化と海峡部分の水深が浅くなったこと、また後期チョーラ王朝(九〜十三世紀中葉)の軍事的勢力がスリランカ北部に拡大して混乱が発生したこと、タミール系移住者の増大などに原因していると考えられる。マンタイは、十二世紀になると急激に衰退し、かわって、南西海岸のコロンボとガレ(カーリー)

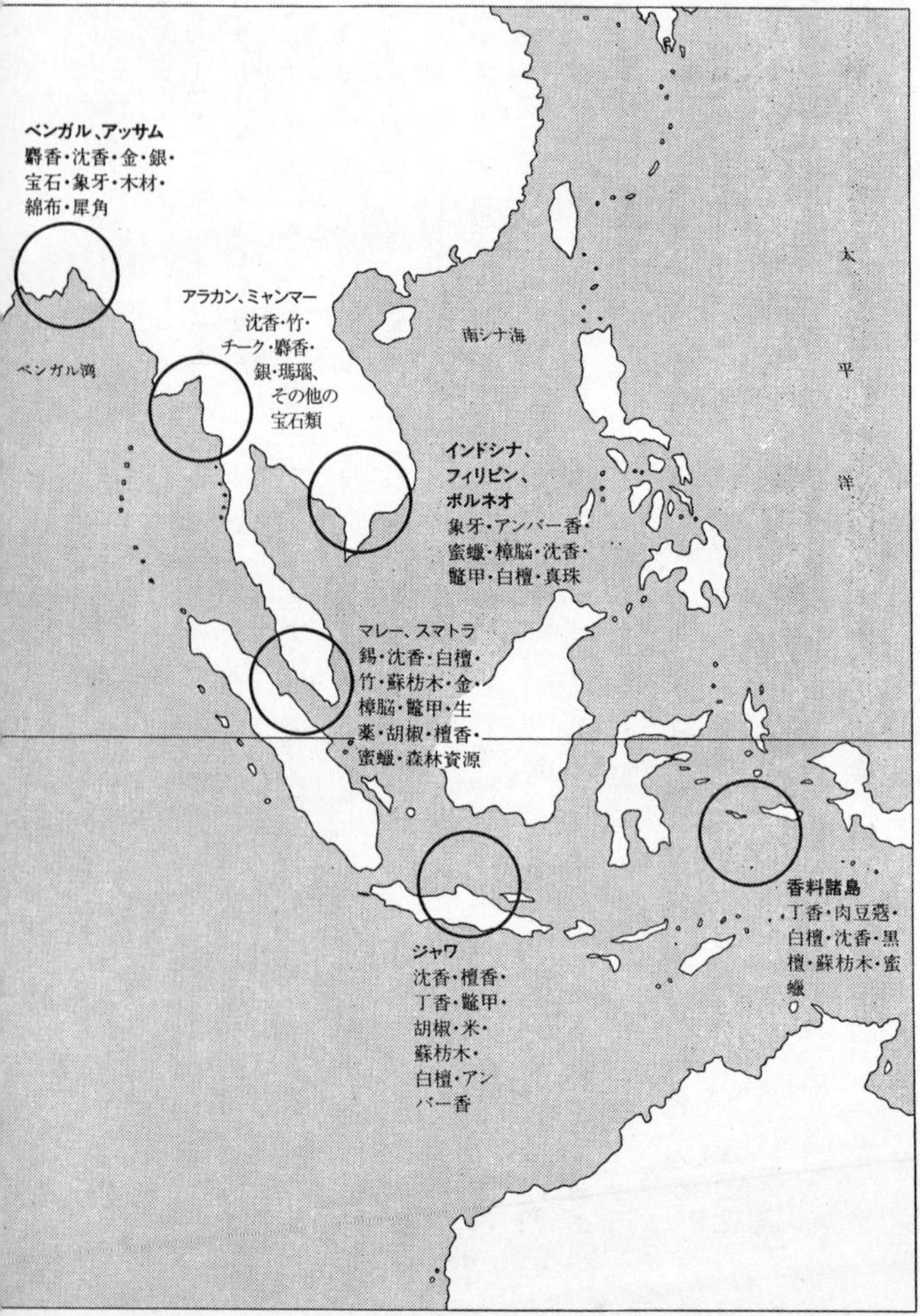

ベンガル、アッサム
麝香・沈香・金・銀・宝石・象牙・木材・綿布・犀角
ベンガル湾
アラカン、ミャンマー
沈香・竹・チーク・麝香・銀・瑪瑙、その他の宝石類
南シナ海
太平洋
インドシナ、フィリピン、ボルネオ
象牙・アンバー香・蜜蠟・樟脳・沈香・鼈甲・白檀・真珠
マレー、スマトラ
錫・沈香・白檀・竹・蘇枋木・金・樟脳・鼈甲・生薬・胡椒・檀香・蜜蠟・森林資源
ジャワ
沈香・檀香・丁香・鼈甲・胡椒・米・蘇枋木・白檀・アンバー香
香料諸島
丁香・肉豆蔻・白檀・沈香・黒檀・蘇枋木・蜜蠟

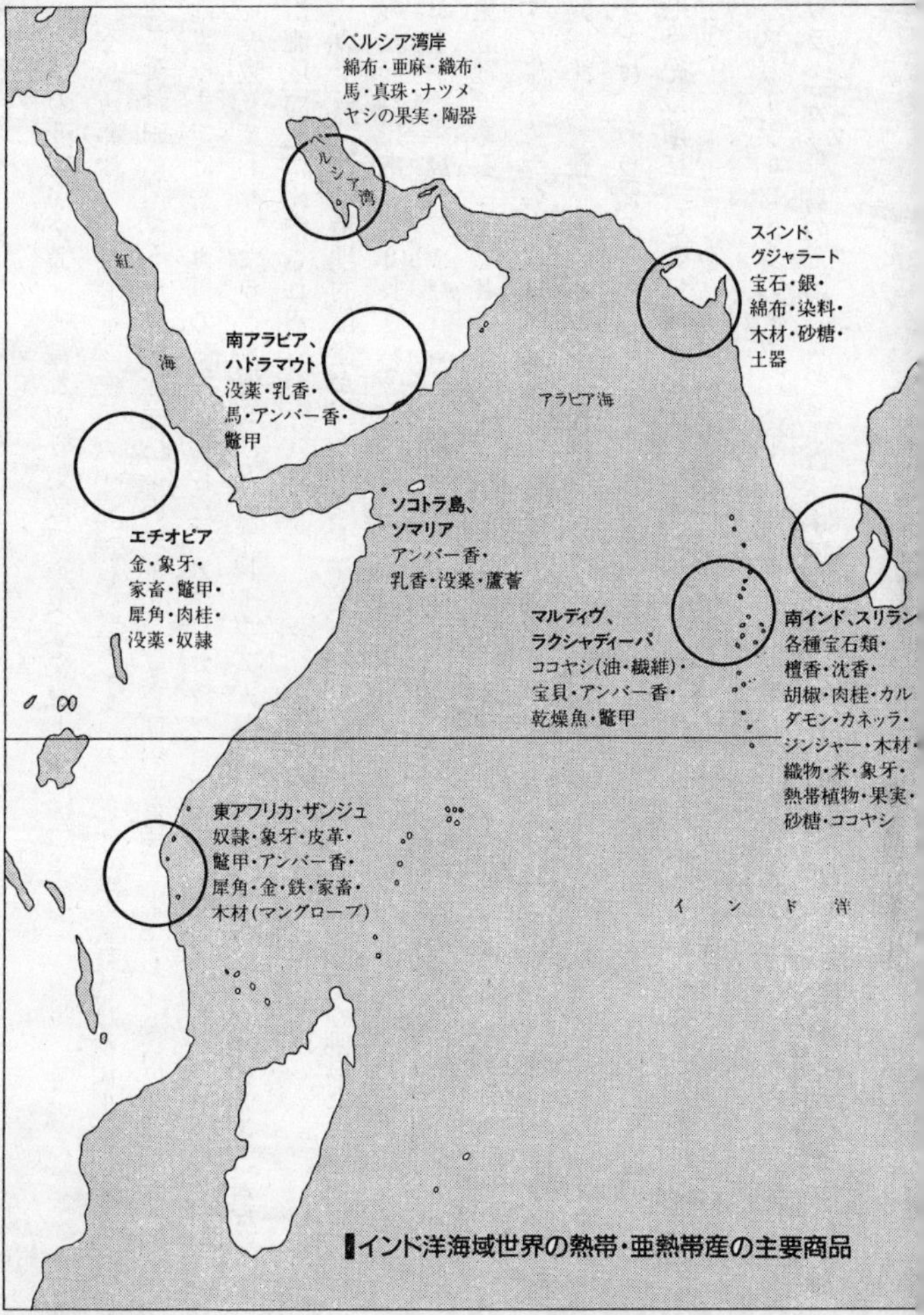
ペルシア湾岸
綿布・亜麻・織布・
馬・真珠・ナツメ
ヤシの果実・陶器
ペルシア湾
紅
海
南アラビア、
ハドラマウト
没薬・乳香・
馬・アンバー香・
鼈甲
スィンド、
グジャラート
宝石・銀・
綿布・染料・
木材・砂糖・
土器
アラビア海
エチオピア
金・象牙・
家畜・鼈甲・
犀角・肉桂・
没薬・奴隷
ソコトラ島、
ソマリア
アンバー香・
乳香・没薬・蘆薈
マルディヴ、
ラクシャディーパ
ココヤシ(油・繊維)・
宝貝・アンバー香・
乾燥魚・鼈甲
南インド、スリラン
各種宝石類・
檀香・沈香・
胡椒・肉桂・カル
ダモン・カネッラ・
ジンジャー・木材・
織物・米・象牙・
熱帯植物・果実・
砂糖・ココヤシ
東アフリカ・ザンジュ
奴隷・象牙・皮革・
鼈甲・アンバー香・
犀角・金・鉄・家畜・
木材(マングローブ)
インド洋

▌インド洋海域世界の熱帯・亜熱帯産の主要商品

の二つの港市が交通・運輸と物資集散の重要な拠点となった。

ベンガル湾を横断して、ニコバール諸島（ランジュバールース、賈耽には婆国伽藍洲とある）を経由、スマトラ島西北端に近いバールス（賈耽の婆露国）とマレー半島西岸の寄港地カラまでは約一カ月の航海であった。カラ、カラフ、カラバールは、賈耽の記す箇羅国と一致しており、マラッカ海峡に近いマレーシア・ケダ州のペンカラン・ブジャンとムダ川流域周辺に比定される。

カラは、その地理的位置が、(1)インド洋と南シナ海とを結ぶモンスーン航海上の不可避の結節点にある、(2)長さ八〇〇キロにおよぶマラッカ海峡の出入り口の近くにある、(3)インドシナ半島、ジャワ、香料諸島やベンガル地方から搬入される熱帯産の動植物と鉱物の集散地であることなどによって、インド洋航海と貿易活動のうえで重要な拠点となった。すでに、カラの名は、イスラーム以前から西アジア商人たちのあいだに広く知られており、錫、沈香、籐、竹材や竜脳（竜脳樹からとった白色板状の結晶で、樟脳の香りをもった香料）などは、カラ産（カルヒー、カルイー）の高級品として珍重された。イラン系商人たちは、七世紀以前に、ここに貿易と宗教上の居留地を建設し、中国への進出の足掛かりとしていた。

スィーラーフ出身のアブー・ザイド・アル＝ハサンの記録によれば、十世紀初めごろのカラ（「カラフ島の王国」とある）は、中国とアラブの地との航海上の中間地に位置し、沈香、竜脳、白檀、象牙、錫、黒檀、蘇枋木、香辛料、薬物料などの物産の集散地であって、オマーンとのあいだに横断航海が行われていたという。またブズルクによって、カラと南アラビア海岸のシフル、アデンとを結ぶインド洋横断の直航ルートがあったことがわかる。

十世紀半ばの地理学者マスウーディーは、カラについてアブー・ザイドの記録に依拠しながらも新しい情報を加えて、つぎのように述べている。

「伝えるところでは、マーワランナフル地方のサマルカンド出身の一人の商人は、国を出るとき、たくさんの商品をもってイラクに向かった。そこで人の委託荷物を受け取り、バスラに達すると海に出て、オマーン地方に着いた。さらに、カラ地方まで船で渡った。そこはシナなどへの道の中間地点で、当時、スィーラーフ人、オマーン人によるイスラーム〔世界〕の人びとの船の最終地であった。彼らは、そこでシナの地から船に乗ってくる人びとと会同する。しかし昔はそれとは違っていた。つまり、シナの船（マラーキブ・アッ＝スィーン）はオマーン地方、スィーラーフ、ファールスの海岸やバフライン（東アラビア地方）の海岸、ウブッラとバスラにまで達していた。それと同じように、〔アラブとイランの船が〕上述の場所からそこ（シナ）にしばしば行っていた。しかし〔唐末に起こった農民叛乱による〕状況が悪化し、不正がはびこり、すでに説明したようなシナの状況になると、両者〔の船〕はみなこの中間地を最終地とするようになった。したがって、このサマルカンドの商人はカラの町からシナ人たちの船（マルカブ・アッ＝スィーニーイーン）に乗

って ハーンフー(広府、広州)に行った」
マスウーディーの記事を要約すると、つぎのような重要な事実が含まれていることがわかる。

(1) サマルカンド出身の商人(おそらくイラン系ソグド商人)がイラク経由でペルシア湾とインド洋に出て、中国との貿易を行った。

(2) 十世紀半ば、カラは西アジアと中国との海上交通の要衝であって、シナ人の船とイスラーム世界から来た船とが出合った。

(3) それ以前には、シナ船はペルシア湾岸の諸港市まで、またスィーラーフとオマーンの船は中国まで直航していた。

(4) 「シナ船」と「シナ人の船」とは明らかに区別されている。

「シナ船」については、すでに言及したように、「中国向けのアラブ系・イラン系の船」であって、具体的にはイランのスィーラーフやオマーンのスハールから出港した縫合型船ダウのことである。中国側史料では、これを「索縄船」と呼んだ。唐の末期、広州に滞在した劉恂は、その『嶺表録異』(巻上)に記している。

「賈人の船は、鉄釘を用いず、ただ桄榔(シュロの一種)の鬚を使って束ねて繋ぎ、橄欖(熱帯に産する果樹の一種)の糖でこれに塗りこむ。その糖は乾くと非常に堅くなり、水に入れるとちょうど漆のようである」

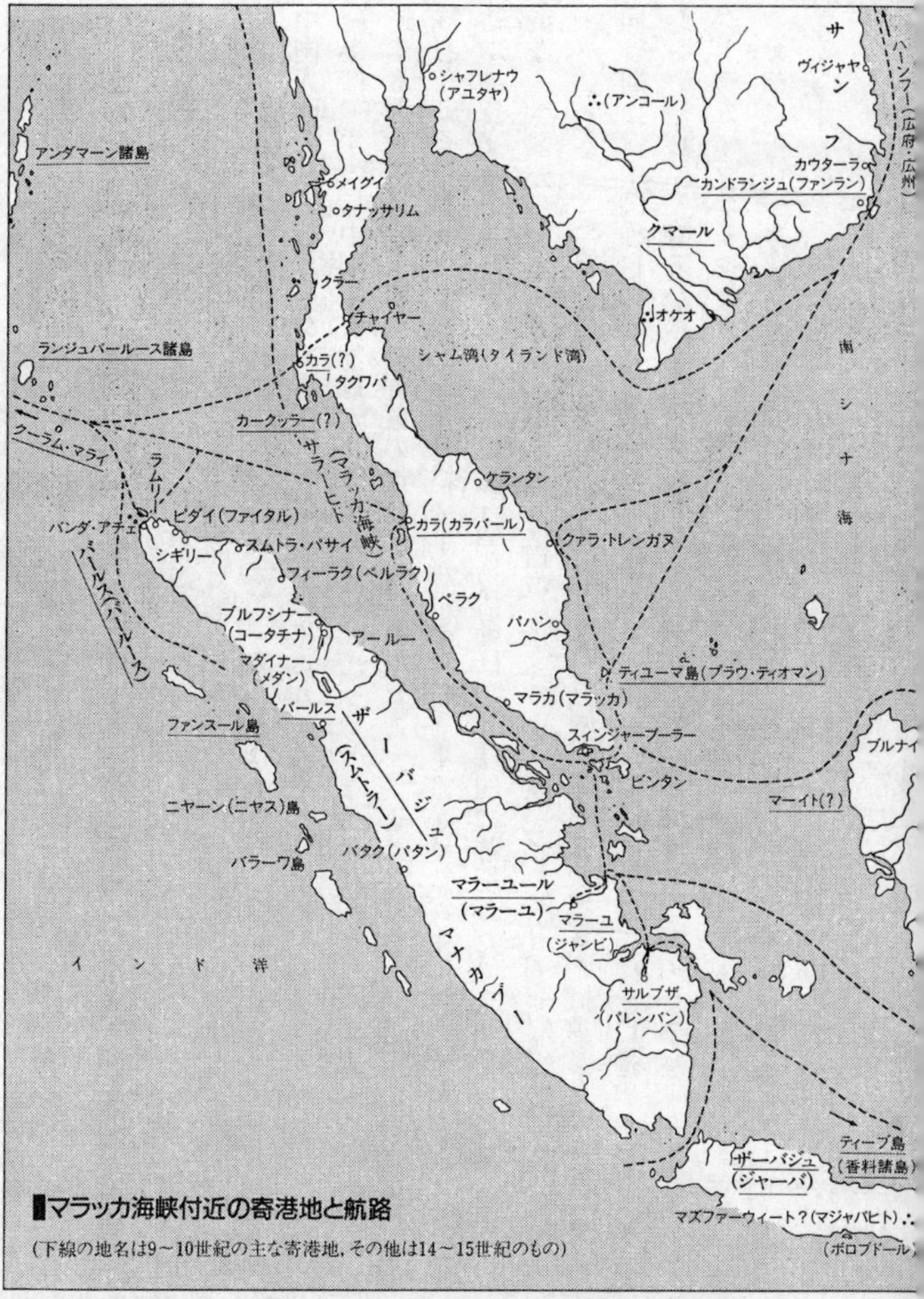

■マラッカ海峡付近の寄港地と航路

（下線の地名は9～10世紀の主な寄港地，その他は14～15世紀のもの）

縫合型船ダウの特徴は、舷側板を固定するのにココヤシの果実を包む靭皮繊維からつくった縒《よ》りひもをとおして縫い合わせ、縫い穴と外板の隙間を樹脂・魚油・石灰などで充填した船である。右の劉恂の記録は、明らかに広州に入港したスィーラーフやスハールの船を説明している。しかし、マスウーディーは、「シナ人たちの船」が中国とカラとのあいだを往来していたとの興味深い事実を伝えている。シナ人船は、その文脈から考えても、中国人の乗りこむジャンクを指していると考えられる。それが事実であるとすると、十世紀半ば、すでに中国の貿易船が南シナ海を越えて、カラまで進出していたことになる。後述するように、唐末期に、黄巣の叛徒は広州を陥れて、十二万人におよぶ外国居留民を殺戮した。その影響によって、九世紀後半から十世紀前半にかけて、中国とペルシア湾とを結ぶアラブ系やイラン系の船の航海と貿易活動は、一時的に跡切れた。広州から撤退を余儀なくされた外国商人たちの多くは、占城（チャンパ）、カラや三仏斉（サルブザ、シュリーヴィジャヤ）に居留地を移したと考えられる。外国船が中国の港から撤退したのとほぼ同時期に、中国独自のジャンク構造船が造られ、南シナ海に向かって急激に進出したのである。そして、南宋から元初になると、ジャンクの航跡は、南インド・マラバール海岸のクーラム・マライやカリカットまで達するようになった。

　カラに近いマラッカ海峡付近は、アラブ系・イラン系の船乗りたちには、サラーヒト（シャラーフト）と呼ばれた。すなわち、マスウーディーは、「カラの海は、水深が浅い。

海水が少なくなると危険も多く、しかも島嶼や海峡（サラーイル）も多くある。サラーイルの単数語形は、スッルであり、船人たちは航路の行き先の二つの入り江（半島）のあいだのところを指す意味に使う」と説明している。スッルは、マレー語のセッラ（sellat, salat）のことで、賈耽の文中には、「海硤の蕃人は、これを質といっている。そこは南北百里の距離がある」とあって、質もまたセッラ、もしくはサラの音写であろう。

マラッカ海峡を通過した後、船はティユーマ島（プラウ・ティオマン、賈耽の軍突弄山）、カンドランジュ（奔陀浪洲、パンドランガ）を経て、インドシナ半島沿岸に吹き寄せながら、南シナ海を北上航海した。

つぎの寄港地のサンフは、インドシナ半島東岸の狭長な海岸部を中心として成立したチャンパ王国（占城）を指した。チャンパは、その位置がマラッカ海峡と中国南部とを結ぶモンスーン航海の要地にあり、またチャンパ産沈香木（サンフィー）の輸出地として名高かった。

ムスリムの商人たちは、すでに十世紀の半ばごろ、チャンパに在留地を置いて近隣の諸国のクメール（古笪、カンボジア）、ブルネイ島などとの貿易取引上の拠点としていた。チャンパに近く、中国にいたる仮泊地の一つにサンフ・フーラート（またはサンダル・フーラート）と呼ばれる港があった。この港は賈耽が「環王国（占城国）の東、二百里の海中」に位置すると述べている占不労山、現在のチャャム島のことである。そこから船は中国にいたる最後の海、サンハイ海（トンキン湾を含めた南シナ海のことで、漲海を音写している）を横切って、シナ門（バーブ・アッ＝スィーン、西沙群島）を経て、インド洋航海のターミナル港ハーンフー、すなわち広州（広府）に達した。なお、イブン・フルダーズベは、トンキン湾内のルーキーン（龍編）を経て、大陸沿いに広州にいたる別航路についても記している。

唐宋時代における広州の商況については、すでに桑原隲蔵による「カンフゥ問題殊にその陥落年次に就いて」と「イブン・コルダードベーに見えたる支那の貿易港殊にジャンフゥとカンツゥに就いて」（いずれも『東西交通史論叢』所収）や藤田豊八による「イブン・コルダベーのカントウに就て」（『東西交渉史の研究』「南海篇」所収）などの詳しい論考があるので、ここではとくに触れる必要はないであろう。なお、イスラーム地理書には、中国の貿易港としてハーンフーのほかに、ヤーンジュー（揚州）、カーンツー（杭州）などが記録されている。しかし、それら諸港の比定には諸学者のあいだで異論があり、今後の研究にまつところが大きい。とくに、そうした問題の究明に際しては、まず関連するイスラーム地理書・歴史書を総合的に収集し、写本間の異同の比較や内容を十分に検討したうえで、各知識の系統関係を明確にすることが是非とも必要であろう。

雲南・ミャンマー（ビルマ）道

賈耽は、中国から四方の諸国にいたる道筋の一つに安南の交趾から雲南、そしてミャンマー（ビルマ）の驃国（ピュー）を経て、インドに達する陸道「安南から天竺に通じる道」について述べているが、このルートは九、十世紀のムスリム商人たちのあいだにも、漠然とではあるが知られていた。

ベンガル湾内の航路は、インド・マラバール海岸の交易港クーラム・マライからカラにいたる、いわゆるインド洋航海の幹道から外れた脇道であった。したがって、イスラーム地理書の伝えるベンガル湾沿岸の記録は漠然としていて、地名の比定には困難をともなう。まず、クーラム・マライから分岐した航路は、ポーク海峡に近いバッリーン（ネガパッティナム？）を経て、インド東岸沿いにシンジー、カンジャ（ガンジャム）、ウーリシーン（オリッサ）などの港市を周航して、カーマルーン（カーマルーパ）にいたる。インドの東端カーマルーン、すなわち賈耽の記す東天竺迦摩波国につづく道程は明確ではないが、同国と中国とのあいだに介在した諸国として、トゥルスール（トゥースール）、アル＝ムーシャ（アル＝ムージャ）とアル＝マーブド（もしくはアル＝マーナク）の三国が知られていた。

第一のトゥルスールは『旧唐書』（巻一九七）、「驃国」の条に「自ら突羅成と号す。闍婆（ジャワ）国人は〔これを〕徒里拙という」とあるように、ミャンマー（ビルマ）地方に成立したピュー（驃）の国名を表したものである。十世紀後半に著された匿名のペルシア語地理書『世界の境域地域』はトゥルスール（トゥースール）について、つぎのように伝えている。

「トゥルスールは、シナに隣接する大きな国。中国とそことは、山脈によって隔てられている。住民は褐色、衣服は綿製である」

一方、匿名の商人スライマーンらの記録とマスウーディーは、ビルマのアラカン地方とペグー地方を含めて広くファリンジュ、つまりタライン（ペグラン）と呼んでいる。

驃国からイラワディ（エーヤーワディ）川をさかのぼって、中国辺疆にいたる道筋には、アル＝ムージャとアル＝マーブドと呼ばれる二つの国があった。商人スライマーンらの記録にはつぎのようにある。

「ルフマー王国の向こうに多数の諸王がいるが、その数はいと高き神以外には誰にもわからない。その一つにアル＝ムージャがあり、その住民の色は白く、衣服はシナ人に似ている。そこでは多くの麝香がとれる。この国には峻嶺なることでは他に類をみない白い山々がある。住民はその周辺のおおかたの諸王と戦っている。……この国の裏側にアル＝マーブドの諸王がいる。そこには町が多く、アル＝ムージャまで広がり、人口はアル＝ムージャより多い。アル＝マーブドの人びとはアル＝ムージャがそうである以上に、シナ人とよく似ている」

驃国の北辺の国アル＝ムージャは、おそらく南詔（蒙舍）王国であり、また、アル＝マーブドは東チベット（マーブド）を指したものと考えられる。

八世紀の半ば、雲南を統一して都を大理に定めた南詔王国は、東進してきた新勢力の吐蕃を撃退し、ときにはこれと結んで唐王朝に侵攻した。また彼らは、ミャンマー中央部を南流するイラワディ川を南下して驃国にもしばしば侵略した。イスラーム史料中にみえる南詔王国の記載は、まさしく安史の大乱(七五五～七六三年)以後の全盛期の状況を伝えたものに相違ない。永昌やチベット地方に産する麝香や瑪瑙が盛んに西方に運ばれたのは、実にこの雲南からペグーにいたるいわゆる雲南・ビルマ道を通じてであった。

朝鮮道

ムスリム商人たちがいつごろから、いかなる経路を経て朝鮮に来航するようになったかは確かではないが、商人スライマーンやイブン・フルダーズベをはじめとする九、十世紀のイスラーム地理書・旅行記には、朝鮮は、スィーラー(新羅)としてみえている。朝鮮に関する知識には、かなり伝説的要素が含まれているから、おそらく彼らが南中国の広州、揚州や温州などに入港した際に、中国人を通じて間接的に得た知識と思われる。また、新羅商人たちが中国の諸港を訪れた際に、ムスリム商人との交流によって伝えられた情報であると考えることもできる。

十一世紀の初めごろになると、ムスリム商人たちは、朝鮮半島まで直接進出して、通商関係をもつようになった。そのことは朝鮮側の史料を通じて具体的に証明することができる。

すなわち『高麗史』の巻五、顕宗の十五年（一〇二四年）には、大食国の悦羅慈（アッ＝ラーズィー、ラーズィー）らが、またその翌年の十六年（一〇二五年）にも同一人物と思われる大食蛮の夏詵羅慈（ハサン・アッ＝ラーズィー）ら百人が到着して、方物（特産品）を献じたことが記録されている。さらに、同書の巻六、靖宗の六年（一〇四〇年）の条には記されている。

「十一月丙寅、大食国の客商保那盍（アル＝バルヒー?）らが来て、水銀、竜歯、占城香、没薬《もつやく》、大蘇木等の物を献上してきた。そこで彼らを役所の迎賓館に泊めさせて、丁寧にもてなすように命ぜられた。帰還のときには、金帛が十分に下賜された」

この記録に見える大食国の客商とは、その名前から推測して、明らかにイラン系の商人（ラーズィーはイラン中北部の都市ライ（レイ）出身、バルヒーはバルフ出身）であり、また、献納の品々のなかには占城香（サンフィー）、没薬、蘇枋木などのインドシナや東南アジア島嶼部の特産品が多いことから判断して、彼らは南シナ海の海上ルートを経て朝鮮に来航したことは誤りのない事実であろう。

なお、この『高麗史』の記事に対応する中国側の史料が見いだされないので、明言することはできないが、おそらく彼らは中国の広州または杭州の港を経由して、朝鮮に向かったのであろう。

以上、商人スライマーンらやアブー・ザイド・アル＝ハサン、イブン・フルダーズベ、ブズルク・ブン・シャフリヤール、マスウーディーなどに記録された、中国と西アジア地域とを結ぶインド洋の海上ルートは、中国の宋朝と元朝の時代になって、ますます活発に利用され、そのルートを通じて人びとの移動・往来とさまざまな物産の交換・取引が盛んに行われる。また、地中海のチュニジア海岸の近くで採集された珊瑚（西海の珊瑚）が中国に運ばれたり、中国製の陶磁器が南アラビア、イエメンや東アフリカの各地に、あるいはエジプト方面にも多量に転送されたことは、インド洋を中心とした海上運輸と貿易活動がさらに規模を拡大し、遠隔地性を増したことを示している。航路に沿った貿易の中継港や仮泊地は、さまざまな人びと、物産、情報と文化が出合い、融合する交流上の一大センターとして発達し、新しい文化の形成や政治勢力の結集を促すような動きもまた生まれたのである。十三世紀になると、東アフリカ海岸にはスワヒリ文化圏、インドでもシーア・イスマーイール派のボフラー社会や、マーピッラ社会の形成、東南アジアでも港市を核とする新興の国家形成がみられた。

＊　中国でアラビアおよびアラブ人を呼んだ名称。しだいにイスラーム世界を広く意味するようになった。その語源については、アラビア語の「商人」を意味するタージル、アラブ部族のタイイ、タージークなどの諸説がある。

三　インド洋全域をゆくスィーラーフ系海上商人

〈交易ルートの拡大と海上商人〉

はじめに

最近、ペルシア湾、紅海をはじめインド洋の西海域に沿った中世イスラーム期の交易港が各地で考古学的に調査・発掘されて、ポルトガル人来航以前におけるインド洋の海上運輸と貿易の重要性が改めて認識されつつある。そのおもな発掘地として、ペルシア湾岸ではイランのスィーラーフ、オマーンのスハール、ズファール（サラーラ）、パキスタンのカラチ近郊のバンボール、スリランカ北部のマンタイ（マンダイ）、マレー半島南西のカラ（カラバール）遺跡、また紅海ではクサイル、アイザーブ、トゥール、ファーザ（ザビード）、東アフリカ海岸のマンダ島のマンダとタクワ、シャンガ、ゲディ、ウングワナ、キルワ・キシワニのスワヒリ都市群などの調査・発掘があげられる。

これらのイスラーム交易港の多くは、インド洋の長距離航海にあたっての寄港、経由地として風待ちの避難港、飲料水や食料の補給などにも利用されたが、それぞれには埠頭、貯蔵庫、管理用の建物、給水施設、周壁などの港湾設備がよく整い、高度に発達した市場、

イラン南部ペルシア湾に沿ったスィーラーフ遺跡全景（1972年）

商人の居留地やモスクなどを備えていて、政治的・軍事的にもかなり自由な中立的交易都市としての性格をもっていたと考えられる。

インド洋の交易港を考える場合、交易港それぞれの独自な形成・発達・変容の歴史過程や都市の構造と機能、その経済的役割などを追究するだけでは不十分である。交易港は、広域的運輸と貿易体系上のネットワークの交点としての役割を担っており、それだけに交易港相互の諸関係についての総合的研究が必要であると思われる。

すなわち、交易港はそれ自体では成立できずに、海上交通によって遠隔地にある商品生産地、集荷と消費の市場、中継地、運輸・航海上の寄港・経由地などと有機的に結びつけられており、また単に商品集散地と消費都市としてだけでなく、内陸都市の各地とも結ばれた多元的ネットワークの一大拠点として機能していたからである。

では、一つの交易港が他の交易港とどのような有機的結びつき——人的移動、物品交換、通貨決済、法保障やその他の情報・文化交流などの面での共存関係、共属意識、それらの結びつきの方向性、分布範囲、方法、手段、強度や役割など——をもっていたのか、その関係の成立・変化・消滅の過程について、また別の交易港を軸とした新しいネットワークの成立はあったのか、それらの諸問題について、イスラーム世界全体の歴史潮流を視野に入れながら追究していくことが、今後の交易港の研究に対する新たなアプローチとなると考えられる。本章の目的は、八〜十世紀の約二百年間にわたってペルシア湾とインド洋の海上運輸・貿易のうえで華々しく繁栄した国際交易港、スィーラーフを中心としたネットワークの基本構造について考え、あわせてそのネットワークが十世紀後半から十一世紀以降のインド洋貿易の基本的ネットワークとのあいだに明確な違いがあることの事実を指摘することにある。

一

スィーラーフは、ペルシア湾のなかほど、イラン・ファールス地方の、急峻なザグロス

スィーラーフの港市遺跡（上：大モスク址、下：港から市場へ）。8～10世紀には、ペルシア湾第一の国際港として繁栄し、スィーラーフの船は東アフリカ海岸やインド、東南アジア、中国の諸港市を訪れた。西暦976年もしくは978年の大地震によって、町は壊滅的な被害を受けたといわれる

ようになった。

山脈を背にして位置するイスラーム期の代表的な国際交易港であった。そこは、ウマイア朝末期以降、西アジア・イスラーム都市の加速度的な発展がもたらした、金融と流通経済の影響を強く受けて、インド洋の海運業と貿易中継のセンターとして重要な役割を演じるようになった。

スィーラーフを拠点とした商人や船主たちは、そうした時代的背景をとらえて投機性の高い造船・海運業と遠隔地貿易に巨額な資金を投資して、イエメン、紅海、東アフリカ、インドのグジャラート、マラバール、スリランカ、そしてマレー半島、スマトラ、ジャワと中国南部の貿易の窓口＝広東にいたるまでの、インド洋海域の東西にまたがって広く活躍した。彼らの活動のメカニズムは、インド洋の熱帯・亜熱帯圏で産出する多種・多品目の豊かな資源をバグダードを中心とする西アジアや地中海世界の諸都市の市場に運ぶことであり、またその一部をインドと中国の市場にも中継輸送して、その代価として得られる中緯度圏の諸都市で生産される加工品類を求めることにあった。

商人スライマーンらの記録とスィーラーフの人アブー・ザイド・アル＝ハサンによる『中国とインドの諸情報』、ブズルク・ブン・シャフリヤールの『インドの驚異譚』、マスウーディーの『黄金の牧場と宝石の鉱山』や、その他の十世紀前後に著されたイスラーム地理書・旅行書などによって、九、十世紀を中心とする全盛期におけるスィーラーフ系海上商人たちの利用したインド洋航海のルート、寄港・経由の拠点を明らかにすると、つぎのとおり、三つの主要ルートがあったことがわかる。

(1) 紅海のジッダを終点とするルート＝スィーラーフ―スハール―マスカト―ライスート―シフル―アデン―ザイラゥ―ガラーフィカ―バーディゥ―スワーキン―ジッダ

(2) 東アフリカ海岸のカンバルーとスファーラを終点とするルート＝スィーラーフ―スハール―マスカト―ライスート―シフル―アデン―バルバラ（ベルベラ）―ラァス・ハーフーニー―マンダ―シャンガ―カンバルー―ザンジバール―スファーラ

(3) インド西海岸、スリランカの諸港市を目的地または通過拠点として、最終目的地の広東に達するルート＝インド洋西海域の横断には、スィーラーフを出帆してスハール、マスカトよりマクラーン海岸沿いにティーズ・マクラーン―ダイブル―カンバーヤ―ターナ―サイムール―クーラム・マライにいたる沿岸ルートと、マスカトよりクーラム・マライまで直航するルートがあった。また賈耽の『道里記』が伝えているように、スハール、マスカトよりラァス・アル＝ハッドを回ってライスート―シフル―アデンなどの南アラビア地方の諸港市に寄港した後、インド洋を横断してクーラム・マライやマルデイヴ諸島を経由、スリランカ北部の交易港マンタイに達するルートも利用された。その後、インド亜大陸南端とスリランカのあいだのマンナール湾とポーク海峡を通過し、ニコバール諸島、マレー半島西南海岸のカラ（カラバール）をめざして、一路東に舳先を向けた。マラッカ海峡入り口に近いスマトラ島の寄港地ラムニー（ラムリー）とサルブ

インド洋におけるスィーラーフ系商人のネットワーク

（●は主要な貿易拠点・居留地）

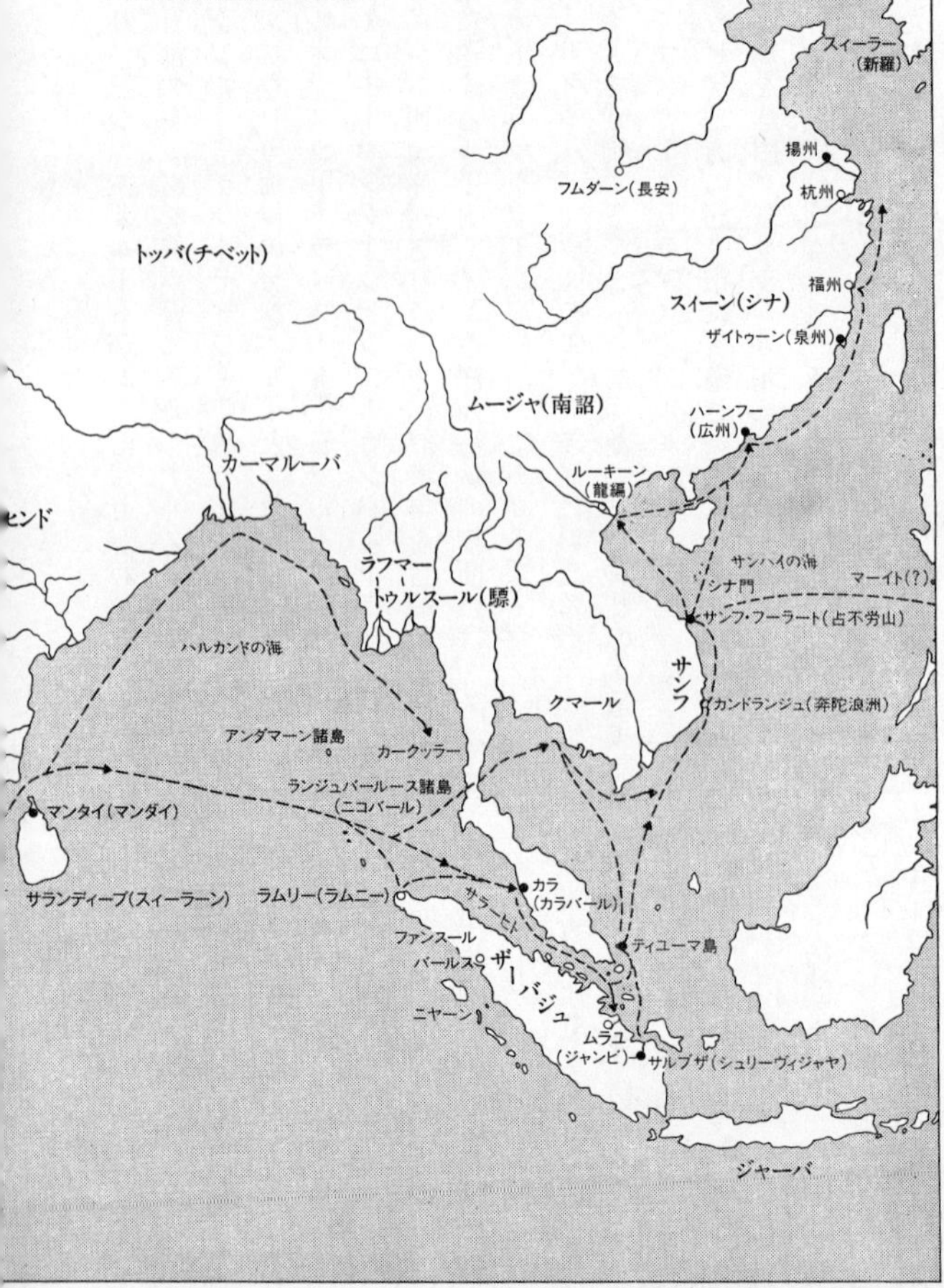

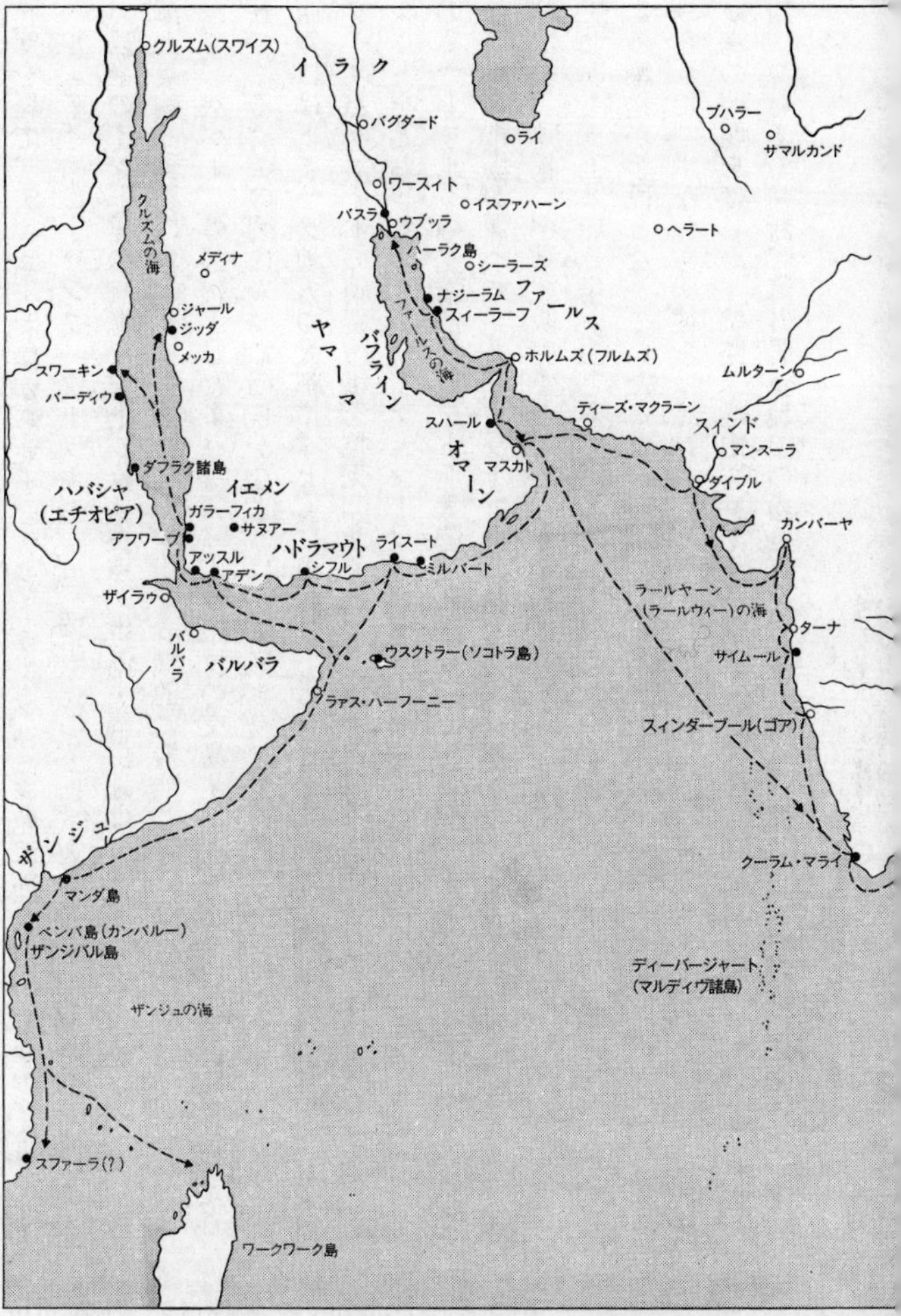
クルズム(スワイス)
イラク
バグダード
ライ
ブハラー
サマルカンド
ワースィト
イスファハーン
バスラ
ウブッラ
ヘラート
クルズムの海
メディナ
ハーラク島
シーラーズ
ナジーラム
ファールス
ジャール
ジッダ
スィーラーフ
ヤマーマ
バフライン
ファールスの海
メッカ
ホルムズ(フルムズ)
スワーキン
ムルターン
バーディウ
ティーズ・マクラーン
スハール
スインド
オマーン
マスカト
マンスーラ
ダフラク諸島
ハバシャ
(エチオピア)
イエメン
ダイブル
ガラーフィカ
サヌアー
カンバーヤ
アフワーブ
ハドラマウト
ライスート
アッスル
アデン
シフル
ミルバート
ザイラウ
ラールヤーン
(ラールウィー)の海
ターナ
バルバラ
ウスクトラー(ソコトラ島)
バルバラ
サイムール
ラァス・ハーフーニー
スィンダーブール(ゴア)
ザンジュ
クーラム・マライ
マンダ島
ベンバ島(カンバルー)
ザンジバル島
ディーバージャート
(マルディヴ諸島)
ザンジュの海
スファーラ(?)
ワークワーク島

ザを経て、ティユーマ島から北上、カンドランジュ（奔陀浪洲、パンドランガ）ークマール（クメール）ーサンフ・フーラート（占不労山、チャム島）ーシナ門ー広東にいたる。

以上のインド洋の航海ルート、貿易拠点、寄港・経由地は、スィーラーフを軸心とする海上運輸と貿易のネットワークとして、相互有機的に機能していたと考えられる。したがって、次ページの図に示したようなスィーラーフの交易ネットワークの基本構造が想定されてくる。この図によって明らかなように、スィーラーフをネットワークの軸心として、西側には下イラク地方の大都市、とくにイスラーム世界全体の経済的・文化的活動のセンター＝バグダードの消費市場を控え、北側にはイラン高原を南北に横断するキャラバン・ルートをとおってホラーサーンとマーワランナフルの諸都市につながり、また東側にはそのネットワークの先端部にインド亜大陸、スリランカと中国、南側にはエチオピアと東アフリカの市場があって、スィーラーフ系の商人たちはそれらの四方から集められた諸物産の取引、運輸、中継、販売などの流通と情報活動を展開していたのである。

しかも海上という場が主としてこのネットワークを結びつけた活動媒体であり、船舶による輸送が手段となっていたことから、彼らのあいだにはある種の共同体的組織の成立がみられた。すなわち、彼らはインド洋のモンスーンに決定づけられた航海シーズンや船団航海の問題をはじめ、航路、経由・寄港地の選択、商業組織の編成、商品の種類と販売時期についての判断、海外居留地での紛争など、多くの局面でつねに行動を一にするような

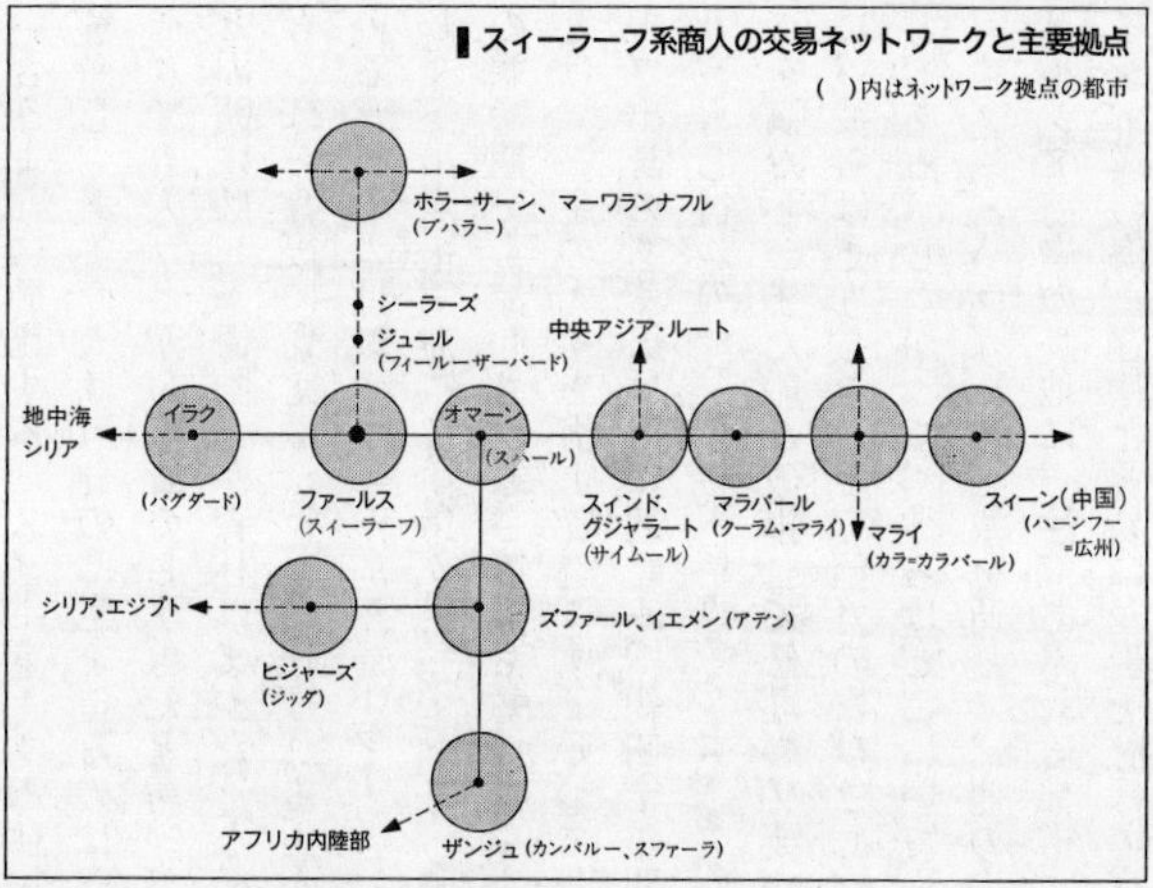

■スィーラーフ系商人の交易ネットワークと主要拠点

共同意識をもったのである。

では、このネットワークの交通・運輸と貿易の担い手であるスィーラーフ系商人および船主とは何か。彼らのあいだには共通したアイデンティティーがあったのか。

十世紀前半のスィーラーフについて、地理学者イブン・ハウカルは、その著書『大地の姿』のなかでつぎのように説明している。「アルダシール・フッラ〔地方〕の諸都市のなかで、シーラーズにつぐ最大の町はスィーラーフであり、その規模においてシーラーズに匹敵するほどである。彼らの建造物は〔インド産〕チーク材と〔東アフリカ〕ザンジュ地方から運ばれた木材でつくられ、まるでミスル（エジプトのフスタート）にみられるあの高層づくりの建物に似て数階建てにおよび、海浜に建ち、向かい合うように櫛比《しっぴ》する。スィーラーフの住民の多くは、建物を造ることにとくに金を多く費やし、ある商人は自分の邸宅を造るのに三万ディーナール以上を出費したほどであるが、それでも人びとから浪費のしすぎだと言って非難されることはない。スィーラーフの近郊と周囲には、果樹園とか森林はまったくない。彼ら住民たちの果物や豪奢で富裕な生活は、もっぱら背後に聳えるジャムと呼ばれる山から流れ出る幾筋もの水源によって維持されている。ジャムは気候条件が〔スィーラーフに較べると〕まるで寒冷地にあるかのように〔涼しく〕、山の頂上部に位置する。一方、スィーラーフはこの地方でも一番の酷暑の地、冬の寒冷期でも涼しさ、寒さの最も短い地……。さて、スィーラーフとその海岸地域の人びとは、一生の大半を海上で過ごす。かつてわたしに伝えられたところによると、スィーラーフ出身のある男は海に親しみ、約四十年間にわたって船から離れなかったという。つまり、もし彼〔の船〕が陸地に近づくと、その仲間がかわりに降りて各都市で必要とするものを満たし、また船が破損して修理の必要があるときには別の船に乗りかえた、と。確かに、彼らはそうしたことを望外の喜びとし、異域の地にたくましく生きるねばり強い人びとである。したがって、彼らはどこにいても富裕なのである」

イブン・ハウカルの記載を通じて、他の人びとをよせつけないような自然環境の厳しいペルシア湾岸の僻地に、活気あふれる都市文化の興隆がみられたこと、またそこの住民がインド洋の海上運輸と貿易に一生を懸けて富を集め、その財貨を自らの邸宅に惜しみなく費やしたことなどの事実を知ることができる。
スィーラーフに関するイスラーム地理・歴史関係の文献史料を総合すると、スィーラーフの商人・船主たちは彼ら独自の船舶と航海術を活用して危険なインド洋の航海と貿易活動に乗り出したこと、また各地に設置した商業居留地と連絡を保ちながら着実に商権を確立し、資本を蓄積したこと、スィーラーフにはムスリムの外にユダヤ教、ネストリウス派キリスト教、ゾロアスター教やヒンドゥー教などの諸宗教の人びと、アラブ、イラン、インド、ザンジュなどの出身者たちが集まっていて、複雑な集団・社会と文化を構成していたこと、ペルシア語が共通語として広く使われたことなどがわかる。

このように多元的な集団と社会は、スィーラーフ系商人たちが居住するオマーンのスハール、インド西海岸のサイムール（チョウル）、ターナ、マラバール海岸のクーラム・マライやスリランカなどの交易港においても共通してみられた特徴であった。これは、スィーラーフの地理的位置がイラクやイラン高原東北部のホラーサーン地方などに成立した軍事的・政治的中心から、ある程度の隔たりがあり、また彼ら商人・船主たちは概して政治権力への野心を強くもたなかったことに理由が求められる。したがって、そこにはさまざまな地域から冒険的な商人、漁民、真珠採集の海士《あま》、船員、各種の工芸職人や船大工などの諸集団が引きよせられて、その住民の数は急激に増大し、多様化していった。

十世紀初めごろ、スィーラーフにはアッバース朝から派遣された地方官（ワーリー）がいたが、その町の長老たちや大富豪の特定商人・船主、船舶の経営と航海術に優れた知識をもつナーホダーの名門たちが、スィーラーフ全体の船舶運営と貿易方針の決定にあたり、海外居留地と貿易先での行動監視、安全保護と紛争処理などの諸側面でもリーダー的な役割を演じていたらしいことがいくつかの史料に認められる。

言うまでもなくインド洋の海上運輸と貿易活動は、一年のうちの特定の時期に卓越するモンスーンを最大限に利用して迅速・安全・確実に、出港地・経由地・目的地とを結ぶ遠距離間の往復航海によって成立した。モンスーン航海術に習熟し、しかも各地の市況や生産・加工の状況などに精通したいわゆる船舶経営の責任者は、ナーホダーと呼ばれて、船員の雇用、積み荷の選定、出航時期や経由・寄港地の決定、嵐や座礁の際の投げ荷、紛争処理など、船舶の運用にかかわるすべての権限と責任を負った。名声の高いナーホダーのもとには、多くの商人たちや高価な積み荷（委託商品）が集まって、陸上におけるキャラバン隊の編成と似た運輸組織と機能をもつ大規模な船団が編成された。

一般に船団航海は、①海賊その他の治安上の危険を防ぐ、②天候上の安全、③船と積み荷の破損の際の相互援助、④航海難所の安全通過、⑤市況や政情などの情報交換、⑥共同購入と販売、⑦同族集団などのために必然的に生まれた船舶慣習である。スィーラーフ出身のナーホダーによって統率された船は〝スィーラーフ住民の船〟または〝スィーラーフ人の船〟と呼ばれて、大型船を含む船団が編成された。

ブズルク・ブン・シャフリヤールによると、ヒジュラ暦三〇六年（西暦九一八／九一九年）にインドの交易港サイムールに向かったスィーラーフの船団は、アブド・ル＝アッラーとサバー（サバ）の船など三艘の大型船によって編成され、各地から集まった商人、船主や水夫たちが全体で千二百人乗りこみ、さらに積み荷として財貨や商品を多量に積んでいた。この船団は、グジャラート沖で暴風に襲われてすべてが海中の藻屑と消えた。そして、ナーホダー、ルッバーン（水先案内人）、商人たちと積み荷を一挙に失ったことが原因で、スィーラーフとサイムールの海運活動が停止したほどであった。このように、有能で傑出したスィーラーフのナーホダー集団がインド洋の海運業、貿易取引と居留地間の交流に大きな影響力を及ぼしていたのであるならば、その当然の結果としてスィーラーフの船団を利用する商人や船主仲間には、ある種の共通した帰属意識が生まれたと推測される。

ブズルク・ブン・シャフリヤールによると、スィーラーフの海外居留地のなかでも、とくに重要なインド西海岸の交易港サイムール（チョウル）には、スィーラーフ出身のアッバース・ブン・マーハーンと呼ばれる外国人居留地の統率者（フナルマン）がいた。彼の役割は、貿易を求めて集まってくる商人たちのなかのムスリム居留民に対する紛争と犯罪の懲罰を裁定・処理する責務を果たすことであって、信望と地位の高い人物であった、と。

これとほぼ同時期のヒジュラ暦三〇四年（西暦九一六／九一七年）、サイムールを訪れたマスウーディーは記している。

「かつて、わたしはインド・バッラハーラ王国（ラーシュトラクータ朝）のラール地方のサイムールの地を訪れたことがあった。それはヒジュラ暦三〇四年のこと。当時、サイムールの王はジャーンジュという名で呼ばれていた。そこにはムスリムたち約一万人の居留地があった。そのなかにはバヤースィラ（混血人）、スィーラーフ人、オマーン人、バスラ人、バグダード人などすべての地方から集まってきて、ここで（土地の婦人と）結婚して住んでいた。彼らのなかには、スィンダーブール（のちのゴア）出身のムーサー・ブン・イスハークのような富豪商人たちがいた。当時、そこのフナルマ（フナルマン＝統率者）として、ザカリヤーの息子として知られたアブー・サイードが務めていた。フナルマは、ムスリムたちのあいだの統率者としての責務を果たす。つまり、そこの王はムスリムのなかから一人の人物を統領として任命し、彼らの法的裁判権を彼に委任している。なおバヤースィラの意味は、インドの地で生まれたムスリムの子供のことで、この名称がつけられた。単数はバイサルである」

このように、ムスリム商人たちのインド・コミュニティーが急速に増大・定着しつつあった興味深い状況を伝えている。しかしマスウーディーの伝えるサイムールのフナルマ＝アブー・サイードがスィーラーフの出身者であるのか、ブズルク・ブン・シャフリヤールの伝えたフナルマン＝アッバースとはどのような関係にあったのか、さらにムスリム以外の外国商人たちにもフナルマンに相当する地位があったのか、などについては明らかでない。

とにかくも取引のために来航するムスリム集団のなかには、それぞれの出身地、宗派、部族や言語その他の諸関係で結ばれたさまざまな仲間意識と競合関係が、またインド内陸部のヒンドゥー系国家・支配者との貿易取引、関税、行政、治安と裁判などの諸問題では、居留民全体を包含するようなコミュニティーと共同体意識が存在したことは明らかである。十世紀前半、サイムールに居住するムスリム商人たちのなかで、スィーラーフ出身の一人が最も信頼を得て、外国人コミュニティー全体の統率者としての地位を占めていたことは、スィーラーフ系商人・船主たちが他のムスリムに抜きんでて居留地での権限をもち、貿易活動を営んでいた事実を示している。

十世紀後半、紅海東岸の交易港ジッダにもスィーラーフ系商人の居留地があって、そこでは商人頭または商人元老と呼ばれたコミュニティーの統率者によって争議の裁定、治安と商業上の重要問題が決定されていた。また、商人スライマーンらの記録によると、中国の広東在留のムスリム商人たちのあいだにおこる争議の裁定は、中国側の支配者によって任命を受けた彼らの代表者によって行われた、とある。このムスリム商人の代表者は、その記載内容から推測して、おそらくスィーラーフの出身者であったと思われ、中国側史料では蕃長または都蕃長の名称で知られた。

このようにして、インド洋の各地に向かって進出をつづけた海上商人たち、とくにムスリム商人や船主たちは、各地の交易港に居留地を発展させて、内陸国家や土着勢力との経済的・社会的関係を深めていった。さらに移住・定着者のコミュニティー形成と、船舶数の増加、貿易量と品目の増大、運輸・取引の複雑化などがすすむにつれて、外国商人たちの長として選ばれた代表者は、交易港での税務、船舶と商人の出入管理や居留民の司法・自治などを広く管理するようになった。十二、十三世紀になると、これらの任務は、マルズバーン、アミールあるいはシャーバンダルと呼ばれる、いわば港務長が務めた。十四世紀初めごろ、インド・マラバール海岸の交易港カーリクート（カリカット）を訪れたイブン・バットゥータは、そこが中国、ジャワ、スリランカ、マルディヴ、イエメンやファールス（イラン南部）の各地から人びとが集まってくる、世界最大の港市であったこと、また、そこの商人長（アミール・アッ＝トッジャール）はバフライン（アラビア半島東部地方）出身のシャーバンダル＝イブラーヒーム某であって、優れて雅量のある人物で、商人たちが彼のもとに多数集まってきて、一緒に饗宴を催した、と説明している。

以上述べたように、インドのサイムールの統率者（フナルマン）、アラビアのジッダの商人頭、商人元老や、広東の蕃長と呼ばれた人物は、ムスリム・コミュニティーの貿易利害と財産、身の安全を守る代表者であり、同時に法官（カーディー）やシャイフ・アル＝イスラーム（イスラームの長老）に類似した法的裁定の任務をも兼ねていたが、やがて両者の役割は分かれて、とくに港湾の船舶・貿易の管理と税関業務を専門とする人物はシャーバンダルと呼ばれるようになったのである。

二

スィーラーフは物資の集荷と取引、情報交換の一大センターとしてばかりでなく、陶器、繊維織物（とくに亜麻と綿布を原料とする敷物、ベールや衣類）、ガラス、皮革染色、薬種加工、真珠装身具などの加工・生産地として発達した。これらの加工製品は、海外のスィーラーフ系商人たちの住む居留地における消費と交換取引を目的として運び出された。とくに、陶器製品と皮革は、イブン・アル＝バルヒーが伝えているように、十世紀末に発生した大地震によってスィーラーフの町が崩壊したあとも重要な産業として生産されていた。

深井晋司は、その著書『ペルシアの古陶器』のなかで、スィーラーフ遺跡から出土した青緑釉張り付け文装飾壺がメソポタミア平野の一部にある都市スーサとイラクのサーマッラーから出土した青緑釉陶器大壺と類似の文様系統であること、さらに中国福建省劉華墓出土の陶瓶（孔雀藍釉陶瓶）三点と、日本に招来されている緑釉張り付け文装飾三耳壺（岡山市オリエント美術館蔵）、青釉張り付け文装飾三耳付き大壺（兵庫県個人蔵）の二点が、いずれもサーサーン・イスラーム式陶器の伝統を引く同系統の作品群に属するものであることを明らかにした。

　著者自身も、きわめて特色をもったこの青緑釉張り付け文装飾壺の出土に注目し、インド洋周辺の交易港における考古学的発掘品のなかに同系統の作品がみられるかについて調査をすすめてきた。その結果、つぎに示すように東アフリカのマンダ島遺跡、オマーンのスハール遺跡、パキスタンのバンボール遺跡、スリランカのマンタイ遺跡などにおいて、いずれも同系統の影響を受けたと思われる多くの出土品が明らかとなった。

　また、一九七七年の初冬、著者が上岡弘二と一緒にスィーラーフ遺跡を調査した際、バザール址の北東に位置するK地点（スィーラーフ遺跡の発掘者D・ホワイトハウスによって設定された発掘地点）付近で採集した陶器片のなかに、張り付け弧文のあいだに円花飾り文を配したアルカリ釉大壺の破片三点があることを確認した（一二八ページの写真①③）。

　東アフリカのマンダ島は、ソマリア国境に近いケニアのラム群島の一つ、大陸とはムカンダと呼ばれる狭い海峡によって隔てられ、その南にはラム本島が位置する。マンダ遺跡は、島の北東端の岬近くにあって、一九七〇年と七八年の二回にわたって、N・チティックを団長とするイギリスの考古学調査隊によって発掘が行われた。N・チティックは、この遺跡の編年決定をおもにペルシア・イスラーム陶器（サーサーン・イスラーム式陶器）、中国陶磁器と数点のファーティマ朝期のコインにもとづいて試み、遺跡の最下層は九世紀半ばから十一世紀初めごろにおよぶ時期であることを明らかにした。その発掘の結果、七点の青緑釉張り付け文装飾の破片——把手のついた口縁部破片三点、口縁部にジグザグ文様を施し肩部に縄目文と張り付けの円弧・突起状装飾のある破片一点（写真④）、縄目文張り付けに円花飾り文を施した肩部破片一点（著者がスィーラーフで採集した陶片と一致する）（写真③参照）、縄目状張り付け文装飾を施した肩部上部の破片二点——が出土している。N・チティックは、これらの陶器片を一括してサーサーン・イスラーム式陶器と呼んで、ガラス製碗、フラスコ類と同様にスィーラーフとの文化的・経済的影響が強くあったことを主張している。

パキスタンのバンボール遺跡は、カラチの東四〇マイル、ハイダラバードに通じるハイウエーに近いガロ・クリークの北岸に位置する。従来から、考古・歴史学者の多くは、この地を七一二年に、アラブ将軍ムハンマド・ブン・アル＝カースィムによって征服されたデーバル（ダイブル）であると比定してきた。一九五八年から六五年の八シーズンにわたる考古学的発掘調査の結果、いまだ十分な確証は得られていないが、その説の蓋然性はますます高まっている。イブン・ハウカルは、十世紀半ばころのデーバル（ダイブル）は、インダス川の東岸に位置し、海辺にある交易港、商品取引の一大センターであると伝えている。つまり、そこはインダス川の河畔のムルターン、マンスーラ、インド西海岸のサイムール（チョウル）、カンバーヤ、ターナなどとならんでインド・イスラーム文化交流上の接点、またムスリム商人たちのインド洋貿易進出の拠点として重要な位置を占めていた

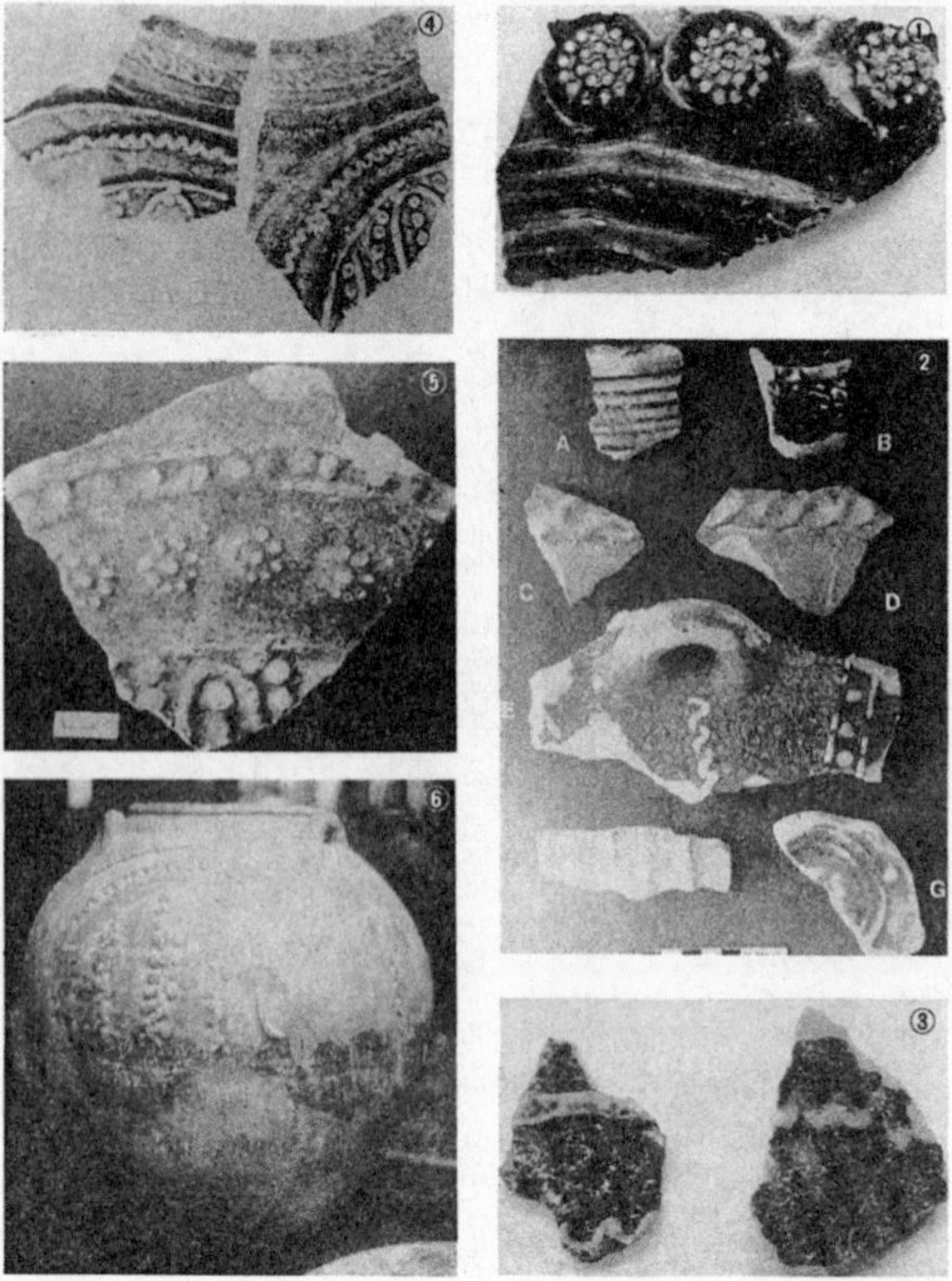
④
①
⑤
②
A
B
C
D
E
G
⑥
③

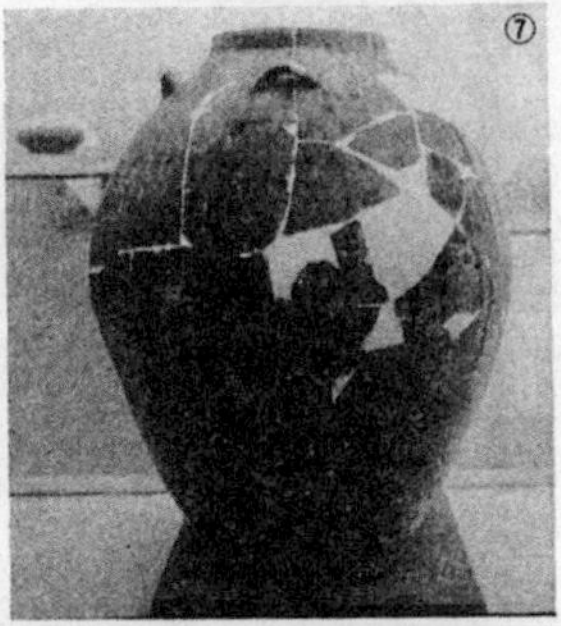

①スィーラーフ遺跡 K 地点で採集の青緑釉円花文装飾大壺破片
②オマーンのスハール近郊出土の青緑釉張り付け文大壺破片各種
③スィーラーフ遺跡 K 地点で採集の緑釉大壺破片
④ケニアのマンダ島遺跡出土の青緑釉張り付け文大壺破片
⑤ケニアのマンダ島遺跡出土の青緑釉円花文装飾大壺破片
⑥パキスタンのバンボール遺跡出土の青緑釉張り付け文大壺（ラーホール博物館蔵）
⑦パキスタンのバンボール遺跡出土の緑釉張り付け文装飾大壺
⑧パキスタンのバンボール遺跡出土の青緑釉円花文装飾大壺破片
⑨パキスタンのバンボール遺跡出土の緑釉張り付け弧文装飾大壺
⑩パキスタンのバンボール遺跡出土の緑釉張り付け文装飾大壺（部分）

ことがわかる。

バンボール遺跡は、周壁で囲まれた堅固な要塞地区（東西六一〇メートル、南北三六六メートル）と手工業、居住地区および墓地を含む外縁の都市部の二地区に分かれた広大な地域を占めているので、今後も発掘・調査が継続されることが望まれている。この遺跡からの出土品目は、金属器、陶器、磁器、テラコッタ、ガラス器、碑文、貨幣、神具類、武器、装身具、その他の生活用具にいたるおびただしい数にのぼり、しかもスキタイ・パルティア期（一～二世紀）、ヒンドゥー・サーサーン朝期（五～六世紀）とイスラーム期（八～十三世紀）のそれぞれの時代遺物が重層すること、イラン、イラクから中国までの広域におよぶ舶来の遺物が多数発見されることなどから、後述するスリランカ北部のマンタイ遺跡とならんでインド洋の交易港の基本構造と機能を知るうえで、とくに重要な資料を提供している。

バンボール遺跡から出土した張り付け文装飾壺は、その遺跡に付属する博物館に五点とラーホールの博物館に青緑釉張り付け文装飾大壺一点が所蔵されている。とくに、ラーホールにある作品は三耳の把手の一つを失っているが、壺の肩部から胴部の中央にかけて二十粒のブドウ房と左右にその枝葉を配した美しいコバルト釉の大壺であって（写真⑥）、バンボール遺跡付属博物館にある類似の出土作品よりかなり古い時期のもので、バグダードのイラク博物館所蔵のクテシフォン出土のサーサーン朝末期とされる作品およびスィーラーフA区二期から出土した作品に近いものと推測される。なお、バンボール遺跡付属の博物館には、張り付け弧文のあいだに円花飾りを配したアルカリ釉陶器の破片一点が所蔵されている（写真⑧）。これはスィーラーフ遺跡K地点で著者により採集されたもの、およびマンダ島出土品とすべて同種の作品であろう。

一九八〇年五月から六月の十六日間にわたって、シカゴ大学のJ・カースウェルとハーヴァード大学のM・E・プリケットが中心となって、スリランカ北西海岸のマンナル地区にあるマンタイ遺跡の考古学的発掘調査が行われた。マンタイの位置は、マハーティッタ（パーリー語）、マントッタム（タミール語）、マトータ（シンハリー語）の古代港、シヴァ神殿ティルッケティスヴァラムの所在地として古くから知られていた。そこは、スリランカ本島からマンナール島、アダムズ・ブリッジ、南インドの半島部まで弧状に連なる島々と砂洲地帯の付け根部分にあって、とくにマンナール島との狭い海峡を往来する船舶を監視するのに好都合な位置を占めている。

インド亜大陸の東西の海岸地域を往復したり、ベンガル湾を横断して東南アジアと中国に向かう船舶にとって、マンナール湾とポーク海峡付近の強い潮流や砂洲は非常に危険であって、それらを避けるためには、アダムズ・ブリッジに近い海峡を選んで抜けるか、スリランカ南端を迂回しなければならなかった。

ブズルク・ブン・シャフリヤールが伝えるように、この海峡部は〝サランディーブのグップ海〟と呼ばれて、激しい潮流と干満の差、浅瀬や海賊の出没など、危険に満ちたインド洋の航海難所として知られた。九、十世紀のころ、クーラム・マライを出帆してベンガル、東南アジアや中国に向かった船舶の多くは、スリランカ南端の波荒い海域を迂回するルートをとらずに、マンナール湾とポーク湾にいだかれて複雑に屈曲する入り江の陰に寄港地を求めながら東に舳先を向けた。以上のような地理的位置にあったことがマンタイの交易港としての発展に大きく寄与し、とくに九、十世紀には東と西のインド洋（ベンガル湾とインド洋西海域、アラビア海）を結ぶ海運と貿易上の要衝として重要な役割を演じたのである。ところが、マンタイの地名をあげて、その街の様子や活動の状況を具体的に説明した中世イスラーム期の文献史料は、これまでに全く知られていない。ブズルク・ブン・シャフリヤールは、スィーラーフ出身の航海術に熟練した優秀なナーホダーの一人アブー・アブド・ル゠アッラー・ムハンマド・ブン・バーブシャードを通じて得た情報として、つぎのように説明している。

「サランディーブのグッブの海峡部には、アブリールと呼ばれる地方に一つの規模の大きな町がある。その町中には、三十以上もの市場があり、それぞれの市場の長さは半アラビア・マイルほどで、上等で美麗な〔織文様の〕グッブ産〔海峡地方特産〕の織物がある。この町は、グッブの海に注ぐ大河の岸辺に位置する渡船場の町で立派な仏塔が小型のものを除いても六百ほどある。町は約四百ほどの寺院がある。町の郊外にはその山麓から泉が湧き出る山がある」

グッブの海に注ぐ大河がスリランカ第二の大河マルワトゥ・オヤ川（またはアルヴィ・アル川と呼ぶ）を指しているのであれば、アブリールは明らかにマンタイに比定してよいであろう（アブリールはアルヴィ・アルを指す）。マンタイは、マルワトゥ・オヤ川のデルタ北側に位置し、その周囲には貯水池による灌漑施設と農耕地が発達し、またその河を遡上すればアヌラダプーラに達することができた。

マンタイ遺跡の考古学的発掘調査が示しているように、マンタイはすでに紀元後一、二世紀に、ローマ人のインド洋貿易における重要な交易港であって、その後十一世紀後半に衰退するまでの約一千年間にわたって、東南アジア、中国とペルシア湾岸地域、イエメン、エジプトを結ぶ国際的海上運輸と貿易活動に深くかかわっていた。今後の考古学的発掘が、交易港マンタイの重要性をさらに詳しく解きあかすであろう。しかし、最近のスリランカ北部におけるタミール民族問題の激化が、マンタイ遺跡の継続的発掘を困難にしているといわれる。一九八〇年の発掘では、おびただしい数の中国陶磁器、サーサーン・イスラーム式陶器、貨幣、象牙製品、ビーズ、ガラスの容器などが出土した。それらは、さきに述べたスィーラーフ、バンボールやマンダ島などの遺跡から出土した遺物とのあいだに、製作年代や形式などできわめて類似点が多い。したがって、それらの遺跡の相互間には密接な文化的・経済的交流関係があったことを認めることができる。とくに、サーサーン・イスラーム式の青釉、黄釉と白釉の陶器片百八十点が出土していることが注目され、それらのなかには五点の青緑釉張り付け文装飾大壺の破片がみられる。その一点は、円花飾り文のアルカリ釉、他四点は肩部または胴部に縄目と円弧の張り付けが施されていて、スィーラーフのA区二期およびK地点から出土した同種の青緑釉張り付け文壺、イラク国立博物館所蔵の青釉大壺と同じく、八、九世紀ごろのものと推測される。

では、インド洋を隔てた各地の交易港址から、青緑釉張り付け文装飾大壺に類似した作品群が広く出土するのはなぜだろうか。またそれらの作品の製作地、運搬経路とその担い手などの諸問題について考えてみる必要があろう。

すでに説明した諸事実からも明らかなように、八〜十世紀にかけてペルシア湾、紅海、東アフリカ、インド、スリランカ、東南アジアと中国にまたがる広い交易ネットワークを張りめぐらし、船舶による運輸と中継取引に活躍した代表的商人は、スィーラーフを拠点とした人びとであった。しかも問題とした遺跡がいずれもスィーラーフ系商人の活動と深く結びついた交易港であったことは、この種の青緑釉張り付け文装飾大壺が彼ら商人たちの運輸と貿易活動を通じて広く流布したことを裏付けている。スィーラーフは、陶器製造の重要な生産地であったので、この典型的な張り付け文装飾を施した青緑釉の陶器がおそらくスィーラーフを代表する専門的な手工業として発展していた、と考えられる。

サアーリビー（ヒジュラ暦四二九年・西暦一〇三五年没）によると、バグダードのアッバース朝カリフに、ハラージュ租税と一緒に納められるイラン・ファールス地方の特産品は、スィーラーフ産の陶器であった。この陶器は、おそらく蜂蜜、バラ水や高級油などの液体を貯蔵する大型容器として使用された、と思われる。サーサーン・イスラーム式陶器の源流がイラン西南部、メソポタミア平原の一部のスーサに求められるならば、アラブ・ムスリム軍の大征服のあと、スーサの伝統技術はスィーラーフの陶器生産に強く影響を与えたのであろう。そしてスィーラーフ系商人たちの経済力と交易ネットワークを通じて、その製品は東アフリカから中国、そしてその一部は中国を経由して日本までの広い範囲に輸送・取引されたことが推測される。

三

インド洋貿易の最大拠点として繁栄した交易港スィーラーフの衰退傾向は、すでに十世紀の初めごろにあらわれていた。ティグリス川の下流域のバスラ、ウブッラ、ワースィトなどを拠点として、約十五年間にわたってつづいたザンジュの叛乱（西暦八六九～八八三年）、ペルシア湾の周辺部、とくにアフサー・バフライン地方（アラビア半島東部）に拠ったシーア・イスマーイール派の一分派カルマト教団による反アッバース朝運動の拡大などによって、インド洋海域とバグダードの市場圏との分離がおこり、また九一八／九一九年のスィーラーフ船団の海難事故、ブワイフ朝勢力によるペルシア湾岸地域への軍事的進出、そしてイラン高原のキャラバン・ルートを通じてのホラーサーン、マーワランナフル地方の諸都市との経済関係の後退など、スィーラーフをとりまく政治的・経済的環境は、徐々に変容し始めた。また、十世紀後半の地理学者ムカッダスィーが伝えるように、十世紀半ば以後のスィーラーフ都市社会には道徳的喪失と風紀の乱れ、無気力が支配するようになっていた。ヒジュラ暦三六六年（西暦九七六／九七七年）もしくは三六七年（九七七／九七八年）の大地震は、スィーラーフの都市活動と経済に破局的な危機をもたらし、国際的交易ネットワークセンターとしての機能に終止符をうった。

スィーラーフ系商人の交易ネットワークの衰微は、バグダードを経済的・文化的センターとしていた従来のイスラーム世界の基本構造に本質的な転換を生みだし、十、十一世紀を中心とする各方面にわたる変動の端緒となったのである。

＊　一九八七年暮れから八八年一月にかけて、九州博多の大宰府鴻臚館跡の発掘調査が行われた。その発掘出土品のなかに、一片の張り付け文青緑釉のイスラム陶器がみられる。釉調および製作技法からみて、これはあきらかにサーサーン・イスラーム式陶器と呼ばれるものと一致する。

C　海域ネットワークの展開

四　スィーラーフの衰退と海外移住

〈港市の盛衰と人間の移動〉

はじめに

十、十一世紀、イスラーム世界はその社会的・経済的諸関係、とくに政治領域において大規模な変動の時期をむかえていた。アッバース朝は七四九／五〇年に成立し、イラク地方を中心に、西はマグリブ地方から東は中央アジアのマーワランナフル地方までを覆う中央集権体制を維持することによって、カリフ＝マァムーン（在位西暦八一三～八一七年、八一九～八三三年）の時代までは、比較的安定した支配を保っていた。しかし、ティグリス川下流域の穀倉地帯サワード地方を拠点として、約十五年間にわたってつづいた黒人奴隷を中心とするザンジュの叛乱（西暦八六九～八八三年）、トルコ系軍人階級の台頭と権力抗争、サッファール朝やサーマーン朝（中央アジアからイラン東部）の地方政権の成立などがあいつぎ、またペルシア湾頭とアフサー・バフライン（東アラビア地方）を根拠地としたシーア・イスマーイール派の一分派カルマト教団による社会運動の展開など一連の状況を経過するうちに、アッバース朝は、そのカリフ体制を根本的に変更せざるをえなくなった。

やがて九四六年に、ブワイフ朝ダイラム政権（西暦九三二～一〇六二年）は、バグダードを占領して、行政と軍事面での権力を獲得した。一方、北アフリカのイフリーキーヤ（イフリーキヤ）地方に興ったシーア・イスマーイール派のファーティマ朝（西暦九〇九～一一七一年）は、アッバース朝のスンナ派カリフに対抗するシーア派カリフを擁立して、九六九年にはエジプトを攻略すると、カイロに新都を建設した。

本章では、前章でも言及したペルシア湾の交易港スィーラーフについて、その発展と衰退の過程を通観し、つづいて十、十一世紀を境とする「時代変革期」にみられたスィーラーフ住民たちによる南アラビアと紅海沿岸の諸港市への移住の状況、とくにアデンとジッダの状況について考察してみたい。

ここで、とくに港市スィーラーフの諸事情を問題にした理由は、つぎの問題などとも深くかかわっているからである。

(1)　スィーラーフの発展、衰退とその住民の海外移住は、十、十一世紀のイスラーム世界におこった社会的・経済的変化の状況と相互に深く関連すること。

(2)　スィーラーフ系商人・船主と船乗りたちの移住経路と移住先は、彼らが十世紀以前から築いてきた交易上のネットワークと一致すること。

(3)　彼らの海外移住は、シーラーズ、ライ（レイ）、サマルカンドなどのイラン内陸部の諸都市に住む商人たちにも影響を与えて、イラン系の人びとの広くインド洋海域を舞台とする移動を促したこと。

(4)　スィーラーフ系商人・船乗りたちが海外居留地を築いた南アラビアの諸港市、とくにスハール、ミルバート、アデン、ザイラゥなどは、十二、十三世紀以後になると、ムスリムたちがインド西南部、東アフリカや東南アジア方面に移動する際の重要な中間拠点となったこと。

しかし、そうした問題を解明する際に、アラビア語やペルシア語による歴史・地理関係の文献史料が伝えるところはわずかであり、かつ残された史料内容は類似・重複していることが多い。著者は、インド洋通商史とかかわりが深かった南アラビア、イエメンやメッカ、メディナに関連する地方史資料を広く活用することによって、従来の研究に新たな検討を加えたいと考えている。

スィーラーフ港の発展と衰退の過程

前章でも明らかにしたように、スィーラーフは八世紀半ばごろから十世紀後半までの二百年以上にわたって、アッバース朝の首都バグダードをネットワークセンターとしてペルシア湾、アラビア海とインド洋に開かれた海運と貿易活動の最大の中継地として繁栄した交易港であった。そしてスィーラーフ出身の船乗り、船主、ルッバーン（水先案内人）、ナーホダー（船舶経営者および船長）や商人たちが海上運輸と貿易のうえで果たした役割は大きく、彼らの活動の範囲は南アラビア、東アフリカ、インド、東南アジアと中国方面など、インド洋海域世界の全域におよんでいた。

港市スィーラーフに関連した歴史および地理関係の文献史料と、D・ホワイトハウスによるスィーラーフ港市遺跡の考古学的発掘調査（一九六七～七二年）の結果を合わせることによって、スィーラーフの発展と衰退の歴史過程を推定すると、以下のように分類される。

・第一期（西暦四世紀前半～八〇〇年）

D・ホワイトハウスによるスィーラーフ港市遺跡の発掘結果が示しているように、スィーラーフ遺跡の西端に位置する要塞やワーディー（河谷）に沿ってめぐらされた周壁、金曜モスク址の基層部から発見された城塞などは、サーサーン朝ペルシア帝国の王シャープール二世（在位西暦三〇九～三七九年）時代に建設されたものと考えられる。スィーラーフはその初期において、サーサーン朝勢力によるペルシア湾沿岸部からアラビア半島への進出の前哨基地として重要な役割を果たしていた。

・第二期（西暦八〇〇〜八二五／八五〇年）

イスラーム初期の時代の活動状況はよくわからないが、八五一年ごろの商人スライマーンらの記録に先行する時期で、スィーラーフはサーサーン朝末期から引きつづいて、ウブッラ、バスラ、スハールなどのペルシア湾の諸港市だけにとどまらず、すでにインド、東アフリカ、東南アジアや中国方面との交易関係をもっていた。サーサーン朝ペルシア帝国の崩壊以後、スィーラーフを拠点に、イラン系の人びとはインド洋周縁の各地に移住した。八世紀半ば、バグダードにイスラーム世界の経済的・文化的中心が置かれたことによって、スィーラーフはその外港としての重要性が増大し、急速な発展を遂げた。

・第三期（西暦八二五／八五〇〜九七八／一〇五五年）

商人スライマーンらの時代から、西暦九七六年もしくは九七八年の大地震によって、町の大部分が崩壊するまでの時期。さらにブワイフ朝の衰亡までの時期（一〇五五年）を含む。

スライマーンらの記録には、「シナ船の大部分は、スィーラーフから積み荷を運び出す。つまり商品はバスラ、オマーン、その他からスィーラーフに運ばれ、その後、スィーラーフでシナ船に荷積みされる。なぜならば、この海（ペルシア湾頭の海域）では、海が荒れ、浅瀬が随所にあるからである」と説明されている。

ここに記された「シナ船」については、種々の解釈がなされているが、すでにG・ハウラニが主張しているように、「中国向けの貿易船」の意味であって、スィーラーフで建造された縫合型構造のダウを指している。このような船は、モンスーンと吹送流を利用してインド洋を安全・迅速に横断することが可能であり、しかも縫合された側板は柔構造であるために、岩礁や浅瀬に対する危険性も比較的少なかった(第十四章参照)。また、当時の商業・運輸の慣習は、大型船を建造して、一度に大量の商品を積載し売買するのではなく、小型・中型船を多数所有して、多種・多品目の商品を分散輸送し、販売したことからも、船材の入手が容易で経済性の高い縫合型船が利用された。

九世紀半ばから後半にかけて続発したズット族の叛乱やザンジュの叛乱、それにつづくシーア・イスマーイール派カルマト教団の軍隊によるペルシア湾頭とティグリス川下流の諸地域への進攻などは、バスラやウブッラにおける運輸と交易活動を著しく低下させた。一方、スィーラーフは、それらの地域から遠く隔たっていたこと、またティグリス川の下流域方面との交通が杜絶しても、ペルシア湾とファールス、ホラーサーン、マーワランナフル方面とを結ぶザグロス山脈越えのキャラバン・ルート(スィーラーフ―シーラーズ―ライ(レイ)―メルヴ―ブハラ―に通じるイラン中央高原を横断するルート)によって、サーマーン朝経済圏と結びついていたことで、その繁栄を維持することができた。ブワイフ朝のイラン支配は、スィーラーフの商業活動にとって、むしろ有利な諸条件を提供したようである。とくに、ブワイフ朝スルタン＝アドゥド・アッ＝ダウラ（在位西暦九四九〜九八三年）は、ファールス、キルマーン、マクラーン、オマーンなどの諸地方を支配下に収めて、ペルシア湾岸からアラビア海とインド洋の周縁部にいたるまで、その軍事的・経済的勢力の拡大をはかった。また、彼はイエメンやスィンド地方、さらには東アフリカ方面とも外交関係があった。イブン・アル＝バルヒーによると、アッバース朝カリフ＝ムクタディルの時代（在位西暦九〇八〜九三二年）におけるスィーラーフの船舶入港税の収入は二十五万三千ディーナールであったが、アドゥド・アッ＝ダウラの時代になると、マフルーバーン地方（ファールス地方の北西部、フージスターン地方との境）と合わせた収入が二百十五万ディーナールと、約十倍に増加した。この事実は、スィーラーフが九五〇年前後に急激な経済的繁栄を遂げたこと、それと同時にブワイフ朝国家による強い統制下に置かれるようになったことを物語っている。

地理学者ムカッダスィーとイブン・アル＝バルヒーの伝えるところによると、かつてスィーラーフは町の人口数、建築家屋の美しさ、モスクのすばらしさ、市場の繁昌など、いずれの点をとってもバスラよりまさっていたが、ブワイフ朝ダイラム政権の支配がこの町におよんで以来、しだいに衰退し、それにともなって町の住民は他の海岸地方、とくにオマーンの中心都市スハールに移住した。さらに、ヒジュラ暦三六六年（西暦九七六／九七七年）、もしくはヒジュラ暦三六七年（西暦九七七／九七八年）、七日間にわたってスィーラーフを襲った大地震によって市街の建物の大部分が崩壊し、人びとは海に避難した。その後、市街は復旧しはじめたが、ブワイフ朝の衰亡後、スィーラーフの南東、二五〇キロメートルの小島、キーシュに商権を奪われたため、ファールス地方の海運と経済活動の中心から脱落した、と記録されている。

地理学者ヤークートが西暦一二二〇年ごろ、スィーラーフを訪問したとき、一つの大モスクを除いて町は荒廃しており、もはや出入りする船もなくなっていた。考古学的発掘品によって判断すると、ヤークートの記録には多少の誇張があるが、インド洋の海運と貿易活動の最大の拠点として繁栄していたスィーラーフは、十世紀後半には急速に衰退し、その後二百五十年を経過するうちに廃墟となったと考えられる。

では、スィーラーフの衰退原因は何か。

B・ルイスが主張したように、その根本原因はエジプト地方に政権の中心を置いたシーア・イスマーイール派のファーティマ朝による政治的・宗教的諸工作によっておこったインド洋交易ルートの変化と関連があるのであろうか。この点に関する文献史料はいまだ見当たらないので、ルイス・テーゼを積極的に支持することはできないが、スィーラーフ衰退の原因について、つぎのような諸点が考えられる。

スィーラーフの衰退によって、町の住民が海外に移住を始めた直接の原因として、ムカッダスィーは、大地震と「ダイラム人のスィーラーフ支配」の二つの理由をあげている。

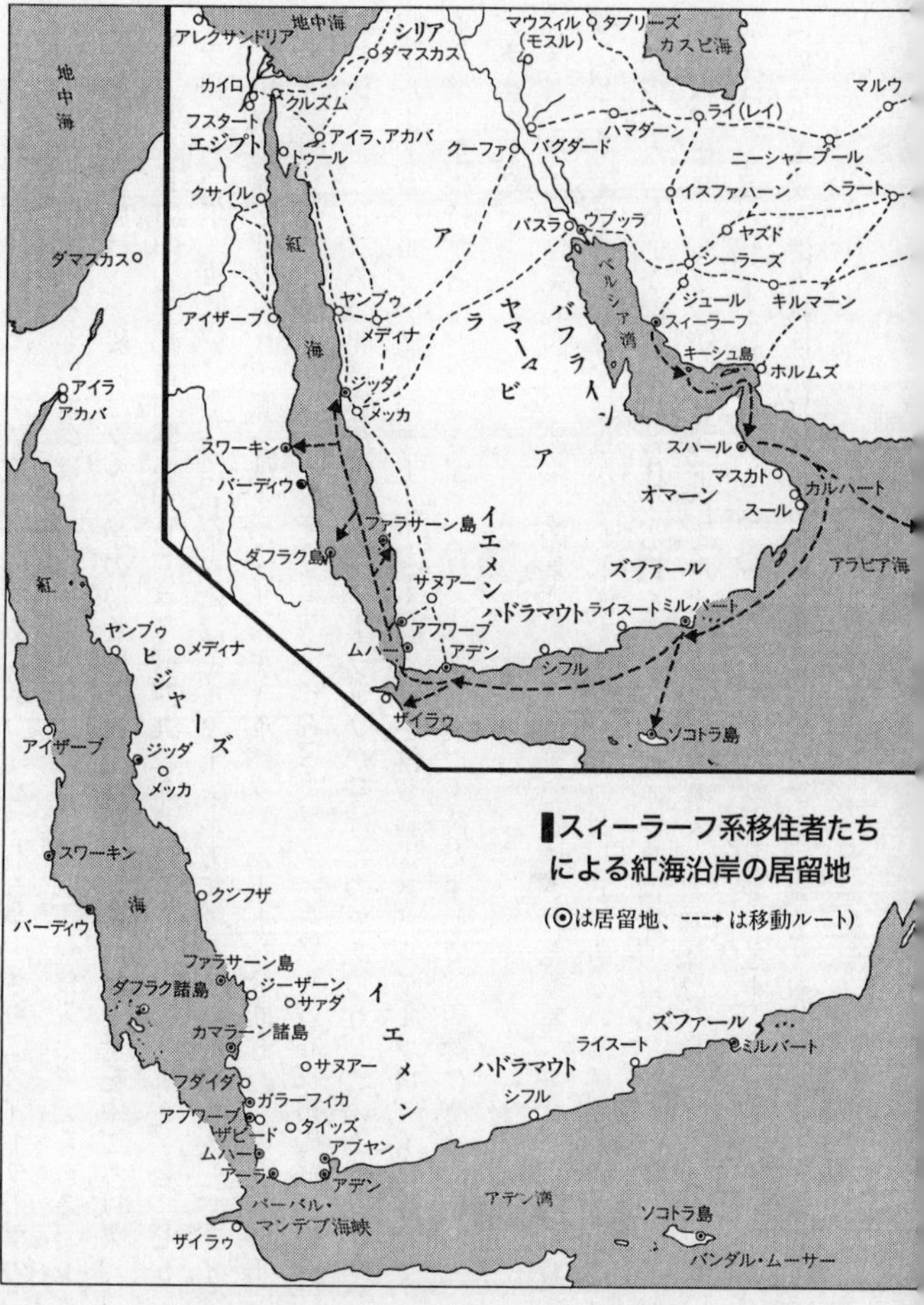

スィーラーフ系移住者たちによる紅海沿岸の居留地

(⊙は居留地、----→は移動ルート)

ここでのダイラム人とは、ブワイフ朝ダイラム軍のことであるが、さらにスィーラーフの衰退にいっそう拍車をかけたのはシャバンカーラ族のスィーラーフ侵入と考えられる。シャバンカーラ族は、一般にはクルド系の遊牧民といわれた。彼らは、十世紀中ごろ以来、ファールス地方の主要都市を襲い、ヒジュラ暦四九二年（西暦一〇九八／九九年）と、ヒジュラ暦五一〇年（西暦一一一六／一七年）にはキルマーン地方までその勢力を拡大して、イラン中央高原とザグロス山脈を越える南北のキャラバン・ルートを分断した。また、サーマーン朝の衰亡（西暦九九九年）がホラーサーンとマーワランナフルの諸都市の経済的退潮をひきおこし、その間接的な影響をスィーラーフが受けたのであろう。このようにして、内陸ルートとペルシア湾内の海上ルートを失った中継貿易港スィーラーフは、もはや長くその繁栄を維持することができず、ブワイフ朝の衰亡を待たずして、急速に衰えていったと考えられる。

スィーラーフ住民の商人、船主や船乗りたちは地震で破壊された家屋、モスク、港湾設備などを再建するよりは、彼らがインド洋交易の居留地として、あるいは航海上の必要から設置した一時的な碇泊地に移住する道を選んだ。ペルシア湾岸では、イラン海岸のナジーラム、ナヒールー、ナーバンド、またオマーン地方のスハールなどの港に、イラン内陸部ではジャム、ファール、フンジュ（フンジュ・バール）が彼らの移住先となった。さらに彼らの重要な海外移住先には、南アラビア地方、イエメン地方や紅海沿岸部の諸港市があった。B・ルイスが説いたように、十世紀後半から十一世紀にかけてインド洋の海運と貿易活動の基軸は、バグダード—ペルシア湾—インド洋を結ぶネットワークから、エジプト—紅海—イエメン—インド洋を結ぶネットワークに移行した。それにともなって、紅海沿岸やイエメン地方の交易港は、東西を結ぶ国際交通・運輸と貿易活動の中心として急激に脚光をあびるようになった。十一世紀以後のミルバート、アデン、ガラーフィカ（グラーフィカ）、アフワーブ、ジッダ、アイザーブなどの港市の急速な発展は、おそらくスィーラーフ系商人や船乗りたちの移住と深い関連があると考えられる。

・第四期（西暦九七八／一〇五五〜一二二〇年）

スィーラーフの大地震とブワイフ朝の衰亡から、地理学者ヤークートのスィーラーフ訪問までの時期。すでに第三章でも述べたように、この時期のスィーラーフ住民の多くは手工業者（とくに陶器、皮革製品の製造、その他の地方市場向け製品の生産者）であったらしい。また、海外移住者のなかには、引きつづきスィーラーフと連絡を保ち、スィーラーフ産の手工芸品を仕入れて、それを各地に転売する商人たちがいた。この時期に、中国の泉州にもスィーラーフ系の人びとが多く移り住んだ。

スィーラーフ商人の商業形態

前近代における長距離貿易は、それがイスラーム世界内部に限られたものであろうと、辺境や異域世界の広大な地域を横断するものであろうと、いずれの場合も遠隔地で商品を仕入れ、それを輸送し、販売取引が完了するまでのすべての必要経費をカバーするための十分な資本投資を必要とした。

十一世紀半ばごろの人ディマシュキー（アブー・アル＝ファドル・ジャアファル・ブン・アリー）は、その商業論『商業美徳に関する提示の書』のなかで、海上と陸上の輸送にともなう危険な条件、政治的・軍事的権威者の専断な態度や搾取、予測のつかないマーケットの状況などは商業資本の投資を危険率の高いものにした、と説明している。では、そのような悪条件のなかにあって、商業資本の蓄積のためにスィーラーフ系の商人たちはどのような投資形態と商業組織をもっていたのであろうか。残念ながらこの点に関して、史料の伝えるところはきわめてわずかであって、その具体的問題にふれることは難しい。

スィーラーフ系商人・船乗りたちに関するイスラーム地理・歴史関係の文献史料を総合すると、彼らは危険率の高いインド洋の航海を自己所有の船舶と航海術を活用することによって、各地に設置した商業居留地と連絡を保ちながら着実に商権を確立し、資本を蓄積していったことがわかる。彼らの商業上の投資形態として、キラード（相互貸し付け）、ムダーラバ（相互参与）、シルカ（合資・協同運営）やカルウ（貸し付け）などがあったことが知られるが、とくに彼らはペルシア人（イラン人）という人種的結合と、父親と息子、兄弟などの血縁関係の、強固ではあるが狭隘なきずなによって結ばれたパートナーシップ（ムダーラバ）による商業が中心ではなかったかと考えられる。

バグダード生まれの著名な歴史・地理学者で博物学者のマスウーディーによれば、彼はヒジュラ暦三〇四年（西暦九一六／九一七年）、東アフリカのカンバルー（ペンバ？）島からオマーンに戻る航海のとき、ジャアファルの子のアフマドとサマドという二人の兄弟が共有するスィーラーフ船に便乗した。

また、地理学者イブン・ハウカルがヒジュラ暦三五〇年（西暦九六一／九六二年）、バスラで出会ったスィーラーフ出身のアブー・バクル・アフマド・ブン・ウマルは、自己の資本と持ち船によって、東アフリカ・ザンジュ地方、インドや中国方面との長距離貿易を営んで巨万の財をなした、という。彼は時には、シャリーク（合資仲間）やカーリゥ（賃借人）と呼ばれる複数の所有者に属する持ち分によって、船舶と商品資本を共有することもあったようである。その場合、彼は仲間から委託された商品を自己の船に積みこんで遠隔地に運び、積み荷に対する運送料やその他の手数料は、すべて彼が負担するという寛大な条件でその経営を行っていた。

なお、スィーラーフには、イラン系の人びとの外に、アラブ系やゾロアスター教徒、ユダヤ教徒、軍人や奴隷などが住んでいたので、単一のイラン人のムスリム社会が存在していたとは考え難い。しかし、多くの史料を総合して判断する限りにおいて、スィーラーフを根拠地として、商業取引に活躍していた人びとは、イラン系が中心ではなかったかと考えられる。例えば、地理学者ムナッジム（イスハーク・ブン・アル＝フサイン・アル＝ムナッジム）の書『諸都市の記載に関する山と積まれた珊瑚の書』によれば、「スィーラーフの住民の大部分はペルシア系の高貴な人びと」とあるように、彼らはスィーラーフ社会のなかで特権商人層を形成していたらしい。これと同様の史料は多くみられる。例えば、ムカッダシーは、ペルシア湾やインド洋で活躍する船乗りたちの多くは、イラン系の人びとで、彼らはもっぱらペルシア語を用いていると述べている。

さて、ディマシュキーはその商業論のなかで、商人（タージル）を、①蔵商（ハッザーン）、②遍歴移動商人（ラッカード）、③輸出入問屋（ムジャッヒズ）、の三種に分類している。もっとも以上の商人の三類型は、必ずしもディマシュキーの理論的解釈ではなく、他の文献史料にもそれらの名称がしばしば登場してくることから、アッバース朝時代のムスリム商人の基本的類型であったと考えてよいであろう。なお、これらの商人は、小規模な市場の小売商（バーア、スーカ）に属するのではなく、多くの資本を集めて国際的規模で商売を行う富裕商人（タージル）層の人びとであった。

さて第一のハッザーンは、文字どおり「蔵商」「貯蔵する者」であり、都市に倉庫をかまえて、市場の状況に応じて農産物その他を大量に購入・売却することで、その差益を追求する投機的商人である。

第二のラッカードは、「遍歴移動商人」であり、その商用旅行の地理的範囲によって、およそ三つに分類される。すなわち、㋑諸国間を定期的に移動する、㋺都市と農村を移動する、㋩他国に移住し、そこに数年間滞在して本拠地に住む家族や友人たちとのあいだを往復して商売する、の三つのタイプである。遠隔地間を移動する商人は、「タージル・アッ＝サファル（旅商）」とも呼ばれて、商品を携えて自分も旅した。

第三番目のムジャッヒズ、すなわちアラビア語の「ジャッハザ（準備、提供）する人」というのは、需要の高い商品や原料を各地に配備された代理店から仕入れて独占的に販売する、いわば現代の総合商社、輸出入問屋のことと考えられる。また、彼らは資本と販売網をもって、原料や道具を手工業者に貸与して生産を請け負わせ、製品を引きとって売却することもあった。

当時、商人がどの程度まで生産面に関与していたかは興味深い問題であるが、大規模な資本をもった商人のなかには、特定の商品を取りあつかう専門職が多かったことから考えて、彼らは原料の輸入、生産と販売にいたるまでの、かなり一貫した生産と販売の機構を確立していたらしい。彼らは各地から情報を集めて、市場価値の高い時期と場所を選んで商品を販売し、大きな利潤を得ていたのである。一方、生産者にとっては、出資者である商人が提供する原料や機械を使って、必要な分量だけの注文製品を生産する、という利点があった。

スィーラーフの経済的基盤として、かなり発達した手工業、とくにガラス容器、陶器、織物、皮革製品などの生産があった。スィーラーフ商人たちのなかには、こうした手工業者と業務提携した輸出入問屋がいたことは想像に難くない。スィーラーフ様式のガラス容器、大型の青緑釉陶器壺や皿などがインド洋周縁部の各地の交易港遺跡で発見されていることも、その事実を証拠づけている（第三章参照）。また、イエメンのスィーラーフ系移住者の居留地では皮革なめし工場があって、そこでは水車を動力として、なめし染料の原液をつくり、東アフリカ産やイエメン産の獣皮を使って、良質の皮革製品をつくっていた。

このように、スィーラーフは商業取引の中継地であったばかりでなく、手工業生産の中心地でもあり、そこで生産された製品は彼らの商人や船乗りたちによって、イラク、イエメン、紅海沿岸、インド、東南アジア、中国や東アフリカ方面に輸送・販売されていたのである。しかも、とくに興味深い点は、つぎの三点である。

(1) スィーラーフの考古学的発掘品によると、第三期の後期（十世紀半ば）および第四期（十世紀後半〜十三世紀前半）に相当する窯址から多数の陶器片やガラス片が発見される。

(2) イギリスの考古学者N・チティックが行った東アフリカ海岸のマンダ島やキルワ島のイスラーム都市遺跡からスィーラーフ出土のガラス容器や陶器類ときわめて類似の作品が発掘されている。

(3) パキスタンのカラチ北東に位置するバンボール遺跡からスィーラーフ様式のサーサーン・イスラーム式陶器が発掘されている。

以上のような考古学的事実によって、つぎのような結論がくだされるであろう。すなわち、海上運輸と貿易に従事していた商人・船乗りたちはスィーラーフが地震の被害を受けた西暦九七六年もしくは九七八年以後、徐々に海外の居留地に移住したが、スィーラーフ都市内の手工業者たちは地理学者ヤークートがスィーラーフを訪問したころ（十三世紀前半）まで、そこに残留して製品の生産をつづけていたこと、また海外に移住した商人のなかにはスィーラーフで生産された製品を仕入れて、それを各地に転売する者がいたことである。

以上、スィーラーフの商人、船主や船乗りたちは、いわゆる、合資と共同経営によって結ばれ、生産から運搬と販売にいたるまで、かなり完備した組織網をもって、有利な条件で商業活動を行っていたことが知られる。しかも、彼らが取りあつかう商品が各種の香辛料、薬物料、宝石、陶器、ガラス容器、絹・綿織物、奴隷、皮革、象牙などの高価な奢侈品であったこと、イスラーム世界の政治中心地から遠く隔たったインド洋の周縁地域に商業居留地を設けることによって特定の国家の政治権力からもある程度の自主独立の立場を保ちながら自由な商業活動を享受したことなどが彼らに長期的繁栄をもたらした原因であると考えられる。

このようにして巨万の富を得たスィーラーフの豪商たちのなかには、東アフリカのザンジュ地方やインド方面から輸入したマングローブ材とチーク材を用いて、豪奢な邸宅を建てるものがいた。スィーラーフ遺跡の発掘調査によっても裏づけられたように、チーク材、石材や焼きレンガを石灰セメントもしくはタール原液で塗装・接着した、いわゆるスィーラーフ式石造建築の技術は、彼らの主要な海外居留地のスハール、ミルバート、アデン、アフワーブ、ジッダなどの港湾設備、周壁、貯水槽、モスク、店舗などの建設の際にも大いに活用された。また、東アフリカ地方にセメント塗装の石造（珊瑚）建築技術をもたらし、本格的なイスラーム都市の発達を促したといわれる〝シーラーズ文明〟は、十世紀半ばころからスィーラーフ系商人や船乗りたちによる居留地の建設とともに伝えられたものと推測される。

さて、スィーラーフにおける商工業の発達にともなっておこった都市人口の増加は、少なくともそれに見合うだけの農業生産力の上昇を不可欠の条件とした。イランのクラン、フルマク、ジャムやファール（フンジュファール）などのザグロス山脈の渓谷地帯には、彼らの避暑地の邸宅とブドウやオリーブなどの果樹園がつくられ、その他の必要な穀物はティグリス川の下流地域のサワード地方にあった〝スィーラーフ人の土地〟やオマーンのバーティナ地方からの輸入食糧によってまかなわれた。

歴史家タバリーが記すところによって、ザンジュの叛乱軍が、ヒジュラ暦二五五年（西暦八六九年）、サワード地方に侵入したとき、そこにはスィーラーフの人びとの所有する土地があったことが知られる。この土地は、彼らの商業居留地ではなく、おそらく東アフリカ地方から運んできたザンジュ奴隷を労動力に、サワード湿地帯の灌漑事業と農業耕作を行うためのスィーラーフ専有の農耕地であったと推測される。

港市キーシュの興隆とスィーラーフ系商人・船乗りたちの海外移住

十世紀後半から十一世紀初めごろにかけて、港市スィーラーフの商況が衰退した後、ペルシア湾の海運と貿易活動の中心となったのは、スィーラーフの南東約二五〇キロ、チャーラクと呼ばれる寒村の海岸から南西三二キロの海上に浮かぶ小島キーシュ（カイス）であった。十二世紀の地理学者イドリースィーによると、キーシュの王は大小の船隊を組織して、対抗する商船や港市を襲い、ペルシア湾の島嶼、オマーン、インドのカンバーヤ、ソームナート、東アフリカのザンジュ地方、イエメンなどをその支配下に収めたという。キーシュが興隆する初期の歴史は、フランスの中世イラン史の専門家J・オーバンも指摘しているように、その島の基本的歴史資料であるイブン・アル＝バルヒーの『海洋誌』とイマーム＝サァド・ウッ＝ディーン・イルシャードによる『バヌー・カイサル（カイサル家）王統史』の二書がいずれも散逸して現在に伝わっていないことから、ほとんど詳しい事情はわからない。交易港キーシュの全盛期の状況については、次章で詳しく述べるが、地理学者イドリースィー、イブン・アル＝バルヒー、イブン・アル＝ムジャーウィル、ヤークートなどの伝える十世紀後半から十二世紀初めまでのキーシュに関する初期の記録史料を整理してみると、以下のとおりである。

(1) ゾロアスター教徒やその他のイラン系の人びとにまじって、対岸のアラビア半島のオマーン地方からアラブ系のジュランダー族、バヌー・サッファーフなどの航海民、漁民や真珠採集民たちがキーシュ島に移住した。

(2) 十世紀末から十一世紀半ばごろにかけて、イランのファールス地方やキルマーン地方を占拠したクルド系遊牧民シャバンカーラ族の勢力がキーシュにもおよび、その支配層に強い影響を与えた。船隊を組織して各地を襲ったのは、おもにこのシャバンカーラ族の一氏族ジャーシューによる行動と考えられる。

(3) 十世紀末、キーシュの支配者アブー・アル＝カースィムが勢力を伸長して、スィーラーフの支配権を握った。

(4) キーシュの支配者は、一時的にブワイフ朝、もしくはセルジューク朝との政治的関係をもった。

しかし、以上に述べたこととは異なる状況が、十二世紀初めごろにおこったらしい。それを報ずる第一の史料はイブン・アル＝ムジャーウィルの『イエメン地方とメッカおよび一部のヒジャーズ地方誌』、第二の史料は十四世紀前半のイランの歴史家ワッサーフによる『ワッサーフの歴史』である。

イブン・アル＝ムジャーウィルは「カイス（キーシュ）の建設」に関する説明のなかで、つぎのような記事を伝えている。

「スィーラーフが崩壊して、二人のスィーラーフ出身の男がその島に移り住んだ。彼らは、その場所が気にいったので、島を支配しようとした。島には魚を獲る少数の漁民たちがいたが、その二人のスィーラーフ人が征服し抑圧して、漁民たちを島から追放した。かくして、彼らは島を支配して、強固な居住区を築いた。伝えるところによると、彼らはマギーたち（ゾロアスター教徒）の建物を基礎にしてそれを造ったという。彼らは、そこにナツメヤシ樹を植え、その居住区内に住んだ。ヤフヤー・ブン・アリー・ブン・アブド・ル＝ラフマーン・アル＝ザッラードが私に語ったところによると、そもそもカイス（キーシュ）島は建設されてから百二十年が経過した、と。この出来事は、ヒジュラ暦六二四年（西暦一二二六／二七年）のことである。彼らは、入港する船ごとに一ディーナール〔の関税〕をきめた。二年目〔には二ディーナール〕、三年目には三ディーナールと〔その税額を〕あげて、ついには十ディーナールということにきまり、現在におよんでいる。二人の〔スィーラーフ出身者の〕権勢が高まり、互いに勢力を争い、やがてそのなかの一人が支配権を握るようになった。……金曜日の礼拝のとき、ミンバル（モスク内の説教壇）において、この支配者のために〝東西のスルタン、大地の王〟という名がフトゥバ（礼拝にさきだって行われる宣誓と説教）で唱えられていた」

また、『ワッサーフの歴史』にも、右のイブン・アル＝ムジャーウィルの記事とほぼ一致する内容が伝えられている。すなわち、ある有名なスィーラーフのナーホダー（船舶経営者および船長）、カイサルという男の三人の息子たちが故郷のスィーラーフを離れてキーシュ島に移り住み、ヤシの葉でつくった小屋で苦難の生活をつづけていた。彼らは、母親が託してくれた猫のおかげでキーシュ島にはびこっていたネズミを退治し、それが契機となって、島の支配権を握るようになった、とある。

以上、二つの史料によって、つぎの二点が理解されよう。

(1) スィーラーフ崩壊後、ナーホダー＝カイサルの子孫がキーシュ島に移住して支配権を確立した。

(2) 彼らの移住年次をキーシュ建設の年と考えると、その移住はヒジュラ暦六二四年（西暦一二二六／二七年）から百二十年前、すなわちヒジュラ暦五〇四年（西暦一一一〇／一一年）ごろとなる。

さて、ワッサーフはヒジュラ暦六二六年（西暦一二二八／二九年）に死去のキーシュ島支配の最後の王として、「アル＝マリク・ジャムシードの息子アル＝マリク・シャーの息子マリク・タージュ・ウッ＝ディーンの息子アル＝マリク・キワーム・ウッ＝ディーンの息子マリク・スルターン」という名をあげている。すなわち、これを系譜表にして示すと、次のとおりである。

アル＝マリク・ジャムシード
｜
アル＝マリク・シャー
｜
マリク・タージュ・ウッ＝ディーン
｜
アル＝マリク・キワーム・ウッ＝ディーン
｜
マリク・スルターン

この系譜によってたどりうる最初の王はアル＝マリク・ジャムシードであって、彼とスィーラーフのナーホダー＝カイサルとのあいだにどのような関係があるのか、また、さきに述べたイブン・アル＝ムジャーウィルの記録内容との相互関係についても明らかにすることができない。ところが、つぎにあげるイブン・アル＝ムジャーウィルが『イエメン地方とメッカおよび一部のヒジャーズ地方誌』のなかの一章「アデンの王権を握ったペルシア（アジャム）王の尊称表の説明」のなかで説明している記録と関連づけることによって、非常に興味深い事実が指摘できる。まず、彼の記録にもとづいてアデンのペルシア王の系譜表をつくってみよう（次ページの表）。

この系譜表によって、つぎの諸点が明らかにされる。

アデンを支配したペルシア王の系譜表（○は統治の順）

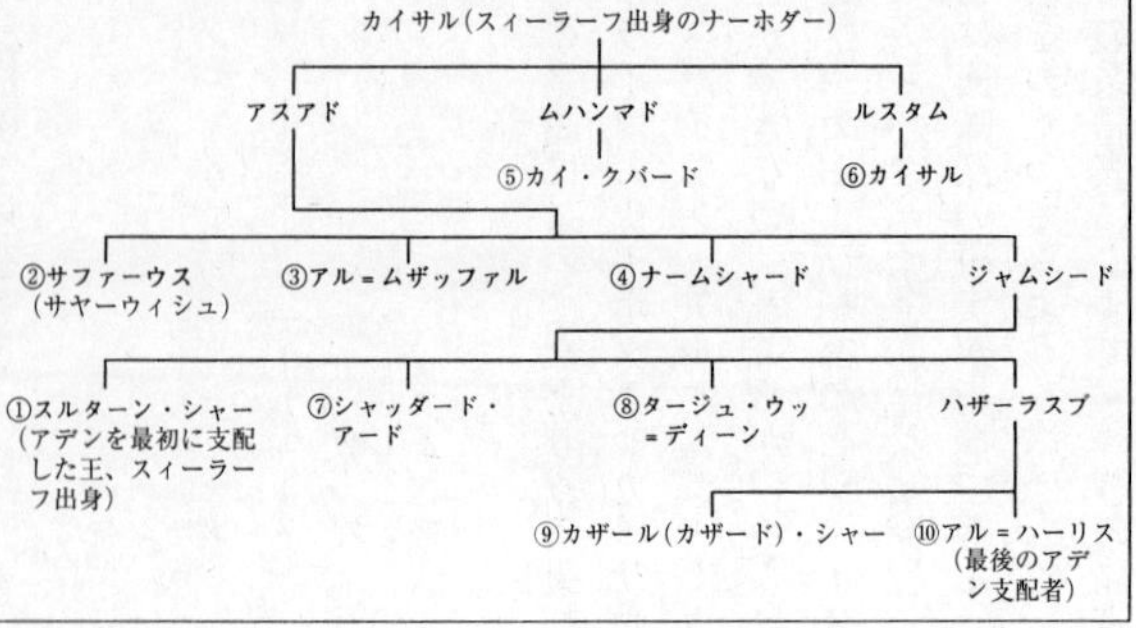

(1) アデンを支配したペルシア（アジャム）の王は、いずれも同一家系のカイサル家に始まる。

(2) カイサル家にはアスアド、ムハンマド、ルスタムという三人の息子がいた。

(3) カイサルから第三代目にジャムシードという名前がみえる。

同じくイブン・アル＝ムジャーウィルの記録によると、アデンを最初に支配したペルシアの王は、スィーラーフ出身のスルターン＝シャー・ブン・ジャムシード・ブン・アスアド・ブン・カイサルであったことがわかる。

以上の事実は、前述したイブン・アル＝ムジャーウィルとワッサーフの伝えるキーシュ（カイス）島を支配したスィーラーフ移住者に関する記事との多くの共通する点が認められる。そこで、ワッサーフによるキーシュの王統表とイブン・アル＝ムジャーウィルのあげたアデンの王権を握ったペルシア王の系譜表とを比較してみよう。

まず、ジャムシードという王名が両者の表にみえること、またジャムシードの息子でアデンを最初に統治したペルシア人の王スルターン＝シャーは、ワッサーフが伝えるキーシュ第二代目の王ジャムシードの息子アル＝マリク・シャーと一致する（スルターンは「権力者」、シャーはペルシア語で「王」、またマリクはアラビア語で「王」を意味する）。スルターン・シャーの尊称は、〝陸上と海上のスルターン、東西の王《マリク》〟であり、一方、キーシュのアル＝マリク・シャーのそれは〝東西のスルターン、大地の王《マリク》〟であって、この点も両者は共通している。さらに、ジャムシードの息子でアデン王のタージュ・ウッ＝ディーンはキーシュ王マリク・タージュ・ウッ＝ディーンと同一人物ではないか、と考えられる。

以上の諸事実によって、スィーラーフ出身のカイサル家から出た子孫がキーシュ島を支配したこと、そしてある時期に彼らがアデンにも移住し、その町の一画に支配権を握っていた、という仮定が成立するのである。

では、キーシュ支配者によるアデン支配が考えられるとすれば、それはいつごろ、どういう過程でおこったのか、また、その統治の形態はいかなるものであったのか。

南アラビアのスィーラーフ移住者たちの居留地

・アデンの場合

周知のごとく、イエメンのアデンは、インド洋に突き出たアラビア半島の南西端に位置し、東アフリカに近く、背後には紅海とそれにつづくヒジャーズ、エジプトや地中海の諸国を控えているため、古くから東西を結ぶ国際交通・運輸と貿易活動の重要な中継地*として発展した。

とくに、十世紀半ば以後、イスラーム世界の経済的・文化的中心がイラクのバグダードからエジプトのフスタート、カイロに移動したことにともなって、インド洋を通過する交通・運輸と貿易ルートの幹道は、ペルシア湾経由よりも、むしろ紅海を通過するようになった。そのことによって、アデンはインド洋―紅海―エジプト―シリア―地中海世界とを結ぶ国際交通・運輸の要衝地として、また中継貿易の一大中心地として発展するようになった。

すでに、イエメン・ズィヤード朝のアブー・アル＝ジャイシュ・イスハーク・ブン・ズィヤード（在位西暦九〇四～九八一年）が、ミルバート、シフル、アデン、ジャナドやサヌアーなどの南アラビアとイエメンの諸地域を広く領有したころから、アデンの貿易量は年々増加するようになった。イエメンの歴史家で詩人のウマーラ・アル＝ヤマニーの『イエメン史』によると、西暦九七六年（もしくは九七七年）において、ズィヤード朝の国家収入は、関税収入を除いても百万ディーナール・アッスリーヤ（イエメンのアッスルで鋳造のディーナール金貨で、「アッスリーヤ」と呼ばれた）に達したこと、おもな関税収入はインド船がもたらす品々、東南アジアや中国産の沈香、麝香、樟脑、白檀、中国陶磁器、その他に地方産の竜涎香、真珠、エチオピアとヌビアの奴隷などが対象とされた。

国際貿易の趨勢に熟知していたスィーラーフ系の商人や船主・船乗りたちは、以上のようなイスラーム世界の状況変化に対処して、彼らの貿易活動と居住の拠点を南アラビア地方や紅海沿岸の諸港市に移していった。紅海沿岸やイエメン地方におけるイラン系商人や移住者たちの居留地は、すでにイスラーム以前から存在していたことが知られているので、スィーラーフ系移住者の進出もまた十世紀以前にさかのぼることは明らかである。スィーラーフ出身のアブー・ザイドの記録『中国とインドの諸情報』から明らかなように、彼らは西暦九一五年以前から、対エジプト貿易の拠点として、ジッダに商業居留地を設けた。その後、紅海沿岸のイエメン地方の主要都市ガラーフィカ（グラーフィカ）、アフワーブ、ムハー、タイッズ、ザビード、アッスル、アデン、アブヤンやダフラク諸島、カマラーン諸島、ファラサーン島、対岸のアフリカ海岸のスワーキン、バーディウやソコトラ島などに、つぎつぎと彼らの活動拠点が拡大していった。

これらの居留地は、本来、内陸部からキャラバン隊によって運ばれてきた商品の集荷地、交換取引のための市場として、また、航海上の必要から一時的に設置されたものであったと思われる。しかし、十世紀後半以後、彼らの本拠地スィーラーフが衰退するとともに、それらの港市は本格的な居留地として発達し、町の一画にはスィーラーフ系移住者の地区(ハーラ、マハッラ)が形成された。

スィーラーフ系移住者がアデンに到着した年次に関して、イブン・アル＝ムジャーウィルは、つぎのような記録を残している。

「……ヒジュラ暦六二六年(西暦一二二八／二九年)、クムルの船が一艘、この〔クムル－キルワームガディシュー－アデンにいたる〕モンスーン航海ルートに乗ってアデンにやってきた。その船はクムルを出ると、キルワをめざし、つづいてアデンに投錨したのである。彼らの船には、舷外浮材(アウトリガー型のカヌーのこと)がついていた。それは海が狭かったり、危険な海流があったり、水深が浅い海域があるからである。〔アデンにおいて〕その部族の勢力が弱まると、〔新たに移住してきた〕バルバラ人たちが勢力を拡大して、そこから彼らを追放して占領した。そこで彼らは、〔アデンの〕ワーディー(河谷)に住むようになった。現在は、そこに丸太小屋の居住区がある。彼らはアデンで最初に丸太小屋をつくった人たちである。その後、その場所は荒廃したままになっていたが、やがてスィーラーフからスィーラーフの家族が移住してきた。彼らのことは前述したとおりである。スルターン＝シャー・ブン・ジャムシード・ブン・アスアド・ブン・カイサルはアデンに到着すると、そこに滞在し、本格的な居留地とした。彼はその場所を彼の永住地と定め、人びとがもっと多く住めるようにした。最初、飲料水は〔対岸の〕ザイラゥから運んでいたが、あまり距離が遠くて難儀なために、彼らは貯水槽をつくった。またアブヤン地方産、もしくはザイラゥ産ともいわれているイチジクが移植された。アデンにおいて彼らの人口数が増加したとき、そこにいくつかのハンマーム（公衆浴場）がつくられた。ヒジュラ暦六二二年（西暦一二二五／二六年）、ハブス・アッ＝ダムの近くにハンマームがつくられ、水が引かれ、地面が洗い浄められた（灌漑された）。また、彼らは大モスクをアル・ムゥタミド・ラディー・ウッ＝ディーン・アリー・ブン・ムハンマド・アッ＝ティクリーティーのハンマームのかたわらにつくった。ヒジュラ暦六二五年（西暦一二二七／二八年）には、家畜を留置く場所（マルバト）が設置された」

この文中に出てくるクムル族のアデン移住に関する問題は、すでにG・フェランによる論考「南海における崑崙と古代海洋横断の航海」があるので、ここでは改めて言及する必要はないであろう。G・フェランがすでに明らかにしたように、この記事は、オーストロネシア・マレー系移住民（クムリー、クマル）の一部がマダガスカル（クムル）島を経てアデンに達したことを伝えたものであると考えられる。ここで注目すべき重要な点は、以下の二点である。

(1)　オーストロネシア・マレー系移住民のクムル族がアデンに移住した年次は、西暦一二二八年もしくは一二二九年であって、つづいてソマリア地方のバルバラ（ベルベラ）人が、第三番目にスィーラーフの移住者がアデンに来着した。

(2) スィーラーフ移住者の最初の支配者は、カイサル家のアル＝マリク・ジャムシードの息子のスルターン・シャーであった。

スィーラーフからの移住者、カイサル家のジャムシードの息子スルターン・シャー（スルターン＝シャー・ブン・ジャムシード）は、前述した「アデンを支配したペルシア王の系譜表」（一六〇ページ参照）をみれば明らかなように、キーシュ島の王家であるカイサル家のジャムシードの子アル＝マリク・シャーと符合する。

もし、以上が事実とすれば、この時のスィーラーフ系移住者たちはキーシュ島に本拠を置くスィーラーフ系支配者に先導されて、あるいはその支配者の命令によってアデンに来たことが理解されるのである。

では、スルターン・シャーの命令のもとに、スィーラーフ系移住者たちがアデンに到着し、支配を開始したのは、いつごろであろうか。もしイブン・アル＝ムジャーウィルが述べているように、クムル族のアデン移住が西暦一二二八／二九年、それにつづいてバルバラ人の移住があったとすれば、スルターン・シャーの率いるスィーラーフ移住者のアデン到着は、さらにその後の時期となる。しかし、つぎの点から考えると、クムル族のアデン移住の年次は、一二二八年以前のことと考えるべきであろう。

(1) イブン・アル＝ムジャーウィルのイエメン地方誌の著述年次は、十三世紀初めごろ

（西暦一二二六〜四二年）である。

(2) スィーラーフの移住者が建てたハンマーム（公衆浴場）は、一二二八年より以前、おそらく一二二五年に建設された。

(3) ワッサーフの記録によって、キーシュ王アル＝マリク・ジャムシードの支配は、十二世紀初めごろに開始された。

イブン・アル＝ムジャーウィルのイエメン地誌『イエメン地方とメッカおよび一部のヒジャーズ地方誌』に記録されたヒジャーズ、イエメン、ハドラマウト、オマーン、ペルシア湾岸などの地理的・歴史的叙述は、他の史料にはまったくみられない詳しい状況をわれわれに伝えている。とくに、この著者はこれらの地方を広く遍歴した経歴があって、アラビア各地の古い慣習、伝説と説話などを実際の歴史的事件と関連づけながら記述していることに、彼の著書の大きな特色がある。しかし、彼の記録内容には、十世紀後半の地理学者ムカッダスィーにみられるような、事象に対する批判的態度にうすく、一見正確なようにみえる年代にも事実の前後の転倒や混乱があるので、かなり念入りな史料批判が必要となる。

著者は、イブン・アル＝ムジャーウィルがクムル族のアデン移住の年次として記しているヒジュラ暦六二六年（西暦一二二八／二九年）は、おそらくアデンを支配したスィーラーフ系移住者の最後の支配者スルターン＝アブー・アル＝バラカート・アル＝ハーリス（アル＝マリク・ジャムシードの孫、ハザーラスプの息子）の没年を示しているのであると考えている。なぜならば、ワッサーフがキーシュの最後の王として記しているマリク・スルターンの没年も、これと同じヒジュラ暦六二六年（西暦一二二八／二九年）であること、また同年にはイエメン・ラスール朝の初代王アル＝マリク・アル＝マンスール・ウマル一世（在位西暦一二二九〜五〇年）がアイユーブ朝から独立して、イエメンの支配を確立した年号とも一致しているからである。すなわち、ラスール朝の支配が始まることによって、アデンにおけるスィーラーフ系支配者アル＝ハーリス（スルターン＝アブー・アル＝バラカート・アル＝ハーリス）の統治が終わったものと考えられる。

また、スィーラーフ移住者がアデンに到着し、スルターン＝シャー・ブン・ジャムシードによる統治が開始された時期については、「カイロ・ゲニザ文書」やイドリースィー、イブン・アル＝ムジャーウィルなどの史料にみられる〝キーシュ王のアデン攻撃事件〟となんらかの関連があるものと推測される（第六章参照）。これらのいずれの史料にも、アデン攻撃の年次は明記されていないが、S・D・ゴイテインは、カイロのユダヤ・コミュニティが残した「カイロ・ゲニザ文書」の史料分析によって、この事件をヒジュラ暦五三〇年（西暦一一三五年）のことと主張している。そして、以下に述べる二つの歴史的事実をもとに推論すると、最後のスィーラーフ系支配者アル＝ハーリス（スルターン＝アブー・アル＝バラカート・アル＝ハーリス）より約百年前にキーシュ王によるアデン攻撃が行われ、

その前後にスィーラーフの人びとの移住が開始されたとみてよかろう。すなわち、

(1) イブン・アル＝ムジャーウィルが伝えるように、キーシュ王のアデン攻撃の事件は十二世紀初めごろ、アデンを支配していたズライゥ朝のマスウード家のアリー・アル＝アイッズとアッバース家のダーイー（シーア・イスマーイール派宣教者）＝アッ＝スウードの息子サバー（サバ）とのあいだの権力闘争のさなかにおこった。

(2) 両家の争いは、ダーイー＝サバーの没年のヒジュラ暦五三二年（西暦一一三七／三八年）、もしくはヒジュラ暦五三三年の六カ月前（西暦一一三八年三月／一一三九年二月）に、サバーの勝利に終わった。

以上にもとづいて、キーシュ島の支配者アル＝マリク・ジャムシードの息子アル＝マリク・シャー、言い換えるならばスィーラーフの移住者を率いた、ジャムシードの息子スルターン・シャーの一団がアデンに到着したのは、ダーイー＝サバーの生前、すなわち一一三八年以前のことに相違ない。「カイロ・ゲニザ文書」によると、キーシュ王の遠征軍はアデンから撃退されたと記されているが、実際には、その一部の勢力がアデンに残留し、スィーラーフ移住者の居留地をつくったものと考えられる。

以上の事実を整理してみると、一一三五年ごろから一二三九年までの約百年間にわたって、キーシュとアデンがともに同じスィーラーフ系移住者の支配者、すなわちキーシュ島

に本拠を置くカイサル家によって統治されていたと結論できるのであって、この点は、インド洋通商史のうえできわめて興味深い事実と言わねばならない。

・アデンにおける交易活動の状況

では、スィーラーフ系移住者による百年間のアデン支配は、どういう形態のものであったのか。以下では、この時期、つまりズライゥ朝とアイユーブ朝統制下のアデンにおける交易活動の具体的状況に言及することで、当時のスィーラーフ系移住者たちの役割を考えてみたい。しかし、これらの問題に関するイエメン側の記録史料は甚だ少ない。著者は、十二世紀初めごろから十三世紀半ばまでのあいだ、アデンを統治した支配者たちに関する記録史料を総合的に調査してきたが、前述したイブン・アル＝ムジャーウィルの記録を除いてはスィーラーフ系移住者たちと彼らの支配者の名前を見いだすことができなかった。この点については、さらに詳細な史料調査が必要であるが、現在の研究段階ではつぎのように考えられる。すなわち、イブン・アル＝ムジャーウィルが記している十人のペルシア系支配者たちは、おそらくアデンの一地区――スィーラーフの移住者たちが居留する特別地区（ハイイ、マハッラ）――を支配していたのであり、彼らの本拠地はキーシュ島にあった。したがって、彼らの名前はイエメン側の史料に詳しい記録が残らなかったのではないだろうか。

S・D・ゴイテインが紹介した「カイロ・ゲニザ文書」によると、キーシュの遠征隊は二カ月にわたってアデンの一部を占拠した後、撃退された、とある。しかし、その占領地はその後もキーシュの人びとの居留地として維持され、その地域内のモスクにおいては、キーシュ王の名を冠したフトゥバ（金曜日に大モスクで唱えられる支配者に対する宣誓）が唱えられていたのではないだろうか。これらの諸点については、今後、さらに諸史料を詳しく検索・分析していきたいと考えている。

十一〜十三世紀、アデンの貿易の急激な発展は、インド洋海域世界をめぐる国際的交易ネットワークの流れの方向の変化によってのみではなく、同時にアデンの国際商業へのかかわり方の根本的変化によるものであった。すなわち、ズライゥ朝のダーイー＝サバーとイムラーンの治世代に、アデン港の貿易業務を担当したビラール・ブン・ジャリールとその子ヤースィル、またアイユーブ朝によるイエメン支配の時に、アデンのナーイブ（副司令官）として活躍したウスマーン・アッ＝ザンジーリーらによって、アデンの港湾設備が拡充され、公営の商品取引所と宿泊所（ダール・アル＝ワカーラ）、店舗、倉庫などの設備、海賊から商船を防衛する護衛船団（シャワーニー船）の建造と配備など、国家権力を握る支配者たちが海上運輸の安全と貿易活動を活発にするための積極的な努力を払ったことによっている。

前近代のイスラーム世界を代表する歴史家の一人、イブン・アル＝アスィールが述べているように、アイユーブ朝によるイエメン遠征の最大の目的は、ザンギー朝の王ヌール・ウッ＝ディーン・マフムード（シリアにおける在位西暦一一四六〜七四年）がエジプトに侵攻してきた際の避難場所を確保するためとも考えられる。しかし実際には、インド洋交易の中枢としてますます重要性を高めつつあったアデンを手中に収めることによって、紅海からインド洋海域に広がる東方貿易に強い影響力を及ぼそうとしたアイユーブ朝の経済政策としてなされたのではないだろうか。

イブン・アル＝アスィールとイブン・アル＝ムジャーウィルが伝えるところによると、アイユーブ朝のサラーフ・ウッ＝ディーン（サラディン）の派遣した彼の弟トゥーラーン・シャーの軍隊は、西暦一一七四年二月初旬に、エジプトを出発、メッカを経由して、イエメンにいたり、その主要都市のザビード、タイッズとアデンなどを征服した。トゥーラーン・シャーの軍隊が到着した当時のアデンは、インド、東アフリカのザンジュ地方、エチオピア、オマーンやイランのキルマーン、キーシュ、ファールスなどからの船舶が入港する港として賑わっていた。トゥーラーン・シャーはこの町の支配者ヤースィル（イムラーンの子）を捕虜とし、町での略奪と破壊行為を一切禁止した。彼はその副司令官ウスマーン・アッ＝ザンジーリーに町の統治を委託した。ウスマーンはアデン港の通関施設、密輸を防止するための周壁、市場、店舗の新設と関税法の改正などを行った。また彼は、シャワーニー船（海賊から商船を防衛するための警備保安船のことであって、輸入関税の一部にシャワーニー税を設けて、その費用によって維持・運営されていた）をバーバル・マンデブ海峡とインド洋海域に派遣して、ソコトラ島やインドのインダス川河口の港市ダイブルの沖合に出没する海賊を討伐した。

これらの諸事実は、アイユーブ朝がイエメンの、とくにアデン港を中心として、インド洋の海運と貿易活動に積極的に介入したことを物語っている。前述したとおり、まさにこの前後のころにスィーラーフ系の移住者たちがインド洋交易の二大拠点アデンとキーシュに居留地を設けて、海運と貿易活動を展開していたのであって、彼らの広域的な活動がアデン港の発展に大きく寄与したものと考えられる。

・アデン港での船舶の出入りと貿易取引の風景

イブン・アル＝ムジャーウィルが伝えるアデン港の貿易業務の状況と、そこで取りあつかわれていた輸出入品目や関税率に関する詳しい記載は、おそらく彼が貿易監督官のための文書・史料類から抜粋・要約したものであると考えられる。彼の記録は、十二世紀半ばから十三世紀前半のアデン港にはインド洋周縁の各地から貿易船が来航し、多種多様の商品が集められていたこと、また誘引した外国商人から関税を徴収するために各種の通関税が設けられていたこと、などについて活気にみちた情景をわれわれに伝えてくれる。

インド洋を航行してきた貿易船がアデン郊外のハドラー山頂の一角にある監視所でキャ

ッチされると、アデンの港湾行政官たちの連絡網によって、行政官仲間（ラフィーク）、監視船の長官（ジュラーブ）、行政長官（ワーリー）、長老、住民たちに順次、その到着の知らせが伝えられる。ハドラー山の向かい側に位置するフッカート山の頂上には、アイユーブ朝派遣のイエメン統治者アル＝マリク・アル＝アジーズ・トゥグテギーン（在位西暦一一八一〜九七年）によって建設された監視塔があって、これはエジプトから到着するカーリム輸送船団のための特別施設であった。カーリム輸送船団は、当時、アイユーブ朝国家の保護をうけて、エジプト—紅海—イエメンとインドとを結ぶ定期的海運と貿易活動を行っていた。

船が港に近づいてくると、港湾検査官たちは、サンブーク船（湾内で使用する艀）に乗って、その到着船の立ち入り検査を行う。

検査官は、まずナーホダー（船舶経営者および船長）に挨拶して国籍をたずねる。ナーホダーは、その港の名前、町での商品の値段などについて質問する。検査官は、そのナーホダーと船内に乗っている商人たちの名前を記録する。船舶書記（カッラーニー）は船艙内の積み荷、その他すべて必要なことを記入した申告書を検査官に提出する。

以上が終わると、検査官はサンブーク船で港に戻るが、不正や賄賂を防止するために、検査官といえども検査を受ける。アデンの統治者のところに戻った検査官は、申告書と商人たちの名前を書いた書類の内容について審査する。

その船がいよいよ入港するときには、アイユーブ朝スルタンのイエメン代理官の立ち会いのもとに、取調官が船の乗組員一人一人の身体検査を行う。なお、商人たちが下船するときは、彼らの小間物については翌日、衣類や商品については三日後に、船からおろされる。値段の高い香料類については竿秤で厳密に量られ、疑わしい物品についてはすべてに刻印が押される。こうして陸揚げされた商品は、まず最初にスルタン買い上げの倉庫に収められる。その後、市場で売却され、商品の一部は、陸路でザビード、タイッズ、サヌアーやメッカ方面に輸送される。

アイユーブ朝のイエメン統治時代（西暦一一七四～一二二九年）、輸入品に対する関税は、①入港税、②シャワーニー船（保安船）維持税、③ダール・アル＝ワカーラ税（商人の宿泊と貸倉庫、さらに貿易代理店を兼ねた公共の施設の使用税）、④ダール・アル＝ザカーワ税（一般商品税、もしくは荷揚げされた商品を一時保管する倉庫税）、⑤ディラーラ税（仲買手数料）、の五種類があったという。その外にも、バーバル・マンデブ海峡を通過する船舶には、特別の通過税の徴収と、通過証（ジャワーズ）の発行を行って、アデン港に立ち寄らないで紅海に直航しようとする船舶（違犯船）を管理・統制していた。こうした関税制度や通過証の発行は、イエメン・ラスール朝時代においても同様に行われた（第七章参照）。

このようにして徴収された税収入の総額がどの程度のものであったか、またその収入がアイユーブ朝の国家財政にどれだけの重要な比率を占めていたのか、という点に関しては史料のうえから明らかにすることは難しい。

イブン・アル＝ムジャーウィルによると、アデン港には一艘で課税対象額八万ディーナールにおよぶ大型船船が入港し、毎年、スィーラ山（スィーラ島のことで、アデン港の手前に位置する小島、二四〇ページの写真参照）の海域には七十から八十艘内外の船舶が碇泊したこと、毎年、徴集金および贈呈品類を収納した四つの宝物箱――その箱はヒザーンと呼ばれ、各箱の総額が十五万ディーナールにおよんだ――がアデンから支配者の住むタイッズ城に運ばれたという。

また、『完史』の著者イブン・アル＝アスィールによると、アイユーブ朝のイエメン地方支配者トゥーラーン・シャーがエジプトに戻った後も、アデンとザビードから徴収される関税収入は引きつづき彼のもとにとどけられたので、彼がヒジュラ暦五七六年（西暦一一八〇年）にアレクサンドリアで死去したときの遺産額は、二十万エジプト・ディーナールにおよんだという。

以上のように、ズライゥ朝にかわるアイユーブ朝のイエメン支配によって、インド洋の周縁諸地域から集められた貿易品は、アデン港に荷揚げされた後、紅海経由、もしくはメッカとシリアに向かう高原キャラバン・ルートをとおって、エジプトや地中海世界に運ばれた。このようにしてアイユーブ朝はエジプト、シリア、ヒジャーズとイエメンを政治的・軍事的支配下に収めることで、ファーティマ朝に引きつづいて、エジプト―紅海軸ネットワークをイスラーム世界の主幹道とすることに成功したのである。

アデンにおけるスィーラーフ系移住者たちの活動実態を知ることは、史料のうえから困難であるが、かつてインド洋―スィーラーフ―バグダードを基軸として八～十世紀に活躍した彼らは、十一、十二世紀にいたると、インド洋―アデン―紅海―カイロおよびフスタートを基軸に国際交通・運輸と貿易活動のうえで、ふたたび重要な役割を果たすようになったのは明らかである。

さて、イエメンにおけるスィーラーフ系移住者の居留地はアデンの外にも、ザビードの外港として繁栄したアフワーブやバーバル・マンデブ海峡に近いアーラ、ムハー、ガラーフィカ（グラーフィカ）、ファラサーン島、カマラーン諸島などにも設けられた（一四五ページの地図参照）。とくに、アフワーブは、スィーラーフ出身の豪商ラーマシュト（アブー・アル＝カースィム・ラーマシュト）がヒジュラ暦五三二年（西暦一一三七／三八年）、インドからメッカに巡礼を行う際に、ここに立ち寄って、市場、モスクと店舗などの建設資金を提供し、それが契機となって急速に貿易港として発展した。スィーラーフ出身の豪商ラーマシュトについては、第六章で詳しく述べるが、彼は十二世紀初めに、スィーラーフ、イエメン、メッカ、インド、中国にまたがるインド洋交易に活躍した代表的なナーホダーであり、豪商の一人であった。

イブン・アル＝ムジャーウィルによると、アフワーブはザビードから三ファルサフ（約一八キロ)、ガラーフィカ(グラーフィカ)とならんでザビードの重要な外港であった。そこはアデンから到着する船で賑わい、町のモスクはインドから輸入されたチーク材によって造られていた。アフワーブの町のモスクがチーク材で造られていたことは興味深い事実である。なぜならば、前述したように、スィーラーフの富裕な人びとは彼らの邸宅やモスクをインド産のチーク材で建てることを好んだのであって、アフワーブのモスクの建設者もまたスィーラーフ出身者であったからである。西暦一一六〇年、シーア・イスマーイール派のアリー・ブン・アル=マフディーは、アフワーブに侵入して、モスクを破壊し、モスクのチーク材はザビードに運ばれて、そこの聖廟の建材として利用されたという。また、西暦一二二八/二九年に、アデン港が津波の被害をうけて、使用不能になったとき、それにかわってアフワーブ港に船舶が集まり、アデンを凌ぐ発展がみられた。

アデンに近いアーラという港にも、スィーラーフ出身の一家族のムンズィル家が移住してきた。て、そこにモスクと皮革染色の工場を建設した。彼らは、とくに樹木の葉からつくったサラムという染料によって、ソマリア海岸のバルバラやエチオピア地方産のガゼル、山羊、羊などの良質皮革をなめす仕事に従事していた。

・ジッダの場合

ジッダは紅海のほぼ中央に位置し、メッカの外港として、とくに十世紀後半以後にはイエメンやインド方面、またジッダの対岸のスワーキン、アイザーブなどを経由してエジプト、スーダン、エチオピア方面から来る巡礼者と商人たちが集まる中継地として繁栄するようになった。

スィーラーフの人アブー・ザイドによると、十世紀初めのころ、スィーラーフの商人や船乗りたちがジッダに運んだ積み荷は、クルズム（旧スエズ）から来た船に積みかえられて、紅海を北上したという。つまり彼らは、ジッダ以北の海域での海上輸送と取引には関与していなかったのであって、エジプト方面に輸送される貿易品の集散地として、ジッダに市場的居留地を築いていた。地理学者イブン・ハウカルやムカッダスィーの記録にみられるように、ジッダに居住したイラン系の人びとはそこに周壁をめぐらし、防衛された彼らの居留区を建設した。ジッダはファーティマ朝のエジプト進出にともなって、対岸のアイザーブとならんでますます活況を呈するようになった。

イブン・アル＝ムジャーウィルは、ジッダへのスィーラーフ系移住者の到着と町の建設について、つぎのような記事を伝えている。

「スィーラーフが崩壊したとき、スィーラーフの住民は他の海岸地域に移動した。彼らのなかの一部族――そのなかには、一つはサイヤール、他はマイヤースと呼ばれる二つが含まれていた――がジッダに到着して、定住するようになった。彼らは、その町にモルタルでかためた石（珊瑚石）を使って周壁を築いた。しばらく滞在した後、その周壁は完成し、その壁の横幅が一〇シブル（約二・三メートル）となった。周壁は、しばらくそのままの状態になっていたが、彼らはさらにそれを補強するために、外壁面に第二の壁を築いた。その壁は切り出した石を磨き、四角に削った上にモルタル塗装したものである。その壁の厚さが五シブル（一・一五メートル）となり、二つの接着された周壁の全幅は、一五シブル（三・四五メートル）になった。その周壁には四つの門、つまりダウマ門、マドバガ門――この門には、護符文を刻みつけた石があって、もし盗人が物を盗んで通った場合は、あくる日、その盗人の名前が石に刻まれる――、メッカ門と港門――この門は海に隣接し、門の周囲に、幅広く深い大きな堀がめぐらされている――があった。海水が、その居留区の周囲をめぐっており、つねに新しい海水が流れている。したがって、その居留区は、ちょうど、湾の真ん中にある島のようになっている。ペルシア人たちは、その居留区をできる限り強固に防備したとき、飲料水の不足を心配して、その居留区内に六十八個の貯水槽を築いた。また、その居留区の外側にも同じように築いた。実際には、居留区内外ともに合わせると五百の貯水槽がつくられた。神のみぞ真実を知る」

十世紀後半の地理学者ムカッダスィーが述べているように、スィーラーフ崩壊の直接原因が西暦九七六年もしくは九七八年の地震によるものであるとすると、その直後、サイヤールとマイヤースというスィーラーフ出身の二つの集団がジッダに移住して、強固に防備した居留地を築いたことになる。さらにイブン・アル＝ムジャーウィルの記載には、その地区内に住むスィーラーフ移住者たちは商人頭（シャイフ・アッ＝トッジャール）および商人元老（シャイフ・アル＝カビール）をリーダーとする特別の共同体的社会を維持して、彼らの慣習にしたがってすべての問題が裁決されていたと記されている。とくに商工業の管理、税処理などの重要問題については、商人元老が最終的決定権をもっていた。彼らは、イエメンのアデン、アフワーブ、ダフラク諸島やスワーキンなどに住むスィーラーフ系の商人たちとも人的結びつきを保ちながら、伝統的商業ネットワークを維持していた。

ところがヒジュラ暦四七三年（西暦一〇八〇／八一年）、ふたたび他の海外居留地に移動せざるをえないような事件がジッダのスィーラーフ出身の人たちのあいだに発生した。イブン・アル＝ムジャーウィルはつぎのような記録を伝えている。

「メッカの長は、ジッダにいる〔スィーラーフ出身の〕商人頭に使いを遣わして、鉄の荷（精錬した鉄）一荷を要求した。そこで、その商人頭は、そばに居た下僕に向かって、〔要求どおりの〕鉄を提供するように命じた。そこで下僕は、使いの者に鉄を手渡した。メッカ・アミールの監督官がその鉄の荷を開いてみると、数個の金の延べ棒が出てきたので、使いの者を呼び戻して、〝まことに丁重な御厚意であった。ついては、これと同じもう一つの鉄の荷をとどけるようにと、あの商人頭に伝えよ〟と命じた。その商人頭は、ことのしだいを知って、下僕を呼び出して言った。〝一体、おまえは、あの男に何を渡したのか〟。すると、彼は〝小型テントほどの長さの黄色い、音の響きのかん高い鉄の荷でした〟と、答えた。その商人頭は、そこで初めてその荷が金の延べ棒であったことを知り、同時に今や〔スィーラーフの〕人びとは決断を迫られていることを悟った。そこで彼らの長老である元老のところに行って、その問題をどう処理すべきかを相談した。するとその元老は、〝私の意見では、そもそも汝らは金持ち連中なのだから、必要とするものをすべてまとめて、各自が船に乗り、この広大な海洋に気ままに乗り出すが良い。汝らにとってどこで下船して移り住んでも、ふさわしい場所なのだ。汝らは元来、驢馬の臍《へそ》のごとき、また覆いをつけぬ頭のごとき〔スィーラーフのように不毛な〕土地から逃れてきたのだからな〟と言った。そこで彼らは、船に荷を積みこみ、各自は帆をあげて海に出た。つまり、それはヒジュラ暦四七三年（西暦一〇八〇／八一年）のことである」

また別の説によれば、アラブ族が侵入し、ジッダの住民を包囲したために水不足になり、人びとは船にのって移動した。彼らは、海を越え、その一部の集団は、シッライン、ラーハ、アッスル（アスル、アッサル）、ジャルア、ダルア、ダフラク諸島、ビールール、ファラサーン島のジッダ、ムハー、ガラーフィカ、アフワーブ、サミード、ザフバーン島、カマラーン、バンダル・ムーサー（ソコトラ島）、バーブ・ムーサーなどに移住したという。

以上は、いずれもイブン・アル＝ムジャーウィルの記録によるものであるが、これらの記載を通じて、スィーラーフの移住者たちがかなり自主独立の立場を守りながら、仲介商業による富の蓄積に徹する道を歩んでいた態度がうかがわれる。もし不当な関税が課せられたり、彼らの商業取引に不利な経済的・社会的条件がおこれば、ただちに彼らの居留地を変えて、より有利な条件でどこででも商業活動を行っていたのである。激動する十〜十二世紀のイスラーム世界のなかで、スィーラーフ出身の商人・船主たちが、彼らの商権を長期間にわたって維持することができた秘密も、以上のような諸点にあったのではないだろうか。

スィーラーフ系の移住者、商人や船乗りたちの活動を伝えた文献史料が完全になくなるのは、十三世紀半ば以後のことである。この時期は、まさにエジプトのアイユーブ朝、マムルーク朝とイエメン・ラスール朝との政治的・経済的対立をたくみに利用して、着々と商権を確立していったカーリミー商人たちの台頭の時期とも一致していた。スィーラーフ系商人たちの拠点だったジッダは一時的に衰退し、その対岸のアフリカ側のアイザーブやスワーキンなどの、カーリミー商人たちの重要な商業拠点が急速に活況を呈していくのがみられた。

・ハドラマウト地方のミルバート港の場合

アデン、アフワーブやジッダなどの紅海沿岸の諸港市とならんで、南アラビアのズファール地方のミルバートにも重要なスィーラーフ系商人の海外居留地があった。ミルバートは、ライスートやシフルとともに、ハドラマウト産の良質乳香、没薬《もつやく》や竜涎香の輸出港として知られ、またインド洋を横断して、インド、東アフリカや東南アジア方面に達する直航ルートの重要な経由・寄港地として発展した。

地理学者イブン・ハウカル、イブン・アル＝ムジャーウィル、アブー・マフラマやハドラマウト地方のタリーム生まれの歴史家シャンバルによる『ハドラマウト年代記』などの史料によると、十二世紀から十三世紀までの約百年間にわたって、スィーラーフ出身のマンジュー、またはマンジャウーと呼ばれる一部族がミルバート地方に港市国家ともいえる独立の政治権力をもった王朝を建設したといわれる。とくに、マンジュー朝最後の王ムハンマド・ブン・アフマド・アル＝アクハルは、バルフと呼ばれる家系（アール・バルフ）の出身で、人望広く聞こえたので、ハドラマウト地方の名望家や知識人たちは、きそって彼に贈り物を送って親交を結んだという。彼は入港する船舶をあたたかく迎え、商品の売買、飲料水と食料の補給などに対して援助するなどの貿易振興策をとった。

ムハンマドの後、ハブーディー家のマフムード・アル＝ヒムヤリーと呼ばれるナーホダーが政権を奪い、ハブーディー朝を建設した。イブン・アル＝アスィールによれば、マフムードは、元来、商船を所有するナーホダーとして活躍していたが、ことあってミルバートの支配者、すなわちマンジュー家のムハンマド・ブン・アフマドのワズィール（宰相）となった。彼は善行をつみ、穏健な性格と勇気を備えていた。やがて多くの人びとの支持を得て、ついにはマンジュー朝に世継ぎの子がなかったことから、彼が支配権を獲得した。

十一〜十三世紀のころ、地中海においても、ヴィネツィアやジェノヴァに代表されるイタリアの都市国家が急激に成長していた時期に、南アラビア、ペルシア湾岸やインド西海岸の諸港市でも外来の商人や船主を中心とする勢力が財力を基盤として、内陸部の国家から独立した自立の港市国家を建設するという類似の現象がみられたことは興味深い事実である。今後、スィーラーフ系移住者たちによるマンジュー朝の国家体制、経済的活動に関して、ハドラマウト地方の年代記やイエメン史料にもとづくさらに詳しい研究が必要となるが、現在のところでは、これ以上の詳しい記録を見いだすことはできない。

むすび

本章の目的は、イスラーム世界の中心部でおこった政治的・経済的変化の状況と対応させながら、インド洋通商史の諸問題を究明しようとすることにあったが、同時にインド洋通商史研究のなかから、それに対応する時期におけるイスラーム世界の変化の諸断面を探る糸口をつかもうとしていることは言うまでもない。十二、十三世紀に、東アフリカ海岸と島嶼部の諸港市ではイスラーム化が急速に進み、それらの港市を連ねてスワヒリ文化圏と呼べるような共通の文化的・経済的統合世界が形成されつつあった。またインドの南西海岸、東南アジア島嶼部でも、あいついでムスリム社会の萌芽・形成がみられた。そうしたインド洋周縁部の東西の各地域でほぼ共通したイスラーム文化・経済の拡大が急速に進展したことは、同時代的に先行する中緯度文明圏の、とくに西アジア地域を中心とするイスラーム世界内の政治的・経済的流動現象と深く関連していると考えられる。周知のごとく、ムスリムたちがインド洋の周縁地域に向けて進出していったのは、何よりもまず通商上の理由によるものであって、彼らの移動は、つねにイスラーム世界のさまざまな状況と密接に結びついていた。また彼らの移動は、同時にその世界内に共存・共住していたキリスト教徒やユダヤ教徒、その他の人びとの大きな移動現象を引きおこしたことも忘れてはならない。

＊イエメン出身の航海者や商人たちは、インド洋におけるモンスーン航海のうえでの立地条件を利用して、すでに紀元前後のころには東アフリカやインド方面に進出した。イスラーム以前のジャーヒリーア時代には、シフル、アデン、サヌアーなどのイエメンの諸都市が重要な交易市場《スーク》（年市）として賑わった。イブン・フルダーズベが伝えるように、イスラーム以後の九世紀半ばには、アデンは、すでにスィンド、インド、中国、ザンジュ、エチオピア、イラン、イラクのバスラ、紅海沿岸のジッダやクルズムなどと交易関係をもち、竜涎香、沈香や麝香などの東方の貿易品が集まる一大集散地であった。

五　キーシュの発展と商業の独占

〈港市の盛衰と人間の移動〉

はじめに

本章で、著者が提起しようとする見解は、つぎの二点にある。

(1)　国際的交通・運輸と貿易活動のうえで、ユーラシア大陸を横断する内陸交通ルート（シルクロード）が重要な役割を果たしたことは言うまでもないが、それとならんで、インド洋の海上ルートについても無視できないこと、しかも内陸と海上の両ルートはそれぞれ別個に存在していたのではなく、国際間の交通・運輸と貿易活動のうえからみても、両者はつねに相互有機的に機能していたこと。

例えば、十三、十四世紀に成立したモンゴル帝国は、ユーラシア大陸を覆う軍事的・政治的支配を達成し、内陸アジアの交通ルートを広く掌握しただけでなく、インドシナ半島のチャンパ（占城）をはじめ、ミャンマー（ビルマ）、ジャワへの遠征や、使節の派遣による南インドのマラバール海岸地方やイランのイル・ハーン朝との外交関係などを通じて、インド洋経由の海上ルートの支配を強く望んでいたことがわかる。以上の事実は、モンゴル帝国が内陸アジアとインド洋とを結ぶ陸上と海上の両ルートを一貫した循環交通・貿易ルートとして統合することで、国際交易システムの全体的支配を志向していたことを意味する。

西アジア地域をみれば明らかなように、内陸部の沙漠ステップ道(キャラバン・ルート)と海域世界を結ぶ海の道(シー・ルート)との接点が港市であり、港市は遊牧民と海上民とが集まり、相互の接触と交流が行われる、いわば情報交換と流通のセンターとして機能した。したがって、キャラバン・ルートを利用して運輸活動と中継貿易を行う遊牧民たちは、時には力によって、ルート・通過拠点・内陸都市と港市を支配し、さらには航海民や海上商人たちをその従属下においた。つまり、彼らは、交通と貿易の手段をラクダからダウ(第十四章参照)に乗り換えて積極的に海上に乗り出し、キャラバン・ルートとシー・ルートとの連続的支配権を握ることに努力したのである。

オマーン、ペルシア湾岸、南アラビアのハドラマウトやイエメン地方に住むアラブ系やイラン系の人びとは、紀元前の時代からアラビア海とインド洋にまたがる活発な海上運輸と貿易活動を展開してきたが、彼らの広域的活動のエネルギーと歴史展開のダイナミズムについて考える際に、キャラバン・ルートとシー・ルートとの連続性、遊牧民から海上民への転換構造の解明という、新しい視点からの研究が必要となる。

(2) 従来から説かれているように、十世紀後半以後、イスラーム世界の政治的・経済的な繁栄の中心がバグダードからフスタートおよびカイロに移動したことと連動して、インド洋世界と地中海世界とを結びつける国際的交通・運輸と貿易活動の幹道は、イラク—ペルシア湾経由のネットワークからイエメン—紅海—エジプト経由のネットワークに移動し、その結果としてスィーラーフ、バスラ、スハールに代表されたペルシア湾沿岸の主要港市は、急速に活動が停滞し、衰微していった。

しかし、十一〜十五世紀におけるペルシア湾ルートの重要性については、ペルシア湾とアラビア海との接点に近いキーシュとホルムズという二大交易港の繁栄によって象徴されるように、単に貿易量とか国際的交通・運輸のネットワーク基軸の移動だけの問題ではなく、貿易の品目（例えば後述するように、とくに重要な馬貿易）と質の相違（織物、高級香辛料、薬物料など）という面からも詳細に検討されるべきであろう。

また、インド洋のとくにその西海域周縁部は、歴史的にみると、西アジア地域や地中海世界でおきた政治的・経済的動きと深い関連をもって連動してきた共通の世界であり、同時にインド洋西海域周縁部が、人間の移動、物品の交換と文化・情報の交流によって形成された一つの複合文化・経済圏であった、と考えられる。

著者は、このようにそれ自体一つの世界として、内的統合を可能にする独自の個性体と共存性を維持しているインド洋とその周縁部を〝インド洋海域世界〟と呼び、その活動圏をインターナショナルに対するインターリージョナルな世界（＝域内共存の世界）である、と捉えようとしている。以上の視点に立つならば、ペルシア湾岸の諸港市とインド西海岸および東アフリカ沿岸地域とのあいだには、時代による盛衰の波があったとしても、つねにダイレクトに結ばれた海上交通、物品と文化・情報の交換と人間の移動の諸関係が保たれていた、といえよう。

本章では、以上の二つの見解にもとづいて、十一〜十三世紀に繁栄したペルシア湾の小島キーシュとその港市を根拠地として活躍した海上商人たちについて究明した。すなわち、キーシュは、十世紀後半以後、国際交通・運輸と貿易活動の趨勢がイエメン―紅海―エジプト軸のネットワークに傾きつつあり、またモンゴル帝国の成立にともなって内陸交通ルートが繁栄していたとき、どのようにしてインド洋の、とくにその西海域を一つの交易圏として統合したか、またどのようにしてそれを維持しようとしたか、その具体的な仕方について考えてみたい。

一

西暦八〇〇年ごろから約百五十年以上にわたって、ペルシア湾―インド洋を通過する海上交通・運輸と貿易活動のうえで最も繁栄した国際的中継港は、スィーラーフであった。しかし、前章でみたように、スィーラーフは、低地イラクのサワード地方やアフサー・バフライン地方（アラビア半島東岸）を中心として九世紀半ばから十世紀半ばにかけて発生したズットとザンジュの叛乱、シーア派イスマーイールの一分派カルマト教団の社会運動の展開、さらにはアッバース朝の中央集権体制とカリフ権の後退にともなって、徐々にバグダードに結びつくインド洋交易の中継拠点としての機能を失っていった。

十世紀後半の地理学者ムカッダスィーが伝えているように、スィーラーフは、ヒジュラ暦三六六年（西暦九七六／九七七年）もしくは三六七年（西暦九七七／九七八年）、七日間にわたる大地震によって壊滅的被害を受けた。それが直接的な原因で、スィーラーフにかわってペルシア湾の海運と貿易活動の中心となったのは、同じイラン海岸のフズーという港の向かい合わせの小島キーシュであった。

十二、三世紀のイドリースィー、イブン・アル＝ムジャーウィル、イブン・アル＝バルヒーなどのイスラーム地理学者の記録によれば、キーシュ島の支配者たちは大小の船隊を編成して敵対する商船や交易港を襲い、またペルシア湾の主要な真珠採集場やウワール（バーレン）島、カティーフ、オマーンのスハール、マクラーン海岸、インドのカンバーヤ、ソムナート（ソームナート）、東アフリカのザンジュ地方、イエメンのアデンなど、アラビア海やインド洋西海域周縁部の重要な航海上の寄港地を広くその支配下に収めていたようである。前近代社会においては、たしかに海賊行為もまた重要な商行為の一つの段階といえるが、初期のキーシュはつねに強力な海軍力を背景に、破壊と掠奪行為を重ねることによって、敵対する港市を襲い、その活動圏を拡大していったことがわかる。イラン系の地理学者イブン・アル＝バルヒーは『ファールス地誌』のなかで、スィーラーフの凋落にかわるキーシュへの海運と交易センターの移行について、つぎのように説明している。「スィーラーフは、昔日、キャラバン隊と船舶の立ち寄る港市であったため、大都市で人口も非常に多く、商品に満ちていた。したがって、〔アッバース朝の〕カリフたちの時代、そこは大交易港として、香料類や樟脳、沈香、白檀などの〔高価な〕香薬類の集荷される場所となって、〔それによって〕莫大な利潤を得ていた。そうした状況は、ブワイフ朝ダイラム政権の最後の時期までつづいた。しかしながら、その後、現在のアミール・カイシュ（キーシュ）の先祖の人びとが権力を握り、カイス（キーシュ）島と他の近隣の島々を占領した。それによって、スィーラーフは、それ以前に得ていた関税収入を断たれてしまい、〔すべての関税は〕アミール・カイシュの手中に収められるようになった。さらに、〔アターベク＝〕ルクン・アッ＝ダウラ・クマールタギーンは、〔彼が初めてファールス地方の知事として任命されたとき〕そのような状況を改めさせるに足るだけの十分な力量と政治的手腕に欠けていた。それでもなお、アターベクは戦艦を建造して、カイス島とその他の島々を攻略すべく計画を整えて、一度、二度と確かにスィーラーフに出かけたのだが、アミール・カイシュはそのたびごとに彼に贈り物をおくり、またその取り巻きの人びとにも賄賂を与えるなどして、彼の計画を思いとどまらせたのである。つぎに、アブー・アル＝カースィムという名前の〔カイス島の〕ハーン（あるいはジャート、ジャーシュー）の一人がスィーラーフの所有権を首尾よく獲得した。そこでアターベクは、毎年または二年ごとに軍隊を派遣して、最大限の努力をもってスィーラーフからアブー・アル＝カースィムの勢力を一掃しようとしたが、〔決定的な〕反撃を加えることはできなかった。したがって、現在の状況がそうであるように、商人たちは自分の船を修理のためにスィーラーフ港へ向けたり、またマフルーバーン、ダウラク、バスラからキルマーン地方に向けて航海の途中で、そこに投錨しようとすることもまったくなくなった。そのために、スィーラーフには皮革製品と容器、ファールス地方の人びとが必要とするような〔地方的な〕物産を除いて、何も〔重要な〕商品はなくなってしまった。今や商人たちはスィーラーフ経由の道を取らなくなったので、その町は完全に荒れ果ててしまった。そうはいっても、まだそこには金曜モスクが一つと、多くの属領地や遠く離れたところにある土地は〔スィーラーフの人びとの所有に〕残されている」

キーシュ島の歴史については、イブン・アル＝バルヒーが伝えるように、基本史料となるイブン・アル＝バルヒーの『海洋誌』と、イマーム＝サァド・ウッ＝ディーン・イルシャードの『バヌー・カイサル（カイサル家）王統史』の二つの史書が散逸しているために、詳しい事情を辿ることは難しいが、断片的に残る歴史・地理関係の文献史料を収集し、分析すると、その歴史はつぎの三時期に区分することができる。

Ⅰ　十世紀後半〜十一世紀後半

オマーンやアラビア半島東岸地方からオマーン・アラブ系のジュランダー族、バヌー・アッ＝サッファーフなどの人びとが移住し、また、イラン内陸部のファールス地方、キルマーン地方からも、クルド系、ダイラム系の諸部族が移住してきた。

なかでもクルド系遊牧集団のシャバンカーラ族は、セルジューク朝下のファールス地方、キルマーン地方やペルシア湾岸地域に広く移動し、その一派に属すると思われる遊牧戦士集団のジャーシュー（アル＝ジャーシュー）はキーシュ島に進出して、その支配権を握った。イブン・アル＝バルヒーの伝える「アブー・アル＝カースィム某」は、このジャーシューの首領と考えられる。ジャーシューは戦艦を編成してスィーラーフ、インドやオマーンの諸港市を攻撃し、ペルシア湾とアラビア海の海上交通ルートと貿易の独占に努めた。

Ⅱ　十二世紀前半〜十三世紀前半

スィーラーフ出身の移住集団カイサル家による支配の時期。この時期には、キーシュ島の支配者はイエメンのアデン港の一部を併合し、インドのカンバーヤ、ソムナート（ソームナート）、東アフリカのザンジュ地方にも商業居留地を設けて、インド洋西海域の海運と貿易活動に強い影響力を及ぼした。キーシュは、またペルシア湾の主な真珠採集場とその集荷・販売の支配権を握ったが、十三世紀に入ると、オマーンのカルハート、南アラビア・ズファール地方のミルバートやイラクのバスラなどで、海上貿易と真珠採集権をめぐってホルムズとの対立が生じた。

Ⅲ　十三世紀中ごろ〜十四世紀前半

カイサル家にかわってサワーミリー家に王統が移行した。南インドのマラバール地方やコロマンデル地方の諸港市は、サワーミリー家出身者たちの支配下に置かれ、中国、東南アジア、インド方面との貿易は彼らにより組織・運営された。ペルシア湾内における真珠採集場とその集荷・販売権の多くは引きつづきキーシュの支配者の管理下にあって、その運営はアラブ系の海士《あま》集団バヌー・アッ＝サッファーフやジュランダー族によって行われたらしい。しだいにホルムズとの対立が激化していったが、モンゴル軍によるファールスとキルマーンの諸地方への侵入時には、キーシュは一時、ホルムズを併合した。その後、ホルムズはキーシュの支配下にあったジャルーン島に拠点を移し、そこに新ホルムズを建設した。新ホルムズはしだいにキーシュを凌ぐ発展を遂げ、両島に拠点を置く勢力は、ペルシア湾、インド洋の海運と貿易活動をめぐって激しく争った。ついにヒジュラ暦七二三年（西暦一三二三／二四年）、キーシュ島はホルムズ王のクトゥブ・ウッ＝ディーン・タハムタン・トゥーラーン・シャーによって併合された。

ⅠからⅡにおけるキーシュの国家形成原理の特徴は、スィーラーフ出身の移住集団を母体としながらも、クルド系遊牧戦士集団のシャバンカーラ族の一派ジャーシューが（一説にはダイラム系ともいわれる）、その支配層の一部に含まれていたことである。

十三世紀のアラブ地理学者イブン・アル＝ムジャーウィルは、つぎのように説明している。

カスピ海南部のダイラム地方出身のジャーシューと呼ばれた遊牧民は、馬、羊とラクダを所有し、ファールス地方の荒地とその周囲に移り住み、山岳部に砦を築いたこと、また彼らの大集団はサワーカーラ（シャバンカーラ）として知られ、そのなかのある者がキーシュ島に居住し、その子孫から遊牧戦士集団ジャーシューが台頭した。

キーシュ島の遊牧戦士集団ジャーシューについては、いくつかの記録史料が残されている。前述したとおり、キーシュ島を根拠地とした勢力の艦隊が、アデン港を襲撃した際に、その艦隊に乗っていた軍の指揮官および軍隊の多くはジャーシューであった。ジャーシュー軍によるアデン港攻撃と彼らの略奪行為の模様については、S・D・ゴイテインが紹介した二通の「カイロ・ゲニザ文書」（中世カイロのユダヤ・コミュニティが残した文書群）のなかにも詳細に記されている。また、イブン・アル＝ムジャーウィルは、『イエメン地方とメッカおよび一部のヒジャーズ地方誌』のなかで、ジャーシュー軍のアデン攻撃と彼らの略奪行為の模様を記録している（これらの記事は、第六章二三四〜二三六ページに引用してある）。

以上の記事にもとづいて、キーシュの支配層の一部を形成する遊牧戦士集団ジャーシューの性格と国家における役割を考えてみよう。まず、海上運輸と経済の基盤はスィーラーフ出身の移住集団カイサル家を中心とする通商航海民の活躍によったが、一方、その通商航海民に軍事的・掠奪的性格を与えたのはシャバンカーラ族（またはダイラム人）の一派ジャーシューによる遊牧的文化ではなかったか、と考えられる。このように、キーシュ島の支配層は海洋的要素と騎馬・遊牧的要素とのからみ合いのもとに形成されていたと推測される。

また、興味深い事実はJ・G・ロリマーの『ペルシア湾地名事典』に報告されているように、二十世紀初めごろのペルシア湾沿岸地方、とくにイランのブーシェフルでは「ジャーシュー」という言葉が〝船乗り（バッハーラ）〟〝船員（ヌーティ、ナワーティー）〟と同義で使用されていたことである。つまり、語意の面でも〝遊牧民〟が〝海上民〟を指す言葉に転化していった一つの好例といえよう。

十三世紀の地理学者ヤークートや十四世紀の旅行家イブン・バットゥータの報告によって、キーシュ島の支配層の一部には、真珠採集を専門とするアラブ系のバヌー・アッ＝サッファーフ、もしくはアール・サッファールと呼ばれた一集団がいたことがわかる。彼らは、元来、オマーン地方の出身で、ジュランダー族と同様にペルシア湾を渡ってイラン・ファールス地方の海岸部に居住してきたのであって、おそらく海士集団であったと考えられる。

アラビア海およびインド洋西海域における主要な真珠採集漁場は、つぎのものが有名であった。

①ペルシア湾のウワール（バーレン）島近海、ハーラク（カーグ）島、キーシュ島、カタルからオマーン地方のスハールにいたる海域。

②紅海のスワーキン、ダフラク諸島およびバーバル・マンデブ海峡の近海。

③スリランカ北部とインド南端とのあいだのマンナール湾とポーク海峡付近、スィンダーブール（ゴア）の近海。

そして、これらの採集場付近の海域支配、採集基地と真珠の集荷をめぐって、さまざまな勢力が絡み合い、激しい争いがくりかえされた。

著者は、真珠採集とそれをめぐる人間の動きがインド洋海域とその周縁部の歴史展開のうえにきわめて大きな影響力を及ぼした、と考えている。つまり、毎年、最良の真珠採集の海域を確保し、また、船団の編成や採集された真珠の集荷と販売にかかわる権利を独占するためには、当然、優秀な航海民や海士の集団を従属下に入れる必要があった。

このようにインド洋周縁部に広くまたがる海運と貿易の支配権を握った大交易港の歴史は、いずれも真珠の採集と集荷をめぐる問題と深いかかわり合いをもっていた。

また、インド洋周縁部において、古くから人間移動、物品や文化・情報の交流が激しかった諸地域（イエメン、オマーン、ペルシア湾沿岸部、インド西海岸のグジャラートからマラバール、コロマンデルにいたる海岸地域）は、いずれも近くに真珠採集場およびその採集基地があったことも、それらの特殊漁と海上民集団の活動、海域をめぐる支配、港市の盛衰などの諸問題が相互に関連していることを裏づけている。

元来、イスラーム国際商業の基盤は、遠隔地間の自然地理的環境と生態系の条件の違いから生まれる生産性の違い――生産物の種目・質・量・時間の差異など――にもとづく交換原則と、技術の地域差によるものであって、市場活動に直接介入し、国家による専売とか、人種や宗教の違いによって商業活動を阻害しようとするような積極的な意図は、商人および国家支配者側にはなかった。したがって、商業活動に従事する商人たちは、ムスリム、ユダヤ、キリスト、ネストリウス派キリスト、ヒンドゥーなど、あらゆる宗教・宗派をもつ人びとであり、また民族や集団を異にしたもの同士で共同運輸と貿易を行い、ときには相互に共同組織や合資の契約を結んだ。彼らは国家支配者たちに対しては、一定額の通行関税と市場税を支払い、またズィンマの民（ズィンミー。啓典の民、すなわちユダヤ教徒とキリスト教徒であって、ムスリム社会に共に住み、生命・財産の安全を保障された人びと）としての義務を果たすことで、その代償として異なる政権・支配領域間の自由な移動が保障されていたのである。

しかし、とくに十一、十二世紀以後、イスラーム世界における軍事的・政治的対立と経済危機の高まり、主義・思想対立の激化、そして何よりも十字軍の与えた宗教的・政治的影響によって、ムスリムとキリスト教徒・ユダヤ教徒との対立の意識が新しい形で台頭してきた。とくに、地中海世界では、海上ルートの支配、商品販売の独占、さらには国家による専売制といった諸問題が出現してきた。

以上のような状況変化は、十二世紀以後になると、地中海世界だけでなく、インド洋海域世界においても共通する現象となった。キーシュとホルムズという二つの交易港の場合についても、両港はペルシア湾やアラビア海だけに限らず、インド、東南アジア、中国および東アフリカ地方との海運と貿易の独占という性格を強くもって、たがいに勢力を競い合った。とくに、こうした海上支配の独占と支配の傾向は、ペルシア湾の真珠採集権とその貿易支配をめぐる特殊条件のなかで、きわだったものとなっていった。

キーシュの支配層を形成するカイサル家については、前章でも述べたが、結論を要約すれば、つぎのとおりである。

十一世紀末から十二世紀初めに、スィーラーフ出身のナーホダー(船舶経営者および船長)=カイサルという男の三人の息子たちはキーシュ島に移り住み、島の支配権を握った。その後、彼らは五代にわたって統治をつづけ、ヒジュラ暦六二六年(西暦一二二八/二九年)に最後の王マリク・スルターンが死亡した。ポルトガル人P・テイセイラが伝える『ホルムズ王統史』によれば、キーシュの王アリイ(アリー)の弟アミル・セイファディン・アベン・アザル(アミール=サイフ・ウッ=ディーン・アバー・ナダル)は十三世紀初め、ホルムズに亡命し、ホルムズの王統を継いだ、とある。

もしP・テイセイラの伝えることが事実であるならば、スィーラーフに始まり、キーシュ、ホルムズとインド洋の海上交易のうえで順次繁栄したペルシア湾の三大港市は、その支配者たちがいずれもスィーラーフの出身者であったことを示している。このように、同一の家系出身者と思われる子孫たちが数百年にわたってペルシア湾とインド洋の海運と貿易活動のうえで大きな影響力を及ぼすことができた理由の一つは、おそらく航海術や造船技術などの特殊専門知識が特定家系の航海民たちのあいだに伝授されたこと、また海外に広がる人的ネットワークによるものと推論される。

サワーミリー家については、歴史家イブン・ハジャル・アル＝アスカッラーニーとイブン・アッ＝サーイーが伝えるキーシュ王ジャマール・ウッ＝ディーン・イブラーヒームに関する説明のなかにもみられる。すなわち、イブラーヒーム（ジャマール・ウッ＝ディーン）の祖父サイードはイラクのティーブの出身で、その後ワースィトに移ったこと、その息子ムハンマド（イブラーヒームの父）はアッバース朝カリフ＝アン＝ナースィルの時代（在位一一八〇～一二二五年）、バグダードに行きジャマール・ウッ＝ディーン・サカブ・アッ＝ルゥルゥのもとで学んだ、とある。また、十四世紀前半のイランの歴史家ワッサーフによれば、イブラーヒームはキーシュ島生まれのナーホダーであり、商売のためにシナ（中国）に行き財を成したが、モンゴル軍のイラン侵入によって財産を没収されて、ヒジュラ暦七〇六年（西暦一三〇六／〇七年）、七十六歳で死んだ。イブラーヒームの兄弟と息子たちの多くは商人もしくはナーホダーであって、とくに中国およびインド貿易で活躍した。

P・テイセイラの伝えるホルムズ王統史に関する説明のなかで、キーシュ王族の一部にはネイン、もしくはネイムと呼ばれるホージャ（ハワージャ、富裕商人もしくは身分ある人）が含まれており、サワーミリー家の人びととともにキーシュの支配層を形成していたことがわかる。

以上を要約すれば、キーシュの支配層のなかには、つぎの三者が含まれていたと考えられる。

① クルド系シャバンカーラ族の遊牧戦士集団のジャーシュー。

② 通商航海民のカイサル家、十三世紀半ば以後にはサワーミリー家とホージャ・ネイン。

③ 漁撈と真珠採集を専業とするアラブ系海士集団バヌー・アッ＝サッファーフ。

なお、キーシュとセルジューク朝のスルタンおよびアッバース朝カリフとの関係について、一言ふれておきたい。十三世紀の地理学者イブン・アル＝ムジャーウィルによると、キーシュの支配者たちは関税収入の一部をセルジューク朝のスルタン＝ルクン・アッ＝ドゥンヤー・トグリル（在位ヒジュラ暦四二九〜四五五年・西暦一〇三八〜六三年）およびムイッズ・ウッ＝ディーン・サンジャル（東部ファールス地方の支配者、ヒジュラ暦四九〇〜五五三年・西暦一〇九七〜一一五七年)に対して納めていたが、その後中断したこと、アッバース朝カリフ=アン=ナースィルの時代にはアッバース朝への納税と地方行政官(アーミル)の滞在を認めるようになった、という。

イラクの歴史家イブン・アッ=サーイーの『歴史動向に関する大要集成』は、ヒジュラ暦六〇五年(西暦一二〇八年)、キーシュ島の知事(ザイーム)はバグダードのカリフ=アン=ナースィルのもとに行き、海獣、香木、黒檀、白檀、チーク材などの南海の特産品を贈ったことを記録している。またイブン・アル=アスィールはヒジュラ暦六〇八年(西暦一二一一/一二年)、バグダード・カリフの使者で大シャイフのアル=ムイーン・アブー・アル=フトゥーフ・アブド・アル=ワーヒドは、キーシュに滞在中、死亡したことを伝えている。

このようにセルジューク朝の支配がイランのファールス地方およびキルマーン地方から後退したあと、キーシュはアッバース朝のスンナ派カリフ権を認めて、両者のあいだには友好関係が保たれていたと考えられる。しかし当時のアッバース朝のスンナ派カリフ権は、単に名目的なものにすぎず、地方政権に対する軍事的・政治的権力は無に等しかったといえる。それにもかかわらず、インド洋の海運と貿易をめぐって対立するキーシュとホルムズ、また異教徒・異民族のあいだに商業居留地を設けて積極的に商業取引に進出しようとするムスリム系海上商人たちにとって、アッバース朝のカリフは実権とは異なる一種の神的な権威をもっていたのである。すなわち、彼ら通商航海民たちはインド洋周縁部において商業活動を拡大していく過程で、もはや象徴にすぎないアッバース朝カリフの宗教的・政治的権威を必要とするような具体的状況があった、と考えられる。

十三、四世紀は、イスラーム世界が外縁部に大きく拡大し、また、メッカ巡礼、商売、出稼ぎや学術交流などによって人間の移動と往来が盛んになっていた時期として注目される。インド洋周縁部でも、東アフリカにおけるスワヒリ文化圏の形成、インド西南海岸のムスリム社会、東南アジア世界の形成など、イスラーム世界の中心部に位置する西アジアの各地からの人間移動と文化的・経済的交流の影響が周縁部にも大きく波及するようになったのである。そうした状況のなかで、神格化したアッバース朝のスンナ派カリフ像が周縁部のムスリム社会の形成とイスラーム化運動の拡大のうえで、大きな役割を演じていたと考えられる。

キーシュがセルジューク朝の支配から脱すると、ただちにバグダード・カリフへの献納を行い、カリフの地方官の滞在を認めた理由も、以上の点にもとづくのではないだろうか。

二

つぎに、経済面での支配の形態に関する具体的問題として、(1)キーシュを軸心として結ばれた運輸・貿易ルート、(2)キーシュの海外貿易居留地とその支配の形態、(3)キーシュの海上商人たちが取りあつかった重要交易品、とくに馬、真珠、奴隷などについて述べてみたい。

(1)　運輸・貿易ルート

キーシュに結びつく主要な交易ルートは、インド・ルートとイエメン—東アフリカ・ルートの二つがあった。

冬季モンスーンのアズヤブ風の吹く季節を待って、インドのマラバール海岸やグジャラート地方の諸港市を出帆した船は、マクラーン海岸沿いに航行してオマーンのカルハート、マスカト、スハールを経由、ペルシア湾に入り、キーシュにいたる沿岸路をとる場合が一つあった。

もう一つのルートは、インド西南海岸から一気にインド洋を乗り切り、南アラビアのラァス・ファルタクをめざし、ズファール海岸のライスート、ミルバート、カルハート、マスカトに寄港の後、ラァス・ムサンダムを回ってペルシア湾に入る大洋横断ルートであった。

また東アフリカ地方からのルートは、キルワ、ザンジバル、マリンディ、ムガディシューから、夏季の南西モンスーンを利用してラァス・ファルタクに向かって北上し、ズファール、カルハート、マスカト、スハール、キーシュにいたる。その一支線はアデンに達すると、紅海を経由してアイザーブ、エジプト方面と連結していた。

キーシュに荷揚げされた商品は、対岸の小港フズーまで小舟で運ばれ、ザグロス山脈越えのキャラバン・ルートをとおって内陸都市のフンジュ、ラーギル、シーラーズへと運ばれた。また、キーシュからペルシア湾航行の平底舟に積みかえられて、イラン海岸沿いにジャンナーバ、イラクのバスラなどの港市へ、そしてティグリス川をさかのぼってバグダード方面に向かった。

(2) キーシュの海外貿易居留地とその支配の形態

キーシュ島の支配者たちは、航海ルート上の重要な寄港地や貿易取引のための港市に、監督官、代理官、徴税官などを派遣し、また強力な軍事船団を編成して敵対する商船の通過を監視することで、特定商品の他への流出を防ぐことに努めた。イエメンのアデン港におけるキーシュの支配者による統治形態については前章でふれたので、以下ではインド西海岸の諸港市におけるキーシュの貿易支配の形態について述べてみたい。

十三世紀の地理学者イブン・アル＝ムジャーウィルによると、十三世紀初めごろ、インドのグジャラート地方の中心的港市カンバーヤとソムナート（ソームナート）では、キーシュ王の名前が金曜日の礼拝のときに宣誓され、キーシュの船舶が到着すると最優遇措置がとられていた、とある。金曜日に行われる大モスクの礼拝で、預言者ムハンマドにつづいて支配者の名前を宣誓すること（フトゥバ）は、貨幣の使用および税の支払いとともに、支配者に対する帰順と主権を認めることを意味した。

十二世紀末から十三世紀になると、マラバール海岸のクーラム・マライ、カリカット（カーリクート）、ファンダライニ・クッラム、ヒーリーなどの諸港市には、中国のジャンクが頻繁に出入りするようになった。したがって、それらの諸港市は、西側のインド洋、アラビア海を渡ってきたダウと東側からの中国ジャンクとが出合い、商取引が行われる国際中継貿易と文化・情報交流の中心地となった。

すでにふれたように、中国・宋代の史料、周去非の『嶺外代答』（巻二）「故臨国（クーラム・マライ）」条には、つぎの記録がある。

「故臨国は、大食国（西アジア・イスラーム諸国）と相近い。広船（広東のジャンク）は四十日で藍里（スマトラ島北端のラムリー）に至り、そこで冬を越し、次年にふたたび舶（ジャンク）を出航させて、約一カ月間かかって初めてその国に達する。……中国の海上商人のなかで大食に往こうと望む者たちは、必ず故臨から小舟に乗りかえて往く。［そこから］およそ一カ月間南風を使って、大食に到達する」

この文中の小舟とは、インド洋西海域を往来するアラブ系やイラン系のダウを指している。

キーシュの支配者と海上商人たちは、マラバール海岸とコロマンデル海岸の主要な貿易港クーラム・マライ、ファッタン、マリーファッタン、カーヤルなどに居留地を築いてい

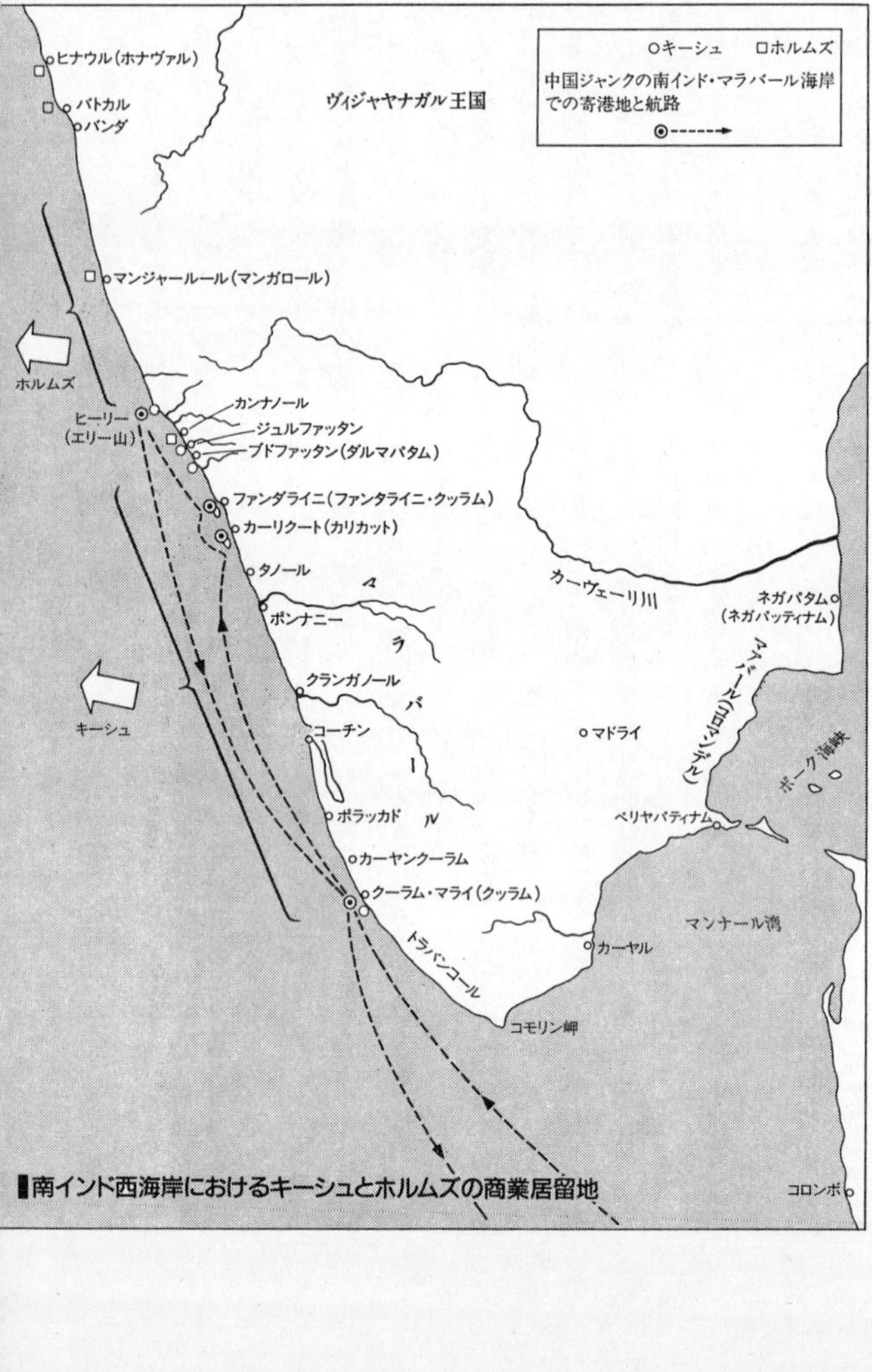
○キーシュ
□ホルムズ
中国ジャンクの南インド・マラバール海岸での寄港地と航路
ヒナウル（ホナヴァル）
バトカル
バンダ
ヴィジャヤナガル王国
マンジャールール（マンガロール）
ホルムズ
カンナノール
ヒーリー（エリー山）
ジュルファッタン
ブドファッタン（ダルマパタム）
ファンダライニ（ファンタライニ・クッラム）
カーリクート（カリカット）
タノール
ポンナニー
マラバール
クランガノール
キーシュ
コーチン
ポラッカド
カーヤンクーラム
クーラム・マライ（クッラム）
トラバンコール
コモリン岬
カーヴェーリ川
ネガパタム（ネガパッティナム）
マアバール（コロマンデル）
マドライ
ポーク海峡
ペリヤパティナム
マンナール湾
カーヤル
コロンボ

■南インド西海岸におけるキーシュとホルムズの商業居留地

た。それらの港市に居住するキーシュ王の血縁者たちは、南インドのマドライに都するヒンドゥー系の後期パーンディヤ王朝（一二〜一四世紀）の国王から、外国居留民や異教徒たち（イスラーム、キリスト、ユダヤ、ゾロアスター、キリスト教ネストリウス派教徒たちなど）の代表者として、また外国船と貿易商人の出入管理、税関での徴税についての任務を委託されていた。

つまり、彼らは十四世紀以後、港務長の意味で広く使用されるシャーバンダルとほぼ一致する地位と権限をもっていたと思われる。なお、十三世紀末まではシャーバンダルという言葉は文献史料のなかにほとんど見られず、港務長に相当する言葉はアミール（総督）、ワズィール（宰相）もしくはマルズバーン（代理人、副官）などと呼ばれていた。十四世紀初めごろ、マラバール地方を旅行したイブン・バットゥータは、カリカットとクーラム・マライにはシャーバンダルが滞在していると報告している。とくに、十三世紀末、クーラム・マライのワズィールとして、またマルズバーンとして活躍したキーシュ島のサワーミリー家出身のタキー・ウッ＝ディーン・アブド・アッ＝ラフマーン（マリク・アル＝アゥザム・アブド・ル＝ラフマーン・イブン・ムハンマド・アッ＝ティービー）は、中国貿易によって財を成した大商人であり、同時にナーホダーであって、キーシュ王のイブラーヒーム（マリク・アル＝イスラーム・ジャマール・ウッ＝ディーン・イブラーヒーム）とは兄弟の間柄であった。

また、キーシュ王イブラーヒームの子ファフル・ウッ＝ディーン・アフマドは、商敵のホルムズを合併し、ヒジュラ暦六九七年（西暦一二九七／九八年）にはイル・ハーン朝のスルタン＝ガザーン・ハーン（在位一二九五〜一三〇四年）の命令によって元朝の都ハーンバリーク（北京）に行き、数年間の滞在後、その帰路コロマンデル海岸の沖で溺死したといわれる。さらにスィラージュ・ウッ＝ディーン（イブラーヒームの子）とその子ニザーム・ウッ＝ディーンもまたマラバール地方の交易港に支配権をもっていた。

したがって、中国ジャンクによって運ばれてきた数々の中国および東南アジアの貿易品（陶磁器、繻子、絹、丁子、香木、樟脳、沈香、黒檀、白檀、錫）や南インド、スリランカ、マルディヴ諸島などから集められた、米、砂糖、ココヤシ、チーク材、染料類、胡椒、ジンジャー、肉桂、白綿布、絹、錦織物、宝貝、竜涎香などはキーシュ王族の代理官（ワキール、ナーイブ）や監督官、御用商人たちによって選別され、重要な品についてはキーシュの商人たちの手を経てキーシュ島の王のもとに直接輸送された。いかなる商人たちも、キーシュ王直属の仲買人たちが必要とする商品と量目を得たあとでなければ、売買は許可されなかった。

さきにも引用した宋代の周去非『嶺外代答』「故臨国（クーラム・マライ）」の条に説明されているように、中国ジャンクはクーラム・マライ、カリカットなどのマラバール海岸を西限としており、インド洋の西海域を越えてペルシア湾の諸港まで進出することはなかった。その理由はおそらくキーシュ王とその海上商人たちがマラバール海岸とキーシュとを結ぶ強固な海運組織と貿易権を握って、他船の進出を許さなかったからであると考えられる。

十三世紀半ばの記録で、地理学者イブン・サイード・アル＝マグリビーの『緯度・経度による大地の広がりの書（地理書）』によると、当時のアデンには中国船――ザウゥ（艅または船）――が入港したとあるから、すでに一部の中国ジャンクはクーラム・マライ以西にも進出していたことが推測される。しかし、中国ジャンクがインド洋の西海域に本格的に進出したのは、明代永楽帝のとき、すなわち鄭和遠征隊によってである。鄭和遠征隊は、それまでのクーラム・マライ、カリカットを越えてペルシア湾のホルムズ島を基地として、イエメン、紅海と東アフリカ海域にまで活動圏を広げた。

キーシュにとっての最大の商敵は、ホルムズであった。ホルムズはグジャラート地方から、コンカンの海岸部のターナ、マンジャールール（マンガロール）とヒナウル（ホナヴァル）に達するルートを確保して、キーシュによる海運と貿易の独占を破ろうと企てた。マルコ・ポーロが中国へ向かう途中、ホルムズ（旧ホルムズ）に到着の後、インド洋経由の海上ルートをとらずに急遽、内陸ルートを選んだ理由も、おそらくキーシュとホルムズとの対立によって、ホルムズ船に乗っては、アラビア海を越えてカリカットとクーラム・マライに向かうことができなかったからであろう。なお、マルコ・ポーロは中国からの帰路、海上ルートをとおって南インドの諸港市を訪問した。当時、カーヤルにはキーシュの船とならんで、すでにホルムズの船が進出していた。

ではなぜ、インドのヒンドゥー王侯たちがマラバール海岸の重要な港市にキーシュの支配者や商人たちの居留を許し、しかも港湾の貿易管理をすべて彼らに一任していたのであろうか。この問題は、いわゆるアジアにおける交易港と内陸国家との関係にかかわり、とくに南インドの問題に限定して考えるならば、マラバール海岸地方における組織化されたムスリム社会、つまりアラブ商人の末裔と伝えられるマーピッラ集団の形成と内陸部のヒンドゥー国家との交易関係の問題である。本論では、つぎの二点を指摘するだけにとどめたい。

第一に、この時代になってヒンドゥー王侯たちがムスリムの交易仲介者としての役割に深く依存するようになったことである。言い換えるならば、ヒンドゥー王侯たちは従来のように単に関税収入を得る目的のため外来のムスリム商人たちの滞在を許し、彼ら商人たちのリーダーを貿易および居留地の管理者としただけではない。内陸のヒンドゥー系諸国家が必要とする諸物資の獲得のため、具体的にはアラブ・ペルシア馬を求めて、その運搬と仲介取引を外来のムスリム商人とケーララ州北部に居住していたマーピッラたちに強く依存するようになったためであると考えられる。

第二には第一と関連しているが、マーピッラがインド社会のなかでカースト的に位置づけられてきたためである。そしてマーピッラに代表される南インドのムスリム社会を外からコントロールし、経済的な圧力を加えることで居留地内の支配権を確立していたというのが、キーシュの南インド諸港市における支配の原理と構造であった、といえよう。

十三世紀の南インド諸港市には、キーシュ、ホルムズ、イエメン、エジプトなどのムスリム商人たちの外に、七世紀以前から海岸部に分散して住んでいたキリスト、ユダヤやゾロアスターなどの諸宗教の人びとが集まり、多重多層の人種と社会がみられた。彼らのなかでも、古くから居住するムスリムたちが、インド内陸部におけるヒンドゥー系国家群の対立と社会的混乱、北方からのトルコ系やアフガン系ムスリム軍隊の侵略という状況のもとで、ヒンドゥー王侯・支配者層への財政的援助と引き換えに、重要な経済的特権、他教徒のうえに立つ居留地におけるムスリムの特権を獲得していったのである。

(3) キーシュの海上商人たちが取りあつかった重要商品、とくに馬の貿易について

従来の研究では、東から西に流れる商品、なかでも香辛料、薬物料、貴金属、宝石類、陶磁器などの奢侈品貿易の重要性のみが強調されてきたが、著者は西から東に向かう見返り商品とその輸出入先について、奢侈品貿易よりも〝かさばり商品〟と〝一般大衆向けの日用必需品〟、またインド洋海域世界の地域内貿易などに関する具体的な研究がより重要であると考えている。さきに述べたように、われわれの今日的な感覚では、海域によって遠く隔てられた各地域は別々の文化・経済圏であるかに思われるが、インド洋とその周縁

部は、モンスーンと吹送流という自然条件を最大限に利用した定期的かつ頻繁な船舶の往来、人間の移動、物品と情報の交流と接触によって結びつけられた複合化と共有化の進んだ社会的・文化的・経済的交流圏、すなわち〝インド洋海域世界〟を形成していたと想定される（インド洋海域世界の歴史的展開については、序章と第一章を参照）。

つまり、インド洋とその周縁部は自然地理的環境と生態系の多様性によって生じる、動植物・鉱物資源などの諸物産を相互に補完し、その一部を中緯度の国家・都市に提供し、また人口稠密地域からのさまざまの民族の流れを受けとめることによって成り立つ経済的・文化的共存の世界であった。したがって、インド、東アジアや東アフリカからの米、豆、芋、砂糖、家畜、木材（薪、家具、建築と造船等に用いるマングローブ、ココヤシ、チークなど）、鉱物（銅、錫、鉄、金、染色原料、なめし用鉱物）、亜麻、綿、皮革、香料、薬物類など、その反対の流れとして中緯度の諸地域からの各種の手工業品、ナツメヤシの果実、馬、金、貨幣などがインド洋を渡った基本的商品であって、これらの商品は現在もなおダウが運んでいる貿易品である。また、インド洋を横断する定期的な海運と貿易活動を支えた柱は、昔も今も共通して人間の移動（巡礼、宗教的交流、教育、出稼ぎ労働、移住、商売など）であった点も改めて認識すべきであろう。

① 馬

キーシュの経済的繁栄を支えていた対インド向け商品は、ホルムズの場合と同じく、馬であった。インド洋交易のうえで、馬の取引が急激に増大するのは、十一世紀以後の現象であって、それ以前のイスラーム史料には海上ルートによる馬貿易の重要性をとくに強調した記録はほとんど見当たらない。この時期は、まさにキーシュが商敵スィーラーフを抑えてペルシア湾と南インドとのあいだの海運と貿易に進出した時期と一致するのであるから、キーシュの繁栄の経済的基盤は馬貿易による収入にあったと言っても過言ではない。

では、何ゆえに、急激に南インド地方において馬を必要とするようになったのであろうか。インド亜大陸内部の軍事的・政治的諸状況は、十世紀後半以後になると大きな変貌をとげ、南インドのヒンドゥー系諸王侯間の対立、北インドからのトルコ系やアフガン系ムスリム勢力の進出と彼らの国家支配権の確立などが直接の原因となって、戦闘、混乱と社会変動がますます激化していた。そうした状況下に、トルコ系やアフガン系のムスリム軍隊がもたらした新しい戦術、つまり騎馬編成と弓術を主体とする機動力に富む戦闘が従来の象を主体とする戦闘にかわって、インド亜大陸に広く普及しはじめたと考えられる。

馬の飼育は南インドの気候と風土に適さなかったため、また馬貿易を仲介するムスリム商人たちが正しい馬の飼育管理と増殖法を秘密にして教えなかったので、ヒンドゥー系の諸王侯たちは騎馬軍隊を編成し、それを維持していくために毎年多数の馬を必要とした。それらの馬は、南アラビア地方のハドラマウト、イエメンやペルシア湾岸方面から海路、船に乗せてインド西南海岸の諸港市を経由、内陸部に輸入する必要があった。ここに馬貿易を仲介し、その輸送を独占するアラブ系・イラン系商人たちや南インド海岸に居住するインド・ムスリムたち、とくにマーピッラの活躍の場が開かれたのである。おそらく、ヒンドゥー王侯たちは北から侵入してきたムスリムに対する戦闘のため、武器や馬の購入を、同じムスリムから求めることに反対であったが、南インド海岸の諸港市に居住するマーピッラに対してはトルコ系やアフガン系ムスリムたちとは異なった感情をもっていたことも事実であろう。

マーピッラは、政治的権力や軍事力によって南インドに侵入・占拠したり、また強制的に改宗させられた集団ではなく、ペルシア湾沿岸や南アラビア地方の航海者・商人たちが、海運と貿易の関係を維持していくために居住し、ヒンドゥー女性との通婚によって生まれた子孫やナーヤル、ヴァイシャ、キリスト（ギリシア正教派）、ネストリウス派教徒たちからの一部改宗者たちなどを含めて、徐々に形成されていった。したがって、インド・ムスリム社会の一部を構成するマーピッラはヒンドゥー社会の習慣と秩序を尊重する気づかいをもち、長期にわたってヒンドゥー系の諸王侯たちのもとに従属し、経済的関係を維持してきたのである。

従来、インド洋貿易の流れの方向は、相対的に東側（インド、東南アジア、中国）から西側（西アジア、地中海世界）に流れる商品が多く、西側の諸地域はつねに入超の状況にあって、そのための決済は金貨や銀貨がおもにインド方面に流れていた。したがって、十一世紀以後、南インドへ輸出される重要商品として馬が登場してきたことは、インド洋海域の商品流通構造に大きな変革を与えたと言わねばならない。

イランの歴史家ワッサーフによれば、タキー・ウッ＝ディーン・アブド・アッ＝ラフマーン（イブン・ムハンマド・アッ＝ティービー）は、マァバール地方（ここではマラバールとコロマンデルの両海岸を広く含む）の王、もしくはワズィールであり、インドのマルズバーン（副官）と呼ばれた。彼は南インドのファッタン（ブドファッタン）、マリーファッタン、カーヤルなどをその支配下に入れて、インドとキーシュとのあいだの貿易を独占していたという。タキー・ウッ＝ディーン（マリク・アル＝アゥザム）は、その兄のキーシュ王イブラーヒーム（マリク・アル＝イスラーム・ジャマール・ウッ＝ディーン・イブラーヒーム）と馬取引について、つぎのような契約を結んでいた。

すなわち、ペルシア湾沿岸のカティーフ、ハサー（アフサー）、バフライン、ホルムズ、カルハートなどから集めた馬千四百頭を毎年マァバール地方へ輸送すること、馬一頭あたりの価格は二百ディーナールとする、と規定した。また、イラン・ファールス地方を領有したサルグール・アターベク朝（一一四八〜一二七〇年）のアブー・バクル・クトゥルグ・ハーン（在位西暦一二三一〜六〇年）の治世代、毎年一万頭におよぶ馬がペルシア湾沿岸と南アラビア地方からグジャラート地方のカンバーヤ、マラバールおよびコロマンデル海岸の諸港市に運搬され、その総額は二百二十万ディーナールにおよんだ。

十三世紀末のマルコ・ポーロによっても、以上とほぼ同様の報告がなされている。つまりアラブ馬は南アラビアのズファール、シフル、アデン、ペルシア馬はカズウィーン、クルディスターン、ルーリスターン、シューリスターン、イスファハーン、シーラーズ、シャバンカーラ、クーヒスターンなどの諸地方から集められ、キーシュやホルムズを中継港にインドのマァバール（一部のマラバールおよびコロマンデル海岸）地方へ運ばれること、馬一頭五百サッギー金貨、銀貨にして百マルクで売却され、毎年マァバールの王は二千頭以上の馬を購入する、などの諸点が記されている。*

著者は一つの想定として、すでに説明したように、キーシュの支配層の一部を占めるクルド系遊牧民シャバンカーラの一氏族ジャーシューが馬の集荷と飼育管理を行っていたのではないか、と考えている。このような想定にたつと、沙漠（＝キャラバン・ルート）と海（＝シー・ルート）、遊牧民と通商・航海民との両要素が結びついたキーシュの政治的・経済的な支配形態が明瞭に理解されてくるのである。**

② 真珠

馬とならんでキーシュの海上商人が取りあつかった重要貿易品として真珠があげられる。さきに述べたように、真珠の採集権とその貿易取引はペルシア湾沿岸の有力な海上商人の台頭や、港市の形成・展開とも深いかかわりをもっていた。キーシュの場合も、その発展の初期において、バフライン、ウワール（バーレン）島、ハーラク（カーグ）島近海の真珠採集場を支配し、真珠の集荷とその取引をキーシュの管理・統制下に置いた。十二世紀の地理学者イドリースィーによると、キーシュ王はバフライン地方に監督官（ワーリー）と徴税官（ダーリブ、ダリーバ）を派遣して、高価な真珠が採れたときの先買権をもち、また一定額の関税率を規定した真珠売買法（ディーワーン・アル＝バイア）を施行した。こうしてヒジュラ暦七二三年（西暦一三二三／二四年）、ホルムズ王クトゥブ・ウッ＝ディーン・タハムタン・トゥーラーン・シャーによるキーシュ島併合のときまで、キーシュはペルシア湾真珠の採集権とその貿易取引を独占していたのである。

③ 奴隷

イドリースィーによると、キーシュ島の支配者は船団を率いて東アフリカのザンジュ（または東南アジアのザーバジュ）地方を襲い、多数の奴隷を獲得した。

十世紀半ば以後、東イスラーム世界にもたらされる奴隷の主要な供給源は、マーワランナフル、コーカサス地方、黒海とカスピ海周辺地域、東ヨーロッパからのトルコ、チェルケシュ、スラヴ、アルメニア、ギリシアなどの白人系奴隷と、エチオピア内陸部および東アフリカ海岸からの黒人系奴隷であった。黒人系奴隷はインド、エジプト、イラク、イランなどの諸地方に運ばれ、おもに軍人や運搬、土木、農業などの肉体労働者として利用された。エチオピアと東アフリカの海岸部に集められた黒人系（主にバントゥー系やナイロート系）奴隷は船に積み込まれて、イエメンやペルシア湾の貿易港に運ばれたので、その運輸と取引を行うアラブ系やイラン系の海上商人たちが莫大な利潤を得た。キーシュはインド洋における黒人奴隷の運輸と取引に深くかかわっていた。

④ その他の貿易品

十三世紀の地理学者イブン・アル＝ムジャーウィルは、キーシュの人びとが商う貿易品として、インド産の薬物（バルバハール）をあげ、また、陶器製の壺と宝石類については王の専売品であって、誰にも売買が許されない、と述べている。十二世紀半ば、キーシュ島を訪問したスペインのトゥデイラ出身のベンヤミンは、キーシュの市場で取引される商品として、メソポタミア、イエメン、ペルシアからの商人たちがもたらす各種の絹、紫色衣類、綿布、亜麻、毛織物、小麦、大麦、ライ麦、豆類、各種の食料品、そしてインド方面から輸入される多量の香料類などをあげて、キーシュ島の人びとが東西から集まる商人たちの仲介者として利潤を得ていたことを記録している。

過去と現在に共通して、アラブ系・イラン系のダウがペルシア湾岸からインドと東アフリカ方面に舶載する重要な貿易品の一つはタムル（乾燥したナツメヤシ樹の果実、デーツ）である。キーシュ商人たちもまた、タムル貿易を行っていたらしいことが若干の史料から推測される。趙汝适による『諸蕃志』の「甕蠻国（オマーン）」条と「記施国（キーシュ）」条には、オマーンが良質のタムル産地であること、キーシュではタムルを食べて米穀は口にしないことが記されている。またイブン・アル＝ムジャーウィルはキーシュ島住民の食料はペルシア湾頭のバスラ(タムルの最大の産地)から運ばれ、バスラとの経済的結びつきが強いこと、キーシュ島民の食事はタムルと魚が中心であった、と述べている。タムルはインド洋の海運と貿易で活躍する商人や船乗りたちの貴重な携帯食であるばかりか、インド洋周縁部に住む人びとにとっての日常甘味食として、祭礼や祝儀につかう供え物や菓子類など、生活文化に密着した日用必需品の一つであった。

むすび

本章では、初めに二つの問題提起を行い、つづいてその見解にもとづく具体的な検討の事例として、ペルシア湾の交易港キーシュの支配形態とそのインド洋海域における貿易活動を解明することに努めた。十世紀半ば以降、イスラーム世界を中心とした国際的交通・運輸と貿易活動の重心は、それまでのバグダード—ペルシア湾—インド洋を基軸として東西に広がるネットワーク軸からカイロ、フスタート—ヒジャーズ—イエメン—インド洋に通じるネットワーク軸に移動した。しかし、キーシュは十一世紀以後、十四世紀初めごろまでのペルシア湾の代表的国際港として繁栄を維持することができた。キーシュの繁栄の秘密は、かなり徹底したインド洋海域を舞台とした広域的な交通・運輸のネットワークと貿易の支配にあったことが明らかになった。

十四世紀に入ると、キーシュの演じていた海運と貿易上の役割は、キーシュ島に近いホルムズ島（新ホルムズ）によって引きつがれていった。

＊インド西海岸における馬の仲介貿易は、キーシュ、ホルムズとイエメンから来た商人たちの外に、インドのナーヴァヤ（ナーワヤ）が握っていた。馬貿易によって社会的・経済的地位を高めたインド・ムスリム、とくにマラバール地方のマーピッラやグジャラート地方のブフラー（ボフラー）たちは、十三世紀から十四世紀にかけて海運と貿易の支配権を握り、各都市にモスクやマドラサ（寄宿制の高等教育施設）を建立した。イブン・バットゥータによると、カリカットには、バフライン（アラビア半島東海岸）出身のムスリム港務長（シャーバンダル）が住んだ。またクーラム・マライには、シーア・ラーフィド派のムスリム商人たちが人びとの尊敬を集めており、そこの港務長はイラクの出身者、イスラーム法官はカズウィーンの出身者であるという。ファンダライニには、モスクが各々に建つ三つのムスリム居住区（マハッラ）があった。

＊＊ヒンドゥー系王朝、とくにヴィジャヤナガル王国は武器と馬を求めてホルムズとの貿易関係を結んだ。ホルムズから船載された馬は、マンガロール、バトカル、ヒナウル（ホナヴァル）などの諸港市におろされたのち、内陸部に運ばれた。馬との交換商品として、インドから西側に流れた代表的な商品は米であった。

六　アデンを根拠地としたスィーラーフ系豪商の行動

〈港市の盛衰と人間の移動〉

はじめに

イスラームの地理書・旅行記のなかにみられるインド洋通商史に関連した記事を時代別に検討していて気づくことは、八世紀半ばから十世紀初めにインド洋の海運と貿易活動で繁栄していたペルシア湾岸の交易港――バスラ、ウブッラ、スィーラーフ、スハール、マスカトなど――は、十世紀後半から十一世紀以後になるといずれも衰微し、かわって紅海沿岸の交易港――アデン、ザイラゥ、スワーキン、アイザーブ、ジッダなど――の交易活動が著しく活発になっていった点である。

例えば、地理学者イスタフリーは、十世紀初めごろのスィーラーフの町は、内陸都市のシーラーズにも匹敵するアルダシール・フッラ地方（イラン南部、ファールス地方）最大の町であって、高層の家々は海岸近くに櫛比《しっぴ》し、その建築用材（主にマングローブ材）は、はるばる東アフリカのザンジュ地方から運ばれたものであること、沈香、竜涎香、竜脳、胡椒、白檀などの香料・薬物類、黒檀、竹材、象牙、宝石などが各地方から輸入されるとあってインド洋交易で華々しく繁栄していた状況を伝えている。しかし、スィーラーフはヒジュラ暦三六六年（西暦九七六／九七七年）、もしくは三六七年（西暦九七七／九七八年）におこった大地震によって町が壊滅的な被害を受けたのち、再度の復興をみることなく、しだいに衰えて、十三世紀初めには大モスクを除く市街の大部分は荒廃していた。

また、十世紀後半の地理学者ムカッダスィーは、オマーン地方の港スハールについて、「スハールはオマーンの行政と経済の中心地（カスバ）。現在、シナの海（インド洋、南シナ海）のうちで、これほど重要な街はない。……〔スハールは〕シナへの通廊《ディフリーズ》（玄関口）。東方諸国（サーマーン朝）とイラクの宝蔵。イエメンへの〔物資の〕供給地」と説明している。しかしイラクとイランを領有したブワイフ朝ダイラム政権（西暦九三二～一〇六二年）の治世下におけるティグリス、ユーフラテス両河川の中流・下流域地方の政情不安、アラビア半島の東岸地方に勢力をもつシーア・イスマーイール派のカルマト教団の社会運動等々に災いされて、おおくのペルシア湾岸の諸港市の海運と貿易活動は不振をつづけた。

一方、紅海のなかほどに位置するアフリカ側の交易港アイザーブは、元来、メッカ巡礼者たちのための渡し場として、またアスワーンに近いワーディー・アッラーキーの鉱山から産出するエメラルドと金鉱石の積み出し港として、九世紀半ば以後、徐々に発達していった。そして、十一世紀の半ばにそこを訪れたイランの詩人で、散文家、セルジューク朝の財務官僚となったナースィル・フスラウ（ホスロー）、そのほぼ一世紀後に訪問したアンダルス出身の巡礼者イブン・ジュバイルの二人は、いずれもアイザーブの港についてインドやイエメンからの船舶が頻繁に出入りし、世界で最も賑やかな町の一つになっている、と伝えている。

スワーキン、ジッダやアデンの繁栄の状況については、イブン・アル＝ムジャーウィル、モロッコの旅行家イブン・バットゥータやマムルーク朝時代の百科事典家の一人カルカシャンディーなどの著書にも断片的な記録が残されている。

このように、インド洋通商史のうえで、十世紀後半以後におけるペルシア湾岸の諸港市の衰退と紅海沿岸の諸港市の繁栄という現象は、西アジアを中軸とする国際交通・運輸と貿易のネットワークがかつてはペルシア湾を経由して、アッバース朝の都バグダードに向けられていたのが、その後イエメン、紅海を通ってファーティマ、アイユーブ、マムルークの各王朝下のエジプト、シリア、さらには地中海沿岸の諸都市に向かう軸線上に、その主軸が移行したことに付随しておこった変化であると考えられる。

ポルトガル艦隊がインド洋に進出する十五世紀末以前において、インド洋海域の海運と貿易活動は、その周縁部を結ぶ地域内交易だけの範囲にとどまらず、すでにイスラーム世界全域の、西側では地中海とその周縁部、東側ではインド、東南アジアと中国を含む国際的運輸と貿易の動きを左右するほどの大きな影響力をもっていたのである。したがって、インド洋周縁部の主要な交易港は国際的な交通・運輸と貿易活動の影響を直接的に受けな

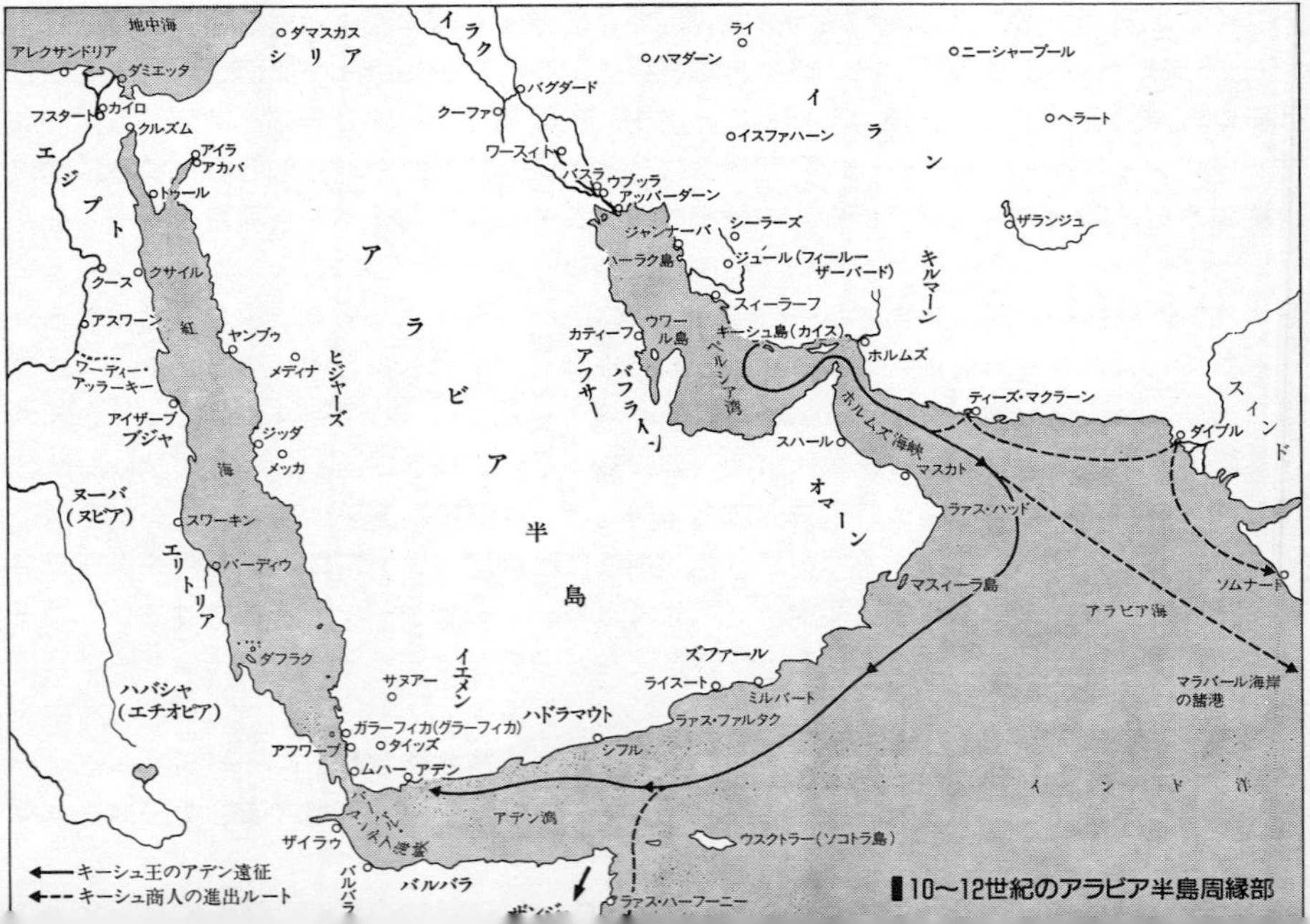

■10～12世紀のアラビア半島周縁部

がら成立し、展開していった。つまり、それらの諸港市は、中緯度に位置する東西大国の興起・滅亡や社会的・経済的諸条件の変化をつねに鋭敏に感じながら盛衰をくりかえしたのである。このようにイスラーム地理書を通じて認められた十、十一世紀を境にしておこったインド洋海域世界をめぐるネットワークの構造的変化は、まさにイスラーム世界全体をめぐる社会的・経済的変化を反映するものであった。

本章では、以上述べたような問題設定にもとづいて、十、十一世紀以後、インド洋の海運と貿易活動のうえで重要な中継拠点となった、アデンを根拠地に活躍した代表的なナーホダー（海上商人）＝ラーマシュトなる人物と、彼をめぐる事件について究明することで、そうした時代変化の具体的状況を考えてみたい。

一

十世紀のなかごろの旅行家・地理学者で、バグダード生まれのイブン・ハウカルは、『大地の姿』という体系的なイスラーム世界地誌の著者として知られている。しかし、彼の地理書の体裁ならびに記載の内容が同時代の地理学者イスタフリーの『諸国の道程の書』とほぼ一致するために、しばしば両書は混同、あるいは同一視されてきた。ところが、十九世紀末、イスタンブールにあるアヤ・ソフィアのモスク内でイブン・ハウカルの新写本（イスタンブール本）が発見されるにおよんで、地理学者イブン・ハウカルに対する再評価がなされることとなった。

つまり、すでにオランダの学者J・H・クラマースがその論文「イブン・アル＝バルヒー、イスタフリー、イブン・ハウカル問題とイスラムの地図」のなかで主張したように、イブン・ハウカルの「イスタンブール本」にもとづく地理書には、イスタフリーの地理書の内容を踏襲しながらも、彼自身の見聞にもとづく北アフリカ地域（イフリーキーヤ、マグリブ）、シチリア島、イベリア半島（アンダルス）、エジプトと紅海沿岸のエリトリア、ヌビア地域などに関するまったく新しい詳細な地理的情報が記録されていること、また付属の地図（とくに地中海地図）にも細部にわたる正確な修正がほどこされている。

「イスタンブール本」と同系統で、その要約本の一つと考えられる一写本がフランスのパリ国立図書館に所蔵されている。これはJ・ド・フーエが『アラビア地理叢書』刊行の際に脚注の部分で参照したイブン・ハウカルの「パリ要約写本」のことである。「パリ要約写本」には、「イスタンブール本」とはちがって、匿名の写字生自身の経験にもとづく興味深い書き入れが随所にみられることが重要な特徴である。とくに、セルジューク朝治下の上メソポタミア（ジャズィーラ地方）やイラク地方の諸都市、シリア地方における十字軍の行動について、また写字生自身によるシリア、イラク、ペルシア湾岸地域を経てイエメンのアデンにいたる旅行記断片などは、十二世紀の記録史料としても価値の高い内容を含んでいる。

写字生は、アデンに住む彼の母方の叔父で、イエメン・ズライゥ朝（西暦一一三八～七四年）の財務長官アフマド・ブン・ギヤースを訪れるために、アーミド（ティグリス川の河岸、マウスィルの北西にある町）、バスラ、アッバーダーン、スィーラーフ、ホルムズ、南アラビアのマフラ地方を経て、アデンに旅行した。とくにその旅行記のなかには、十二世紀半ばのペルシア湾およびインド洋の海運と貿易活動を伝えるいくつかの貴重な実地見聞の記録がみられる。例えば、写字生は、ティグリス川の河口のアッバーダーンについて、つぎのように伝えている。

「私は、〔ヒジュラ暦〕五三八年（西暦一一四三／四四年）にアッバーダーンを通過した。そこは、ティグリス川の中洲にあって、ユーフラテス川の水と河口付近で合流して海に入る。したがって〔その付近の水域では〕両河川の水と海水とがまざりあっている」

これは十二世紀ごろのアッバーダーンの町の位置について伝えた数少ない記録の一つである。さらに、その町にはスーフィー教団や修行者の住んでいる庵室（リバート）があること、「ジャンナーバの泥沼」として知られたアッバーダーン付近の海の難所にまつわる伝説、海水の干満によっておこる自噴の井戸などの興味深い記録を残している。

ティグリスとユーフラテスの両河川が絶えず運ぶ泥砂によって、海岸の港市アッバーダーンは時代とともに海から少しずつ内陸部に後退していった。現在のアッバーダーン（アバダーン）は、ペルシア湾頭のシャット・アル＝アラブ川のデルタに位置している。ところがイスタフリーやマスウーディーなどの十世紀半ばの地理学者たちは、アッバーダーンをペルシア湾の岸辺の港として、また一〇五二年に同地を訪れたナースィル・フスローは、干潮のときにアッバーダーンと海とのあいだに約二ファルサフ（一二キロ）の干潟ができると報告している。さらに時代が下って、十四世紀のイブン・バットゥータは、同町を海岸から三アラビア・マイル（約六キロ）離れた一村落として伝えている。

また、「パリ要約写本」の写字生は、アッバーダーンを通過のあと、ホルムズ海峡に近い港市ホルムズ（旧ホルムズ）を訪れている。彼は、フルムーズ（ホルムズ）の町について、つぎのように述べている。

「フルムーズは、〔また〕ティールという名で知られ、二つの山のあいだの長く連なった入り江にある居住地である。私は〔ヒジュラ暦〕五三九年（西暦一一四四／四五年）に、そこに到着した。当時、その町の支配者（アミード）はシーラーズの人で〝文武の主〟という通り名で知られたムハンマド・ブン・アル＝マルズバーンであった。……そこには、富裕な商人たちが多数いて、そのなかでもハサン・ブン・アル＝アッバースという人物は、インドやシナの諸地方の果てまで行く数艘の船舶を所有していた」

後述するように、一三三〇年ごろ、現在のバンダル・アッバースの南に浮かぶジャルーン島に新しく同名の町（新ホルムズ）が建設され、そこがキーシュの町にかわってペルシア湾第一の国際港として繁栄する。新ホルムズの名は、中国明代の史料中にも忽魯謨廝、忽魯謨斯として伝わっている。「パリ要約写本」書き入れにあるホルムズは、大陸側のホルムズ（旧ホルムズ）であって、スィーラーフ港が衰微し、かわってキーシュ島にインド洋貿易の中心が移行しつつある時期の状況を伝えた数少ない記録の一つである。当時、すでにホルムズ在住の商人たちのなかには、中国貿易に進出する人びとがいたことがわかる。

ホルムズの別名として記されたティールは、明らかに地理学者イスタフリーの記録したティール、もしくはジィールと同一地名であろう。すなわち、イスタフリーはその地理書『諸国の道程の書』のイラン・ファールス地方の記載のなかで述べている。

「キルマーン地方には大河はない。海といえば、ただファールスの海〔ペルシア湾とインド洋を含む〕だけであるが、フルムーズ〔ホルムズの町〕まで入り込んでいるジィールと呼ばれるファールスの海の入り江がある」

イスタフリーのジィール、「パリ要約写本」書き入れのティール、イドリースィーのヒーズは、いずれも転写の際に生じた差異と考えられる。重要な点は、イスタフリーの時代（十世紀前半）に入り江であった地点が十二世紀になると、おそらくミーナブ川の洪水によって埋没し、地峡となり、その谷間にホルムズの町が再建されたと推測されることである。

さて、スィーラーフの町の繁栄を伝えたイブン・ハウカルの本文に引きつづいて、「パリ要約写本」の写字生は、つぎのような重要な補遺の書き入れを行っている。

「スィーラーフの住民は、つぎに彼らの一人から伝え聞いたところを説明するように実に富裕な人びとである。つまり、彼らのある者が病気になって、いよいよ遺書を書き残す段になったとき、彼の財産を三等分したのであるが、彼が共同出資者たちと共有しているものを別にした個人所有のものだけでも百万ディーナールにおよんだ。ところで、ラーマシュトについていうと、私はヒジュラ暦五三九年〔西暦一一四四／四五年〕にアデンにおいて、その子供のムーサーと出会ったのであるが、そのムーサーが語るところによると、彼が使っていた純銀製の道具類は、計量してみると一二〇〇マン〔約六トン〕の重量があった、と。ムーサーはラーマシュトの末子であるから、当然、その所有財産も彼らのなかでは一番少ないのである。なお、ラーマシュトには、四人の使用人がいて、彼らが語ったところによると、彼らはそれぞれラーマシュトの子ムーサーよりもずっと富裕であるという。私がラーマシュトの書記に会ったときの説明では、彼が二十年ぶりにシナの国を出たとき、彼の財産は五十万ディーナールにおよんでいたという。なお、その書記は〔イラクの〕ヒッラのサワード〔ティグリス・ユーフラテス両河川流域〕生まれで、〔本名を〕アリー・アン＝ニーリーと言った。ラーマシュトの秘書がそれほどたくさんの財産をもっていたのであるから、一体、ラーマシュト自身は、どれほどもっていたのであろうか。あの〔メッカの〕カアバ〔神殿〕の水飲み場の水道〔ミーザーブ〕を寄進したのはラーマシュトその人である。彼は、もともと銀製であったその水道を黄金製につくりかえた。また、彼はカアバ

〔の覆い布、キスワ〕にその値うちがいくらになるか知れぬほどのシナ製の絹布をつけた。結局のところ、当世、商人たちのなかで社会的地位といい、財産額といい、ラーマシュトに匹敵するような大変な富豪を私は知らない。……」

つまり、右の記録は、スィーラーフの衰微は、すでに十世紀に始まったが、その町の住民は十二世紀のなかごろにおいてもなお商人としてインド洋の海運と貿易活動に従事し、巨万の富を得ていたこと、そのなかでも、とくにラーマシュトというスィーラーフ出身の当代随一の富豪商人の隆盛ぶりについて説明している。ラーマシュトが寄進したメッカの聖モスクの中心にあるカアバ神殿の覆い布（キスワ）がシナ製の絹布であり、また彼の書記が二十年間にわたって中国に滞在していたことから考えて、彼がスィーラーフ、中国とアデンとを結ぶインド洋交易に従事した国際的海上商人の一人であったことは明らかである。

さて、ここで注目すべき点は、ラーマシュトと明らかに同一人物を伝えたと思われる記録史料が、S・D・ゴイテインによって解読された「カイロ・ゲニザ文書」のなかに登場してくることである。「カイロ・ゲニザ文書」とは、現在はカイロの一部になっているフスタート（旧カイロ、中世カイロとも呼ばれる）のユダヤ教会堂付の保管所（ジナーザ、ゲニザ）から発見された多量のアラビア語とヘブライ語による文書群である。

問題の史料は、S・D・ゴイテインがその論文「キーシュ王のアデンへの遠征に関する目撃者の二つの報告」のなかで紹介した二通の書簡であって、いずれも同一の歴史事件、すなわちペルシア湾第一の港市キーシュの王が、貿易上の宿敵アデンを占拠するために遠征隊を派遣した、アデン攻撃事件の模様を克明に伝えたものである。S・D・ゴイテインの推定によると、その事件は一一三五年におこった。

・文書I（ケンブリッジ大学図書館蔵、タイラー・シェシュター・コレクション）

「この年、航海期の初めに、アーミドの子なるキーシュ〔島〕の支配者は、アデンに対して〔遠征〕艦隊を準備して、その地〔を占拠し〕一部を要求した。そして、アデンの人びとがその要求を拒否するや、キーシュの支配者はさらに二艘のブルマ型大艦、三艘のシャッファーラ船、十艘のジャーシュジィーヤ船と総勢約七百人から編成された遠征隊を派遣した。彼らは、アデンのムカッラー〔碇泊地〕に留まって、〔入港してくる〕船舶を監視していたが、あえて上陸はしなかった。非常な恐怖がアデンの町の人びとをつつんだが、アッラーは、彼ら〔アデンの住民たち〕に勝利と成功の機会をお与えにならなかった。その町の多数の人びとが殺され、アデンの船は槍で突かれ、人びとは渇きと飢えのために死んだ。〔キーシュの遠征隊が、アデンに侵入の後〕町に到着してきた最初の〔商人〕船は、ナーホダー＝ラーマシュト〔ラーシュミト〕の〔所有する〕二艘の船であった。〔キーシュの〕遠征隊と彼ら〔ラーマシュトの商人船に乗りくんだ人びと〕とは戦いを交えた。そして、今度はアッラーはその遠征隊に勝利をお与えにならなかった。人びとは、〔ラーマシュトの〕二艘の船を〔アデンの〕港内に入れると、両船に多数のディーワーン軍（アデンの正規軍）を乗船させた。そこで、キーシュの遠征隊は港から退却し、外洋に四散していきはじめた。かくのごとく、アッラーは彼ら（キーシュ）遠征隊に勝利をお与えにならなかった。彼らは、敗北と大損害のうちに、最もぶざまな姿で退散していった」

・文書Ⅱ（ケンブリッジ大学図書館蔵、タイラー・シェシュター・コレクション）

「……敵方（キーシュの遠征隊）は海上に、われわれは陸地に布陣する状態で、われわれは二カ月間、戦った、老いも若きも町には一人として残らず、みな城塞に避難した。城下には、人気のない家々と敵との戦闘だけがあった。両軍相対していたが、彼ら（敵）は、あえてわれわれのところに上陸して来なかった。一方、町の住民には彼らに攻撃を加えるための船がなかった。したがって、人びとはたがいに、ただただ恐れおののくばかりであった。そのあいだに、やっと町に二千人ほどの人びとが集結した。しかし、もっと以前に、少なくとも五百人の人員だけでもいたならば、人びとは家を棄てて避難する必要はなかっただろうに。だが、彼らが到着したときには、すでに敵軍はムカッラーにあった。したがって、アッラーが人びとを勝利に導き、海を荒れさせるまでは、自分たちの家から遠く避難しているだけであった。一方、敵は朝には〔アデン港内の〕スィーラ（島）にあって、町の住民たちと戦闘を交えた。町の住民の大部分が家の近くで殺され、首を斬られた。……そのとき大嵐になった。そこで彼ら〔敵〕は、船に戻り、町の人びとは陸地に〔陣を新たに〕かまえた。と、そのときラーマシュトの〔所有する〕二艘の船が到着した。敵は、彼ら〔ラーマシュトの船に乗った人びと〕を拿捕しようとしたが、風に災いされて、〔編隊が乱れ〕左に右に分散してしまった。そのために、無事に二艘の〔ラーマシュトの〕船は、入港することができた。ただちにその船に〔街の〕軍隊が乗りこんだ。かくして、敵はムカッラーにおいても、町においても何ら打つべき手段なくして、ひとまず〔スィーラ〕山〔島〕の背後〔の海域〕に退却して、風の好転するのを待った。……」

以上の二つの文書にみられる事件は、明らかに同一事件を記録したものである。両文書の伝えるところによると、キーシュの遠征隊がアデン港を封鎖して、その町を占拠していたとき、ナーホダー＝ラーマシュトの所有する船二艘がアデンに入港し、その船にアデンの正規軍が乗りこんで、キーシュ艦隊を撃退することができた、とある。しかも、この両文書にみえるナーホダー＝ラーマシュトは、さきに述べたイブン・ハウカルの地理書の「パリ要約写本」書き入れの文中に記されたラーマシュトと同一人物を指したものと考えられる。

もしこれが事実とすれば、スィーラーフ出身の富豪商人でナーホダーのラーマシュトなる人物は、十二世紀の前半、アデンを根拠地にしてインド洋の海運と貿易で活躍し、キーシュの遠征艦隊によるアデン攻撃の際にはアデン側に加担して、その危機を救ううえで大きな功績があったことになる。以上の記録は、十二世紀半ばのインド洋通商史の動きをとらえるうえで、きわめて重要な同時代史料といえよう。

キーシュは、スィーラーフの衰微にかわって、十一世紀初め以後、ペルシア湾第一の交易港として急激な発達を遂げた。中国側の史料である趙汝适の『諸蕃志』のなかには、キーシュは「記施国」とあって、つぎのような記事がみえている。

「記施国（キーシュ）は、海上島嶼に位置しており、そこから大食〔西アジア、とくにイラン大陸部〕を望見することができる。〔つまり大陸まで海上〕半日で到着する。……〔島の〕土地の物産品としては、真珠と良馬がある。大食〔の人びと〕は、毎年、ラクダ〔・キャラバン〕を派遣して、バラ水、梔子花《くちなし》、水銀、白銅、銀地金、砂金、紫草〔紫丹〕、細糸織の上質布などを運ばせる。彼らは〔その島で取引の後、商品を〕船に積ませると、〔大食の〕本国に向かい、さらに他国に転売する」

つまり、キーシュはイランのファールス地方の大陸部から半日の距離にあるペルシア湾の小島で、ペルシア湾産の、とくにウワール（バフライン）島、ハーラク（カーグ）島付近の海域で採れる良質真珠、キルマーンとファールス地方からもたらされた鉱物、織物や馬などの集散地として賑わっていたのである。中国・宋代の文献史料のなかに「記施（キーシュ)」の名が登場してくることは、十二、十三世紀のキーシュの交易圏が、ペルシア湾沿岸だけに留まらず、広くインド洋海域の周辺諸国、とくにインドや中国などにもおよんでいたことを物語っている。

さきに述べたように、十、十一世紀以後における東西を結ぶ国際的交通・運輸と貿易活動のネットワークは、ペルシア湾を経由せずに、イエメン—紅海—エジプトを結ぶ軸線上に置かれていた。イエメン地方は、インド洋に突き出たアラビア半島の西南端に位置し、エチオピアや東アフリカ海岸にも近く、バーバル・マンデブ海峡を通過すると、紅海につづくエジプトや地中海沿岸の諸地方とも連絡する。したがって、そこはインド洋の海運活動のうえからは、最も有利な立地条件を備えていたといえる。この立地条件が東西を結ぶ、交通・運輸と貿易中継上の要地として、古くから、イエメンの地に繁栄をもたらした最大の理由であった。とくに、十世紀半ばから十一世紀になって、イエメンの諸港市は、インド洋と地中海の両世界を結ぶネットワークの中軸に位置するようになったのである。

イエメン地方、とくにその第一の港市はアデンであった。マムルーク朝時代の百科事典家として有名なカルカシャンディーがその著書の『黎明』のなかで述べているように、アデンはヒジャーズ、インド、中国、エチオピアなどの東西諸国から集まる船舶で賑わい、船舶の入港の際に課せられた税収入は、イエメン地方を統治する国家の重要財源になっていた。「パリ要約写本」書き入れのなかのアデンに関する記載には、西暦一一三九年から一一五一／五二年まで、つまりイエメン・ズライゥ朝のアデン総督ビラール・ブン・ジャリールの統治下において、アデンに入港した船舶に課せられていた十分の一税（ウシュール）の総額は、年額十二万四千ディーナール・ムラービティー（マグリブ地方のムラービト朝発行金貨の単位）におよんだ、とある。また、十二世紀の人で、イエメンの詩人、外交官として著名なウマーラ・アル＝ハカミー（アル＝ヤマニー）は、その著書『イエメン史』のなかで記している。「ヒジュラ暦四六一年（西暦一〇六八／六九年）以来、アル＝ムカッラム（王の死去した一〇八四年）までのアデンの歳入は、つねにアル＝ムカッラムの王后、サイイダのもとにもたらされ、その総額は、十万ディーナールを上下していた」

またアデン総督ビラール・ブン・ジャリールが残した遺産は、六十五万ディーナール・マリキー貨と三十万ディーナールを超えるエジプト貨幣、多数の銀製装身具、その他にもインド、東アフリカや中国などの各地方の珍しい品々があったといわれている。

以上のように、十一世紀の初めごろから、紅海の出口のアデンとペルシア湾のキーシュとは、ともにインド洋の海運と貿易活動を代表する港市として急激に成立・発展し、たがいに他の破壊によって貿易の利を独占しようと努めていた状況がわかる。したがって、前述の「カイロ・ゲニザ文書」のなかにみられたキーシュの遠征艦隊によるアデン攻撃とい

アデン湾内のスィーラ島（上）とアデンの新市街マアッラー地区にある造船所（下）。スィーラ島は、船乗りたちにとっての聖なる島として知られた。

う事件は、当時のインド洋交易の趨勢から考えても、当然おこるべくしておこった事件といえよう。

なお、この事件の模様は、同時代の他のいくつかの史料にも報告されている。その一つは、イブン・アル＝ムジャーウィルの著書『イエメン地方とメッカおよび一部のヒジャーズ地方誌』にみられるつぎの記録である。

「アデンの王は、ズライゥ家出身のサバーゥ（サバー）・ブン・アビー・アッ＝スウードとムハンマド・ブン・アビー・アル＝ガーラート〔の二人〕であった。そして、彼らの一方は土地からあがるもの（地租税）を徴収し、他方は海からあがるもの（船舶の入港税）を徴収した。彼らは、それぞれの徴税権をもっており、両者で均等に国は分割されていた。ところが、〔船に積む〕飲料水と燃料の薪が原因で〔港の〕人びとのあいだに大暴動がおこり、輸出入のことでも激しい争いとなった。……そうした彼らの状況のときに、カイス（キーシュ）島の王は小型船（ドゥーニィジュ）とナーランジュ（オレンジ）の果実に似た丸型のブルマート（ブルマ）船団を派遣する準備をして、アデンをその統治者たちから奪い取ろうとした。複数の小型船は、〔アデン港に〕到着すると、スィーラ山（島）のもとに錨をおろした。そして、彼らはズライゥ家の、つまりタァクル（タァカル要塞）とハドラーゥの支配者たちに使者を遣して、以下のように伝えた。〝そもそもキーシュ王は、アデンを占拠するためにわれわれを派遣したのだ。そこで、もし汝らが平和のうちにくだれば、それでよし。もしそうでなければ、われわれの意に反することだが、戦いをもってするであろう〟。すると、ハドラーゥの城主は、彼らにつぎのような回答を送った。〝私は、汝らの下僕、国は汝らの国であります。ですから、お望みの者に統治をおまかせします〟。〔キーシュの〕人びとは、この返答を聞くと、心軽く、安心し切った気持ちで小型船とブルマート船から出て、海岸に上陸した。ハドラーゥの城主は、彼らに完全な帰順の礼をつくして、小麦粉、山羊や酒をもたせた。……」

また、十二世紀の地理学者イドリースィーは、『諸地方の踏破を望む人への慰め』のなかで、オマーン地方の交易港スハールについて、つぎのように書いている。

「スハールの町……昔は、シナ〔向け〕の船がその町から出港していた。しかし〔今は〕それは、途絶えた。オマーンの町から〔シナ船が〕出ることが絶えたのは、以下のような理由による。すなわち、ペルシア湾のなかほど、〔オマーンの〕マスカトの対岸には、キーシュ島と呼ばれる島がある。その島の縦と横の距離は一二マイル（約二四キロ）の四角形の島であって、島にはキーシュの町がある。かつて、イエメンのある統治者がそこを支配し、守備を堅くし、住民には善政を施して、そこに〔多くの人びとを〕住まわせた。しかし〔その後になって〕彼は艦隊を編成して、イエメンの海岸地域に攻撃を加えた。また、彼は旅行者や商人たちを圧迫して、一人残らずその財産を奪ってしまった。そのことによって彼の国が弱体化する結果をまねいた。以上のことが原因で、〔船舶の〕往来は、オマーンを通過することをやめ、アデンに向かう結果になったからである。キーシュ島の支配者は、戦艦を使ってザーバジュ(東南アジアのジャワ島、もしくは東アフリカのザンジュ)を攻撃した。また、カーマルーン地方(ベンガル、アッサム地方)にも進出しようとした。そこでインドの住民たちは、彼を恐れ、その悪行におびえた。彼らはマシュイーヤート(マーシュワー)と呼ばれる船に乗って、つつしんで彼に服従することを誓った」

つまりイドリースィーは、キーシュ島の支配者はもともとイエメンのカイス系アラブ族出身であり、イエメン(オマーンを指している)からキーシュ島に移住してきて統治したと記している。彼の報告によると、キーシュ王が商人や旅行者に対して行った海賊的な横暴行為およびイエメンへの艦隊の派遣などが直接の原因で、インド洋を航行する貿易船は、ペルシア湾の諸港市、とくにオマーンのスハールに寄港することをやめて、代わりにアデンへ向かうようになったのである。「艦隊を編成して、イエメンの海岸地域に攻撃を加えた」とある一文は明らかに、さきに述べたキーシュ王によるアデン攻撃の史実を伝えたものと考えられる。

以上のイブン・アル＝ムジャーウィルとイドリースィーの史料には、スィーラーフ出身のナーホダー＝ラーマシュトのことは、まったく言及されていない。しかし、前述したケンブリッジ大学図書館所蔵の二通の「カイロ・ゲニザ文書」を通じて、ラーマシュトはキーシュ王の遠征艦隊からアデン港の包囲を解くのに一役を担ったことが明らかとなった。

換言するならば、ラーマシュトがアデン側に加担したことが直接の動因となってキーシュに代表されるペルシア湾の諸港市の衰勢は決定的なものとなり、一方、アデンをはじめとするイエメン地方や紅海沿岸の諸港市がしだいに繁栄するにいたったと考えられる。

このようにインド洋通商史の一つの転換期に大きな役割を果たした豪商であり、ナーホダーのラーマシュトについて、イスラームの歴史・地理書関係の文献史料をさらに詳しく調査していくと、つぎのような関連記事を見いだすことができる。

(1) アル＝ファースィー・アル＝マッキーによる『メッカ誌（聖なる地〈メッカ〉の情報を望む者の癒し）』のなかの一章「メッカにあるリバート（スーフィーや聖者たちの修道所、庵室）の説明」にある。

「〔メッカにあるリバートの〕一つに、ラーマシュトのリバートがハズワラ門のところにある。ところで、ラーマシュトは（尊称を）アッ＝シャイフ＝アブー・アル＝カースィム、本名をペルシア人のイブラーヒーム・ブン・アル＝フサインという。そのリバートの寄進は、女性を除く男性のスーフィー教団員、つまり全イラクのラクア（礼拝儀、跪拝）の朋友のためのものである。寄進の日付は、ヒジュラ暦五二九年（西暦一一三四／三五年）である」

(2) アル＝ファースィー・アル＝マッキーの別の著書『信義厚き地（メッカ）の歴史に関する高価なる首飾り』には、ラーマシュトの事績について、つぎのように記されている。

「ラーマシュト・ブン・ブン・アル＝フサイン・ブン・シーラワイフ・ブン・アル＝フサイン・ブン・ジャアファル・アル＝ファールスィー。姓はアブー・アル＝カースィム。名はイブラーヒーム。ただしラーマシュトの名で一般には知られている。そのことの故に、彼のことを以下で記してみよう。彼は、ペルシア系商人のなかの、選り抜きの商人の一人。カアバ神殿と聖地メッカにおいて称賛されるべき功績があった。その一つにメッカで有名なリバート〔の建設〕がある。それは聖なるモスクに付属するハズワラ門のところにある。彼はそれをヒジュラ暦五二九年（西暦一一三四／三五年）に全イラクのラクアの仲間たち、女性を除く男性のスーフィーたちすべてのために寄進したのである。さらに、そのモスクに隣接した門の石材についても寄進した。……八〇二年のシャッワール月末（西暦一四〇〇年五月末）、そのモスクで火災が発生し、大部分は壊れた。……彼はまた偉大なるカアバ神殿に水道管を付設した。その重さは七〇マン（約三五〇キロ）。……また、五三二年（西暦一一三七／三八年）に偉大なるカアバ神殿に覆い布（キスワ）を献納した。……このラーマシュトは、五三四年、シャアバーン月（西暦一一四〇年三／四月）に死亡した。彼〔の遺体〕はメッカに運ばれて、五三七年（西暦一一四二／四三年）、メッカに到着のあと、アル＝マァラー（メッカ近郊の共同墓地）に埋葬された。彼の墓石には、彼の由来と死亡年が刻まれた」

(3)　(1)(2)とほぼ同様の記事がクトゥブ・ウッ＝ディーン・アン＝ナフラワーリーの書

『メッカ誌（聖なるアッラーの家のしるしに関する情報の書）』にみえている。

「〔ブルジー・マムルーク朝の王〕アン＝ナースィル・ファラジュ・ブン・バルクークの治世代（西暦一三九九〜一四〇五年、一四〇五〜一二年）、ヒジュラ暦八〇二年のシャッワール月二日（西暦一四〇〇年五月二十七日）の土曜日、夜中にメッカのマスジドで大火があった。その原因は、マスジドの西側にあるメッカ諸門の一つハズワラ門に隣接したラーマシュトのリバートから火の手があがったからである。ところで、ラーマシュトは（尊称を）アッ＝シャイフ＝アブー・アル＝カースィム、本名をペルシア人のイブラーヒーム・ブン・アル＝フサインといい、そのリバートをヒジュラ暦五二九年にスーフィー教団の人たち、つまりアル＝ムラッカアートの朋友のために寄進した」

(4) アンダルスの旅行家イブン・ジュバイルの『メッカ巡礼記』にみえる記事。イブン・ジュバイルは、三度のメッカ巡礼を行った。『メッカ巡礼記』は、その第一回目の巡礼旅行記をまとめたものであって、メッカを西暦一一八三年に訪問した。つぎの記録は、彼がメッカにある囲いの場（ハティーム、カアバ神殿の西側を囲む壁）について説明したものである。

「ハンバル派法学の人びとは、ハナフィー派の人びととの囲いの場（ハティーム）の近くに飾り付けのない囲いの場をもっている。そこはペルシア人の一人で、金持ちのラーマシュト〔の寄進〕によるものである。彼はメッカにおける慈善事業に大なる功績があった」

(5) イブン・アル＝ムジャーウィルは、その著書『イエメン地方とメッカおよび一部のヒジャーズ地方誌』のなかで、イエメンのザビードの外港アフワーブがペルシア人のラーマシュトによって建設されたことを伝えて、つぎのように説明している。

「ペルシア人のアブー・アル＝カースィム・アル＝ラーマシュト・ブン・シーラワイフ・ブン・アル＝フサイン・ブン・ジャアファルは、アフワーブ（ザビードの外港）をヒジュラ暦五三二年（西暦一一三七／三八年）に建設した。それは、彼がメッカ巡礼を望んで、インドからやって来たときのことであった。そこは、すばらしい町であり、いくつかの市場、一つの大モスク、店舗があって、彼はその町にインドからチーク材を運んできた。……そこは、アデンから到着する船の港」

以上述べた五種の史料のなかにみえたラーマシュトは、明らかに同一人物、もしくは同一家系の者であったと考えられる。

「パリ要約写本」書き入れによると、その写字生がアデンにおいて、ラーマシュトの末子ムーサーと出会ったのはヒジュラ暦五三九年（西暦一一四四／四五年）、「カイロ・ゲニザ文書」によるキーシュ艦隊のアデン攻撃の年次は、S・D・ゴイテインの推定にしたがえば、西暦一一三五年のことであった。前述した四種のメッカ関係の史料には、ラーマシュトがメッカにリバート（スーフィーたちの修道所）やキスワ（カアバ神殿の覆い布）を寄進したのは、ヒジュラ暦五二九年（西暦一一三四／三五年）と五三二年（一一三七／三八年）であると記されている。またイブン・アル＝ムジャーウィルによると、ラーマシュトは、五三二年（一一三七／三八年）に紅海のアフワーブの港町を建設したという。したがって、ラーマシュトの活躍した時代は西暦一一三四年から死去の一一四〇年までのあいだに限定されていることがわかる。

これらの記事を総合すると、豪商であり、ナーホダーのラーマシュトなる人物は十二世紀の前半にインド洋交易で盛んに活躍し、その貿易によって獲得した利潤の一部をアッラーに還元すべく、聖地メッカにおいて数々の慈善行為を行ったものと推測される。

また、ラーマシュト（Rāmasht, Rāmishat）という名前からただちに想像される点は、しばしばインド人名にみうけられるラーム、またはラーマ（Rām, Rāma）（「神」あるいは「権力をもった王」の意）との関連が考えられることである。しかし、さきに述べた諸文献から判断するかぎりでは、ラーマシュトは明らかにスィーラーフ出身のイラン（ペルシア）人であった。「ラーム……」というペルシア人名は、サムアーニーの『人名由来事典（アンサーブ）』のなかにも、ラーマシー（al-Rāmashī）、ラーマラーニー（al-Rāmarānī）、ラーマキー（Rāmakī）などの例をみることができる。また、ラーム・アルダシール（Rām Ardshīr）、ラーム・フルムズ（Rām Hurmuz）のように地名としても散見する。ちなみに、ラーマシュト、ラーミシュトはペルシア語で、「休息、休養」「ペルシア年号の閏日」を意味する。

すでに桑原隲蔵が示唆したように、中国・宋代の文献史料のなかに、スィーラーフ出身の商人や航海者は、施那幃もしくは尸羅囲として見えている。これはスィーラーウィー、またはスィーラーヴィーを音写したものと考えられる。とくに興味深い点は、地理学者ヤークートが記録しているように、十三世紀のスィーラーフは、ローカルな俗称では、スィーラーウ、スィーラーヴ（Sirāw, Sirāv）と呼ばれていたこと、その地名がそのまま中国に伝えられて、スィーラーフ系移住者がスィーラーウィー、スィーラーヴィーと称されたことにある。十一世紀以後の東西の文献史料中に、スィーラーフ出身者たちの活動を伝える記事が散見することは、彼らがスィーラーフ港の衰微した以後もインド洋周縁部の各地に建設した商業居留地を利用して、航海と貿易活動を持続させていたことを物語っている。ラーマシュトは、そうした代表的なスィーラーフ系の航海者や商人たちが活動したと同じように、おもにインドと中国貿易に活躍したことは明らかである。

なお、中国側の史料『宋会要』（蕃夷七）に、次のようにある。

「宋の紹興六年（西暦一一三六年）八月二十三日、提挙福建路の市舶司は言う。大食の蕃客の蒲囉辛はつぎのように陳述しました。本国の蕃地は、乳香を産出するので、自らそこでつくった船一隻に沢山の荷を積んで、はるばる泉州の市船にやってきました、と」

また同書の「蕃夷四」にも、ほぼ同一の記事がみえている。

「提挙福建路の市舶司は上役に申しあげた。大食蕃客の蒲囉辛は、船一隻をつくり、乳香を積載して、泉州の市舶のもとに入港してきました、と」

著者は、右の文中の大食蕃客（西アジアの商人）蒲囉辛は、アブー・アル＝カースィム・ラーマシュト（Abū al-Qāsim al-Rāmasht）、もしくはイブン・ラーマシュト（ラーマシュトの子）の対音ではないかと考えている。この推論については、いまだ確定し得る十分な史料はないが、さきに述べたように、ラーマシュトとその仲間たちが中国貿易に従事していたことは明らかであり、今後さらに調査を進めることによって、中国の宋代文献のなかにラーマシュトの活躍を伝える記事を見いだすことも十分に期待できよう。

二

海上を通じての東西の隔たった諸国間を結びつけ、物品の取引や文化・情報の交流を絶えず促進させる実質上の役割は、国家間の一時的な外交使節団の往来やその他の軍事的・政治的な関係よりは、むしろ国家という枠を離れて利あるところを求め、自由奔放に活躍した数多くの船乗りや海上商人たちが果たしてきたのであった。彼らは、広大な海域を自由に移動し、各国の国家規制を巧みに避けることによって、国家間、地域間を結ぶ定期輸送をつづけ、大きな利潤を得ていた。

エジプト、シリア地方を支配下に収めたファーティマ、アイユーブやマムルークの各王朝下において、カーリム、もしくはカーリミーと呼ばれる国際貿易商人たちは、インドのクーラム・マライ、カリカット、イエメンのアデン、エジプトのアイザーブ、クース、フスタート、カイロとアレクサンドリアなどに運輸・貿易上の拠点をもち、各地の特産品だけでなく、日用必需の各種商品を中継取引して、国際運輸と貿易のうえで大きな役割を果たした。著者は、国家という枠から離れて自由に行動するそうした商人たちの人的ネットワーク、取り扱い商品、金融、運輸と貿易上の組織・形態など、その実際の活動状況を知ることがインド洋海域の文明史を考えるうえでの重要な課題のひとつであると考えている。

以上に述べたような僅少の史料からだけでは、ナーホダー＝ラーマシュトについて知りうる点は、ほんの一部にすぎない。しかし、ラーマシュトは、十一、十二世紀のいわゆる「時代転換期」に生きた代表的な海上商人の一人であって、当時のインド洋通商史の具体的趨勢を考えるうえでの重要な研究事例を提供するものであると考えたい。最近、S・D・ゴイテインを中心として進められている中世カイロ（フスタート）のユダヤ・コミュニティが残した「カイロ・ゲニザ文書」に加えて、イエメン、南アラビアやメッカ、メディナに関連するアラビア語の地方史資料、ペルシア語史料、あるいは中国の宋・元代の史料などを総合的に収集し、分析することによって、ラーマシュトとその時代に関するさらに重要な事実が明らかにされるのではなかろうか。

七　バーバル・マンデブ海峡をめぐる攻防

〈イエメン・ラスール朝をめぐる国際情勢〉

一

十世紀半ば以後、紅海―イエメン―インド洋経由の交易ルートは、イスラーム世界の文化的・経済的な繁栄中心がイラクのバグダードからエジプト・ナイル川のデルタ頂点に近いフスタート、カイロやイフリーキーヤ（イフリーキヤ）地方、マグリブ地方の諸都市に移動したことにともなって、ふたたび国際交通・運輸と貿易活動の幹道としての地位に戻った。

十世紀後半の地理学者ムカッダスィーは、九六九年に、ファーティマ朝がエジプトを攻略・支配して以来、わずか七年足らずのうちにフスタートがイスラーム世界最大の都市として急激な発展を遂げたこと、一方、それとは対照的にバグダードはサーマッラー（バグダード北約一四〇キロ、ティグリス川左岸の町で、アッバース朝時代の八三六年から約五十年間、首都として栄えた）の廃墟のごとく衰亡著しいことを説明している。彼によると、フスタートはかつてのバグダードの繁栄を凌ぎ、イスラーム世界の栄光、全人類の商業中心地、マグリブ諸国の宝蔵、東方イスラーム諸国のターミナル、人口多く、奇異な商品・特産品・日用品の集荷するところ、イランのニーシャープールより人口多く、バスラより華美にして、ダマスカスの町より規模が大きく、治安整い、物価安く、シナ（中国）やルーム（ビザンツ帝国）の船舶が集まり、学者たちの集まるところ、東方イスラーム世界からの旅行者たちが訪れて、その発達と繁栄はめざましいものである、という。

エジプトをはじめとするイフリーキーヤやマグリブ諸国の経済的繁栄は、新興のシーア派の一分派であるイスマーイール派の建てたファーティマ朝の支配者たちによる独自な宗教的・政治的・経済的諸政策に負うところが大であった。それまで、イスラーム世界におけるアッバース朝の都バグダードが果たした地位と役割は、その強力な中央集権体制を基礎とした四通八達の道路交通網（バリード）にささえられた物資の交換と情報の伝達、さらには東イスラーム世界のディルハム銀貨と西イスラーム世界のディーナール金貨との相互決済という、東西間の国際交通・運輸、交易、金融市場、文化・情報の中心としての機能であった、といえる。

しかし、九世紀半ば以後になると、ザンジュの叛乱、シーア・イスマーイール派カルマト教団による社会運動の展開、サーマーン朝、サッファール朝、後ウマイア朝などの地方政権の台頭によるカリフ体制の動揺、スンナ派のアッバース朝に対抗するシーア派を標榜するファーティマ朝政権の出現と、それにともなうマグリブ諸国の分離、スーダン(スーダーン)産地金の流入量の減少、そして何よりもディルハム銀貨を供給していたホラーサーンおよびマーワランナフル地方の銀山の老朽化などの、一連の政治・社会と経済状況の急変は、イスラーム世界におけるアッバース朝体制の地位と役割を大きく失わせるものであった。

一方、ファーティマ朝は、サハラ横断のキャラバン・ルートやオアシス都市、地中海の島々、とくにシチリア島を支配することによって、西スーダン金(ニジェール河畔沿いのガーナ王国を経由してもたらされる金)をエジプトに集め、しかも上エジプト地方のワーディー・アッラーキー金鉱山を手に入れて、多量のディーナール金貨を獲得した。また農業面では、エジプトやチュニジアの穀倉地帯で穀物、綿花、亜麻、砂糖、熱帯果実などを生産し、それらを地中海沿岸諸国、サハラ南縁やアラビア半島の諸地方に輸出した。さらに注目すべき点は、その王朝がインド洋への出口を求めて紅海沿岸、ヒジャーズやイエメンに進出し、地中海とインド洋の両世界を結ぶ国際交通・運輸、貿易と文化・情報システムの拡大をめざしたことにある。

フスタートに隣接して新都カイロが建設されてまもないころ、すでに、インダス川沿いのスィンド地方の都市ムルターンのシーア派ムスリムたちはファーティマ朝スルタンに対するフトゥバ(金曜日の礼拝の際に大モスクで支配者の名前を唱えることで帰順の意を示す)を唱え、またファーティマ朝鋳造のディーナール金貨を使用して、積極的にファーティマ朝の支配圏に編入されることを望んでいた。スィンド地方、マクラーン海岸、オマーンのスハールなどの人びとも、つぎつぎにファーティマ朝支配の正当性を認め、使節の交流と贈り物の交換を行った。インド洋を横断してイエメン、南アラビアとインド西海岸とを結びつけていた古くからの文化的・経済的関係や人間交流のネットワークは、ファーティマ朝の紅海、ヒジャーズとイエメンへの進出によってさらに広がり、エジプトや地中海世界とも一体性をもって機能し始めたのである。

十世紀後半になると、インド洋周縁の各地方から集められた諸物産の多くは、一度、アデン港に集荷され、その後、紅海を北上し、エジプトに向けられるか、南アラビア海岸沿いにオマーンのスハールに運ばれ、ホルムズ海峡、ペルシア湾に入ってイラクやイランの諸地方に供給されるようになった。

このようにファーティマ朝の国家経済を支え、シーア派社会の交流と連帯のきずなとなった基幹は、地中海世界とインド洋世界とを結ぶ交流のネットワーク、すなわち地中海―チュニジア―シチリア―エジプト―シリア―ヒジャーズ―イエメン―インド西海岸―スィンドまで広がる東西の幅広い交流圏であった。

しかし、十二世紀に入ると、ムスリム、ユダヤ教徒やコプト教会派キリスト教徒等の商人たちが共同で維持してきた東地中海における航海・運輸と貿易取引についての優位性は、イタリア系都市商人たちの台頭によって後退していった。イタリア系都市商人の海上進出は、ファーティマ朝時代にみられた自由な交流舞台としての地中海世界を、国家・宗教・人種間の対立と抗争の場に変えていったのである。

十二、十三世紀に、十字軍はナイル川のデルタ地域やパレスティナ・シリア海岸への侵攻と植民活動を展開したが、その過程でファーティマ朝交流圏の構造は大きな転換を余儀なくされた。

以上のような状況のなかで、ファーティマ朝のカリフ＝ムスタンスィル統治（在位西暦一〇三六〜九四年）の半ば以降、ナイル川を溯航して上エジプトのクースおよびアスワーンに出て、東部沙漠を越えて紅海の港アイザーブに通じるルートがしだいに脚光をあびるようになった。

十二世紀半ば、ファーティマ朝を継いでエジプトとシリアを支配したアイユーブ朝のスルタン＝サラーフ・ウッ＝ディーン（サラディン）とその兄弟たちは、以上のような国際交通・運輸と貿易をめぐる新しい潮流のなかで、現実の変化に対応する諸政策をつぎつぎに実施していった。すなわち、スルタンたちのとった基本的な貿易政策は、東地中海におけるイタリア諸都市の地中海進出をもはや防ぎ難い趨勢とみて、ヴェネツィア商人に代表されるイタリア系商人たちの地中海での活動を認めるかわりに、彼らが西アジアの地を越えて、紅海、ヒジャーズとインド洋方面に進出することを厳しく禁止すること、それによってエジプトとシリアを東西世界を結ぶ国際的交通・運輸と貿易の接点、中継取引と金融市場の一大中心地とすることにあった。

アイユーブ朝と、つぎのマムルーク朝時代を通じて、カイロおよびフスタートは、かつてアッバース朝初期のバグダードが果たしていたと同様に、東西間の交通・運輸と貿易の中継センター、金融市場の中心としての機能を担うようになった。このようにして地中海沿岸、マグリブ諸国、シリア、ヒジャーズ、イエメン、インド西海岸などの諸地域は、アイユーブ朝とマムルーク朝の商業政策のもとに、共通する一つの経済ブロックを形成し、同時に西ヨーロッパの地中海商人、とくにイタリア系都市商人たちのインド洋進出を防いでいたのである。

スルタン＝サラーフ・ウッ＝ディーンは、運輸と貿易活動を行うムスリム商人やメッカ巡礼者たちに対する通行関税の全廃、外国商人たちの滞在許可と安全の保障、商業取引と商品保管のための公共施設の建設、ルート・港市・中継地の治安維持、水場や監視ステーションの設置などに努めた。また、アル＝マリク・アル＝アーディル一世（在位西暦一二〇〇～一二一八年）は地中海を越えて、アレクサンドリア、ティンニース、ダミエッタなどの港市に集まるイタリア系商人たちにはフンドゥクやコンスルなどの商館・宿泊施設を設けて、外交と経済交流の門戸を開いた。

しかし、フランク十字軍とイタリア艦隊の連合軍は、アカバ湾内のアイラと、ヒジャーズ地方に通じる要衝地のタブークからアラビア半島西岸を南下していった。またヒジュラ暦五七八年（西暦一一八二／八三年）、死海の東側に位置するカラクの城主、フランク王のルノー・ド・シャティヨンは、軍船を陸路で運び、スエズに近いヒルザ（クルズムの要塞）に着くと、アイザーブ方面に船を向けた。彼の率いたフランク軍は、紅海では約十六艘の船を焼き、アイザーブにおいては、ジッダから巡礼者たちを乗せて到着の船一艘を拿捕し、またクースとアイザーブのあいだで、多数のメッカ巡礼者や商人たちから編成されたキャラバン隊を襲撃して、殺戮をくりかえした。なおもフランク軍はヒジャーズ地方に上陸し、メディナに進撃しようとしたので、アイユーブ朝のスルタン＝アル＝マリク・アル＝アーディルは、側近のフサーム・ウッ＝ディーン・ルゥルゥの率いる軍隊をクルズムに派遣した。一方、フスタートとアレクサンドリアでもフランク軍に防戦するために、急遽、船が建造された。フサーム・ウッ＝ディーンはアイラに向かい、そこでフランク軍の船を撃破し、同年のズー・アル＝ヒッジャ月（西暦一一八三年三月）にはフランク軍の捕虜をカイロに運び、斬首の刑に処した。

このように西側勢力の紅海進出に対するアイユーブ朝の必死の防戦は、まさに紅海とインド洋ルートを生命線とした同王朝の経済政策の本質を端的に物語っているといえよう。

アイユーブ朝は、すでに十一世紀前半のころから運営されはじめていた、エジプトーイエメン―インド洋を結ぶカーリム船団による海運組織を有効的に機能させることによって、イスラーム世界におけるエジプトの経済的地位を守ることに努めた。地中海におけるムスリム側の自由航行権と貿易活動は、数次にわたる十字軍遠征の結果として、イタリアの諸都市をはじめとする西ヨーロッパ・キリスト教徒の勢力に奪われたが、インド洋に通じる国際交通・運輸と貿易の中継拠点としてのエジプトの立場はより重要性を増していった。

こうした条件のなかで、アイユーブ朝のスルタン＝サラーフ・ウッ＝ディーンとその兄弟たちは、エジプト、ヒジャーズとイエメンの三つの地域を軍事的・行政的支配下に収めることによって、西アジア地域とインド洋世界と結ばれた交通・運輸と貿易システムを掌握した。

さて、ヒジュラ暦六二六年（西暦一二二九年）、イエメン・ラスール朝の初代スルタン＝マンスール・ウマル一世（アル＝マリク・アル＝マンスール・ウマル）は、アイユーブ朝がパレスティナ・シリア海岸とエジプト・デルタ地域での十字軍戦にすべての軍事力を集中しているあいだに、イエメン地方におこった内乱に乗じて独立をはかり、さらに彼の軍をヒジャーズ地方に派遣した。それ以後、ラスール朝は毎年、大軍をヒジャーズ地方に送って、ヒジュラ暦六三九年（西暦一二四一／四二年）には、アイユーブ朝勢力をメッカから完全に撃退することに成功し、またメディナの外港のヤンブゥの支配権を獲得した。

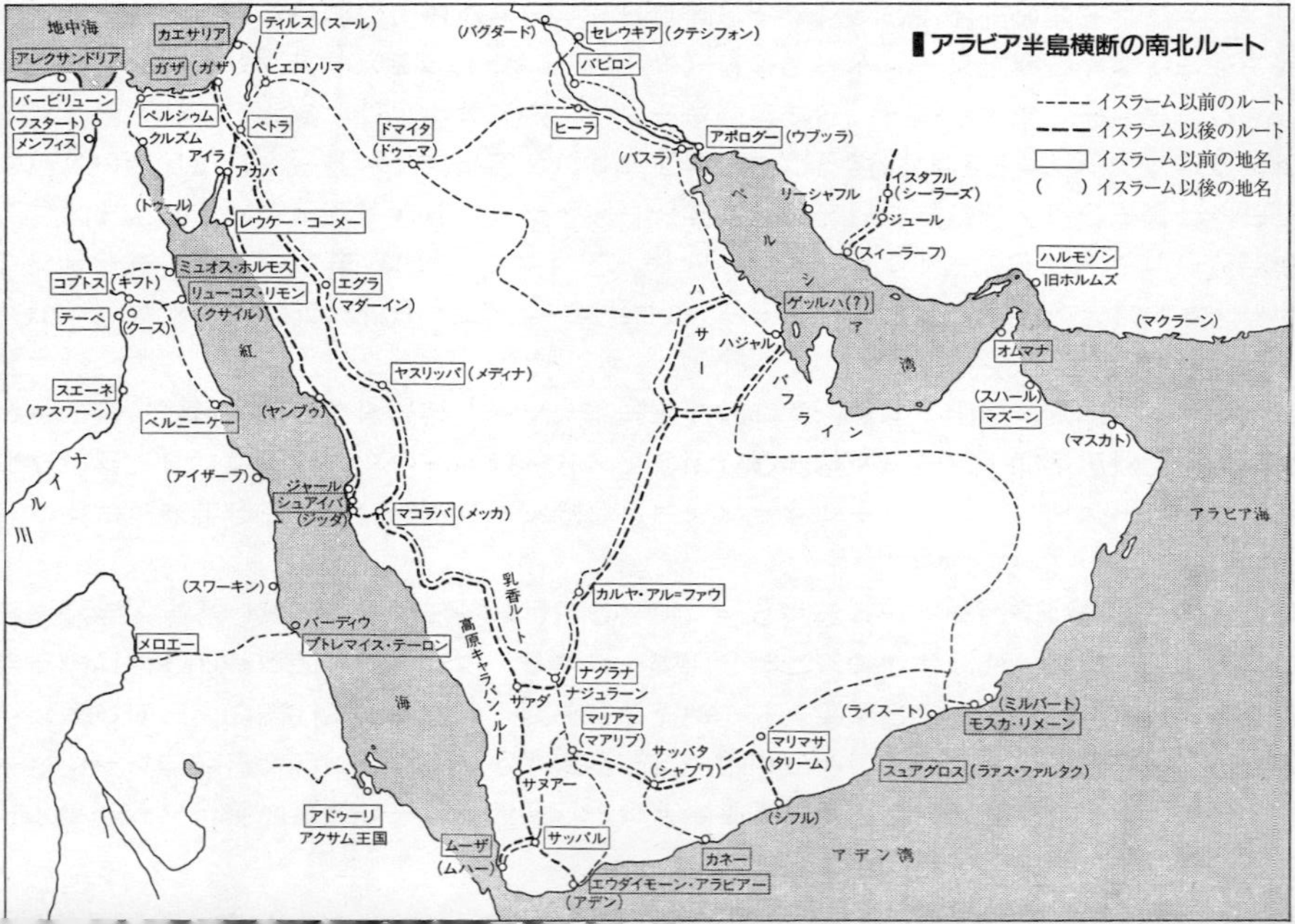
アラビア半島横断の南北ルート
イスラーム以前のルート
イスラーム以後のルート
イスラーム以前の地名
( ) イスラーム以後の地名
地中海
カエサリア
アレクサンドリア
ガザ（ガザ）
ティルス（スール）
ヒエロソリマ
パーピリューン
（フスタート）
メンフィス
ペルシュウム
クルズム
ペトラ
アイラ
アカバ
（トゥール）
レウケー・コーメー
ドマイタ
（ドゥーマ）
（バグダード）
セレウキア（クテシフォン）
バビロン
ヒーラ
アポログー（ウブッラ）
（バスラ）
ペルシア湾
リーシャフル
イスタフル
（シーラーズ）
ジュール
（スィーラーフ）
ハルモゾン
旧ホルムズ
（マクラーン）
ゲッルハ（?）
ハジャル
ハサー
バフライン
オムマナ
（スハール）
マズーン
（マスカト）
アラビア海
ミュオス・ホルモス
リューコス・リモン
（クサイル）
コプトス（キフト）
テーベ
（クース）
エグラ
（マダーイン）
紅海
ヤスリッバ（メディナ）
（ヤンブウ）
スエーネ
（アスワーン）
ベルニーケー
ナイル川
（アイザーブ）
ジャール
シュアイバ
（ジッダ）
マコラバ（メッカ）
（スワーキン）
乳香ルート
カルヤ・アル＝ファウ
バーディウ
プトレマイス・テーロン
メロエー
高原キャラバン・ルート
ナグラナ
ナジュラーン
サァダ
マリアマ
（マアリブ）
サッバタ
（シャブワ）
マリマサ
（タリーム）
（ライスート）
（ミルバート）
モスカ・リメーン
スュアグロス（ラァス・ファルタク）
サヌアー
（シフル）
アドゥーリ
アクサム王国
ムーザ
（ムハー）
サッパル
カネー
エウダイモーン・アラビアー
（アデン）
アデン湾

つづく、ラスール朝の第二代スルタン＝ムザッファル（アル＝マリク・アル＝ムザッファル）はヒジュラ暦六七八年（西暦一二七九年）、ハドラマウト地方への大遠征を挙行して、南アラビアからバーバル・マンデブ海峡付近、イエメンとヒジャーズまでを広く覆う軍事的・政治的支配権を確立することに成功した。これによって、インド洋周縁諸国の、とくにインド、ペルシア湾岸地域や中国の商人・有力者たちはラスール朝の権力と運輸・貿易上の影響力をおそれて、あいついで使者たちを派遣し、通商関係を強化しようと努めた。イエメン・ラスール朝勢力の成立と拡大は、内陸アジアにおけるモンゴル帝国の成立と同じく、十三世紀における国際交通・運輸と貿易活動に大きな影響力を及ぼしたという意味で、商業史上における一つの重要な転機をなしていた。ラスール朝はインド洋を隔てたインド・マラバール地方の諸港市、とくにカリカット、クーラム・マライ、マンガロール、カーヤル、ペルシア湾の最大の港キーシュやバフラインン地方のカティーフとの通商関係を強めて、インド洋の海運と貿易活動の中軸として、同時に地中海世界との中継交易の唯一の窓口としての機能を果たすための努力を傾注したのである。

国際交通・運輸と貿易活動の一大中継地として、独占的な地位を獲得しようとするラスール朝の軍事的・経済的諸政策はきわめて有利に展開した。その一つの理由は、さきに説明したように、ラスール朝の支配下にある重要な港市ライスート、ミルバート、シフル、アデン、ムハー、アフワーブ、ガラーフィカ（グラーフィカ）、フダイダ（ホデイダ）、ダフラクやザイラゥなどがいずれも、インド洋のモンスーン航海のうえですぐれた立地条件にあったことによっている（二七三ページ地図参照）。

二

十四世紀半ば以後のマムルーク朝は、商業体制、生産様式や支配形態がもつ持続と発展の限界期をむかえるなかで、伝染病、飢饉、物価高騰、貨幣変動やアラブ系遊牧民の叛乱などが続発した。

エジプトとシリアの諸都市における毛織物、綿織物、亜麻織物などの各種織物加工は、西アジア都市民の経済生活を支えた基幹産業の一つであった。しかし十二世紀半ば以後に西ヨーロッパ・キリスト教世界におこったいわゆる「商業の復活」にともなって、西ヨーロッパ産の粗製の羊毛織布が西アジア市場に向かって逆流するようになった。また十三、十四世紀には、インド・グジャラート産綿織物が、インド洋周縁部、とくにイエメン、東アフリカや東南アジア方面に広く普及し始めていた。こうした市場関係の逆転に加えて、上エジプト地方におけるアカシア科の木材資源（都市における薪、炭、家具、建材、造船などに用いた）の枯渇は、アナトリア、黒海方面からの木材輸入の必要性を高めた。さらに地中海制海権の後退とマグリブ地方におけるベルベル系ムスリム諸国家の独立と離反にともなって、スーダン金輸入量の減少などがおこった。以上のような、さまざまな状況変化は、エジプトとシリアの諸都市民にとっても大きな経済的打撃となったのである。

このように十四世紀半ば以後、マムルーク朝を襲った経済危機は、その根本原因をつぎの四つに求められる。

(1) ファーティマ朝以来の都市人口の集中化傾向のなかで、それに対応する商業・手工業面での技術革新がみられないままに伝統的体制のなかに埋没していった。

(2) イスラーム商業は、遠隔地商業と地方の特殊産業の発達による価格差利潤の追求を基本としたが、人間の移動と文化・情報伝達の迅速化がすすむにつれて、技術や製品の平均化、生産競争の激化がもたらされた。

(3) アラブ系遊牧民の叛乱と政治不安にともなう交通・運輸システムの混乱。

(4) 都市を襲った伝染病（ペスト）によるマムルーク軍団や都市の手工業職人の急激な減少。

以上のような状況のなかで、マムルーク朝スルタンたちは、国家の経済体制を再建して、政治・経済の危機を乗りきるための具体的施策を遂行することに努めた。とくに、エジプト―紅海―インド洋ルートを国際交通・運輸と貿易活動の唯一の幹道とするためには、つぎの三つの問題を解決する必要があった。

(1) イラク、イランや中央アジアを経由して、地中海沿岸と小アジア、黒海沿岸に通じる内陸ルートの交通・運輸関係に抑制を加える。

(2) インド洋交易を国家の経済的基盤として繁栄をつづけているイエメン・ラスール朝と対決して、その勢力を弱め、バーバル・マンデブ海峡と紅海の自由航行権を獲得する。

(3) ジッダをインド洋の海運と貿易の拠点として、そこからダマスカスを経由せずに、カイロ、アレクサンドリアに直通する交通ルートを確保する。

(1)に関連する政策では、シリア北部、アナトリア・キリキア海岸、ティグリス、ユーフラテスの両河川上流域、地中海の島々(とくにクレタ島とキプロス島)などへのマムルーク軍の出兵が計画・遂行された。

また(2)(3)の政策では、後に詳しく説明するようにヒジャーズ地方への軍事介入、メッカ・シャリーフ(ムハンマドの血統を引くと伝える名門の家柄)に対するアミール任命権の獲得、イエメン・ラスール朝へのマムルーク軍と戦艦の派遣などが行われた。

以上の諸政策を遂行することによって、マムルーク朝スルタンたちは紅海とインド洋を東西貿易上の唯一の回廊として、そこを通じて運ばれてくる東方地域の奢侈品、とくに香辛料と薬物料の専売化、商品関税と販売収入の獲得、そしてイタリア系商人たちに売却するインド産香辛料の代価として得られる金貨と銀貨の確保に努めたのである。

マムルーク朝が、以上述べたような諸政策を実行に移し始めたのは、十五世紀前半から半ばにかけてのことであって、その時期は、まさにオスマン帝国の黒海とバルカン半島への進出によって、国際的ネットワークの全体的動きが大きく変動し始める時期と一致した。十二世紀以来、イタリア系商人たちは黒海、カスピ海と内陸アジアを経由、またアナトリア、北シリアからペルシア湾経由で中国やインド洋周縁部の諸地方との直接交流に専心してきた。しかしモンゴル帝国の瓦解とそれにつづくティムール朝とオスマン帝国の台頭によって、イタリア諸都市のもっていた黒海周辺やアナトリア地方の商業居留地はしだいにその自由な活動を失っていった。彼らに残された唯一の東方進出のルートは、エジプト、シリアの諸都市、ヒジャーズ、あるいはエチオピア、イエメンを経由してインド洋に出るルートであって、彼らはそれらのルート開発のための新しい情報を獲得することに努めていた。

以上のような状況のなかで、マムルーク朝のスルタンたちがとった商業政策は、ヒジャーズ地方への軍事進出によるメッカとジッダの掌握、そしてインド物産の専売であって、それらはイタリア系商人たちに強烈な衝撃を与えたことは言うまでもない。

十六世紀初め以後の西ヨーロッパ・キリスト教諸国によるインド洋と新大陸への急激な進出は、従来説かれているようにオスマン帝国の成立による東西交流関係の阻害とインド物産の西側への供給停止という事態がまねいた歴史的結果ではなくして、前述したとおりエジプトのスルタンたちのとった基本的な商業政策、とくに十四世紀半ば以降におけるマムルーク朝の経済的・社会的変容にともなうスルタン＝バルスバイ（アル＝アシュラフ・サイフ・ウッ＝ディーン、在位一四二二〜三七年）の国家経済再建への努力、その具体的な対策の結果として生じたイタリア系商人たちに対する商業活動の抑圧が、十字軍運動と「商業の復活」を成しとげた新興の西ヨーロッパ都市民たちの前に大きくたちはだかる障壁となったからに外ならない。

三

マムルーク朝のスルタンたちは、インド洋の海運に対する支配権の伸長とインドおよび東南アジア産商品の獲得をめざして、数次にわたってヒジャーズ地方やイエメン地方に向けてマムルーク軍の派遣を計画した。

マムルーク朝のイエメン遠征は、諸文献史料によってヒジュラ暦六九二年（西暦一二九二／九三年）、七〇七年（西暦一三〇七／〇八年）と、七二五年（西暦一三二五年）の三回が計画されたことがわかる。しかし、実際にマムルーク軍がイエメンに向かったのは、西暦一三二五年の遠征だけであって、他の二回は、マムルーク朝のスルタン位をめぐる内紛、キプロス島におけるイタリア諸都市の勢力との戦闘や北シリア・アナトリア問題などに妨げられて、途中で中止された。また、マムルーク朝とイエメン・ラスール朝との政治的・

経済的衝突は、両国間を結んで活躍する国際貿易商人カーリミーたちによる外交的折衝と仲裁交渉によって回避されていたと考えられる。

西暦一三二五年におけるマムルーク軍のイエメン遠征の状況を少し述べてみよう。

一三二三年以来、イエメン・ラスール朝ではスルタン位の継承をめぐって内紛が激しくなり、それに誘発されてイエメン各地で部族衝突がおこり、擾乱状態になった。そこで、ラスール朝スルタン＝ムジャーヒド（アル＝マリク・アル＝ムジャーヒド、在位一三二一～六三年）は、マムルーク朝スルタン＝ナースィル（ナースィル・ウッ＝ディーン・ムハンマド、第一回目の在位一二九四～九五年、第二回目在位一二九九～一三〇九年、第三回目在位一三〇九～四〇年）に支援軍の派遣を要請した。ナースィルはかねてよりイエメン地方への勢力拡大を望んでいたことから、早速、その要請に応えてマムルーク軍とアラブ遊牧民の混成軍をイエメンに向けて派遣した。

マムルーク軍は、一三二五年五月十日にメッカ到着、さらに紅海沿いに進みイエメンのザビードに入った。イエメン国内では、マムルーク軍の接近を知って、ザビードの住民や叛乱軍側のザーヒル軍の一部はあいついでスルタン＝ムジャーヒド側に降った。こうしてマムルーク軍が叛乱軍のザーヒル軍との戦闘に入る前に、イエメン国内はスルタン＝ムジャーヒドによって急速に統一されていった。

スルタン＝ムジャーヒドは、マムルーク軍によるイエメン支配を恐れて、彼らに対する糧食その他の必要物資の提供を拒んだ。そこで、マムルーク軍はイエメンの諸都市で略奪を行ったが、同年八月にはメッカに撤退した。このときの遠征はイエメン・ラスール朝側の内紛にからんで、スルタン＝ムジャーヒドの要請によって実行されたが、エジプト・マムルーク軍に対するイエメン側の反発が激しく、結局、マムルーク朝のイエメン支配の目的を達成することはできなかった。

さて、マムルーク朝がヒジャーズ地方に対する本格的な支配に着手したのは、ブルジー・マムルーク朝のスルタン＝バルスバイ（在位西暦一四二二～三七年）の治世になってからであった。バルスバイは、ヒジュラ暦八二八年（西暦一四二四／二五年）、ラスール朝の国内混乱にともなうヒジャーズ地方への軍事統制力が緩んだ機会をとらえて、メッカとジッダにマムルーク軍を派遣して、ジッダをインド洋交易の最大の拠点とした。マクリーズィーは、その時の状況をつぎのように説明している。

「ヒジュラ暦八二八年第一ラビーゥ月七日（西暦一四二五年一月二十七日）、十人長の一人アミール＝アラムブガーは百人のマムルーク軍を率いてメッカに向けて出発した。またサアド・ウッ＝ディーン・イブラーヒーム・ブン・アル＝ムッラなる書記の一人はインドからジッダに来航する船舶の入港税を徴収するためにジッダに出発した。伝統的慣行にしたがえば、インド商人たちの船はアデンに到着することをつねとし、アデン港を素通りすることはまったく知らなかった。

ところで、ヒジュラ暦八二五年（西暦一四二一／二二年）、イブラーヒームという名のナーホダーはカリカットの町を出発すると、バーバル・マンデブ〔海峡〕を突破してその船団をジッダに向けた。〔なぜならば〕イエメンの君長〔ラスール朝のスルタン＝アル・マリク・アン＝ナースィル〕が商人たちに対して不正な行為を行うことを恐れたからである。〔ジッダに到着してみると、メッカの〕シャリーフ＝ハサン・ブン・アジュラーンは、イブラーヒームの舶載してきた商品を没収し、それをメッカにおいて〔他の〕商人たちに売り払ってしまった。上述のイブラーヒームは、ヒジュラ暦八二六年（西暦一四二二／二三年）にも、アデンに寄らず、バーバル・マンデブ〔海峡〕を突破して今度はジッダに向かうことなく、〔対岸の〕スワーキンの町、つぎにダフラク島に入港した。しかしそこの君長たちもまた彼に不正行為をはたらいた。そこでイブラーヒームはヒジュラ暦八二七年（西暦一四二三／二四年）にもふたたび来航してアデンに寄らずジッダを通過して、ヤンブゥをめざした。当時、メッカには〔マムルーク朝の〕アミール＝カラクマースがおり、イブラーヒームを終始寛大にあつかい、〔イブラーヒームの船〕二艘をジッダに入港させようとした。そして厚遇のかぎりをつくした。そこでイブラーヒームは深く満足し、再度の礼を言って去った。ヒジュラ暦八二八年（西暦一四二四／二五年）にも、イブラーヒームは十四艘の船に商品を満載して来航した。スルタン〔＝バルスバイ〕は、その報告を受け取ると、その船舶税の収入を独占したいと望み、その目的のために〔上述したとおり〕イブン・アル＝ムッラを派遣したのである。こうして、そのとき以来、ジッダはきわめて大きな港市となったのである」

翌年のヒジュラ暦八二九年（西暦一四二五年）には、バルスバイはジッダに来航する船舶、商人や巡礼者たちから税を効果的に徴収するため、新しい関税政策を施行した。すなわちマクリーズィーはつぎのようにつづける。

「ヒジュラ暦八二九年ムハッラム月（西暦一四二五年十一／十二月）、〔メッカ〕巡礼者たちに対してかつて例をみなかったほどの不正行為が断行された。つまり、商人たちは、巡礼祭日に彼らが購入したインド産の各種商品をメッカからシリア地方に運んではならないこと、しかも彼らの所持品に対する課税徴収を〔徹底〕するために国家で編成した巡礼キャラバンと一緒にエジプトまで行くことが義務づけられた。巡礼者たちが〔カイロに近い〕ビルカト・アル＝ハーッジュに滞在すると、巡礼担当の監視官たちとその補佐役たちが立ち会い、到着した商人や巡礼者たち全員を徹底的に取り調べ、彼らの衣服や荷物を念入りに検査した。また彼らの所持する進物品をすべて提出させ、それに対する税を徴収した。さらに貧しい女たちのもっている小型の携帯用じゅうたんにいたるまで税として十ディルハム相当分に一フルース（銅貨）を徴収した。

一方、商人たちに対してはつぎのとおりである。前述したとおり、昨年（ヒジュラ暦八二八年）、イスラーム教に改宗したコプト人（エジプトの単性派キリスト教徒）〔書記のイブン・アル＝ムッラ〕が派遣されてメッカ到着の後、彼の補佐たちと一緒にジッダに赴いた。そしてジッダにおいて、彼はインド地方や〔ペルシア湾の〕ホルムズから船載されてきた各種商品を押収し、関税を徴収した。〔それにもかかわらず〕本年度（ヒジュラ暦八二九年）になると、各種商品を積んでジッダに来航するインド船は四十艘以上におよんだ。なぜならば、商人たちはアデンにおいて経験した状況と違ってジッダの安泰なことを知ったからである。

〔このような理由によって、インド洋の海上〕商人たちはアデン港〔に寄ること〕を放棄し、そのかわりにジッダ港を新しい寄港地としたいと望んだ。そこで、ジッダ港は大きく発展をつづけ、一方、アデンの状況はその影響でますます悪化し、ついにはイエメンの〔ラスール朝〕国家情勢を弱体化させるほどになった。さて、ジッダの管理はスルタンの管轄する重要な仕事となり、その任務は徴税請負人に委託された。毎年、インド船がジッダに着く時期になると、その請負人が商人たちに課せられた税を徴収し、それをもってカイロに行くようになった。

このようにして〔マムルーク朝の〕国庫に納入される額は、たとえ運ばれないものを除いても七万ディーナール以上におよんだ。それはかつて類例をみなかったことである。なぜならば、ジャーヒリーア時代やイスラーム〔初期〕の昔からの慣例として、〔諸国の〕王侯たちはメッカのシャリーフたちとその近隣の人たちに分け与えるために、たくさんの財産を差しだしてきた。ところが状況は逆転して、財産はメッカから運び出され、シャリーフたちはその金を〔カイロに〕もって行かねばならなくなった。それに加えて商人たちに対しては、アッラーの御加護どおりに勝手に陸路をとおり〔イエメンからメッカやシリアに〕向かうことが禁止された。したがって、財産〔すべて〕に関税を課してもらうためにわざわざカイロに向かうことを煩わしいと思うほどであった」

右のように歴史家マクリーズィーは、スルタン＝バルスバイによる苛酷な関税政策に対して批判的な説明となっている。

では、このようなスルタン＝バルスバイによって実行されたジッダ港を拠点とする積極的なインド洋交易の独占と関税政策に対して、イエメン・ラスール朝のスルタンたちはいかなる対抗措置を講じたのであろうか。

四

インド洋と紅海の中継貿易によって得られる関税と貿易品の取引を国家の重要な経済基盤としていたイエメン・ラスール朝は、一二二九年の建国以来、バーバル・マンデブ海峡を通過して紅海に入ろうとする諸外国の商船を監視するために巡視船団を編成していた。これによって紅海とインド洋を往来する船舶の航行を監視し、イエメンの主要港（アデン、

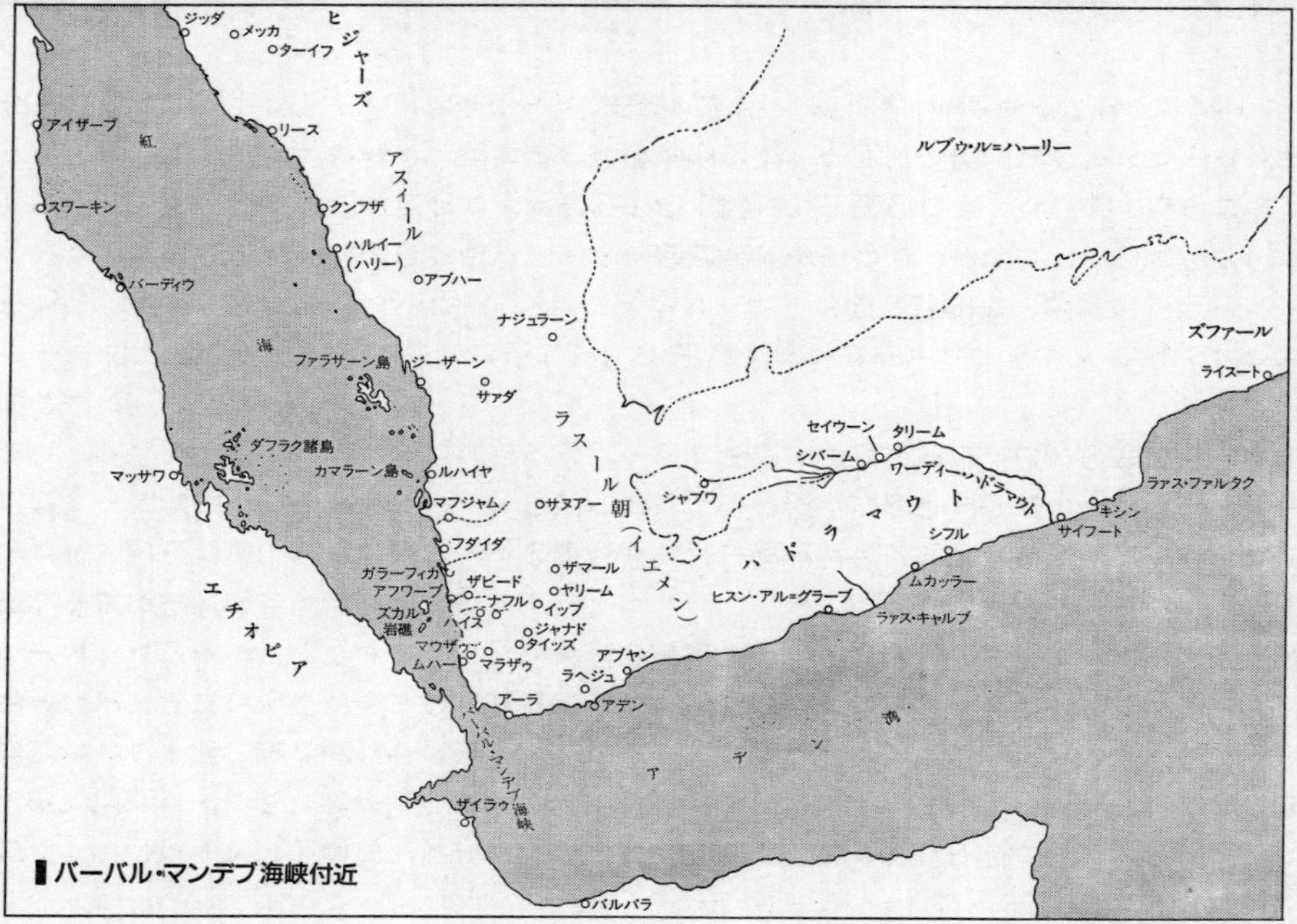

■バーバル・マンデブ海峡付近

ムハー、フダイダ、アフワーブ、シフル、ライスート、ミルバート）に入港することを義務づけた。そしてインド洋を越えてきた貿易船はラスール朝政府発行の通行許可証を受け取った後、紅海に入るか、積み荷の一部を紅海航行のイエメン船に積み換えた。また港から荷揚げされた一部の積み荷はサヌアー、サァダ、メッカに通じる高原キャラバン・ルートを北上して、エジプトやシリアの市場に運ばれた。上述したカリカットのナーホダー＝イブラーヒームによるバーバル・マンデブ海峡通過は、そうした従来の船舶航行と貿易取引の慣行を破る重大事件であった。

なお、このとき、イブラーヒームの船がアデンに寄港せずに紅海へ直航したことの背後には、十三世紀末以後、南西インドの諸港市における造船技術の進歩にともなって、バーバル・マンデブ海峡付近および紅海での安全航行が確立し始めていたことの事実があると思われる。

十二世紀末から十三世紀半ばにかけて、中国ジャンクは南インドのクーラム・マライ（クイロン）、カリカット、ジュルファッタンやヒーリーなどの諸港市を頻繁に訪問するようになった。こうした状況のなかで、インド洋西海域を中心として発達した伝統的なアラブ系やイラン系ダウの造船技術と航海術はその一部に、中国のジャンク型構造船の技術、天文観測、羅針盤などによる計測航海の影響を受けた。十四、十五世紀のイスラーム文献史料のなかに、サンブーク（従来のように小型ではなく、大型船を意味する）、ダウ（ザウ）、グラーブなどの大型船を指す名称が登場することは、種々の用途と安定性をもった新しいアラブ系やイラン系の船舶が登場し始めたことを示している。

歴史家マクリーズィーの記録にある。

「インド洋を旅する人びと（航海者）は、もし闇夜のために方向を示してくれる星が見えないときには、魚型の空洞の鉄片を取り出す。この魚の鉄片をできる限り薄っぺらにし、魚の口のなかに磁石をごく一部入れて、磁石でこする。その後でその魚を水に浮かべると魚はぐるぐる回り出し、口は南の方向を、尾は北の方向を示そうとする。これもまた自然の秘密なり。もし南北の両方向がわかれば、必然的に東と西もわかる。……こうして四つの方向がわかれば、諸地域の位置がわかって、望むところの場所に行くことができる」

これとほぼ同様の記事がアレクサンドリア生まれの歴史家ヌワイリー（ムハンマド・ブン・アル＝カースィム・アン＝ヌワイリー）（西暦一三七二年没）の書『アレクサンドリアにおける十字軍事件顚末記』のなかにも伝えられている。以上は、おそらく十四世紀半ばのインド洋西海域で中国から伝播した羅針盤が実際にインド洋西海域におけるインド系もしくはアラブ系、イラン系の船舶にも使用されていた事実を示している。

いずれにせよ、イブラーヒームによって試みられたバーバル・マンデブ海峡の突破と、ジッダを拠点にエジプト—インド間の通商関係を樹立したいとするマムルーク朝スルタン＝バルスバイのインド洋政策は、イエメン・ラスール朝にとってその国家存亡にかかわる重大な政治・経済問題であった。ここにおいてラスール朝はバーバル・マンデブ海峡にたびたび巡視船を派遣して、アデンに寄港せずに紅海に入っていく船舶を厳しく監視しようと努めた。こうした状況下のバーバル・マンデブ海峡をめぐる政治的・経済的な緊張状態を伝えた文献史料は、これまでの研究ではまったく知られていなかったが、以下に紹介する、著者によって新たに発見されたラスール朝期の一写本によって、その詳しい状況を辿ることができる。

この写本は、パリの国立図書館に所蔵されているアラビア語写本四六〇九番「雑集」の一部とエジプト国立図書館所蔵の「タイムール文庫」アラビア語写本二七四番（天文・数理）に残されているラスール朝年代記の断片であって、いずれも同一内容であるが、著書名、作者や著作年代は記されていない。その写本内容は、ラスール朝後期の国際関係や国内の政治・経済情報に関する詳細な記録を含んでいることから、歴史家ハズラズィーの年代記『イエメン・ラスール朝史に関する真珠の首飾りの書』（西暦一四〇〇年、スルタン＝アル＝マリク・アル＝アシュラフの死去で、その記録は終わる）以後のラスール朝史研究の空白期を大幅に埋める重要な史料価値をもっている（第九章参照）。

その写本史料に伝えられた記録によれば、イエメンの諸港市に寄ることなくバーバル・マンデブ海峡を突破しようとする諸外国の貿易船は、「イエメン地方の港に立ち寄ることなく通過する人びとの船（markab al-mujawwarīn）と呼ばれた。この「マルカブ・アル＝

ムジャウワリーン」は、イエメン・ラスール朝側にとっては「侵犯船」とでも訳される船であるが、ある特定の地方、国や港市に所属する商船を意味したのではなく、紅海沿岸の諸港市のほかに、カリカット、カンバーヤ、ターナ、クーラム・マライなどのインド西海岸やペルシア湾岸から来航した船舶を広く含めており、後述するように東南アジアのスマトラの貿易船までがこの時期にバーバル・マンデブ海峡を突破して紅海沿岸の諸港市との通商関係を望んでいたことがわかる。

「侵犯船」に関連する記事をその写本史料のなかから選び、年次にしたがって紹介すると、以下のとおりである。

I 「当時、海に臨む港の公館に滞在中のわが君主〔ラスール朝〕スルタン＝アル＝マリク・アッ＝ザーヒル（在位西暦一四二八～三九年）のもとに、つぎのような報告がとどけられた。すなわち、侵犯船のうちの二艘がズカル岩礁に漂着した、と。そこで、わが君主スルタン＝アル＝マリク・アッ＝ザーヒルはアミール＝ザイン・ウッ＝ディーン・シュクル・アル＝アダニー、港の長官、港の監視官たちやスルタン軍の一団を差し向けた。彼らは〔船が〕座礁した場所に行き、そこに二日間留まった後、発見された積み荷をもってわが君主スルタンのもとに戻った。その後、〔侵犯〕船に乗っていた数人の者が、まだ〔船のなかには〕これこれの積み荷と金品があると述べてその権利を主張した。そこでスルタンは彼ら〔アミールたち〕をその〔調査の〕ためにふたたび派遣した。彼らは、さらに二日間そこに滞在して〔船に〕残っていたものをもって戻った。彼らがもち帰ったものは、織布、サフラン、幅広織物、貨幣十万ディーナール以上であった。わが君主スルタンはそれらすべてを軍隊、アミールたちや指揮官たちに分与した。座礁したジラーブ船〔紅海の平底船〕の到着は、祭礼やスブートの祝日〔ナツメヤシの果実の収穫祭であり、聖なる祝日〕の慶びにも増して慶賀あふるる日であった。わが君主スルタン＝アル＝マリク・アッ＝ザーヒルの前に、五十人以上の〔侵犯船に乗っていた〕捕虜が引き出された。スルタンは彼らを釈放して自由の身とした。それはスルタンの美徳と尊大なる御慈悲の深さによるものである。アッラーよ、彼の御存命を永からしめたまえ。それはヒジュラ暦八三二年ズー・ル＝カァダ月二十五日〔西暦一四二九年八月二十六日〕のことであった」

II「ちょうどその時、侵犯船がムハー港に到着したとの報告が着いた。彼ら〔乗組員たち〕はわが君主スルタン〔アッ＝ザーヒル〕に対してズィンマ〔非ムスリムに対する一定の保護の約束〕と身の安全を求めた。わが君主スルタンはそれを知ると、彼らに深く哀れみを感じてズィンマの許可を与えた。そしてスルタンは法官ジャマール・ウッ＝ディーン・ムハンマド・アッ＝タイイブ・ブン・ムカーウィシュと法官ラディー・ウッ＝ディーン・アビー・バクル・ブン・サーリムを彼らのもとに派遣して、スルタンのズィンマ〔の許可状〕をもたせた。たまたま〔侵犯船〕二艘のうちの一艘は順風に乗り、できることならばアデン港に入りたいと要望してきた。他の一艘は、わが君主スルタンの警備兵たちが来るまでそのまま碇泊した。彼らは安心して積載の奢侈品を差し出し、スルタンのもとザビードに到着した。すると、わが君主スルタンは彼らの行動が罪悪を犯しているにもかかわらず、できる限りの温情をもって迎え、贈り物を与えた。つねにスルタンのこのような美徳と尊大なる慈悲深さは尽きることがないのである。それはヒジュラ暦八三三年聖なるムハッラム月〔西暦一四二九年／十月〕のことであった」

Ⅲ「わが君主スルタン＝アル＝マリク・アッ＝ザーヒルのもとに、つぎのような報告がとどけられた。つまり、侵犯船の商船団が〔アフワーブの〕波止場に近づき、スルタン＝アル＝マリク・アッ＝ザーヒルのズィンマと彼のもとに到着する許可を求めた。そこでスルタン＝アル＝マリク・アッ＝ザーヒルは法官ジャマール・ウッ＝ディーン・ムハンマド・アッ＝タイイブ・ブン・ムカーウィシュを派遣して、スルタンのズィンマをもたせた。彼ら〔侵犯船の人びと〕は法官〔ジャマール・ウッ＝ディーン〕と同行して、スルタンのもとに来た。……それはヒジュラ暦八三三年サファル月〔西暦一四二九年十／十一月〕のことであった」

Ⅳ「まさにその日〔ヒジュラ暦八三三年第二ジュマーダー月二十一日〔西暦一四三〇年三月十八日〕〕、監視官たちが以下〔の報告〕をもって到着した。すなわち、バーバル・マンデブ〔海峡付近〕にいた政府のディーワーン船〔巡視船〕は侵犯船のなかのスムトラー〔スマトラ）の船一艘と戦って勝ち、その船を拿捕し、船の商人たちを捕らえた、と。さらに、その船を〔他の船に〕繋留のままアデン港に送った。それはヒジュラ暦八三三年（西暦一四三〇年）のことであった」

V「ヒジュラ暦八三三年ラジャブ月三日（西暦一四三〇年三月二十八日）の月曜日の午後、わが君主スルタン＝アル＝マリク・アッ＝ザーヒルは一部の軍隊を率いて、ディーワーン船の視察とその船に乗る軍隊の規律統制のためにマウザゥ〔港〕からバーバル・マンデブに向かった。残る軍隊はマウザゥ〔港〕に留まった。スルタンは〔バーバル・マンデブ海峡付近に〕一日滞在した後、二日目にはマウザゥ〔港〕に戻った。それは前述した年（ヒジュラ暦八三三年）のラジャブ月五日、水曜日のことであった」

VI「アッラーの御裁断とその御力によって、つぎのような事〔件〕が発生した。すなわち、侵犯船のうちの一艘がバーバル・マンデブに達したのである。そこで、アミール＝サイフ・ウッ＝ディーン・スンカルの乗り組む船とジラーブ船団（小型船団）はその船を拿捕した。すると、つづいて別の一艘の侵犯船が来たので、ナキーブ＝シュジャー・ウッ＝ディーン・ウマル・ブン・マスウードがその船を捕らえた。彼は〔かつてスルタン＝マリク・アン＝ナースィルによって組織・編成された船団〕ナースィル船と軍事船団を指揮して、その侵犯船に勝ち、その船のナーホダーと海上商人の一団を殺し、その他を捕虜にした。商人たちの一部の残った者たちは船艙に入り、軍隊に対して矢を投げた。そこで軍隊が出動し、ナキーブ＝ウマル・ブン・マスウードがみずからその指揮をとり、侵犯船に火を放つように命じた。しかし、侵犯船の二艘はすでに連結していて、もし一方に火を放てば、他の一艘もほとんど助からないので、火〔器〕を使用しないようにとの警告がなされた。彼はその警告を受け入れずに、〝もし、そうせずとも殺すぞ〟と〔いって〕石油〔の火器〕で威嚇した。つぎつぎに彼らに石油が投げられ、一艘に火災がおこると火は他の一艘にも広がった。一方、軍隊が船の片側に寄ったため、〔ナキーブの〕船は沈没した。そして他の一艘も沈没して多数の人びとが溺死した。ナキーブ＝ウマル・ブン・マスウードは海に沈んで死んだ。つぎにアミール＝サイフ・ウッ＝ディーン・スンカルの乗っていた船は〔二度は〕拿捕した船を取り逃がしてしまい、ムハーに戻ろうとしていたとき、たまたま侵犯船の別の一艘と出合い、首尾よく拿捕することが出来た。そのことに関するアミールのサイフ・ウッ＝ディーンの書簡がわが君主スルタン＝アル＝マリク・アッ＝ザーヒルのもとに着くと、スルタンはその船をアフワーブ海の波止場に護送するように命じた。法官アフィーフ・ウッ＝ディーン・アブド・ル＝アッラー・イブン・ウマル・アル＝クバーティーがその件のためムハーに向かった。それはヒジュラ暦八三三年ラジャブ月十六日の日曜日（西暦一四三〇年四月十日）のことであった」

Ⅶ「アッラーの御力によって、つぎのことがおこった。侵犯船のすべては夏の北風《シャマール》の逆風を受けて、ジッダの近くからアデン港の端まで押し戻された。そこで彼ら〔侵犯船の乗組員たち〕はわが君主スルタンにズィンマと安全・無事にアデン港に入る許可を求めた。スルタンのつぎのような指令がアデンの長官である法官のラディー・ウッ＝ディーン・アビー・バクル・イブン・アブド・ル＝カーディル・アル＝ムアィビトのもとにとどけられた。すなわち、慣例の入港関税（ウシュル）の五分の一を彼らから軽減するように、とあった。わが君主スルタンは、その高貴にして荘厳なるが故に彼らのすべての過ちに対しても、お許しになられたのである。ヒジュラ暦八三七年カァダ月五日、日曜日〔西暦一四三四年六月十三日〕、わが君主スルタンはザビードからナフルに向けて出発した」

Ⅷ「たまたま、フダイダの支配者たちが侵犯船のなかの一艘を捕らえて、その件がわが君主スルタン〔アッ＝ザーヒル〕に報告された。そこで、スルタンはアミール＝ジャマール・ウッ＝ディーン・ナジーブ・アル＝ジャムダール、法官シュジャー・ウッ＝ディーン・ウマル・ブン・イブラーヒーム・アッ＝サヌアーニー、法官ジャマール・ウッ＝ディーン・アッ＝ターヒル・アル＝ミスリーに命じて、その件のために軍隊を率いて、フダイダに向かわせた。つづいてザビードから長官が出発した。彼らはそこに到着すると、〔侵犯〕船に積載されていたものを没収して意気揚々、マフジャムのスルタンのもとに着いた。同時に、〔侵犯〕船にいたマムルーク軍人、雇用人、船舶商人、水先案内人、商人たちのすべては捕虜としてスルタンのもとに連れてこられた。彼らの来着はヒジュラ暦八三八年シャアバーン月八日、火曜日〔西暦一四三五年三月九日〕のことであった。その船に積み込まれていた各種の香料、ヤズド産の高級亜麻織、絹織物、ヘンナ、ターバン用の織布などは価格にして十万ディーナール以上に見積もられた。そのことは、まさにわが君主スルタンの御加護によるものである。スルタンはその船と積載の荷物をザビードの新港に運ぶように命じた。ヒジュラ暦八三八年のことである」

以上のように、著者が紹介したラスール朝の史料は、バーバル・マンデブ海峡を通過する商船の漂着とラスール朝政府の捕獲に関する詳細な状況をわれわれに伝えてくれる。しかし、それらはいずれもスルタン＝アル＝マリク・アッ＝ザーヒルの治世代にかかわるものであって、それ以前のアル＝マリク・アル＝アシュラフ（在位西暦一三七七～一四〇〇年）やアル＝マリク・アン＝ナースィル（在位西暦一四〇〇～二四年）の時代の事例は見当たらない。

なお、ラスール朝の史料のなかには、スルタン＝アル＝マリク・アル＝アシュラフとアル＝マリク・アン＝ナースィルの時代にもバーバル・マンデブ海峡にラスール朝国家の監視船が派遣されていたことを伝えるものがある。

歴史家マクリーズィーやイブン・マージドの航海書『有益の書』が伝えているように、インド洋を航行する貿易船のなかで、イエメンの諸港に立ち寄らずに、バーバル・マンデブ海峡の突破を最初に試みたのはヒジュラ暦八二五年（西暦一四二二／二二年）、カリカットのナーホダー＝イブラーヒームの率いる船団であった。それ以後、紅海に直航するインド洋の貿易船の数がしだいに増加していった。したがって、こうした侵犯船に対するラスール朝側の監視体制はそれ以後に強化されたと考えられる。なお、バーバル・マンデブ海峡を通過する船舶がしばしば漂着・座礁などの事故をおこしていることは、紅海とインド洋とのあいだを結んで直行する航海術が未熟であったことを物語っている。

以上のように、マムルーク朝側のインド洋貿易政策の強化とカリカットのナーホダー＝イブラーヒームによるバーバル・マンデブ海峡突破という、一四二〇年代に期せずして東西の両側から始まった直接交流の動きがバーバル・マンデブ海峡をめぐる新しい政治的・経済的局面をつくり出したのである。

ラスール朝スルタン＝アル＝マリク・アッ＝ザーヒルはディーワーン船（巡視船）をバーバル・マンデブ海峡に派遣して侵犯船を捕らえ、積み荷を没収するという強硬策を行う半面では、アル＝マリク・アン＝ナースィルの時代の貿易統制策を改めて、インド系商人たちに対する規定外の関税を課すことを禁じ、また東アフリカのキルワ、メッカや中国から来航した商人、ナーホダーたちを手厚くむかえるなどの積極的な貿易振興策をとった。一方、マムルーク朝スルタン＝バルスバイは、関税収入の大幅な増収をはかるために商人や巡礼者たちの自由な商活動を制限し、たび重なる不当な関税を課したので、ラスール朝側の貿易政策が徐々に功を奏して、ふたたびイエメンに寄港する貿易船が増加していった。アル＝マリク・アッ＝ザーヒルの時代には、ラスール朝の全盛期のアル＝マリク・アル＝アシュラフ（在位一三七七～一四〇〇年）のときと同じように、アデン港から関税徴収金や贈呈品を納めた宝物箱《ヒザーン》がしばしばスルタンのもとに運ばれたこと、あいつぐ海外諸国の使節団の来訪や貢ぎ物などがあったことがラスール朝側の史料によってわかる。アル＝マリク・アッ＝ザーヒル治世代は、中継貿易を国家の経済基盤としたラスール朝にとっての最後の安泰の一時期であった。

前述した史料Ⅳにみられるように、バーブル・マンデブ海峡を通過した外国貿易船のなかには、インド洋の東のかなた東南アジアのスマトラ島から来航した船が含まれていたことは興味深い。また、第九章のなかで述べるように、中国・明朝の派遣した鄭和遠征艦隊の分隊は数次にわたってラスール朝との通商交渉を求め、さらにメッカやマムルーク朝とも直接交渉をめざしていた。

以上のような記録史料を通じて明らかにされるように、十五世紀のインド洋とその周縁部は東アフリカ、イエメン、南アラビア、ペルシア湾岸、インド、東南アジアと中国にいたるまで一体的にとらえられる世界であって、その西の端で変化しつつある政治・経済の動静はインド洋の東の端においても、す早く看取されていたのである。したがって、インド洋の西端の紅海とバーブル・マンデブ海峡をめぐる政治・経済問題はインド洋周縁の全域にかかわる重要問題でもあったといえよう。

マムルーク朝スルタン＝バルスバイによる東方貿易政策、鄭和遠征艦隊のインド洋西海域進出、イラン・ティムール朝スルタン＝シャー・ルフ（在位西暦一四〇五〜四七年）によるインド、中国、メッカ、エジプトとの外交・通商関係、そしてポルトガル艦隊のインド洋進出など、十五、十六世紀におこったインド洋をめぐる新しい政治・経済情勢は、そのまま一九七〇年代の政治・経済地図とも相通ずるところがあって興味深い。西アジアと地中海世界を中心とする大きな政治・社会・経済変動の諸相は、同時代のインド洋海域世界をめぐる諸変動とも密接な相互関連を保ちながら、その潮流は十七世紀半ば以後の世界史的な転換期へと展開していったのである。

むすび

一九七〇年代に入ってからのバーバル・マンデブ海峡周縁部のソマリア、エリトリア、エチオピアや南・北イエメンなどの諸国のあいつぐ社会主義化、ソヴィエト（旧ロシア）海軍によるソマリア海岸と南イエメンを中心とする恒久基地の建設、イギリス軍のインド洋周縁基地からの撤退と引き換えに米艦隊のインド洋常駐化など、バーバル・マンデブ海峡とインド洋にはふたたび急変が訪れた。

「歴史は繰り返す」の言葉どおり、東西の諸国は現在と同様、過去においてもインド洋と地中海とを結ぶ回廊の紅海、バーバル・マンデブ海峡をとおってインド洋に出る海上ルートに対して軍事的・政治的・経済的影響力の拡大を競っている。

イスラーム教・文化の七世紀以来の根強い歴史的発展とその地理的広大性をささえたエネルギーは、アジア・アフリカを連ねる海洋と沙漠という二つの自然地理条件を最大限に利用した交流と融合の諸過程のなかで生まれた国際性と流動性豊かな共通社会を基盤としたものであった。したがって、とくにインド洋と地中海という二つの海洋がイスラーム世界の形成と展開の諸過程で演じた役割は甚だ大なるものがあった、と考えられる。インド洋と地中海とを結びつける東西の回廊・紅海の中央部のあたり、アラビア半島の西側に位置した一隊商都市のメッカからイスラーム教が誕生したことは、それ以後のイスラーム世界の海洋と沙漠とを媒介とした歴史展開の過程をきわめて象徴的に物語っている。

八　スルタン＝マスウードのインド亡命
〈イエメン・ラスール朝をめぐる国際情勢〉

一

大英博物館所蔵のアラビア語写本『キルワ王国年代記（キルワ情報に関する慰めの書）』は、わずか十七葉からなる小冊であるが、その内容は西暦十世紀半ばごろに、東アフリカのキルワ王国がイランのシーラーズからの移住者によって建設されてから、十六世紀初めのスルタン＝ムハンマドまでの王統史を叙述したものであって、その史料的価値は高い。現存の写本は、おそらく元本からの要約本であって、ヒジュラ暦一二九四年（西暦一八七七年）にザンジバルのスルタン＝バルガシュ・ブン・サイード（在位西暦一八七〇〜八八年）のために筆写・献納されたものである。しかし、その写本の後半部、第八章から第十章までを欠き、また数カ所の欠落部分があるうえに、しばしば文意の混乱がみられる。この写本の元本がすでに十六世紀前半に存在していたらしいことは、ポルトガル人のJ・

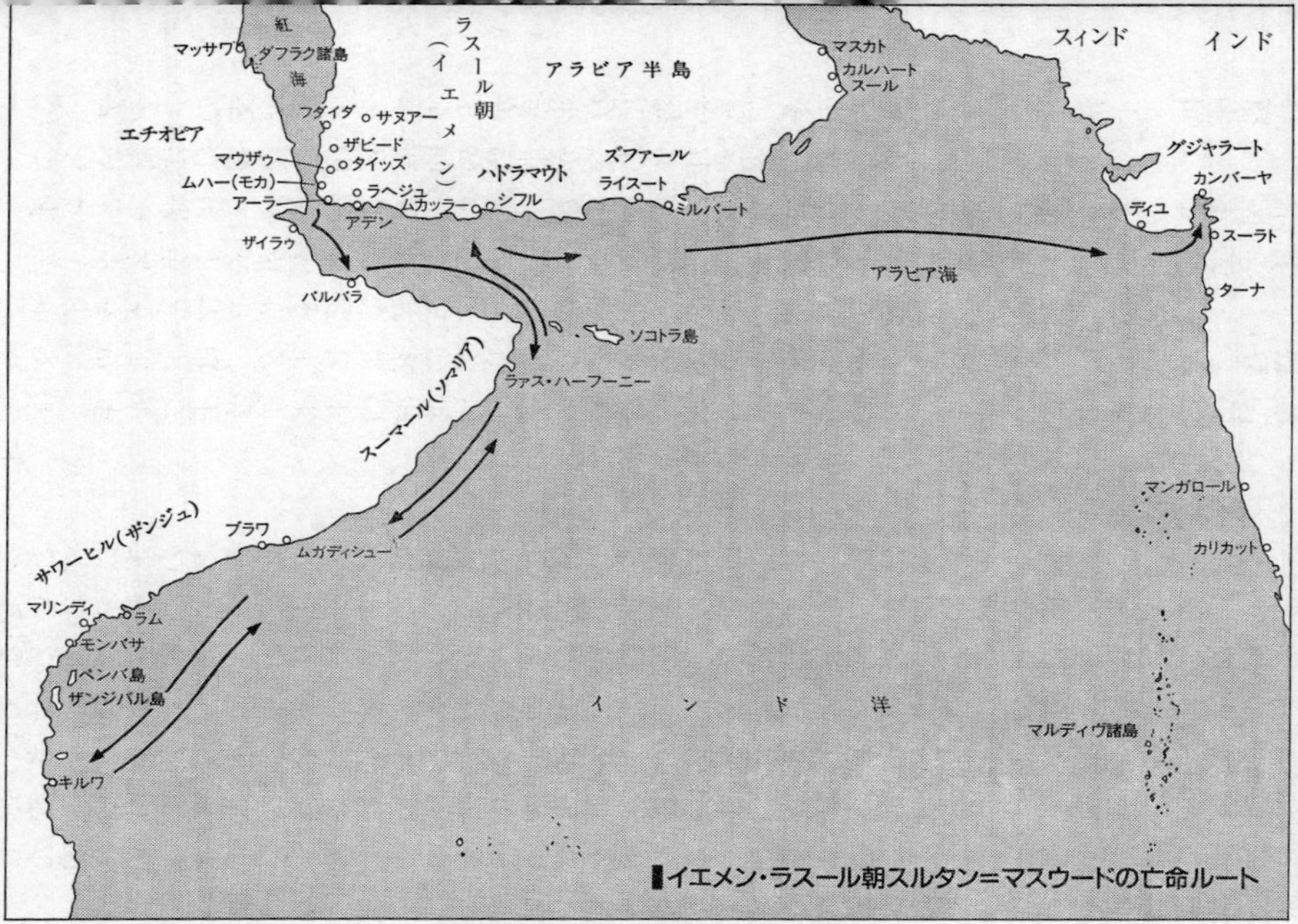

■イエメン・ラスール朝スルタン＝マスウードの亡命ルート

デ・バロスが西暦一五五二年に出版した著書『アジア誌』のなかで、現存写本とほぼ一致した内容の「キルワ王統年譜」を引用していることからも明らかであって、両書の内容を比較・検討することによって、相互の史料内容が補正される部分が多い。

さて、現存写本の第五章は「アブー・アル＝マワーヒブ家へのスルタン権の復帰について」と題するものであって、その章の一節では、イエメン地方アデンの支配者マスウードなる人物がキルワ王国に来朝して、その軍事的・経済的援助を求めた事情を詳細に記録している。その全文を訳出することは長文になるので避けたいが、内容を整理・要約してみると、以下のとおり二系統の情報から構成されていることがわかる。

I

(1) キルワ王サイードの治世代、イエメン・ラスール朝のスルタンで、アデンの支配者マスウードは、ターヒル家のアリーによってスルタン位を簒奪されて、アデンから逃避、ザイラゥとマフザを経て、キルワに亡命し、その援助を求めた。

(2) マスウードがキルワを亡命先とした理由は、さきにキルワ王サイードがその父フサインと一緒にメッカ巡礼をした際、途中のアデンに滞在し、ラスール朝とキルワ王国とのあいだには親交と相互援助の約束が交わされたからである。

(3) アデンの支配者マスウードがキルワに着くと、その約束どおり、サイードは厚遇し、援助資金を与えた。これによって、マスウードはふたたびマフザに向けて出発し、失地回復を図ろうとした。

(4) つぎのキルワ王スルタン＝スライマーンのとき、再度、マスウードはキルワに来航し、支援を求めた。しかし、当時のキルワ王国内の情勢は緊迫し、国力が疲弊していたため、マスウードは第一回のような支援を得ることができなかった。

(5) キルワを出たマスウードは、インドに新たな亡命先を求めて移住し、そこで子孫を残した。

II

(1) ターヒル家のアリーは、アデンの支配者マスウードのスルタン位を奪った人物である。彼は元来、イエメン・ジュバン地方の部族長であって、マスウードの父スルタン＝ムアイヤドによる圧政と災厄を逃れて、朋友シャリーフ＝アリー・ブン・スフヤーンらと一緒にメッカおよびメディナに移った。

(2) アリーはメディナに滞在中、夢に三度見た預言者ムハンマドの告命を信じて朋友シャリーフ＝スフヤーンと誓って、ラスール朝を倒してイエメンの支配権を握ろうと決意した。

(3) 二人がイエメンに戻ったとき、ラスール朝のスルタン＝ムアイヤドはすでに死去し、その子マスウードが政権を継いでいたが、その統率力は弱く、国内の治安は乱れていた。

(4)　二人は衆人を集めて蜂起し、まずアリーの弟アーミルの率いる軍隊がアデンに向かい、マスウード軍を攻撃した。

(5)　アリーの弟アーミルの降伏勧告に応じて、アデン市内とタァクル（タァカル砦）を守備していた人たちがつぎつぎと降ると、マスウードはアデンを逃れて、ザイラゥ、マフザを経て、キルワに向かった（I(1)につづく）。

(6)　マスウードが逃亡の後、アリーは預言者ムハンマドの告命どおり、イエメンの支配権を握り、朋友シャリーフ＝スフヤーンとの誓約を守って、ともにターヒル朝の建設に着手した。

以上の叙述によって明らかなように、ラスール朝スルタン＝マスウードが二度にわたってキルワ王国に来朝し、その軍事的・経済的援助を求めた事情に関連して、ラスール朝支配の崩壊にかわるターヒル朝の成立過程が詳述されている。では、これらの諸事実について、次ページのイエメン側史料は、どのように伝えているのか、また『キルワ王国年代記』とイエメン側史料のあいだに共通点と相違点があるだろうか。両史料を比較・検討することは、『キルワ王国年代記』の信憑性を解くことであり、同時にラスール朝末期の未解決の諸問題を追究していくうえで、直接的な助けとなるものと考えられる。

二

ラスール朝の第十二代スルタン＝アシュラフ・イスマーイール三世（在位ヒジュラ暦八四二〜八四五年・西暦一四三九〜四二年）没後の情勢について、イエメンの文献史料はいずれも簡略な叙述と相互に矛盾した情報を伝えていて、それはまさにラスール朝末期の複雑に混乱した軍事的・政治的状況を象徴的に物語っている。

アシュラフ・イスマーイール三世以後、五人のスルタンがつぎつぎにたって、その王朝の終焉までの十年余りにおよぶ激しい内部抗争を展開した。

第十三代スルタン＝ムザッファル（在位ヒジュラ暦八四五年・西暦一四四一／四二年）

第十四代スルタン＝ムファッダル（在位ヒジュラ暦八四六年・西暦一四四二／四三年）

第十五代スルタン＝ナースィル・アフマド（在位ヒジュラ暦八四六年・西暦一四四二／四三年）

第十六代スルタン＝マスウード（在位ヒジュラ暦八四七〜八五八年・西暦一四四三／四四〜五四年）

第十七代スルタン＝ムアイヤド（在位ヒジュラ暦八五五〜八五八年・西暦一四五一／五二〜五四年）

ヒジュラ暦八四七年第一ラビーゥ月（西暦一四四三年六／七月）、『キルワ王国年代記』第五章の記録にみられる主人公、アデンの支配者のマスウードは、ザビードの守備軍とその住民たちに擁立されて、十三歳の若さでイエメン・ラスール朝第十六代スルタンの位についた。その年のカァダ月（西暦一四四四年二／三月）には、彼は軍隊を統率してアデンに達し、そこを根拠地としてイエメン海岸部の支配に着手した。

一方、マスウードにさきだってスルタン位を主張していた第十三代スルタン＝ムザッファルは、ターヒル家の支援を得てアデンに近いラヘジュに軍隊を集結し、マスウード軍に攻撃を加えたが、激戦の末、撃破された（ヒジュラ暦八四八年）。ラヘジュの戦闘で勝利を収めたマスウードは、ヒジュラ暦八四九年（西暦一四四五／四六年）に部下のイブン・スライマーン・スンブリーの率いる軍隊をイエメン低地のティハーマ地方に送って、アラブ遊牧民のクラシー族と戦い、またマアーズィバ族との和平工作をすすめた。しかし、クラシー族の激しい反撃に遭って後退したマスウード側の軍隊は、方向を転じてムザッファルの守備した拠点タイッズを直撃して、一気に両者の争いに決着をつけようとした。ヒジュラ暦八四九年から八五二年（西暦一四四八／四九年）にかけて、両軍のあいだでタイッズの攻防をめぐって抗争がつづいた。そこで、ムザッファルはふたたびターヒル家のアーミルの支援を要請した。ターヒル軍は、タイッズのダール・アル＝ワァドに駐留していたマスウード軍を急襲し、その従臣と軍人たち多数を殺害した。

初めての惨敗を喫し、災厄を逃れたマスウードは、マウザゥからハクラを経て、八五二年のシャウワール月六日（西暦一四四八年十二月三日）、アデンに戻った。なおも追撃を企てたムザッファルとターヒル家の連合軍は、ラヘジュを拠点にアデンに迫った。マスウード軍は、この激戦によって全滅したといわれるが、次年の八五三年（西暦一四四九／五〇年）における彼の行動は明らかでない。また、それ以後のムザッファルに関する情報もまったく得られない。八五四年（西暦一四五〇／五一年）、マスウードはふたたびティハーマ地方を制圧するために、まずタイッズを奪取した。

ムザッファルとマスウードの内紛による絶望的な混乱と弱体な政治支配を嫌悪したザビードの守備軍や従臣たちは、さらに別のスルタン＝ムアィヤドを擁立した（第十七代スルタン）。これを知ったマスウードは、ただちに軍隊を率いて、アデンよりタイッズに進み、ラマダーン月（西暦一四五一年十月）にはザビードに迫った。しかしその途中、軍隊内部に混乱を生じて戦列を乱したために撃退され、ふたたびタイッズを経て、アデンに戻った。アデンに戻って以後のマスウードがその残軍をまとめて、ムアィヤドとターヒル軍の攻撃から守る戦いをどのように進めたかについて言及した記録はない。

イエメンの歴史家イブン・アッ＝ダイバゥのターヒル朝史『イエメン・ターヒル朝史（幸運のイエメン情報に関する眼の慰めの書）』によれば、次のように記して、ラスール朝に関するすべての説明を終えている。

「マスウードはタイッズ、そしてアデンに戻った。彼とターヒル軍とのあいだに互角の戦闘がつづけられたが、やがてマスウードは自ら王位を棄て、〔八〕五八年第二ジュマーダー月六日（西暦一四五四年六月三日）にはアデンを去った。一方、ムアィヤドは同月二十七日、アデンに入り、二人の王つまりターヒル家のアリーとアーミルが進駐してくるまで滞在した」

またイブン・アッ＝ダイバゥは、その別の著書『ザビード誌（ザビードの町の情報に関する有益なる望み）』の第八章、ターヒル朝に関する記事のなかで、その後のマスウードの消息について言及している。

「そしてマスウードについて言えば、彼はアデンから脱出を果たした後、アーラ、つづいてハクラに達した。彼はそこのシャイフ＝スルールのもとに約二カ月間、身を寄せた。その後、彼のもとにザビードから従臣たちが訪れて、行動をともにしたいと要請してきた。その申し出を受けた彼は、ヒジュラ暦八五八年ラマダーン月二日（西暦一四五四年八月二十六日）月曜日にはザビードに着き、朝食の宴を開いた。首長たちは、ラスール家伝統の流儀に則って彼に対して宣誓をした。ところが、人びとが宴席につくと突然不吉にも椅子の根もとが壊れて、当時ザビードのイスラーム法官であったムハンマド・ブン・アビー・アル＝ファドル・アン＝ナースィリーとハティーブ＝アブド・アル＝マンアム・ムーサー・アッ＝ダジャーシー、それにシャリーフ＝アブー・アル＝アッバースが椅子から落ちて、怪我はなかったが地面に放り出された。マスウードはザビードにシャウワール月二十一日（十月十四日）まで滞在すると、ハクラの首長シャイフ＝スルールのもとに使者を遣して呼びよせた。二人はタイッズに向けて旅だったが、ハイスの町まで来ると、マスウードは自らスルタン位を辞退した。そのことに失望した従臣たちは、ザビードに引きかえしていった。一方、ハクラに戻り、シャイフ＝スルールのもとに滞在した彼は、その後そこを出て、メッカに向けて出発した」

そして、これがマスウードに関する情報を伝えた最後の記録となっている。

さて、ザビードの有力者たちはマスウードにもはやラスール朝再建の意思がないことを知ると、ただちにアデンとタァクル（タァカル砦）を占領中のターヒル家のアリーのもとに全面的に帰順したい旨の書簡を送付した。これによって、ターヒル軍は急速にイエメン海岸部の諸都市を制圧していった。

ラスール朝の残る一人のスルタン＝ムアィヤドは、マスウードがアデンから逃避した直後、ザビードを出て、八五八年第二ジュマーダー月二十四日（西暦一四五四年六月二十一日）、アデンに赴いた。その一カ月後のラジャブ月二十三日（西暦一四五四年七月十九日）、引きつづいてアデンに入ったターヒル家のアリーとアーミルは、ムアィヤドの身柄を保護し、そのすべての所持品を没収した。ここに二百三十年間にわたったラスール朝のイエメン支配は完全に終焉した。その後、わずかな馬と武器を与えられたムアィヤドは、メッカに亡命することが許された。イブン・アッ＝ダイバゥは、イエメンを追放された後のムアイヤドについてつぎのように説明している。

「ムアイヤドは、シャイフ＝アル＝ガッザーリーの家に身を寄せた後、メッカに向けて出発、さらにエジプトをめざした。エジプトのスルタン＝イーナール・ウジュルード（在位ヒジュラ暦八五七〜八六五年・西暦一四五三〜六一年）は、彼を丁重にもてなし、メッカで居住するために必要な手配をさせた。そこで、彼はメッカに引き返し、生涯を送った」

またマムルーク朝の伝記史家として著名なサハーウィーによると、彼は八七〇年第二ジュマーダー月（西暦一四六六年一／二月）、メッカで死去したという。

以上が、イエメン側文献史料によって叙述された、ラスール朝支配の破局過程である。その状況をさきに紹介した『キルワ王国年代記』の内容と比較・検討することによって、つぎのような諸事実が明らかにされよう。

まず、『キルワ王国年代記』の叙述には、物語風の状況描写にともなう事実の虚構と思われる部分が認められるが、概して、その内容はイエメン側史料と合致する点が多く、かつ詳細である。そこで、いくつかの具体的事例を比較してみよう。

ターヒル家のアリーがラスール朝政権を打倒して、新王朝ターヒル朝を建設しようと決意するにいたった動機について、『キルワ王国年代記』は、アリー（アリー・ブン・ターヒル）がメディナに滞在のとき、夢に見た預言者ムハンマドの告命を信じて、軍事行動をおこしたと説明している。この事実は、イエメン側史料からはまったく確認できない。それどころか、アリーがラスール朝第十七代スルタン＝ムアイヤドによる圧政と災禍を避けて、彼の故郷ジュバンからメッカ、メディナに逃れた事実についても明らかでない。なお、ここで『キルワ王国年代記』は一つの事実誤認をしている。すなわち、スルタン＝ムアイヤドはラスール朝最後のスルタンであって、Ⅱ(1)にあるように、マスウードの父親であるとするのは誤りである。アリーが朋友シャリーフ＝スフヤーンと一緒にメッカに逃れたころ、ラスール朝のスルタン位にあったのは、マスウードにさきだつ第十五代スルタン＝アン＝ナースィル・アフマドであった。

イブン・アッ＝ダイバゥによると、マスウードの前の第十五代スルタン＝ナースィル・アフマド時代のイエメンは全国的な飢饉・疫病・内乱などが頻発する多事多難な時代であった。ナースィルを支援した従臣たちやマムルーク軍団は、八四七年ラジャブ月五日（西暦一四四三年十月二十九日）、バーブ・アッ＝ダールに決起し、略奪・殺戮と放火をくりかえしたために、一カ月にわたって大暴動となった。ナースィル軍の脅威にさらされたザビードの住民たちは、城門を閉じて自衛したが、それに激怒したナースィルは住民をことごとく殺戮し、井戸を埋め、墓地を暴くなど、徹底的に町を破壊した。さらに、高地イエメンのシーア・ザイド派教徒たちの叛乱がサヌアーからサァダにいたる山岳地域を広く席巻していた。こうした混乱状況のなかで、多数のイエメンの住民たちは遠方の諸地域に逃避・移住したといわれる。

Ⅱ(5)にあるように、ターヒル軍が、マスウード軍の守るアデンを包囲し、いよいよその要地タァクル砦を攻略するときの状況を叙述して、『キルワ王国年代記』にはつぎのようにある。

「タァクル（タァカル砦）──そこはアデンから大陸側に通じる回廊〈鉄門〉のもとに聳え立っている──の城主は〔ターヒル家の〕アーミルに織布をつないでおろした。アーミルが自らの身体をその織布に結びつけると、〔城内の〕人びとは彼を砦に吊り上げた。こうして、タァクル城主は、アリー・ブン・ターヒルとその弟（アーミル）の側に寝返った。城内の住民たちはそのことを知って、同じく二人を支援した」

つまり、ターヒル軍のアデン大攻勢がタァクル城主のマスウードに対する背信行為によって、無血のうちに達成されたことを伝えている。なお、イエメン側史料である歴史家アブー・マフラマの『時代の名士たちの死去に関する胸飾り』によって、このとき、アデンの要塞を守備したマスウード軍の主力は、ヤーフィウ族の一氏族アール・アフマド（アフマド家）であったことがわかる。アール・アフマドは、同じヤーフィウ族の、より強大な勢力アール・カルド（カルド家）との内紛によって、つねに危機的状況におかれていた。弱小勢力の彼らは、もはやラスール朝スルタンとしての地位を失墜し、何の統率力ももたないマスウードに服従をつづけることに強い不安を感じていた。そうした状況のなかで、彼らの選んだ道は、ひそかに敵軍のターヒル側勢力と協約して、その軍事行動を支援することであった。さきに説明したように、マスウードがスルタン位を棄て、アデンを脱出するにいたった直接の理由は、彼の味方であるヤーフィウ族の内部混乱という新しい事態によって、彼の敗北が決定的となったからに相違ない。一五・一六世紀、南アラビアの著名な歴史家アブー・マフラマ(バー・マフラマ)は、つぎのようにタァクル砦攻略の状況を詳しく伝えている。

「〔ターヒル家の〕ムジャーヒド・シャムス・ウッ＝ディーン・アリー・ブン・ターヒル(前出のアリー・ブン・ターヒルのこと)は、八五八年ラジャブ月二十三日、金曜日の夜(西暦一四五四年七月十九日)、アデンに入った。少数の軍隊を率いて、彼の入城は夜間に行われた。〔ターヒル家の〕軍団はタァクル砦の城壁から縄をよじ登り、アリーもまたその後につづいた。彼の身体が地面を離れたとき、突然、タァクル砦の守備軍の一人、ナキーブ(司令官)＝アル＝カッハートがさきの約束に違えて、その縄を切断し、アリーを地上に落とそうとした。しかし、ターヒル家との協約を守った他のナキーブたちのなかのターヒル、バー・クサーマとアフマドなどがそれに気づいて未然に防いだ。したがって、シャイフ＝アリーは、そのことに深い恩情を感じて、その後彼らを厚遇し保護した。それはアル＝カッハートとは正反対の処遇であった。アリーがその砦を奪取すると、太鼓が打ち鳴らされ、勝利の報がターヒル家の重臣たちに告げられた。そのときは、まさにアール・カルドにとって没落のときを意味した」

この叙述には、細部の点で多少の差異がみられるが、『キルワ王国年代記』ときわめて類似した状況描写が含まれている。

アブー・マフラマは、最後までターヒル軍に抵抗したアール・カルドについて説明している。

「アール・カルドを除くすべての人たちには安全保護の約束が下った。しかし彼らには、ただ三日間の猶予が与えられただけで、その後も国内に留まる者たちは殺すと告げられた。そこで、アール・カルドの人たちは、四散した。ある者はザイラゥ、バルバラその他の東北アフリカ海岸（バッル・アル＝アジャム）に移住したが、彼らの大部分は〔ハドラマウト地方の〕シフルに向かった」

『キルワ王国年代記』の最大の史料的価値は、スルタン＝マスウードがラスール朝再興のための軍事的・経済的援助を二回にわたって、キルワ王国に求めたこと、また第二回目に来航のとき、キルワ王国側はその援助を拒否し、そこでやむなく彼はインドに亡命先を定めたこと、の二点にある。一方、イエメン側史料は、アデンを逃れたマスウードはハクラのシャイフ＝スルールのもとにしばらく身を寄せた後、メッカ方面に向かったことを伝えるのみで、それ以後の彼の消息については、一切の情報を絶っている。

では、マスウードの二度にわたるキルワ訪問はいつ行われたのか、また彼がキルワ王国に行く途中、立ち寄ったと言われるマフザとはどこなのか。さらに、イエメン側文献史料の外に、マスウードの政治亡命を積極的に確証し得るに足る記録は皆無であろうか。マスウードの行動に関するイエメン側文献史料はいずれも簡略であって、ときには相互に矛盾した情報を伝えているので、断定すべき事実とは言えないが、とくにつぎの二つの期間についての彼の消息はまったくつかめていない。

つまり、その一つの時期は、八五三年カァダ月（西暦一四四九年十二月）、マスウードがアデン郊外でムザッファルとターヒル家の連合軍に大敗してから八五五年の初め（西暦一四五一年二月）に再度タイッズを奪回するまでの約一年間である。

つぎに八五五年、彼がムアイヤドを撃つためにザビードに進軍の途中、軍内部に内紛を生じて、急遽タイッズに撤退した後、八五八年ムハッラム月（西暦一四五四年一月）、ラヘジュにおいてターヒル軍に対して総攻撃をかけるまでの二年半の間の消息についてである。

もし、マスウードによる第二回目のキルワ王国への逃避の時期を八五八年（西暦一四五四年）、つまりアデンをターヒル軍に攻略された以後のことと推測するならば、第一回の訪問は、文献史料の空白期である八五四年（西暦一四五〇年）、もしくは八五六〜八五七年（西暦一四五二〜五三年）の、いずれかの時期に該当するに相違ない。

一方、『キルワ王国年代記』の記録によって、マスウードのキルワ訪問の時期をあとづけることはできないであろうか。『キルワ王国年代記』には、マスウードの第一回訪問は、キルワ王国のスルタン＝サイードの治世代に相当し、第二回はつぎのスルタン＝スライマーンのときであった、と伝えられているが、ここでの問題は彼らの在位年次を正確に決定づけることである。

F・グレンヴィルは、その著書『タンガニカ海岸の中世史』のなかで、キルワ王国の王統および在位年代に関する詳細な論証を試みている。それによると、スルタン＝サイードはキルワ王国第三十六代目に在位し、その期間はヒジュラ暦八七一〜八八一年（西暦一四六六〜七六年）であったと推定している。しかし、さきに説明したように、イエメン側文献史料に伝えられた情報から判断して、F・グレンヴィルのこの考証には賛同し難い。『キルワ王国年代記』によると、サイードの父フサインは王位について数日後、メッカ巡礼に出発し、メディナにあるムハンマドの聖墓を詣でて帰国し、さらに二十三年間にわたって治世をつづけた。息子サイードもまた、父と同伴してメッカ巡礼を果たし、その旅の途中、イエメンに立ち寄って、ラスール朝スルタンと会見し、両国のあいだには信頼と相互援助の盟約が交換された、と記されている。フサインが実際にメッカを訪問したことの事実は、メッカ側の文献史料に残された記録によっても確認できる。すなわち、アル＝ファースィー・アル＝マッキーによる『メッカ誌（聖なる地〈メッカ〉の情報を望む人の癒し）』は、つぎのように伝えている。

「この年（ヒジュラ暦八一三年・西暦一四一〇／一一年）、キルワの首長マリク＝アル＝マンスール・フサイン（ハサン？）が巡礼を行った。彼は巡礼をすませた後、メッカの名士たちを訪問して、施し物を進呈した。それから海路、アデン経由、彼の国に帰還するために、イエメンに向けて出航した」

この記録によって、フサインの治世はメッカ巡礼の年の一年前のヒジュラ暦八一二年（西暦一四〇九年）に始まり、八三六年ころ（西暦一四三二／三三年）までの二十三年間であったと考えられる。F・グレンヴィルは、フサインの在位年次をヒジュラ暦七九二～八一五年（西暦一三八九～一四一二年）としているから、この点でも大きな矛盾がある。

フサインとサイードとのあいだには、七人のスルタンがあいつぎ在位して、支配権をめぐる内紛がつづいた。しかも、『キルワ王国年代記』の叙述は、サイードが即位する前後の時期で大きく欠落していて、文意を正確に理解することが難しい。したがって、フサイン以後サイードにいたる各スルタンの在位年次を正しくあとづけることは困難であるといえる。

要するに、スルタン＝サイードのキルワ王国統治はヒジュラ暦八五〇年代（西暦一四四六年）前後に開始され、その間の八五四年（西暦一四五〇／五一年）、もしくは八五六／八五七年（西暦一四五二／五三年）にラスール朝スルタン＝マスウードの第一回の来航があったこと、さらにマスウードが八五八年（西暦一四五三年）以降にキルワを再訪したときには、すでにサイードは没して、スライマーンがスルタン位にあった、と推定するのが妥当であろう。

さて、『キルワ王国年代記』は、マスウードがキルワ王国に渡航した経路について、ザイラゥとマフザの二地名を明記している。とくに、マフザなる地には、第一回のキルワ王国から帰還したときにも通過していることがわかる。ザイラゥは、バーバル・マンデブ海峡に近い、アフリカ側のバルバラ海岸に臨んだ古くからの港市で、東アフリカ産の没薬《もつやく》、乳香、竜涎香、鼈甲《べっこう》などの集散地として、また陸上キャラバン・ルートの結節点として、エチオピア内陸部からの奴隷、皮革、金、象牙類などを取引した。

では、マフザとはどこか。イスラーム地理・旅行書類その他の関係史料によっても、この地名を伝えたものはない。著者は、この地名をさきに引用したイエメン側文献史料にもしばしば登場したハクラの誤写に違いない、と考えている。そのいくつかの理由を示せば、(1)マフザとハクラとは、アラビア語の筆写の際に誤り易いこと、(2)マスウードがヒジュラ暦八五二年（西暦一四四八年）、タイッズで大敗した後、マウザゥとハクラを経由して、アデンに達した、(3)八五八年第二ジュマーダー月六日（西暦一四五四年六月三日）、マスウードはアデンを脱出した後、ハクラのシャイフ＝スルールのもとに約二カ月間滞在した、(4)ハクラのシャイフ＝スルールはマスウードを深く信頼し、最後まで彼の援助者であったことなどである。

ハクラなる地は、低地イエメンのティハーマ地方、マウザゥの町から南に一日行程、紅海の港市ムハーに近い丘陵部に位置した。したがって、その地理的位置はムハーの港を出て、バーバル・マンデブ海峡を渡れば対岸の港市ザイラゥに到達することができた。

さきに説明したように、ハクラを出たマスウードは、メッカに向かうと称して、ムハーより出航、直ちに対岸のザイラゥに達したに相違ない。なぜならば、ザイラゥ、バルバラなどの東アフリカのソマリア海岸には、同じくアデンから強制退去を命じられて移住したヤーフィウ族のアール・カルドの同胞たちがいたのである。マスウードは、彼らと合流して、再度政権奪回のための方策をめぐらしたと思われる。マスウードの第二回目のキルワ王国来航の目的は単に亡命のためだけではなく、第一回目と同じく、イエメンの再征服を企てて、その軍事的・経済的支援を求めることにあった。したがって、マスウードはザイラゥ滞在のときに同胞たちの勧めで、自らの意思を改め、決意を新たにしてキルワに向かったに相違ない。以上は、諸史料を総合的に分析して得られた推論である。なお、ザイラゥにおける彼の行動を直接的に報ずる他の典拠史料は、見当たらない。

以上に述べたこととの関連で、もう一つの状況に言及しておく必要があろう。それは、アール・カルドの同胞たちは、アデンを追放された後、各地に四散し移住したが、同じヤーフィウ族の仇敵アール・アフマドとターヒル朝への強い復讐の意思をもちつづけたことの事実である。ターヒル朝の歴史家イブン・アッ＝ダイバゥとアブー・マフラマの記録するところによれば、ハドラマウト地方のシフルに移住したアール・カルドは、そこの支配者アブー・ダジャーナ・ムハンマドに要請して、アデンを奪回するための九艘の艦隊を編成させたという。ヒジュラ暦八六一年第二ラビーゥ月末（西暦一四五七年三月末）、アブー・ダジャーナの統率した艦隊は、アデン港を急襲した。ターヒル朝のスルタン＝アーミル（アリー・ブン・ターヒルの弟）は突然の来襲に動揺したが、シャイフ＝スフヤーンの率いる部隊の支援を得て、急いでザビードからアデンに向かった。一方、アブー・ダジャーナの艦隊がアデン港の近くに碇泊していたとき、暴風雨が襲って二艘は破損し、他は離散した。ターヒル軍はただちにダジャーナとその甥を捕らえた。この事件が動機となって、八六三年カァダ月（西暦一四五九年九／十月）と八六六年（西暦一四六一／六二年）に、ターヒル軍はシフルに遠征し、これを制圧した。

さて、その後のマスウードの消息を伝えたきわめて重要な記録史料がある。それは、マムルーク朝の著名な伝記史家サハーウィーによる名士録『ヒジュラ暦九世紀の名士のための輝ける光』に収められたマスウードの事績に関する項目中の叙述である。その全文をつぎに訳出してみる。

「アブー・アル＝カースィム・イブン・イスマーイール・ブン・アフマド・アル＝マリク・アル＝マスウードは、ラスール家の一人。しばらくイエメンを統治したが、その国の従臣たちおよびヤーフィウ族のアミールたちが叛旗を翻して、同じラスール家の嗣子（第十七代スルタン＝ムアィヤド）を王位に擁立した。そこで、マスウードはザイラゥに身を逃れた。たちまちにして、ターヒル家の子アリーとその弟アーミルが勢力を集めて、その嗣子にかわって王位を奪い、支配権を確立した。マスウードはあちこちに逃避したが、結局、〔インドの〕カンバーヤに亡命先をきめた。現在、すなわち〔八〕九九年（西暦一四九三／九四年）、彼はそこに滞在している」

すなわち、サハーウィーの伝える記録には、マスウードのキルワ王国訪問に関する事実は述べられていないが、ザイラゥに滞在の後、インドのカンバーヤに渡り、西暦一四九三／九四年、なおもそこで余生を過ごしていたことがわかる。当時、彼の年齢はすでに六十歳をこえていたと思われる。

以上の諸事実を総合して推論できることは、マスウードは、西暦一四五四年六月に、アデンを逃れた後、シャイフ＝スルールをたよって、ハクラに数カ月滞在した。その後、イエメン側史料が伝えているように、メッカを一時訪問したとも考えられる。しかし、当時のメッカには、マスウードの仇敵で、亡命した第十七代スルタン＝ムアイヤドがマムルーク朝スルタンの庇護のもとに居住していたのであるから、マスウードがそこに長く身を置くことはできなかったに違いない。おそらく、ハクラを出て、ムハーよりバーバル・マンデブ海峡を渡り、ザイラゥに達した。ザイラゥでは、アデンより追放されたアール・カルドの同胞たちと再会し、ターヒル朝勢力を駆逐して、ラスール朝を再建しようとする諸方策が計画された。その計画を実行に移すためにまず、彼はキルワ王国を訪ねて、その援助を求めた。ところが、第一回の援助要請のときに王位にあったサイードはすでに亡く、かわって新王のスライマーンが統治していた。スライマーンはキルワ王国内の情勢が緊迫し、内紛状態にあることを理由に、マスウードの要請を拒否した。こうして、マスウードのイエメン奪回計画は大きく崩れたと思われる。やむなく彼はインド洋を横断して――おそらくムガディシューおよびシフル経由、インド洋を横断する航路をとったと思われる――インドのグジャラート地方の港市カンバーヤにいたったのである。

十四世紀初めごろのカンバーヤは、グジャラート地方で最も繁栄する港市として、またデリー(デリー・スルターン朝、一二〇六～一五二六年)の外港として発達し、インド洋交易のうえではカリカット、ホルムズ、アデンとならんでインド洋西海域における重要な中継港であった。カンバーヤは、すでにヒジュラ暦七六八年(西暦一三六六/六七年)と八二七年(西暦一四二四年)の二回、ラスール朝に対して種々の進物を持参した公式使節団を派遣して、友好と通商関係の維持に尽力していた。こうしたことから判断して、ラスール朝とカンバーヤとのあいだの交流関係はマスウードの時代までつづいていたと考えられる。マスウードがカンバーヤを安全な亡命先として選んだ動機もまた、以上のような背景のもとに理解されるべきであろう。

むすび

十四世紀半ば前後、周期的に襲った天候異変が直接の原因となって、西アジア・イスラーム世界の国家・社会と経済は大きく流動する、一つの重要な変容期をむかえていた。冷害・病虫害・伝染病の蔓延、農業と牧畜活動の不振などに加えて、都市の生産活動および運輸・商業交易の停滞傾向が経済全般を広く覆うなかで、既成の支配体制と秩序は大きく動揺して、人びとは社会不安と経済危機の状態に置かれていた。

こうした状況のなかで、地域社会と部族的連帯の再編成を希求する諸々の動きが各方面で顕在化していた。つまり具体的には侵略・移住・征服と衰亡などが繰り返されて、人びとの地理的移動、社会的地位の変更そして生業形態のうえでの転換と変質などの流動現象があらわれていた。

まさに、こうした現象と対応する時期、すなわち、十四世紀後半から十五世紀後半にいたる約百年間に、インド洋海域世界を舞台として、人間の移動や、文化・情報、技術・手段などの活発な交流と融合の諸関係が展開した。この事実は、流動する西アジア社会の〈受け皿〉としての役割をインド洋海域世界が演じていたからに外ならない、と捉えることができる。

マムルーク朝後期に著述された、有力な統治者・知識人や商人たちの事績を記録した人名事典類には、エジプト、シリアの諸都市に居住した知識人や商人・富裕者たちが災禍を逃れて、ヒジャーズ、イエメンやエチオピアを経由して、インド洋を横断し、東アフリカ・スワヒリ海岸の諸都市、インド南西海岸のマラバール地方、グジャラート地方やデカン高原のイスラーム都市に逃避・移住していった多数の事例を見いだすことができる。また、これと共通する史実は、メッカ、メディナおよびイエメン側の歴史文献史料によっても、十分に裏付けることが可能である。さらに、ペルシア湾軸のネットワークを通じても、イランやイラク地方の諸都市と、インドのグジャラート地方やマラバール地方、東アフリカ・スワヒリ諸都市や東南アジア方面との人的交流が盛んに行われた。このようにして、イスラーム世界をめぐるネットワーク構造は、十四、十五世紀の変容期に、外縁部に向けて大きく拡大し、また相互の交流関係を深めていった。

ラスール朝スルタン＝マスウードのインド洋周縁地域への亡命をめぐる問題は、当時のインド洋海域世界を舞台とした広範な、そして緊密な人的交流関係を解く、一つの些細な事例にすぎないかもしれない。

D　海域ネットワークの変容

〈力による海域支配〉

九　東からの挑戦――鄭和遠征分隊をメッカに導いたものは何か

はじめに

一九七〇年、著者はパリの国立図書館において、イエメンおよび南アラビア地方のイスラーム史に関する写本史料を調査中、合綴された写本の一部からイエメン・ラスール朝時代（西暦一二二九～一四五四年）の、これまでに確認されていなかった新しい史料（Paris MS Arabe 4609, ff. 8b-74b）を発見した。この写本は、巻頭と巻末部が欠損しており、作者および書名ともに不詳であるが、その記載内容を検討することによって作者が推定可能で、ラスール朝第十一代スルタン＝アル・マリク・アッ＝ザーヒル・ヤフヤー（在位西暦一四二八～三九年）に仕えた書記の一人であると思われる。なお、その後の調査でカイロにあるエジプト国立図書館の「タイムール文庫」のなかに、同じ年代記の別稿本があることがわかった。タイムール文庫写本の扉には、『運行する七つの星座の緯度・経度表』とあって、天文学に関する写本の一部に合綴されたもので、これが年代記自体の書名とは考えられない。この写本はパリ写本のほぼ三分の一にすぎず、後半部分、すなわちヒジュラ暦八〇七年ズー・ル＝ヒッジャ月（西暦一四〇五年六月）以降の記載は欠落しているが、パリ写本にない貴重な記録も一部にみられる。

従来から知られていた代表的なラスール朝年代記は、ハズラズィーによる『イエメン・ラスール朝史に関する真珠の首飾りの書』（スルタン＝アル＝マリク・アル＝アシュラフ・イスマーイール一世の死去、ヒジュラ暦八〇三年・西暦一四〇〇年の記録をもって終わる）であって、ラスール朝後期（西暦一四〇〇年以後）の約五十年間については、のちの時代のターヒル朝史年代記に散見する断片的な記録を除いてほとんど皆無であって、〈史料的空白期〉と考えられていた。したがって、この写本の発見は、今後のラスール朝史研究をすすめるうえできわめて重要な意義をもっている。

つまり、この写本の内容はスルタン＝アル＝マリク・アン＝ナースィル（在位ヒジュラ暦八〇三〜八二七年・西暦一四〇〇〜二四年）からスルタン＝アル・マリク・アッ＝ザーヒル・ヤフヤーの時代にわたる記述が写本全体の三分の二以上を占めており、十五世紀初めから半ばにかけてのイエメン国内の政治的状況をうかがう好個の史料であり、また、エジプト、ヒジャーズとインド洋周縁部の諸地域をめぐる錯綜した国際関係や社会・経済に関する詳細な史料内容を含んでいる最良の宝庫となっているからである。

著者はすでに学位論文「イエメン・ラスール朝史に関する新写本」において、その写本の性格と内容の分析を行った。本章では、この写本にもとづいて著者の研究課題とする十五世紀のインド洋海域世界をめぐる経済的・文化的交流関係、とくに中国の明朝の派遣した鄭和遠征分隊のイエメン訪問に関する記事を紹介し、その史料的価値の一端を明らかにしたい。

一

十五世紀初め、中国の明朝第三代皇帝である永楽帝（在位一四〇二～二四年）は、太監鄭和の指揮する大船隊を東南アジア、インド、ペルシア湾沿岸と南アラビア、さらには東アフリカ海岸に向けて派遣した。一四〇五年に開始されたこの大遠征事業は、つづく第五代皇帝の宣徳帝（在位一四二五～三五年）によってひきつがれ、一四三三年までの約三十年間、七回にわたって実行された。西ヨーロッパ諸国によるいわゆる「大航海時代」に先がけて行われた鄭和の大遠征はあまりにも有名であるが、中国のジャンクはすでに十二世紀から十四世紀にかけて、東南アジアや南インドの海上諸国に積極的に進出し、徐々に彼らの商業圏を拡大していった。たびたびふれるように十二世紀後半、周去非は『嶺外代答』のなかで、つぎのように説明している。

ホルムズ(仮忽魯謨斯)
クーヘ・ムバーラク(苦碌麻剌)
クーヘ・スターク(苦思荅児)
マクラーン(木克郎)
キーズ(客実)
パンシュグール(八思尼)
スィンド(新得)
ジャスク(査実)
グワダル(克瓦荅児)
デュール・アル=シンド(碟千里)
イアシム(亀嶼)
マスカト(麻実吉)
カルハート(古里牙)
グジャラート(雑葛得)
カンバーヤ(坎八葉城)
ブローチェ(麻楼)
ラーブ(送徹)
ソームナート(千仏池、撒昔蟹)
ディユ(刀元)
イ　ン　ド
マスィーラ湾(大湾)
オリッサ(烏里舎城)
ア　ラ　ビ　ア　海
マハーイム(馬哈音)
ヒールワーリー(ダボール、起児末児)
バサージャーパタム
(旁不八丹)
マルマガオ(吱児牙)
マルガオ(破児牙)
コッタパタム(骨八丹)
アンザディヴァ(ゴア、阿者刀)
バトカル(纏打兀児)
カリートリー(倶里都利)
ファカヌール(恭葛奴児)
カルタール(歇立)
ミーラーブール(實烈補)
マンガロール(那碌)
サドラパタン(沙里八丹)
ファンダライニ
(番荅里納)
カカディーバ(哈哈送徹)
カリカット(古里)
アンドロ(安都溜)
コーチン
(柯枝国)
シュラム(芝蘭)
カルピニ(加平年溜)
クドラマリー
(礼金務)
クーラム(小葛蘭)
ピリンガム
(第一赤泥)
コモリン
(クムハラ、甘巴里頭)
キャンディ(仏堂)
ミニキョイ(麻里渓溜)
コロンボ(高郎歩)
アダムズ・ピーク
(錫蘭山)
クライドゥ(起来溜)
ベルワラ(別羅里)
ケディキョル(加加溜)
イ　ン　ド　洋
マーレ(官嶼)
マルディヴ諸島
ティーマラフシ(任不知溜)
スヴァデーヴァ(沙剌溜)

▎鄭和航海図(『武備志』巻240所収)にもとづくインド洋西海域

〔(　)内の漢字は航海図に記された地名〕

メディナ
ジッダ(秩達)
メッカ(天方国)
紅
海
ペルシア湾
サラーマ(撒剌抹嶼)
ラァス・マサンダム(亜東災記嶼)
ラーラク(剌兄可束)
ホルムズ(忽魯謨斯)
アラビア
ズファール(佐法児)
ラァス・サウキラ
(阿胡那)
シフル(失里児)
ラァス・ファルタク(羅法)
ラァス・キャルブ(剌撒)
アデン(阿丹)
アデン湾
ソコトラ島
(須多大嶼、速古荅剌)
ラァス・ハーフーニー(哈甫泥)
ムッル・アル=カビール(木児立哈必児
ラァス・アル=カナーイー(剌思可那)
東アフリカ
ザンジュ(黒児)
ムガディシュー(木骨都束)
マルカフ(抹児幹別)
ブラワ(不剌哇)
マルワーン(木魯旺)
キターワ(起荅児)
マリンディ(麻林地)
モンバサ(慢八撒)
ペンバ島
ジャズィーラ・アル=ハドラー(者即剌哈則剌)
ザンジバル島
キジムカジ(葛荅幹)
マンフィート(門肥赤)

「故臨国（クーラム・マライ）は大食国と相互に距離が近い。広〔州〕の船（ジャンク）は、四十日の航海で藍里（ラムリー）にいたり、そこで冬を越す。つぎの年、ふたたび船を出帆させて、約一カ月の航海で初めてその国に到達する。……中国の舶商（海上商人）が、もし大食に往くことをのぞむならば、必ず故臨から小舟にのりかえて往く」

すなわち、インド洋における広州系のジャンクは、南インド・マラバール海岸の交易港クーラム・マライ（クイロン、故臨国）を西限とし、そこで西アジア諸国から来航したアラブ系やイラン系の船＝ダウと出合い、相互の交易を行うことを慣例としていたのである。

ところが、鄭和の遠征隊は、その第四次（永楽十年・西暦一四一二年開始）遠征以後、それまでムスリム、ユダヤ教徒や、ヒンドゥー系の海上商人たちがもっぱら活動していたインド洋の西海域に進出し、とくに当時、ペルシア湾最大の交易港ホルムズ（忽魯謨斯、忽魯謨廝）を拠点に、南アラビアのズファール（祖法児）、アデン（阿丹）、東アフリカ海岸のムガディシュー（木骨都束）、ブラワ（不剌哇）、マリンディ（麻林地）、さらには紅海東岸のジッダ（秩達）や聖地メッカ（黙伽、天方国）などの諸都市を歴訪した。

このように、鄭和遠征隊の西アジア諸都市や東アフリカ海岸への訪問は、インド洋海域世界をめぐる交流史上からみて、きわめて重要な意義をもっている。では、なぜ、中国のジャンクは伝統的交易圏の外にあったインド洋の西海域に進出したのだろうか。この問題を永楽帝の政治的・軍事的な意図、鄭和個人の技量やジャンクによる航海と造船技術の進

鄭和遠征艦隊によるインド洋遠征

遠征回次	奉命	中国の港（五虎門）を離れた年	帰着	最終地（目的地）
〔1〕	1405（永楽 3）	1405（永楽 3）	1407（永楽 5）	カリカット（古里、カーリクート）
〔2〕	1407（永楽 5）		1409（永楽 7）	カリカット
〔3〕	1408（永楽 6）	1408（永楽 6）	1411（永楽 9）	カリカット
〔4〕	1412（永楽10）	1413（永楽11）	1415（永楽13） （分隊）1416（永楽14）	本隊はホルムズ、途中カリカットから分隊を派遣、南アラビア、東アフリカ海岸周航
〔5〕	1417（永楽15）	1417（永楽15）	1419（永楽17）	本隊はホルムズ、途中カリカットから分隊を派遣、南アラビア、東アフリカ海岸周航
〔6〕	1421（永楽19）	1421（永楽19）	1422（永楽20） （分隊）1423（永楽21）	本隊はスマトラ（アチェ）、ベンガル湾、分隊は南アラビア、東アフリカ海岸周航
〔7〕	1430（宣徳 5）	1431（宣徳 6）	1433（宣徳 8）	本隊はホルムズ、分隊は南アラビア、紅海のジッダ、メッカ巡礼

歩などの、たんに中国明朝側の事情を考えるだけで説明が十分であろうか。「鄭和遠征」の問題は、その遠征規模が東南アジアとインドは言うまでもなく西アジアや東アフリカのインド洋周縁の諸港市の全域におよぶ壮大な海上活動であったことからも明らかなように、中国側の史料のみを検索し、その事業の動機・目的を究明しようとした従来の研究では不十分であって、そこには当然、十五世紀初めのインド洋周縁諸国間の、とくに西アジア・イスラーム世界を含めたさまざまな政治的・経済的条件を背景とする広い視野からの新たな究明が必要となる。

著者は、「鄭和遠征」の問題は十四世紀後半以後の、西アジア・イスラーム世界におこった政治的・経済的変化の状況を微妙に投影したインド洋海域世界における交流圏構造の変化との関連で究明されるべきであって、当然、イスラーム側の文献史料を広く利用した総合的研究が必要である、と考えている。以上の視点にたつとき、著者によって新たに発見されたイエメン写本にみられる鄭和遠征分隊のアデン訪問に関する記事は、この事情を解明するうえできわめて史料的価値が高いといえよう。

二

イエメン写本によれば、鄭和の派遣したジャンク船団（ザンク、ズヌーク）が初めてアデンに入港したのは、ヒジュラ暦八二一年ズー・ル＝ヒッジャ月（西暦一四一八年十二月三十日／一四一九年一月二十七日）のことであった。

一「ヒジュラ暦八二一年ズー・ル＝ヒッジャ月、ジャンク船団（マラーキブ・アッ＝ザンク）の港市（アデン港）への到着。彼らと一緒にシナ（中国）の長の使者がわが君主スルタン＝アル＝マリク・アン＝ナースィルへ立派な進物をもたらした。……わが君主スルタン＝アル＝マリク・アン＝ナースィルが駐留地の陣営に入ると、シナの長の贈り物が彼に提示された。それは各種の奢侈品、高級金錦織の服、高級麝香、沈香木、重量二万ミスカール（約九七キロ）におよぶ各種のシナ陶磁器多数からなるすばらしい贈り物であった。

法官ワジーフ・ウッ＝ディーン・アブド・アッ＝ラフマーン・ブン・ジュマイゥがその贈り物と一緒に〔アデン港から〕同伴して来た。それはヒジュラ暦八二二年ムハッラム月二十六日、火曜日（西暦一四一九年二月二十二日）のこと。……わが君主アル＝マリク・アン＝ナースィルは、シナの長の使者たち（ここでは「使者たち」とある）への返礼の進物を用意するように命じた。その進物の内容は、各種の奢侈品、イフランジャ（フィランジュ、西ヨーロッパ、フランク）の港で加工された珊瑚樹、野牛・野生ロバなどの各種の野生動物、飼いならされた獅子、〔野生の〕豹、飼いならされた豹であった。ヒジュラ暦八二二年サファル月（西暦一四一九年二月二十七日／三月二十七日）、彼らはアデン港へ向けて法官ワジーフ・ウッ＝ディーン・アブド・アッ＝ラフマーン・ブン・ジュマイゥと一緒に出発した」

第二回目については、ヒジュラ暦八二六年サファル月十八日（西暦一四二三年一月三十一日）の記事につぎのように記されている。

二「シナの長の使者が乗り組むジャンク到着の報告がわが君主スルタン＝アル＝マリク・アン＝ナースィルのもとに着いた。その使者と一緒に〔シナの〕王ハーカーン（大汗）からわが君主スルタン＝アル・マリク・アン＝ナースィルへの立派な進物がもたらされた。わが君主スルタン＝アル＝マリク・アン＝ナースィルの勅命が法官のジャマール・ウッ＝ディーン・イブン・イスハークとシナの長の使者である宦官に向けて発せられ、アデン港

イエメン史料による鄭和遠征分隊のアデン訪問

I	A.D.1418年12月30日 ／1419年1月27日	ジャンク船団のアデン港到着
	A.D.1419年2月22日	シナの使者たちは，ラスール朝の首都タイッズに到着
	A.D.1419年2月27日 ／3月27日	シナの使者たちは，スルタン＝アル＝マリク・アン＝ナースィルからの下賜品を受けた後，アデンへもどる
II	A.D.1423年1月31日	ジャンクのアデン到着。シナの使者は宦官ジャラール・ウッ＝ディーン
	A.D.1423年2月12日 ／3月13日	シナの使者ジャラール・ウッ＝ディーンはスルタン＝アル＝マリク・アン＝ナースィルの居城であるタイッズに到着
III	A.D.1432年2月28日	シナの長の家臣であるナーホダーの1人はアデン港からスルタン＝アル＝マリク・アッ＝ザーヒルのいるラヘジュに到着

から〔タイッズの〕スルタンのもとに来るように、とのことであった。そこで彼らは以下のような進物をもって到着した。それは奢侈品類、麝香鹿、麝香〔猫〕の練り物、彩色真珠、シナ産の沈香、高級シナ陶磁器、服、クッション、新奇の蚊帳、高級沈香、その外には陶磁容器であった。スルタンの近衛兵へ勅命が下され、近衛兵とアミールたちすべてで彼らを出むかえるようにと命じられた。それはヒジュラ暦八二六年サファル月十八日（西暦一四二三年一月三十一日）、日曜日のこと。……ヒジュラ暦八二六年第一ラビーゥ月（西暦一四二三年二月十二日／三月十三日）、ジャマール・ウッ＝ディーン・ムハンマド・ブン・アビー・バクル・ブン・イスハークは、シナの長の使者で宦官のジャラール・ウッ＝ディーンを伴って、タイッズに到着した」*

鄭和遠征分隊のイエメン訪問に関する三回目の記事は、つぎのとおりである。

三　「ヒジュラ暦八三五年第二ジュマーダー月二十五日（西暦一四三二年二月二十八日）、水曜日、シナの長の家臣であるジャンクの船長（ナーホダー）は、わが君主スルタン（アル＝マリク・アッ＝ザーヒル）――アッラーよ。彼にご助力をお与え下さい――への進物をもって、ラヘジュ（アデン近郊）に到着した。そのとき、わが主のワズィール（宰相）たちの長シハーブ・ウッ＝ディーン・アフマド・ブン・イブラーヒーム・アル＝マハーリビーとシャイフ＝ジャマール・ウッ＝ディーン・ムハンマド・アビー・ジィーヤーンが同行してきた」

これにつづく記事によって、スルタン＝アル＝マリク・アッ＝ザーヒルはジャンクを視察のために自らアデン港に赴いたことがわかる。すなわち、「ヒジュラ暦八三五年ラジャブ月十日（西暦一四三二年三月十三日）、水曜日、わが君主アル＝マリク・アッ＝ザーヒル――アッラーよ。彼にご助力をお与え下さい――はアデン港に入った。それに先だって、彼は三日間にわたって波止場に滞在した。それは慶賀なできごとであって、さまざまな出身の人びと多数が、そこに参列した」とある。

以上の記事を表にまとめれば、右ページのとおりである。

中国側の記録史料によれば、鄭和の遠征隊が南インド・マラバール海岸の古里（カリカット、カーリクート）を越えて、はじめてインド洋の西海域に進出したのは、第四次遠征以後のことであった。第四次遠征の出使は永楽十年（西暦一四一二年）、帰還は永楽十三年（西暦一四一五年）であり、この時、鄭和遠征の本隊はホルムズまで行き、分遣隊はスムトラ（蘇門答剌、藍里）から溜山国（マルディヴ諸島）を経て、東アフリカ海岸のムガディシ

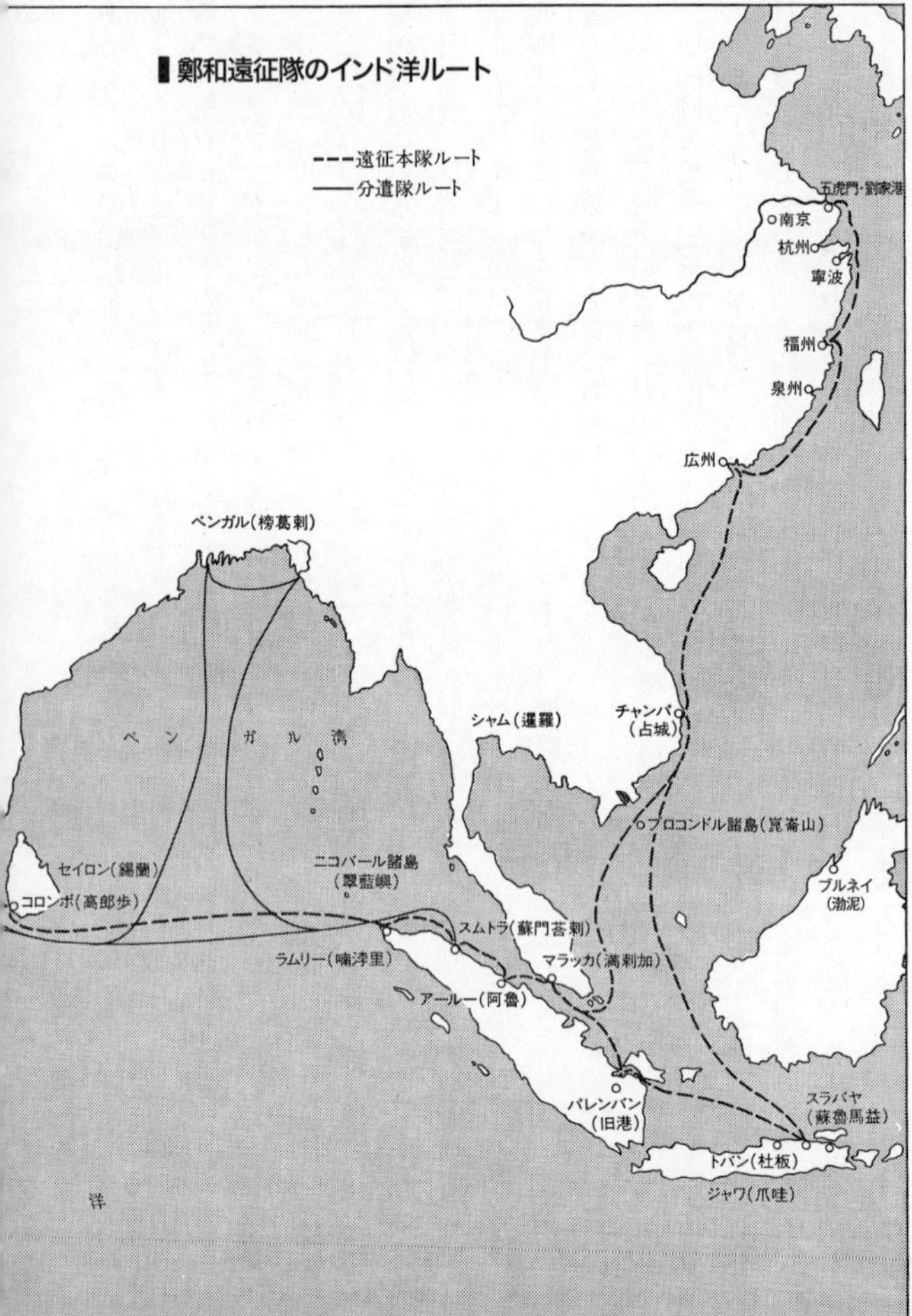

鄭和遠征隊のインド洋ルート
遠征本隊ルート
分遣隊ルート
五虎門・劉家港
南京
杭州
寧波
福州
泉州
広州
ベンガル（榜葛剌）
ベ　ン　ガ　ル　湾
シャム（暹羅）
チャンパ（占城）
プロコンドル諸島（崑崙山）
ブルネイ（渤泥）
セイロン（錫蘭）
コロンボ（高郎歩）
ニコバール諸島（翠藍嶼）
スムトラ（蘇門荅剌）
ラムリー（喃浡里）
マラッカ（満剌加）
アールー（阿魯）
パレンバン（旧港）
スラバヤ（蘇魯馬益）
トバン（杜板）
ジャワ（爪哇）
洋

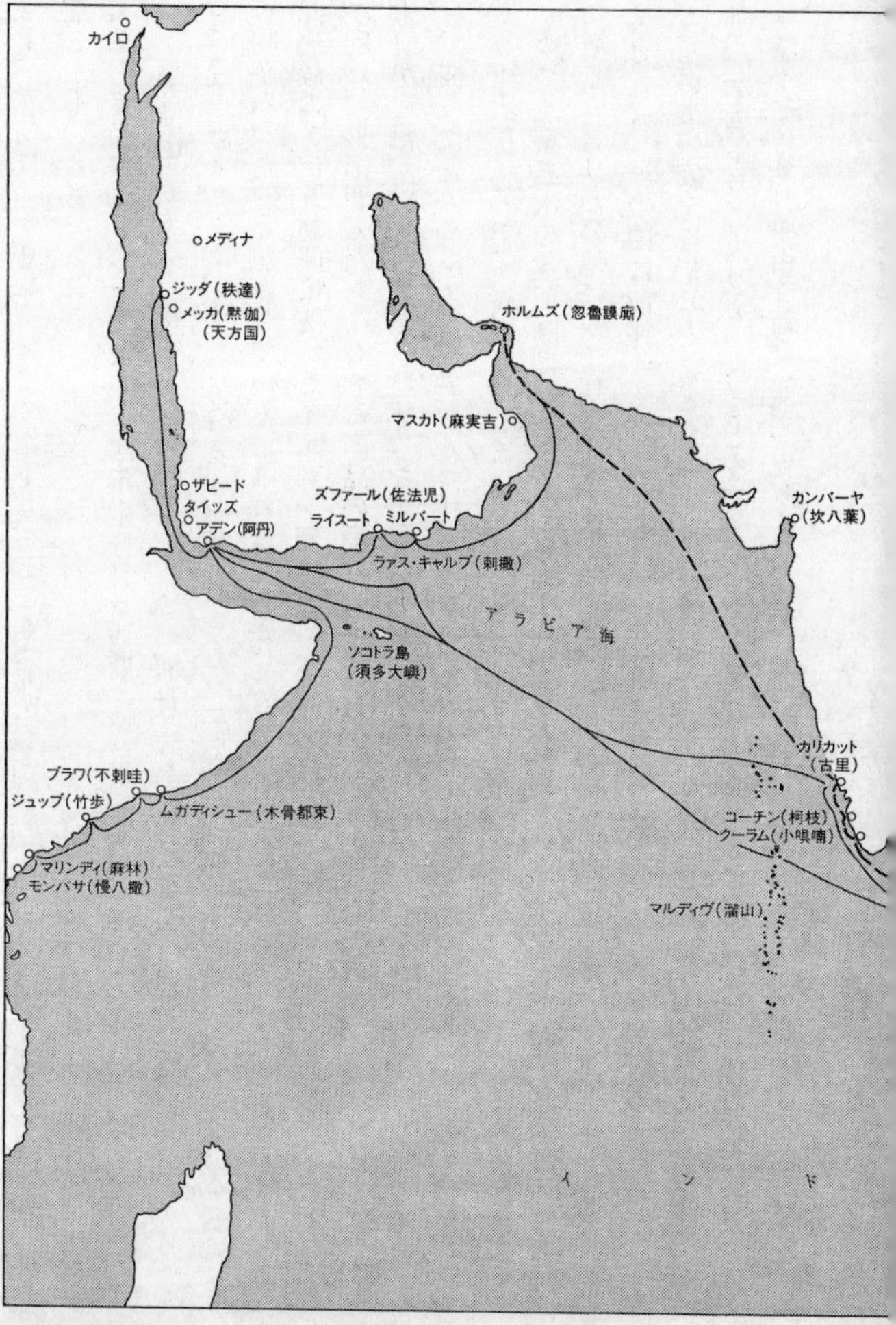
カイロ
メディナ
ジッダ(秩達)
メッカ(黙伽)
(天方国)
ホルムズ(忽魯謨廝)
マスカト(麻実吉)
ザビード
タイッズ
アデン(阿丹)
ズファール(佐法児)
ライスート
ミルバート
ラァス・キャルブ(剌撒)
カンバーヤ
(坎八葉)
アラビア海
ソコトラ島
(須多大嶼)
カリカット
(古里)
ブラワ(不剌哇)
ジュッブ(竹歩)
ムガディシュー(木骨都束)
コーチン(柯枝)
クーラム(小唄喃)
マリンディ(麻林)
モンバサ(慢八撒)
マルディヴ(溜山)
インド

ユー、ブラワ、マリンディまで南下し、そこから北上し、アデン、ズファールに寄って帰還したものと考えられる。

『皇明実録』によると、永楽十四年十一月（西暦一四一六年十一～十二月）に古里（カリカット）、溜山（マルディヴ）、不剌哇（ブラワ）、阿丹（アデン）、麻林（マリンディ）、剌撒（ラァス・ファルタク、またはラァス・アル＝キャルブ）、忽魯謨廝（ホルムズ）などからの貢ぎ物があった、と記されている。これは明らかに分遣隊の帰還を伝えたものであろう。第四次隊のアデン訪問に関するイエメン側の史料は残されていない。当時のイエメンは政情が乱れ、外国商人たちに対する商品の没収や不当関税が課せられたために、外国の商船の来航が途絶えた時期であった。したがって、もし鄭和の分遣隊がアデンに入港したとしても、彼ら使者はスルタン＝アル＝マリク・アン＝ナースィルと会見できなかったのではないか、と考えられる。

つづく第五次の遠征隊は、永楽十五年（西暦一四一七年）の秋に出帆した。泉州城の東にあるムスリム墓地に残された碑石の刻文には、鄭和が永楽帝の欽命を奉じて「忽魯謨廝（ホルムズ）等の国に前往する」と記されている。これによって、鄭和が出発にさきだって、航海の安全を祈ったことがわかる。鄭和はインドシナ半島の占城、マラッカ（満剌加）、スムトラ、カリカットなどを経て、ふたたびホルムズまで行き、帰還は約二年後の永楽十七年九月庚申（西暦一四一九年十月六日）であった。このときも分遣隊はカリカットから南アラビア、東アフリカ方面に派遣された。『皇明実録』の永楽十九年正月戊子（西暦一四二一年二月十五日）の条に南海諸国からの朝貢の記事があるので、この分遣隊は、本隊より約一年四カ月遅れて帰還したことを示している。すなわち、一四二〇年の秋に南西モンスーンを利用して南シナ海を北上し、九月末か十月には出発地の福建省閩江の河口の五虎門に戻ったのであろう。上述した〔一〕の記事は明らかに鄭和第五次遠征の分遣隊のイエメン訪問を記録したものであると考えられる。

すなわち、イエメン側史料には、一四一八年十二月末から一四一九年一月末に、ジャンク船団がアデン港に到着したと記されていることから考えて、つぎの点について新たな事実を提供している。

(1) この分遣隊は、おそらく一四一七年の秋に中国を出発してから約一年後の一四一八年もしくは一四一九年正月にアデン港に到着した。

(2) このときのジャンクは複数の船団であった。

(3) その使者はアデンに上陸した後、イエメン・ラスール朝のスルタン＝アル＝マリク・アン＝ナースィルと会見のためタイッズまで行き、そこに約一カ月間滞在した。

(4) 永楽帝からの贈呈品の内容とアル＝マリク・アン＝ナースィルの答礼の品目。

なお、シナのジャンクが、いつアデン港からふたたび出帆したのか、またつぎの訪問地はどこであったのかは明らかでないが、一四一九年二月から三月中に急いで東アフリカ海岸の諸国（ムガディシュー、ブラワ、マリンディ）を訪問した後、四月以降に吹く南西モンスーン風をとらえて、ふたたびインド洋を北上横断してインドのカリカットに戻ったものと考えられる。

さて、つぎの第六次遠征は永楽十九年正月癸巳（西暦一四二一年）に出使の勅令が下され、その秋に出帆した。しかし今回の遠征はその規模と訪問先について不明瞭な点が多く、南京への帰還は永楽二十年八月壬寅（西暦一四二二年八月十八日）であったから、従来の出使にくらべて非常に短く、約一年半にすぎなかったらしい。このときは鄭和の本隊は、スムトラまでしか行かず、東南アジア諸国を巡回して戻った。しかし彼の分遣隊は、スムトラからさらにインド洋西海域に向けて出発した。

今回のアデン訪問については、馬歓の『瀛涯勝覧』がその阿丹（アデン）国条のなかでかなり詳しい報告を伝えている。

「……永楽十九年（西暦一四二一年）に欽命正使太監李などに命じて詔勅を伝え、衣冠をその（アデン）王酋に賜わった。〔李などは〕蘇門荅剌（スムトラ）国に至ると、船隊を分けて内官の周に宝船数隻を指揮させてそこ（アデン）に到らしめた。〔アデンの〕王は船隊のやって来たのを聞いて、すなわち大頭目や小頭目を率いて海浜に出て迎え、詔勅と賜り物でこれを迎えた。さらに、王府（タイッズ）に赴いての礼法は甚だうやうやしいものであり、一同感伏（服）した。〔中国の皇帝の〕お言葉の伝達を終わると、国王はその国の人びとに諭を与え、珍宝有れば交易することを許した。ここでは重さ二銭ばかりの大塊の猫目石、色とりどりの雅姑（ヤークート）などの新異の宝石、大粒の珍しい真珠、高さ二尺の珊瑚数珠株を買い求め、また珊瑚枝を五櫃、金珀、薔薇水、麒麟、獅子、花福鹿、金銭豹、駝鳥、白鳩なども買い求めて戻った。

……この国の王は聖恩を深く感じ、とくに金や宝石をちりばめた帯を二すじ、珍しい真珠、宝石をちりばめた金冠一頂をつくり、あわせて雅姑などのいろいろな宝石を集めたものを二枚と金葉の表文を中国に進貢した」

スマトラ島より本隊を離れてアデンを訪問した分遣隊の指揮者が太監李によって派遣された内官の周であったことは、この『瀛涯勝覧』の阿丹国条にみえるのが唯一の記録であって、他の中国史料には見当たらない。

上述した（二）に記されたシナ（中国）ジャンクのアデン到着（もしくはスルタンへ報告が達した日付）は、西暦一四二三年一月三十一日であるから、おそらくこのときのシナの使節は、内官周によって率いられた分遣隊と一致する。そして、シナの使者、宦官ジャラール・ウッ＝ディーンは内官周を指したものと考えられる。内官周がイエメン側の史料にムスリム名で記されていることは、彼が太監鄭和と同様、ムスリムであったことを物語っている。

鄭和の父は姓は馬氏で、雲南昆陽の人、昆陽城外にある墓誌銘に、「公の字は哈只（ハーッジュ）、姓は馬（ムハンマド）氏……父哈只」とあることから、聖地メッカ巡礼（ハッジ）をしたことのあるムスリムであったと考えて間違いないであろう。したがって、その子鄭和もまたムスリムであって、第五次遠征の航海安全を祈って鄭和自らが建てた碑文（泉州城の東側、仁風門外にあるムスリムの墓地内に建っている）には、「忽魯謨廝（ホルムズ）等の国に前往する」に際して、この日、この地に航海の安全を祈り、「霊聖（ムハンマド）の庇祐（加護）を望」んだ、と刻まれており、彼の遠征目的の一つが父と同様、メッカ巡礼を行うことにあったのではないか、と推測される一資料である。鄭和が実際にメッカ巡礼を行ったかは明らかではないが、この遠征に派遣された内官周のように、指揮官や乗組員たちのなかにはかなりの数の中国ムスリムたちが含まれており、鄭和遠征の事業を通じて実際に聖地を何度か訪問した者もいた。

『瀛涯勝覧』の著者馬歓は、鄭和第六次に引きつづいて、第七次の遠征にも随行し、分遣隊とともに天方国（聖地メッカ）を訪問し、その国に関する詳しい記録を残している。このように、中国ムスリムたちは、鄭和遠征事業を遂行する際にさまざまな分野で重要な役割を演じたと考えられる。彼らがインド洋の西海域に向けて積極的に進出していった動機の一つとして、政情不安による危険な内陸アジア・ルートにかわる安全なインド洋横断の海上ルートの開発によって、聖地メッカ巡礼と、メディナのムハンマド廟参拝を行おうとする中国ムスリムたちの宗教的・精神的な大きなエネルギーもまた考慮すべき問題であろう。

第六次の分遣隊はスマトラ島のスムトラ・パサイ(蘇門答剌)の港より本隊と分かれて、ニコバール諸島、スリランカ南端を回ってカリカットに達し、さらにインド洋西海域を横断して、一四二三年一月には南アラビアのズファールを経由してアデンにいたった。分遣隊の使者たちは、イエメンでは、アデン、タイッズを訪問のあと、おそらく二月半ばから三月初旬には、東アフリカ海岸をムガディシュー、ブラワまで南下した後、四月には方向を転じて、南西モンスーンとソマリ・カレント(東アフリカ海岸沿いに流れる吹送流)を利用して一気にペルシア湾まで北上して、ホルムズに達したのであろう。そして、再びカリカット、スリランカ、マラッカ、スムトラを経由の後、永楽二十一年(西暦一四二三年)の秋までには帰還した。『皇明実録』の同年九月戊戌(二十日)条に、西洋古里(カリカット)、忽魯謨厮(ホルムズ)、錫蘭山(スリランカ)、阿丹(アデン)、祖法児(ズファール)、剌撒(ラァス・ファルタク)、不剌哇(ブラワ)、木骨都束(ムガディシュー)、柯枝(コーチン)、加異勒(カーイル、カーヤル)、溜山(マルディヴ)、喃浡利(ラムリー)、蘇門答剌(スムトラ)、阿魯(アールー)、満剌加(マラッカ)の使者たちの来朝したことを伝えており、それは第六次分遣隊の帰還およびその経由の諸国を示したものと推測される。

上述したイエメン史料(二)によると、この分遣隊のアデン到着の報告がスルタン=アル=マリク・アン=ナースィルのもとに到着したのは、西暦一四二三年一月三十一日(永楽二十年閏十二月十九日）のことであったから、永楽十九年の秋に出使してから約一年の航海でアデンに入港したのである。そして、シナの使者の宦官ジャラール・ウッ＝ディーンはラスール朝側が派遣した護衛の軍隊と一緒にスルタン＝アン＝ナースィルの居城タイッズを訪問した（西暦一四二三年二月もしくは三月）。その後のシナ（中国）使者の行動は、イエメン史料に記されていないが、前述したようにその分遣隊の中国帰還が西暦一四二三年（永楽二十一年九月二十日）であるとすると、スルタンと謁見の後、まず北東モンスーンで東アフリカを巡回のあと、南西モンスーンの吹くのを待ってホルムズもしくはインドに向かったと考えられる。このように、鄭和遠征隊の航海は、秋の北東モンスーンを利用して南シナ海を下り、インド洋を西行し、翌々年の夏の初め（四～五月末）と終わり（八月下旬～九月上旬）の南西モンスーンによって東行と北上をつづけて、帰還するまでに約二年間を要した。

なお、他のいくつかのイエメン側史料（イブン・アッ＝ダイバゥ、ハサン・ブン・フサインとヤフヤー・ブン・アル＝フサインなど）によると、中国ジャンクはヒジュラ暦八二三年、すなわち西暦一四二〇／二一年（永楽十八／十九年）にもアデンを訪問したことがわかる。イブン・アッ＝ダイバゥによる『イエメン・ターヒル朝史（幸運のイエメン情報に関する眼の慰めの書）』には、つぎのように記されている。

・「ヒジュラ暦八二三年、シナ（中国）の長の使臣が三艘の大船を率いて彼（スルタン＝ア

・ル＝マリク・アン＝ナースィル）のもとに来着した。その船には価格、金に換算して二十ラック（二十万ディーナール）におよぶ貴重な進物を積載してきた。その使臣は、アル＝マリク・アン＝ナースィルと謁見したが、彼の面前で大地への接吻の礼を行わずに、つぎのように言った。〝汝の君主であられるシナの長は汝によろしくとのことです。また汝が人民に公明正大であられるように〟。すると、アル＝マリク・アン＝ナースィルは、その使臣に〝ようこそ、よくぞ来られた〟と言って、彼を丁重にもてなし、迎賓館に泊まらせた。その後、アル＝マリク・アン＝ナースィルはシナの長にあてて、つぎのような書簡を書いた。すなわちそのなかには、〝〔世のなかの〕諸般は〔すべて〕汝〔シナの王〕にかかわり〔世の〕国は〔すべて〕汝のもの、との〔汝の〕この伝言はアル＝マリク・アン＝ナースィルに対する礼儀の衣を脱ぎ、無礼の衣を羽織った汝こと、シナの王の使臣によるものだ〟とあった。ところで、人びとの言い伝えとして信じられていることの一つに、シナの王は〝すべての人間は〔シナ〕王の下僕である〟というのがある。確かに、彼ら〔シナ人たち〕のなかには、諸国の状況や王侯たちのことについて無知・蒙昧な人びともいるであろう。しかし、完全〔無欠な人〕であると自認している者（王）には当然、礼儀・作法が備わっているべきだ。そもそも、そうした完全な人は必ず寛大さと気品高さをもって他人に語りかけるのが当然である」

以上のイブン・アッ＝ダイバゥの記事は、シナ船が三艘の大型船であったこと、また使者はアル＝マリク・アン＝ナースィルと謁見した際、三跪九叩の礼を怠ったこと、シナ王の書簡にみられる皇帝としての尊大な態度などについてかなり具体的状況をわれわれに伝えてくれて興味深い。ただし、この記事の後半部分には、その書の著者のイブン・アッ＝ダイバゥ自身による補足的解釈が加えられているように思われる。彼による別の書『ザビード誌（ザビードの町の情報に関する有益なる望み）』には、つぎのように記されている。

「……そして、スルタンはシナの使臣のために野生動物とスルタン用のすばらしい礼服を非常に多く用意させ、さらにアデンまで彼を護衛していくようにと命じた」

さきに述べた彼の『イエメン・ターヒル朝史』の記事とは異なって、簡略ではあるが、正確な事実を伝えている。また、別のイエメン史家のヤフヤー・ブン・アル＝フサインはイブン・アッ＝ダイバゥのこの歴史書とほぼ同じ内容の記事を引用し、シナ人使者の尊大な態度を説明している。

以上のイブン・アッ＝ダイバゥによって記録されたヒジュラ暦八二三年におけるシナ船来航の記事は、著者によって発見されたパリ写本には記録されていないものである。パリ写本によれば、ヒジュラ暦八二三年（西暦一四二〇／二一年）という年にはアル＝マリク・アン＝ナースィルと双子の関係にあったフサインによる叛乱事件やアラブ族ヤーフィウのアデン港への侵略がおこって、アル＝マリク・アン＝ナースィルの政治権力は大きく動揺していた。とくに、同年の第一ジュマーダー月（西暦一四二〇年五／六月）に、アラブ族のヤーフィウがアデンを襲撃し、そのために港での貿易取引の活動は完全に停止していた。パリ写本では、その事情をつぎのように伝えている。

「到着した報告によれば、アデン港において、〔アラブ族の〕ヤーフィウと〔アデンの〕ワーリー（知事）、ナーズィル（貿易監督官）の〔連合〕軍とのあいだに戦闘が行われた。そのために、ワーリーとナーズィルの軍団の人びとは殺害され、ヤーフィウたちは両者（ワーリーとナーズィル）の〔アデン港における貿易〕業務を停止させた。その報告が、わが君主アル＝マリク・アン＝ナースィルのもとにとどけられた。当時、スルタンはザビードにいた。スルタンはアミール＝ニザーム・ウッ＝ディーン・フダイルをアデン港に派遣し、彼らの状況を調べさせた。それはヒジュラ暦八二三年第一ジュマーダー月六日（西暦一四二〇年五月十九日）のことであった」

ヒジュラ暦八二三年は西暦になおすと、一四二〇年一月十七日から一四二一年一月五日までにわたるので、シナ船が慣例どおりに北東モンスーンを利用してインド洋を横断したとすると、アデン港到着はヒジュラ暦八二三年（西暦一四二〇年）の一～三月、もしくは、同年末の十一～十二月のことと考えられる。つまり、その時期はちょうどアラブ族ヤーフィウとアデンの行政・貿易業務を監督するワーリーおよびナーズィルの軍隊とのあいだに激しい戦闘がくり広げられた前後の時期であった。

第六次の鄭和本隊の帰還は、永楽二十年八月壬寅（西暦一四二二年八月）であって、このとき、アデンからの使者と進物があったことがつぎの『皇明実録』八月壬寅の記事によって確認できる。

「内官鄭和等は諸蕃国に使して還ってきた。暹羅（シャム）、蘇門荅剌（スムトラ）、阿丹（アデン）等の国は、すべて使者を遣わして鄭和と一緒に方物（特産品）を貢じてきた」

もし、イブン・アッ＝ダイバゥらによって記録された大型シナ（中国）船三艘のアデン訪問が事実を伝えたとすると、それはおそらく第五次隊の残留隊であると考えられる。なぜならば、鞏珍の『西洋番国志』「阿丹（アデン）国」条には、イブン・アッ＝ダイバゥの記録と同じく永楽十九年出使の分遣隊は三艘であったと述べられているからである。いずれにしても第五次の分遣隊はアデン訪問の後、永楽二十年（西暦一四二二年）、第六次の鄭和本隊と合流して帰還したものと考えられる。さきに述べたとおり、第六次分遣隊の帰着は、この本隊よりさらに一年遅れて、永楽二十一年（西暦一四二三年）であって、そのときも阿丹国からの使者が来朝している。以上のように、イエメン側史料と同様、中国側史料によっても、アデンから一四二二年と一四二三年の二度の使者と進物があったことがわかる。

鄭和第七次のインド洋遠征は、永楽帝の没後の六年目、宣徳五年（西暦一四三〇年）、宣徳帝の勅令によってふたたび実行された。今回の遠征規模と里程は、祝允明によって残された記録『前聞記』所収の「西洋下りの条」にかなり正確に記されている。それによると、宣徳五年〔西暦一四三一年〕閏十二月六日、龍湾を開舡し、占城〔チャンパ〕、爪哇〔ジャワ〕、満剌加〔マラッカ〕を経て、同七年十一月十八日、古里国〔カリカット〕にいたった後、十二月二十六日、忽魯謨廝〔ホルムズ〕に着いた。なお、この航海の途中で、分遣隊は古里国から分かれてインド洋を西に直航し、南アラビア、東アフリカの諸港を歴訪した。すなわち、『瀛涯勝覧』「天方国〔メッカ〕」条に、その時の状況がつぎのように記されている。

「宣徳五年、欽蒙聖朝差正使太監内官鄭和らが各蕃国におもむいて、中国皇帝のお言葉と賜り物を伝えた。䑸を分かちて古里国に至ったおり、〔その指揮官の〕内官太監洪保は本国〔メッカ国〕の使者が〔たまたま〕古里国に差し遣わされていたので、すなわち通訳官など七人を選んで、麝香、磁器などのものをもたせて本国〔メッカ国〕の船と一緒にそこへ派遣したのである。往復一年かかったが、いろいろと珍しい商品や宝物、麒麟、獅子、駝鳥などや、あわせて天堂〔カアバ神殿〕を画いた図を買い求めて〔明の〕都に戻ってきたのである。またその黙伽国〔メッカ〕王も使臣を差し遣わし、貢ぎ物をもたせて、通訳官七人と同行して〔明の〕朝廷に献進してきたのである」

これと同じ記事は、鞏珍の『西洋番国志』および『明史』〔巻三三二「天方国」条〕にもみえている。

上述した史料〔三〕にみえるヒジュラ暦八三五年第二ジュマーダー月二十五日〔西暦一

四三二年二月二十八日）のシナ船に乗ったナーホダー到着に関する記事は、まさにこの第七次分遣隊を指したものに相違ない。但し、祝允明の『前聞記』「西洋下りの条」による旅程には、鄭和本隊の古里国到着は宣徳七年（西暦一四三二年）十一月十八日とあって、その後に、本隊と分かれて分遣隊がイエメン方面に向かったとすると、イエメン側史料の日付（同年二月二十八日）とは合致しない。この点について、著者が、すでに論文「イスラム史料中にみる鄭和遠征記事について」において明らかにしたように、イエメンおよびメッカ方面に向かった分遣隊は本隊のカリカット到着にさきだって（おそらく八カ月近く早く）スマトラとカリカットを経由、アデンへ向けて出発したものと考えられる。すなわち、『瀛涯勝覧』と『西洋番国志』のいずれの史料にも、「䑸を分かちて古里（カリカット）に至ったおり、内官太監洪保は本国（メッカ国）の使者が（たまたま）古里国に差し遣わされていたので……」とあって、本隊とはカリカットの以前にすでに分䑸していたことがわかる。『明史』（巻三二六）「阿丹国（アデン）」条に、つぎの記述がある。

「阿丹は、古里（カリカット）の西に在り、風（モンスーン）にのれば二十二日昼夜で至ることができる。永楽十四年（西暦一四一六年）に、（阿丹国は）使いを遣わし、表を奉じて、方物を貢いできた。辞して還るときに鄭和に命じて、勅書と綾織物をもたせ、一緒に往き之を与えた。是よりおよそ四回（中国明朝に）入貢してきたので、天子もまた厚く賜り物を与えた。宣徳五年（西暦一四三〇年）に、それまで海外の諸蕃（国）が久しく入貢を欠いていたので、ふたたび鄭和に命じて天子の勅宣をもたらし、その〔阿丹国の〕王抹立克那思児に対して、使者を遣わし、来貢するようにと諭した。そこで〔使者は〕宣徳八年（西暦一四三三年）に京師（南京）に至った」

この記載によれば、阿丹国（ここでは明らかにラスール朝をさしている）の最初の入貢は永楽十四年（西暦一四一六年）のことであって、その後四度にわたって中国に使者を遣わしていたが、それ以後しばらく交渉が断絶したために、阿丹王の抹立克那思児に対してふたたび入貢してくるようにと促したという。阿丹王の抹立克那思児とは、明らかにマリク・ナースィルを音写したものであって、これはラスール朝の王アル＝マリク・アン＝ナースィル・アフマド（在位西暦一四〇〇～二四年）を指している。しかし、この王は鄭和の第七回遠征のときにはすでに死去している。したがって、中国側はアル＝マリク・アン＝ナースィルの死去を知らず、永楽十四年のときの情報にそのままにしたがったものと考えられる。当時のラスール朝スルタンは、パリ写本の史料に記されていたように、第十一代スルタン＝アル＝マリク・アッ＝ザーヒル・ヤフヤー（在位西暦一四二八～三九年）であった。写本史料〔三〕によると、スルタン＝アッ＝ザーヒルはシナのジャンクの来航を知って、ラヘジュからアデンに行き、その波止場に三日間滞在したという。おそらくこのとき、スルタンはジャンクに乗りこみ、実際に船内を視察したものと推測される。

なお、このときにシナ・ジャンクがアデンに入港したことの記録は、さらに別のイエメン史料にも残されている。すなわち、『アデン港の歴史』の著者としても知られるアブー・マフラマによるイエメン史『時代の名士たちの死去に関する胸飾り』のなかに、つぎのような記載がみえる。

「この年（ヒジュラ暦八三五年・西暦一四三二年）、タイッズでスルタン＝アッ＝ザーヒルのマドラサ（高等教育施設）の建設が開始された。また同年、アデンに①……が到着した。②……は、この年、彼らの船舶の検分のためにアデンに向けて……③。そして彼らを丁重に処遇し、その商品および奢侈品を購入した。そこで彼は野生動物を彼らに売った。彼らから多くの望ましいものを得た。彼（スルタン）のアデン滞在中に、〔アラブ族の〕マァーズィバとカァバインがティハーマ地方のワーディー・ズワールで叛乱をおこした、との情報が入った」

以上の文中の①から③の部分は、写本では空白となっているために文字を判読することはできない。しかし、さきに紹介した、著者による写本史料の記事との対比によってこれを補えば、以下のようになることは明らかである。

①「アデンにシナからのザンク（ジャンク）のナーホダー（船長）が到着した」

②—③「スルタンは、この年、彼らの船舶の検分のためにアデンに向けて出発した」

アブー・マフラマの史書のライデン写本とイスタンブール写本ではいずれも、以上のように点線部分が空白のままになっている。おそらく原本では、これらの部分は朱書されているのであって、著者の利用したマイクロ・フィルムには、たまたま映らなかったのであろう。

ところで、エジプト・マムルーク朝側の史料中にも、今回の鄭和遠征に関する重要な記録が残されている。まず、エジプトの歴史家として名高いマクリーズィーが『諸王国の知識のための事績の書』のヒジュラ暦八三五年（西暦一四三二年）の条で述べていることを紹介してみよう。

「ヒジュラ暦八三五年シャッワール月二十二日（西暦一四三二年六月二十二日・宣徳七年五月二十五日）、メッカからつぎのような知らせが来た。数艘のジャンクがシナ（中国）からインドの海岸地帯に達し、さらにそのなかの二艘はアデン海岸に投錨した。しかしイエメンの状況が混乱していたので、彼らの〔積載してきた〕商品である陶磁器、絹織物、麝香などの取引ができなかった。そこでその二艘のジャンクの長はメッカのアミールでシャリーフ＝バラカート・ブン・ハサン・ブン・アジュラーンとジッダの港湾監督官（ナーズィル）＝サアド・ウッ＝ディーン・イブラーヒーム・ブン・アル＝ムッラのもとに書状を送付して、彼ら〔ジャンク〕がジッダに向かうことの許可を求めた。そこでバラカートとサァド・ウッ＝ディーンの二人は〔マムルーク朝〕スルタン＝バルスバイにこの件に関する許可を願い、彼ら〔シナ・ジャンク〕が到来したときに得られる利潤がどんなに大きいかを説明して、彼の関心を高めようとした。そこでスルタンは彼らがジッダに来航するように、また丁重にもてなすように、と返答した」

このマクリーズィーの記録は、イブン・タグリー・ビルディーの『時代の諸事件』にも、ほぼ同文が引用されている。すなわち、両者の記録を総合すると、①シナ・ジャンクの二艘は、インドの海岸（おそらくカリカット）を経て、まずイエメンのアデン港に到着し、②その地で彼らの積み荷を売却しようとしたが、イエメン・ラスール朝の政情不安によって交易取引がうまくいかなかった、③そこで紅海の入り口バーバル・マンデブ海峡を通過してジッダに入港する許可をメッカのアミールとジッダの港湾監督官に求めた、④その件はエジプト・マムルーク朝のスルタン＝バルスバイのもとに伝えられて、彼の判断によって許可された、などの事情をわれわれに伝えてくれる。

イエメン史料〔三〕には、シナ・ジャンクの船長（ナーホダー）がラヘジュにおいてラスール朝スルタン＝アル・マリク・アッ＝ザーヒルと会見したのは、一四三二年二月二十八日のこととあるから、その約四カ月後の同年六月二十二日に、シナ・ジャンクのジッダ入港願がメッカの支配者（アミール）を仲介として、エジプトのマムルーク朝スルタン＝バルスバイのもとに届けられたのである。ここで興味深い点は、イエメン・ラスール朝側とエジプト・マムルーク朝側の伝える記録内容とが微妙に食い違うことである。つまりイエメン側の史料は中国の使節団を手厚くもてなしたと記しているのに反して、エジプト側の史料は、彼らがイエメンで冷遇されたために、マムルーク朝支配下のジッダへ入港を求めてきた、とある。

この両者の記録のいずれが正しい事実を伝えたかは明らかではないが、後述するように、当時のエジプト・マムルーク朝側はイエメン・ラスール朝を中継せずに、インド洋周縁部の諸国との直接的交易関係を強く求めていたこと、中国の使節団の目的の一つがメッカ巡礼にあったこと、またイエメン側はシナ・ジャンクが紅海に進出することを嫌っていたことが考えられる。こうした状況のなかで、中国の使節団はジッダへの入港を強く求めてメッカの支配者シャリーフ＝バラカート・ブン・ハサンへ書簡を送ったのである。マクリーズィーとイブン・タグリー・ビルディーは、その後の彼らの行動については何も報告していないが、別のマムルーク朝側の史料、イブン・ハジャル・アル＝アスカッラーニーによる『人生の知識に関する未経験の情報』には、つぎのような興味深い記録がみられる。「ヒジュラ暦八三五年（西暦一四三二年）に数艘のシナ・ジャンクが算定できぬほどの奢侈品をもって到着した。それらの品々はメッカにおいて売却された」

イブン・ハジャルの記載は非常に簡略ではあるが、重要な内容を含んでいる。すなわち、マクリーズィーに記されたように、マムルーク朝のスルタン＝バルスバイの許可が下りた後、①鄭和遠征分隊の一艘はジッダ港に実際に来航した、②ジャンクに積載の品はメッカの市場にて売却された、③したがってそのときジャンクに乗りくんでいた人びとは積み荷と一緒にメッカまで同行し、巡礼を行った、と考えられる。彼らがメッカに至った道程は、

『瀛涯勝覧』「天方国」条にある。

「この国（天方国）は、すなわち黙伽国（メッカ）である。古里国（カリカット）より出帆して西南の方位に船で行くこと三カ月でこの国の波止場に至る。つまりその土地の言葉（番名）で秩達（ジッダ）である。〔ここには〕大頭目がいて治めている。秩達から西に行くこと一日で、王の居城に至る。黙伽国（メッカ）と名づけている。回回教門（イスラーム教）を信奉している。聖人〔ムハンマド〕が始めて此国において教法を明らかにした」

山本達郎は、右の『瀛涯勝覧』には、①インドからジッダに到着するまで三カ月とあって多少航海日数がかかり過ぎていること、②ジッダからメッカへ向かう方向を「西に行くこと一日」とあって実際の方向とは逆であること、の二点にもとづいて、鄭和遠征分隊によるメッカ巡礼の事実を疑問視している。しかし、すでに述べたイスラーム側の諸史料によって、彼らのジッダ入港が遅れた理由およびメッカ訪問の事実が明らかとなったのである。

三

エジプト・マムルーク朝のスルタンたちは、十四世紀半ば以後の国内における経済危機を乗りきるための諸政策の一つとして、紅海とインド洋に向けての海運と貿易活動を活発化して、とくにインド産香辛料の専売制を施くことで国庫歳入の増加を図った。ヒジュラ暦八二八年(西暦一四二四/二五年)、マムルーク朝のスルタン=バルスバイは、ラスール朝の国内混乱にともなうヒジャーズ地方への統制権が緩んだ機会をとらえて、メッカとジッダにマムルーク軍を派遣し、直接支配のもとにおくとともに、ジッダをインド洋交易の最大の拠点とした。マクリーズィーは、その間の事情をつぎのように説明している。「ヒジュラ暦八二八年第一ラビーゥ月七日(西暦一四二五年一月二十七日)、アミール(十人長)の一人アラムブガーは百人のマムルーク軍を率いてメッカに向けて出発した。また、サァド・ウッ=ディーン・イブラーヒーム・ブン・アル=ムッラなる書記の一人はインドからジッダに来航する船舶の税を徴収するために出発した。伝統的慣行にしたがえば、インド商人たちの船はアデンに到着することをつねとし、アデン港を素通りすることはまったく知らなかった。ところで、ヒジュラ暦八二五年(西暦一四二一/二二年)になると、イブラーヒームという名のナーホダー(船長)はカリカットの町を出発すると、バーバル・マンデブ(海峡)を突破して、その船団をジッダに向けた。というのは、イエメンの君長が商人たちに対して不正な行為を行うのを恐れたからである。〔ジッダに到着してみると、メッカの〕シャリーフ=ハサン・ブン・アジュラーンは、イブラーヒームの積載してきた商品を没収し、メッカにおいて〔他の〕商人たちにそれを売却してしまった。さて、上述のイブラーヒームは、ヒジュラ暦八二六年(西暦一四二二/二三年)にも、アデンへ寄らずにバーバル・マンデブ〔海峡〕を通過し、ジッダに向かうことなく、今回はスワーキンの町、つぎにダフラク島に錨をおろした。しかし、そこの君長もまた彼に不正行為をはたらいた。そこでイブラーヒームは、ヒジュラ暦八二七年（西暦一四二三／二四年）にもふたたびやって来てアデン港に立ち寄らず、ジッダを通過してヤンブゥをめざした。当時、メッカには〔マムルーク朝の〕アミール＝カラクマースがおり、彼は終始、イブラーヒームを寛大にあつかい、〔イブラーヒームの船〕二艘をジッダに入港させるよう取りはからった。そして厚遇の限りをイブラーヒームにつくした。そこでイブラーヒームは深く満足し、再度の礼を言って去った。ヒジュラ暦八二八年（西暦一四二四／二五年）にも、イブラーヒームは十四艘の船に商品を満載してふたたび〔ジッダに〕来航した。スルタン〔バルスバイ〕は、その報告を受け取ると、その船舶税を独占したいと望み、その目的のために〔サァド・ウッ＝ディーン・イブラーヒーム〕ブン・アル＝ムッラを派遣したのである。このようにして、そのとき以来、ジッダはきわめて大きな港市となり、一方〔それまで繁栄をつづけてきた〕アデンは徐々に衰微していった」

ヒジュラ暦六六〇年（西暦一二六一／六二年）以後、ジッダの対岸のアイザーブ港の活動が衰退していくにつれて、インド洋を航行して紅海に入る貿易船は一度は必ずアデンに入港し、その後、ダフラク、スワーキン、ジッダ、ヤンブゥ、クサイルやトゥールなどを寄港地とするようになった。とくに一二二九年、イエメンにラスール朝が興隆すると、紅海の出入り口の要衝バーバル・マンデブ海峡の通航権は、ラスール朝による強い軍事的統制下に置かれた。したがって、インド、東南アジア、東アフリカやペルシア湾方面から来た船舶は必ずアデンもしくはアフワーブ、フダイダ、ムハーなどのイエメンの諸港市に入港し、紅海航行のイエメン専属の船に積み荷を積みかえるか、ラスール朝政府発行の通航許可証（ジャワーズ）を受け取った後、紅海に入ることが義務づけられていた。ヒジュラ暦八二五年（一四二一／二二年）に実行されたカリカットのナーホダー＝イブラーヒームによるバーバル・マンデブ海峡通過は、そうした従来の慣行を破るものであって、インド洋交易史を画する一つの重大な事件であった、といえよう。

アデン港を始めとするイエメンの諸港市での貿易取引や関税によって得られる収入を国家の重要な財政基盤としていたイエメン・ラスール朝にとって、ナーホダー＝イブラーヒームが試みたバーバル・マンデブ海峡通過と、イエメンを経由せずにインド－ジッダ－エジプトとの直接的通商関係を結ぼうとしたマムルーク朝スルタン＝バルスバイの東方貿易政策は、いずれもラスール朝国家の存亡にかかわる重大な政治的・経済的問題であって、ここにバーバル・マンデブ海峡を封鎖して貿易船の往来を阻止することが急務となった。そこでラスール朝のスルタン＝マリク・アン＝ナースィルとマリク・アッ＝ザーヒルは、監視船をバーバル・マンデブ海峡の海域に派遣して、アデン港に立ち寄らずに紅海に直航しようとする違犯船（マルカブ・アル＝ムジャウワリーン）を拿捕したのである（第七章参照）。

ラスール朝スルタン＝マリク・アン＝ナースィルの時代、イエメン国内におけるシーア・ザイド派教徒たちやアラブの遊牧系諸部族の叛乱は、海軍に偏していたラスール朝の軍事体制の弱みに乗じて拡大し、やがては農業の衰退、都市治安の乱れと経済危機をまねいた。戦費の増大、国内経済の破綻の帰結は、スルタン＝マリク・アン＝ナースィルをしてイエメンの主要貿易港（アデン、ムハー、フダイダ、アフワーブ、ライスート、シフル）に来航する外国船舶と商人たちへの不当関税、積み荷没収などの強硬策をとらせた。マクリーズィーが説明しているように、このようなイエメン情勢の混乱するなかでカリカット出身のナーホダー＝イブラーヒームに代表される船乗りや海上商人たちはアデン入港を避けてバーバル・マンデブ海峡を強行突破し、紅海のダフラク諸島、スワーキン、ジッダやヤンブゥなどの港市との恒常的な入港協約を結ぼうとしたのである。こうした状況は、トゥールとジッダを拠点としてイエメン・ラスール朝を仲介せずにインド洋の周縁諸国との新しい交易関係の樹立に意をそそいでいたマムルーク朝スルタン＝バルスバイにとってもきわめて好都合なことであった。

マムルーク朝によるヒジャーズ地方支配とインド洋貿易振興策によって、アデン入港を嫌っていた海上商人たちや船舶は急速にジッダをめざして集まった。スルタン＝バルスバイは、インド方面から来た船舶を歓迎し、それまでインド洋の国際貿易に活躍したカーリミー商人にかわる御用商人（ハワージャ）たちや特別の輸送船団をカリカットに派遣して積極的にインド物産を購入しようと努めた。『瀛涯勝覧』「天方国」条に、「〔その鄭和本隊が〕䑸を分かちて古里国（カリカット）に至ったおり、〔その指揮官の〕内官太監洪保は本国（メッカ国）の使者が〔たまたま〕古里国に差し遣わされていたので、すなわち通訳官七人を選んで……本国（メッカ国）の船と一緒にそこへ派遣したのである」とあるように、メッカ（黙伽国）の船は、明らかにマムルーク朝スルタン＝バルスバイの政策によって派遣された輸送船団のことを指しており、従来までの慣行を破ってアデンを経由せずに、インドとエジプトとが直接取引を行おうとする目的をもっていた。このような西側の状況下に、鄭和遠征隊の〈西洋下り〉、すなわちインド洋の西海域への進出が行われた点に、われわれはとくに注目すべきであろう。

さて、エジプト・マムルーク朝とならんで、当時の西アジアにおける強力な政治的・軍事的勢力はティムール朝であった。ティムール朝は、十五世紀初めごろには、東イスラーム地域と内陸アジアを広くおおう大帝国を建設し、とくに第三代シャー・ルフ（在位西暦一四〇五～四七年）はペルシア湾、イランとマーワランナフルに広がる東西交渉上の重要な要地をつぎつぎに占拠して、イラク・ペルシア湾軸ネットワークを中心とする一つの政治的・経済的統合体をまとめ上げた。シャー・ルフは明らかにマムルーク朝スルタン＝バルスバイがヒジャーズと紅海を軸としてインド洋への進出をめざしたのと同じように、ペルシア湾のホルムズを拠点として、東はインド洋海域世界に広がり、西はヘラート、サマルカンドやタブリーズ、黒海方面に達する東西交渉ルートの支配に乗りだしたのである。そうした状況のなかで、鄭和遠征の本隊が第四次遠征以後にはいずれもホルムズをインド洋西海域の最大のターミナル港とするようになった。

シャー・ルフは、西暦一四一九年（永楽十七年）、ホージャ＝ギヤース・ウッ＝ディーンを始めとするティムール朝使節団を中央アジア・ルートで中国明朝に派遣し、両国間の外交関係を結ぼうと努力していた。しかし、モンゴリア情勢の悪化にともなって陸上ルートの確保が困難になったために、その交流は途絶えてしまった。そこでシャー・ルフの関心は、当然ペルシア湾とインド洋ルートを経由、インド洋の周縁諸国との外交関係を樹立することに注がれた。彼はホルムズを拠点にしてインドのグジャラート、マラバールやイエメン、ジッダ、メッカ、エジプト・マムルーク朝などと数回にわたって使節を派遣して交流関係を求めている。とくにマムルーク朝のスルタン＝バルスバイに対して、彼は一四二九年、一四三二年、一四三四年と一四三五年に外交書簡を送って、メッカのカアバ神殿のキスワ（布製の覆い）を献納したいこと、またジッダ港において商人たちに課せられる入港の諸関税（マクス、ムクース）の徴収を禁止するようにと要求している。これらの事実は、シャー・ルフがキスワの献納によってイスラーム世界の盟主としての尊厳を得ようと望んでいたこと、また自由貿易を妨げるジッダ港での入港関税をイスラーム法に反する不当税であると主張して、マムルーク朝の貿易政策を強く批判することに目的があった。ティムール朝と南西インドのマラバール海岸との交渉は、一四四一年、アブド・ル＝ラッザークを派遣することで進展し、これによって南インドのヴィジャヤナガル王国との外交関係が開かれた。

シャー・ルフによるインド洋貿易振興策は、明らかにホルムズ島に拠点をもつ海上商人たちの支援を得ることによって行われた。ホルムズは、十三世紀から十四世紀初めごろにかけてキーシュ島を拠点とした商人たちとインド洋交易の覇権をめぐって激しく争い、ついに一三三〇年には、その制圧に成功した。そして、イル・ハーン朝モンゴル支配下のイラン－ユーラシア大陸とインド洋とを結ぶ陸上キャラバンと海上交通ルートとの接点として、ホルムズは急激な発達を遂げた。一四〇二年、ティムール朝のもとにスペインのカスティリャ・レオン王国の王エンリケ三世（在位一三九〇～一四〇六年）によって遣わされた使節団の一人のクラヴィホ（ゴンザレス・デ・クラヴィホ）は、ホルムズ－スルターニーヤ－タブリーズ－トレブゾンド－黒海のあいだを結ぶ陸上交通ルートがイル・ハーン朝時代と同じく、ティムール朝下にあってもスルターニーヤを基点に活況を呈していた状況を伝えている。

ティムール朝のホルムズは、とくにホルムズ王サイフ・ウッ＝ディーン・マハール・ブン・フィールーズ・シャーのもとで、紅海のアデン、ジッダ、インドのカリカット、マレー半島の西南端に近いマラッカとならぶインド洋の主要交易港としてめざましい発展を遂げた。

鄭和遠征隊は、第四回（一四一二〜一五年）、第五回（一四一七〜一九年）、第六回（一四二一〜二二年）と第七回（一四三〇〜三三年）の四回にわたって、ホルムズ港をインド洋西海域における最大のターミナル港としたが、そのいずれのときもサイフ・ウッ＝ディーン・マハールがホルムズの支配権を握っていた。エジプトのハディース学・書誌学者のサハーウィーによる『ヒジュラ暦九世紀の名士のための輝ける光』には、「このホルムズ王サイフ・ウッ＝ディーン・マハールの事績について、つぎのように説明している。

「マハール・ブン・フィールーズ・シャー……ホルムズ島とバフライン（アラビア半島東岸地域）の支配者。彼は父を殺害して、王位を得た。運に強く、権力尊大なり。彼の時代に、ホルムズは世界の港市となり、インドの諸王侯の船舶やシナ（中国）地方からのジャンク船団が到着するようになった。また、〔ティムール朝下の〕ホラーサーンやサマルカンドなどの商人たちがホルムズをめざして集まってきた。彼の財務庫は富に満ち、彼の行動は礼賛をもってむかえられ、彼の土地には人びとが集まった」

以上の記事によって、中国ジャンクがホルムズ港にいたったことは事実であったことがわかる。サハーウィーとほぼ同じ内容の記録は、ペルシア語史料のジャアファリーの『二つの幸運の曙』にもある。「〔ホルムズのサイフ・ウッ＝ディーン・マハールの治世のとき〕数回にわたって多数のジャンクがシナの物産と多量の織物をもって到着した」

ティムール朝のスルタンたちは、中央アジア・ルートを経由する陸上ルートが途絶したため、それにかわるホルムズ港を拠点としたインド洋に通じる海上ルートを求めていた。一方、エジプト・マムルーク朝のスルタンたちもまたイエメン・ラスール朝を中継せずに、ジッダを拠点にインド洋へ直接進出する方策をめぐらしていたのである。このように、ラスール朝、マムルーク朝とティムール朝という西アジアの三大勢力が等しくインド洋海域世界への政治的・経済的影響力の拡大をめざしていたことと、東側からの中国明朝派遣の鄭和遠征隊がインド洋の西海域に進出し、ペルシア湾、イエメン、紅海と東アフリカ海岸に船を進めたこととのあいだには深い歴史的関連が認められるのである。

＊　写本では港（サグル、つまりアデン港のこと）とあるが、明らかにタイッズの誤写であろう。なぜならば、ラスール朝のスルタン＝マリク・アッ＝ザーヒル・ヤフヤーは当時、タイッズに滞在中であり、しかもシナの使者は、アデン港に来航したからである。

十　西からの挑戦——インド航路の鍵を与えたのは誰か

〈力による海域支配〉

一

一四九七年七月八日、四隻百七十人の船隊でリスボンを出帆したヴァスコ・ダ・ガマの一行は、同年十一月末には喜望峰の南端を回ってインド洋に出ると、モザンビーク海岸沿いに北上し、キルワ、マフィアとモンバサの島々を通過、翌年四月十三日にはマリンディの沖に錨をおろした。マリンディの土侯王の計らいによって水、食料、薪木と水先案内人を得たガマの一行は、四月二十四日、南西モンスーンに乗って快調にインド洋を横断、二十三日後にはインド亜大陸の西ガーツ山脈の高峰を望み、五月二十日、カリカットに近いカーパドゥの海岸に無事着くことができた。

コロンブスのアメリカ大陸到着とならんで、ヴァスコ・ダ・ガマのインド航路開拓は、十六世紀以降に始まる西ヨーロッパ・キリスト教徒たちによる大航海と世界制覇の歴史の序幕であった。このように世界史の方向を一転させる契機をつくったガマによるインド航路開拓が、実は東アフリカの港市マリンディで雇った、インド洋航海に習熟する一人の水先案内人の先導によって達成されたことは、同時代の状況を伝えた地理書、航海書や各種の報告書類が等しく認めているところである。ところが、その水先案内人がどこの、誰であったかについては諸説があって、いまだに意見の一致をみていない。

ガマの船隊に加わった無名の乗組員が書いた『ドン・ヴァスコ・ダ・ガマのインド航海記』によると、マリンディの沖に投錨したガマは、そこの土侯王に水先案内人の提供を求めて、王の腹心の部下を人質として捕らえた。すると王はキリスト教徒の水先案内人を差し向けて、目的地インドのカレクー（カリカット）に関する情報を与えた、と記録されている。

また、D・バルボサ、D・ゴエスやファリア・イ・ソーザなどの「大航海時代」のポルトガル地理書には、マリンディの土侯王はインド・グジャラート出身の羅針盤航海に習熟した水先案内人マレモ・カナカと呼ばれるモーロ人（ムスリム）を提供した、と記されている。マレモ（malemo, melemo）は明らかにアラビア語のムアッリム（muʻallim）、すなわち一般には先生を意味するが、航海術に習熟した水先案内人、船長を指す。また、カナカ（canaqua, cana）はG・フェランの説では、タミール語のカナガン（kanagan）、カナッカン（kaṇakkan 数学・占星学者、天文学者）、サンスクリット語のガナカ（gaṇaka）の訛りであるという。つまり、水先案内人マレモ・カナカは〝数学および天文学に習熟した船長〟の意となる。

一方、十六世紀のイエメンの歴史家クトゥブ・ウッ＝ディーン・アン＝ナフラワーリーの『オスマン征服に関するイエメンの閃光』によると、インド洋航路の知識を求めていたポルトガル人を案内したのは、すぐれた経験をもつアフマド・ブン・マージド（イブン・マージド）と称する人物であり、さらにつづけて記している。

「アリーミランディー（アルミランテ、海軍提督の意）というフィランジュ人（フランク、つまりポルトガル人を指す）の総司令官は、イブン・マージドに酒を盛って、泥酔状態にさせた。すると、イブン・マージドはつぎのような〔インド〕航路〔の秘密〕を教えた。すなわち、〝この場所（マリンディ）から出たら海岸に近寄るな。海原をまっすぐに横断し、インドの陸地に向かって帆をかえせ。しからば、荒海も心配はありやしない〟と伝えた。こうして彼ら（ポルトガル人たち）はイブン・マージドに教わったとおりの航海をすると、多くの船は遭難することなく無事に〔インドに〕航海できるようになった。やがて、インド洋での彼らの活動が盛んになった。彼らは、デカン国のクーゥワ（ゴア）に要塞を築き、クーターと名づけた。また、ホルムズを奪って防備を固めた。こうして、彼らはポルトガルからつぎつぎにやって来て、人びとを捕虜として捕らえ、略奪をくりかえして、ムスリムたちに対して〔海上〕ルートを妨げるようになった」

ここでいう「フィランジュ（フランク）人の総司令官」とは、明らかにヴァスコ・ダ・ガマを指しており、イブン・マージドが語った内容はインド洋の南西モンスーン航海期に合わせて、東アフリカ海岸を北上の後、インド洋を一気に横断し、インドの南西海岸に向かうことを教えている。後述するように、イブン・マージドは十五世紀後半、インド洋航海の有名な水先案内人として活躍したアラブ系の人物である。

クトゥブ・ウッ＝ディーン・アン＝ナフラワーリーとほぼ同時代に著された無名氏による東アフリカのキルワ王国に関する歴史書『キルワ王国年代記（キルワ情報に関する慰めの書）』では、ポルトガル船隊がインド洋にあらわれたことを伝えている。

「〔キルワ王のスルタン＝〕フダイルの治世のとき、マサイミーフ（モザンビーク）地方から報告が入り、イフランジュの諸地方の人びと（ポルトガル人）が三隻の船団を率いてあらわれた。彼らのナーホダー（船の総司令官および船舶経営者）の名前はアル＝ミラティー（提督）である、と。つづいて数日後の報告では、彼らはキルワに向かって進んだが、そこには入港せず、つぎにマンファサ（モンバサ）国を目ざした。マンファサの首長は、その当初、彼らが善良にして律義な人びとであると理解していたために、彼らの来航を喜んでいた。しかし、彼らのことをよく知る者たちは、彼らが悪辣な奴であり、その来航の目的は国をスパイ行為によって偵察し、やがては戦いを挑もうとしているのだ、と警告した。そこで、マンファサの人びとはポルトガル船の錨を切断して船を海岸に近づけ、座礁させせてしまおうと計画した。つまり、そうなれば船はムスリムたちの戦利品とすることができると思ったのである。その計画を察したポルトガル人たちは、マリンディに向かって航海を始めた。マリンディの住民たちは、彼ら〔の来航〕が、やがては破壊と不道徳な事態をもたらすことを十分に察知していた。しかし、それにもかかわらず、彼ら住民たちはただただ驚愕し震えあがるばかりで、遂には要求されたとおりの飲料水、薪木と食料などすべてを与えてしまった。そのうえ、ポルトガル人たちはインドに向かい、ふたたび故国に戻るまでの航海を先導する案内人（ダリール）を要求した。彼らにアッラーの呪いあれ‼ それはヒジュラ暦〔九〇〕三年（西暦一四九七／九八年）のことであった」

この記録は、モンバサとマリンディがポルトガル船団の来航をどのようにむかえ、対処したかを具体的に述べていて興味深い。

以上のように、ガマがマリンディの土侯王からいかなる狡猾な手段を用いてインド洋の横断航路を知る水先案内人を獲得したかの問題は別にしても、その案内人が誰であったかを断定する確かな手掛かりをつかむことは難しい。

オスマン帝国のスルタン＝セリーム二世（在位西暦一五六六～七四年）に献納されたクトゥブ・ウッ＝ディーン・アン＝ナフラワーリーの記録には、上述したように、ガマの一行をインドに導いた水先案内人の名前がアフマド・ブン・マージド（イブン・マージド、マージドの息子）であると明記している。しかし同時に、イブン・マージドの名前はインド洋航海術に優れた尊敬すべきアラブ航海者〝シャイフ（長老）マージド〟として、十五世紀後半には人びとのあいだに広く知られていたので、その名前はしばしば有名な航海者たちを指す一般名称としても用いられた。

そして、ここでいうイブン・マージドとは、あきらかに十五世紀半ばから後半にペルシア湾、アラビア海、紅海、インド洋、南シナ海の全域にわたって活躍した最も傑出した航海者のことであった。彼は、特定の航海者とその家系のみに口伝で伝えられていた航海のための伝承記録、方位指針、天文術、測地法などの記録を書きとどめ、彼の著書は現在、二十二種類以上が知られている。彼の父と叔父もまた著名なムアッリム（水先案内人）であったという。

イブン・マージドは、その著書『海洋の知識に関する三つの精華』によると、喜望峰——これを〝インド洋の入り口〟と呼んでいる——経由でポルトガル人がインド洋に進出してきたことや東アフリカ海岸での彼らの略奪の数々については十分に知っていたようである。すなわち、ヒジュラ暦九〇〇年（西暦一四九四／九五年）にフィランジュ人（ポルトガル人）たちは喜望峰を越えて東アフリカのソファーラ（スファーラ）の海岸に到着の後、インドに向かい、帰路はザンジュ（東アフリカ海岸）を経て同じ道を戻ったこと、さらにヒジュラ暦九〇六年（西暦一五〇一年）にも、ふたたびインドを訪れて、家屋を購入し、サワーミル（マラバール地方のカリカットを中心とするヒンドゥー勢力ザモーリン）の諸王侯と友好関係を結んだことなどを詳しく述べている。ただし、彼自身がガマの一行をインドに案内したことについては、まったく言及していない。さらにイブラーヒーム・フーリーによる最近の研究『イブン・マージド』によると、ポルトガル人のインド洋来航に関するイブン・マージドのすべての記録は、後代に故意に挿入されたものであるという。つまり、彼の研究によると、ポルトガル人のインド洋来航のころ、イブン・マージドはすでに老境に入っており、航海活動は行っていなかった、という。したがって、クトゥブ・ウッ＝ディーン・アン＝ナフラワーリーがポルトガル人をインドに導いたのはアフマド・ブン・マージドであると記しているとしても、ただちにそれがイブン・マージドその人であると断定することはできないことになる。

私は、以上の問題を解くためには、つぎの三つの側面についての総合的分析と理解が必要である、と考える。

(1) 本来、インド洋とその周縁部が歴史的世界として、どのような特質をもっていたのか。

(2) ポルトガル船隊の来航前後のインド洋をめぐる政治・軍事と経済の諸状況。

(3) ポルトガル船隊の来航を、いわばインド洋を主舞台として活躍していたムスリムやキリスト教徒たち、アラブ、イラン、インドなどの人たちはどのような態度でむかえたか。

なぜならば、インド洋とその周縁部はガマの一行によって初めて発見された未知の世界ではなく、彼がインド洋にあらわれるすでに一千年以上以前から、アジア・アフリカ、西アジアと地中海世界とを結びつけてきた交通・運輸と貿易活動の動脈として、また多くの人びとや情報・文化が頻繁に交流し合う、一つの社会経済圏、生活圏として機能していたからである。

二

インド洋はイスラーム地理学者たちによって、「ファールス（ペルシア）の海」「インドの海」「ザンジュの海」、または「エチオピア（ハバシャ）の海」とも呼ばれて、イスラーム世界の形成と展開をささえる一つの重要な交流の舞台であった。

第一章で説明したように、十、十一世紀、十四～十五世紀、そして十七～十八世紀の社会的・経済的変動の時代には、インド洋を舞台として巡礼、商売、移住、亡命、学術交流などのさまざまな目的をもった人びとが往来し、イスラーム世界の外縁的拡大が著しく進展した。そして現在、イスラーム信仰をマジョリティとする国家と社会がインド洋の周縁部に広く分布していることは、そうした過去におけるインド洋を舞台とするムスリムたちの幅広い交流関係を端的に物語っている。

歴史的世界としてのインド洋の特質は、海が境界として、また時には接触と融合の役割を果たしたこと、その交流の手段が水上交通によったことから、陸上の中央権力や私的結合関係の制約から離れて、自己の解放をかちとろうとする異質の人びとが集まり、物品が交流し、文化・情報が出合う複合・共有の世界としての作用にあった。

以上の事実からも明らかなように、東アフリカやインド・マラバール海岸の諸港市に住む人びとは、最初はポルトガル船隊をキリスト教徒の乗り組む平和的な商船であるとみて、むしろ積極的に来航を歓迎し、戦闘を挑んでその進出を武力で排除しようとする意識はなかったと考えられる。ところが、ポルトガル船隊はそうした平和的な交流の場に要塞を設置し、戦艦を配備して、相手を威嚇しながら、つぎつぎとインド洋航海と貿易上の重要拠点を支配していった。また、粗末な交易品しかもたず、しかもインド洋の伝統的な海上慣習や商道徳にまったく無知なポルトガル人の海賊的行動は、インド洋周縁部に生活する人びとに大きな驚きと脅威を与えたのである。

ヴァスコ・ダ・ガマの一行は、東アフリカ海岸での最初の本格的な交易港モンソビキ（モザンビーク）に到着した。そこの領主は友好関係を求めて部下を従え、ガマの船にやって来た。

そのとき、ガマは帽子、短い外套、珊瑚などの粗末な贈り物を彼らに与えた。これに対して、領主は不満をもち、緋色の布地（グジャラート製と思われる）を要求したという。またモンバサ港でも、そこの王はガマに対して、羊、オレンジ、レモン、砂糖キビを提供した。さらに友情のしるしとして、王は指輪を贈呈して、もし入港するならば、必要とするものすべてを提供することを申し出ている。

イエメンの歴史家たちがポルトガル人の海上独占の策謀に気づいたのは、ガマが最初にインド洋にあらわれてから五年後の、ヒジュラ暦九〇八年（西暦一五〇二／〇三年）のことであった。すなわち、イエメン・ターヒル朝の歴史家イブン・アッ＝ダイバゥの著書『イエメン・ターヒル朝史（幸運のイエメン情報に関する眼の慰めの書）』は、つぎのように伝えている。

「この年（ヒジュラ暦九〇八年・西暦一五〇二／〇三年）に、フィランジュ（ポルトガル人）はインド、ホルムズその他の〔インド洋の〕ルートに出没し、約七艘の船を捕らえて、その乗員を殺害した」

そのときすでに、ポルトガルの新総督アルブケルケは、インド・マラバール海岸のコーチンに最初のポルトガル要塞の建設を開始し、ペルシア湾と紅海に通じる要路の制圧にも着手していたのである。

そしてエジプト・マムルーク朝の歴史家イブン・イヤースは、一五一四／一五年の記録のなかで説明している。

「アレクサンドリア港は荒廃し、前年度の関税収入は皆無となった。ジッダ港は、インド洋における商人船団へのフィランジュ（ポルトガル人）の襲撃によって荒廃した。そして、ここ六年間にわたって、商品を積んだ船のジッダ港への入港は途絶えた。この状況は、〔ナイル川の河口に近い地中海の港〕ダミエッタ地方でも同様であった」

このように、インド洋の貿易活動はすでに決定的な打撃を受けていたのである。

ポルトガル人が最初にインド洋進出の拠点を築いたのは、インド・マラバール海岸の諸港市、とくにカンナノール、クランガノール、コーチン、ゴアなどであった。マラバール海岸は、各種の香辛料、薬物類、木材、米の主産地、また造船業の中心であり、モンスーン航海の要衝に位置したことから、インド洋周縁部のなかでも、ペルシア湾岸、イエメン、ハドラマウト、グジャラート、マラッカ海峡周辺、ベンガルなどの諸地方とならんで、インド洋海域世界の交流接点を占めていた。そこにはアラブ系やイラン系などのムスリム商人たちが集まり、さらにシリア正教キリスト教、ユダヤ教、ゾロアスター教、ヒンドゥー教などの各種の信仰を異にする人たちが共に居住して、インド洋海域の特産品の集荷、仲介取引、金融と運輸業による富の蓄積に努めていた。

以上のように、ポルトガル人は、まずモンスーン航海上の要地であり、物産の集散地と諸民族・文化の接触と融合、共存の地の、マラバール地方を東方進出の拠点としたのである。そのことは、彼らのような新来者が居留地をつくり、さらに軍事的・経済的統合を達成するうえで有利に展開した。彼らは、クランガノールとコーチンに大きな居留地をもったキリスト教徒（ネストリウス派、シリア正教）とユダヤ教徒たちに親しく接近することで、ムスリム商人たちを中心としたインド洋海域の商業ネットワークの一角を切り崩そうとした。

このように、ムスリム勢力打倒に燃えて、イベリア半島における、いわゆる「国土回復《レコンキ》運動《スタ》」を成功させたポルトガル人たちがインド洋海域世界で目標としたのは、ムスリムの国際商業ネットワークを完全に破壊することであった。

三

ポルトガル船隊によるインド洋来航前後の時代、すなわち十五世紀半ばから十六世紀前半期にかけて、中国明朝、イランのティムール朝、イエメンのラスール朝とターヒル朝、エジプトとシリアを領有したブルジー（チェルケス）・マムルーク朝などでは、いずれも政局の混乱にともなう国家権力体制の解体と経済的・社会的環境が著しく変動しつつあった。それらの影響を受けて、インド洋海域世界を舞台とする人びとの移動が増大し、またインド洋を結ぶ国際的な交通・運輸と貿易の諸関係にも流動性が生じて、その周縁部の各々の地方・港市・中継拠点では東西の大国に服従しない群小勢力、支配者や有力商人たちがあいついで台頭していた。

十五世紀の初頭、中国明朝は永楽帝から宣徳帝の治世にかけての約三十年間にわたって、インド洋遠征の大事業を挙行した。この大遠征は、前章で述べたように、一般には「鄭和の南海遠征（鄭和の西征）」と呼ばれて、鄭和を総司令官として、前後七回にわたり、東南アジア、インド、ペルシア湾岸、南アラビア、東アフリカの諸港市にまたがる史上空前の大規模な海上経営であった。

この遠征の結果、インド洋周縁の諸港市と支配者たちは、大いに明朝の国威と経済力を認めたので、中国に通じる交通・運輸のネットワーク、貿易の活動や人的交流の諸関係は円滑に進展した。しかし、鄭和遠征の事業は第七次以降、倭寇による東シナ海の海岸地域の侵略や私貿易の拡大と北方ユーラシア情勢の悪化（オイラート・タタール系遊牧民による中国の北辺への侵略）などの、明朝の辺境情勢の変化が大きなきっかけとなって、突如として中止された。中国南部の海岸地域には、遷界令が施行されて中国人たちの海外交渉は全面的に禁止された。

一方、エジプトとシリアの諸地方を支配したブルジー・マムルーク朝を中心とする西アジア地域でも、十四世紀半ば以降、都市を中心とする商業・手工業生産やイクター制による軍事支配体制（三四四～四五ページ参照）に限界がみえ始めるなかで、伝染病、飢饉、物価高騰、貨幣変動やアラブ系遊牧民の叛乱などが頻発する多事多難な時代をむかえていた。そうした政治・社会・経済の動向が急速に変質・変容するなかで、マムルーク朝はヒジャーズ地方と北シリア、アナトリア方面への軍事介入によって、エジプト―紅海―インド洋を基軸とする国際交通・運輸と貿易システムを国家の統制下において、インド洋周縁部からもたらされる諸物産の専売化、関税収入と西ヨーロッパの地中海商人たちに売却する東方物産の代価として得られる金貨の獲得などに努めた。

以上に述べたような諸政策を積極的に推進したのは、マムルーク朝のスルタン＝バルスバイ（在位西暦一四二二〜三七年）であった。ちょうどこれと前後する時期には、オスマン・トルコの軍事勢力が黒海北岸やバルカン半島方面へ進出し、東ヨーロッパと西アジア地域を中心とする国際政局の動きが全体的に大きく変化・変質するような胎動がおこったのである。

オスマン帝国の政治的・経済的関心はティムール朝の軍事的影響を受けたためもっぱらバルカンや黒海沿岸部の諸地方に向けられて、ペルシア湾岸やインド洋周縁部への関心は概して薄かった。また、内陸アジア、イラン、アフガニスタンを覆う地域では、ティムール朝がスルタン＝シャー・ルフ（在位西暦一四〇五〜四七年）のもとに統一的な支配体制を確立し、ペルシア湾とインド洋へのめざましい経済的進出を展開していた。しかし、第七代のスルタン＝アブー・サイード（在位西暦一四五一〜六九年）の後は、サマルカンドとヘラートを中心とする内陸的国家の性格に変質した。

以上のように、東西の大国勢力は等しく内陸支配に重点を置いた支配統治の体制に移行しつつあったものと考えられる。そうした影響を受けて、インド洋をめぐる国際交通・運輸や貿易システムもまた、多様化と分極化の傾向が強まり、港市国家・支配者たちや海上運輸・貿易活動に従事する船主や商人たちのあいだにも物産の取引と商権をめぐって競い合い、高率の関税、ルートおよび交通拠点の支配と独占などの問題で深刻な混乱に陥っていた。船主や海上商人たちは、警備・防衛のための船団を組織したり、港市間の連合関係をつくって、それぞれの利権を守ることに努めた。このようにポルトガル船隊がインド洋に来航した十五世紀末には、特定の船主、大商人や地方支配者たちの勢力に所属する港市と運輸・貿易のネットワークが複雑に張りめぐらされていたのである。

四

十世紀後半、東アフリカ海岸ではペルシア湾方面から移住したシーラーズィー（シーラーズ出身者）たちによって、キルワ王国が建設された。

この王朝は十二世紀半ばごろ、ジンバブウェを中継地として内陸部から長距離キャラバンによって運ばれてくる金（ソファーラ金）と象牙の取引を独占することで、海岸部とペンバ、ザンジバル、マフィアなどの島嶼にまたがる支配勢力を拡大した。そして、ポルトガル人のインド洋来航直前のころには、金、奴隷、象牙などの物品をイラン系、アラブ系、インド系商人たちに売却し、かわりにビーズ、綿織物、ガラス製品、陶器、中国産陶磁器、銅銭などを購入して、財政的基盤を築いた。さらに東アフリカ・スワヒリ海岸における貿易取引を広く独占するために、その王国は、モンバサを制圧下に治めたが、北部のマリンディとは政治的・経済的に対抗する関係にあった。

ガマは船隊を率いて、東アフリカ海岸を北上しながら、西暦一四九八年四月四日にはキルワ島の沖を通過した。さらに船隊は、飲料水、食料と薪を補給するための寄港地を求めて、マフィア島とペンバ島の近くを北上して、モンバサ島に寄港した。

ガマの船隊がモンバサ島に直航した理由は、同行したムスリムの水先案内人の指示によるものであって、当時、そこはキルワ王国の支配下にあった。モンバサの王は、交易関係を求めたが、ガマの目的はインドへ導いてくれる水先案内人を確保することにあった。結局、ガマの一行は捕虜として捕らえた水先案内人とのもめごとのため、そこでの上陸を中止してマリンディに向かった。

一方、マリンディでは、そこの土侯王がガマの要求をすべて認めて、しかもインドへの水先案内人を提供した。この事実は、当時の弱小の港市マリンディが置かれていた、キルワ王国の勢力に対する劣勢な立場と対抗の意識を端的に物語っている。

ガマは、東アフリカ海岸の諸港市で活躍するインド出身のキリスト教系の商人たちに対して、キリスト教徒の同胞として親しく接近をはかった。この事実は彼がすでに、キリスト教とイスラーム教とを対立する宗教としてとらえ、ムスリム商人たちが深くかかわるイ

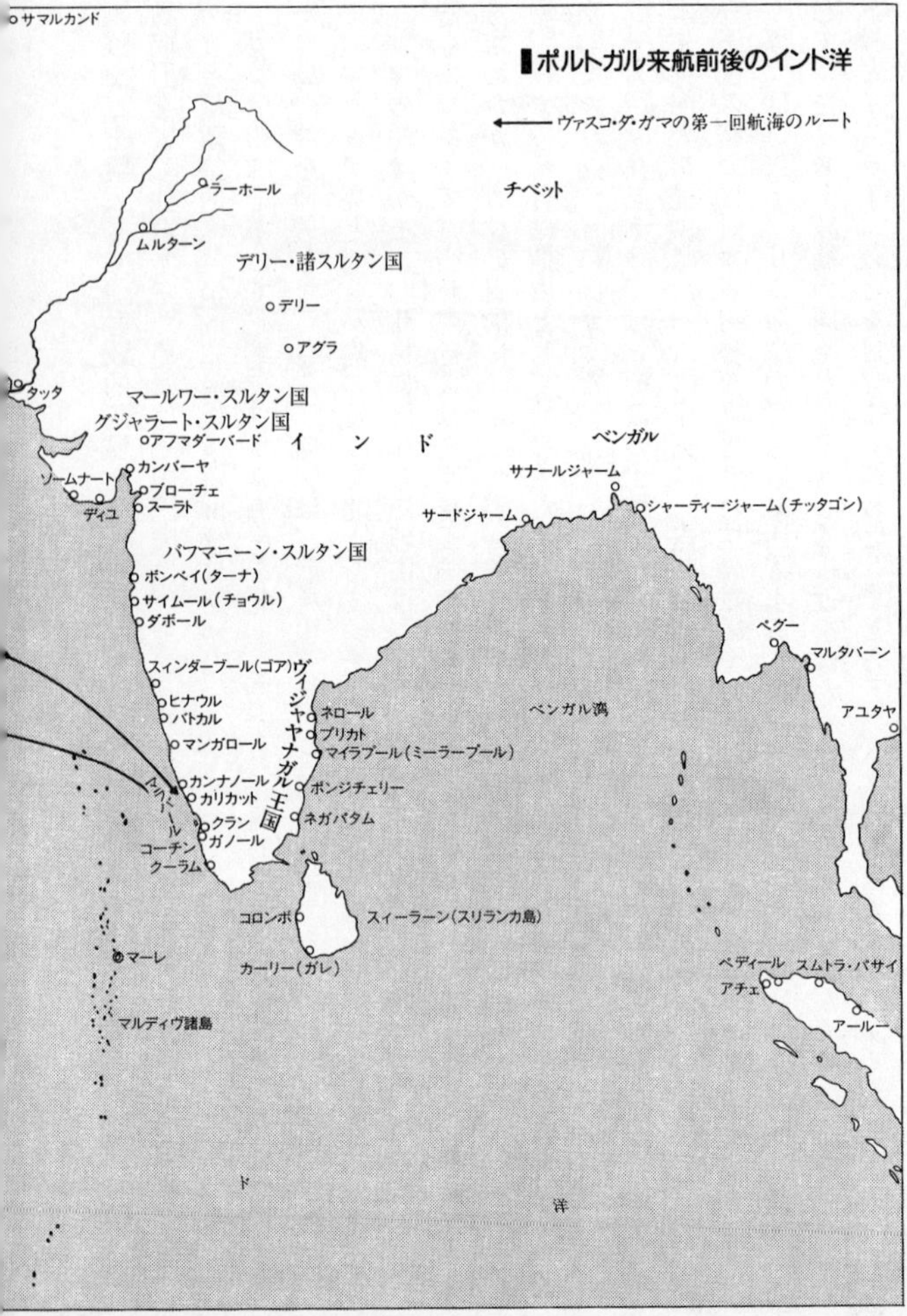
ポルトガル来航前後のインド洋
ヴァスコ・ダ・ガマの第一回航海のルート
サマルカンド
ラーホール
チベット
ムルターン
デリー・諸スルタン国
デリー
アグラ
タッタ
マールワー・スルタン国
グジャラート・スルタン国
アフマダーバード
インド
ベンガル
カンバーヤ
ソームナート
ブローチェ
ディユ
スーラト
サナールジャーム
サードジャーム
シャーティージャーム（チッタゴン）
バフマニーン・スルタン国
ボンベイ（ターナ）
サイムール（チョウル）
ダボール
ペグー
マルタバーン
スィンダープール（ゴア）
ヴィジャヤナガル王国
ヒナウル
バトカル
ネロール
ベンガル湾
アユタヤ
プリカト
マンガロール
マイラプール（ミーラープール）
カンナノール
カリカット
ポンジチェリー
クラン
ネガパタム
ガノール
コーチン
クーラム
コロンボ
スィーラーン（スリランカ島）
マーレ
カーリー（ガレ）
ペディール
スムトラ・パサイ
アチェ
マルディヴ諸島
アールー
ド
洋

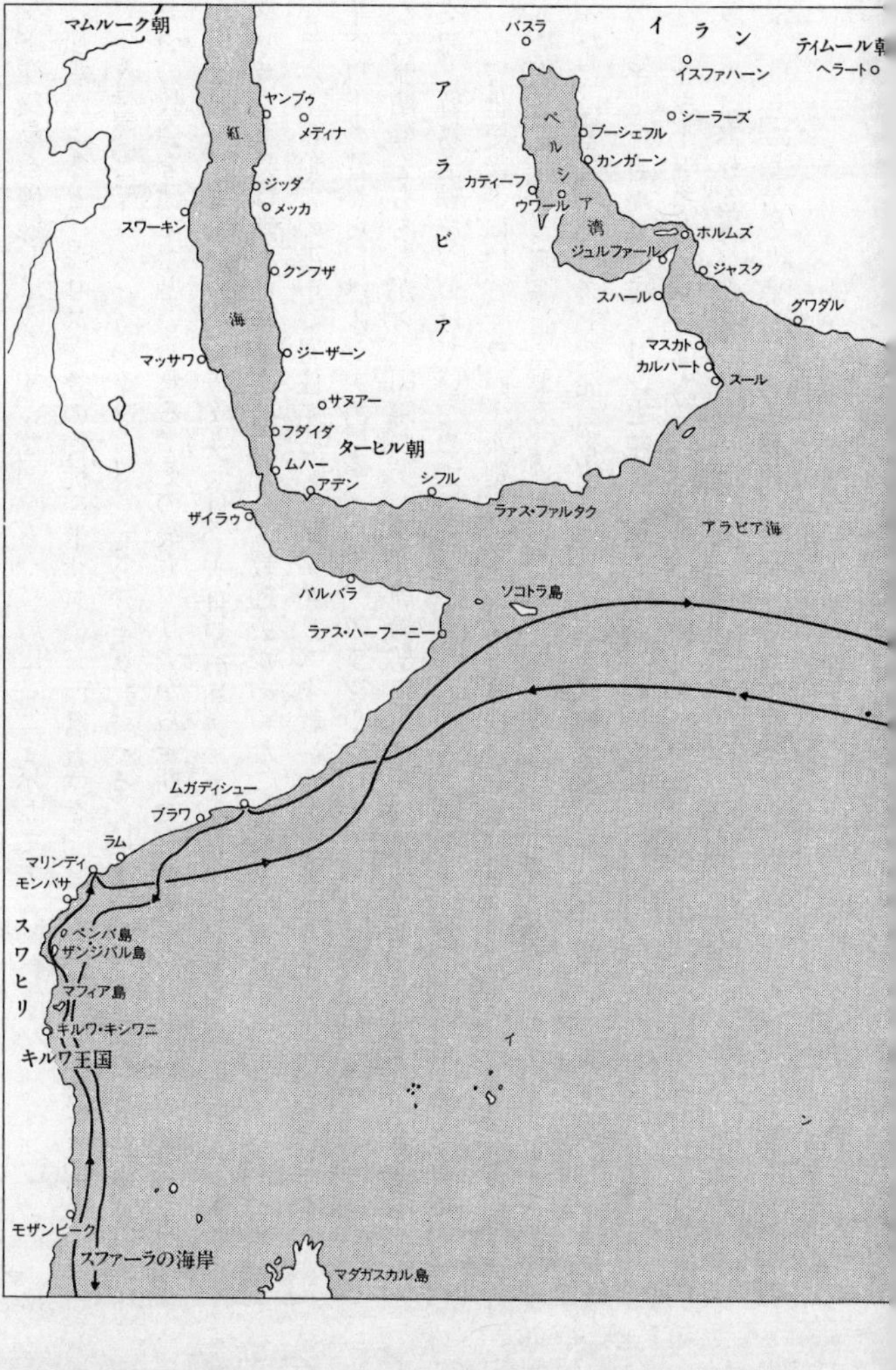
マムルーク朝
紅
海
ヤンブウ
メディナ
ジッダ
メッカ
スワーキン
クンフザ
マッサワ
ジーザーン
サヌアー
フダイダ
ムハー
ターヒル朝
アデン
シフル
ザイラウ
ラァス・ファルタク
アラビア
バスラ
イラン
ティムール朝
ヘラート
イスファハーン
シーラーズ
ペルシア湾
ブーシェフル
カンガーン
カティーフ
ウワール
ジュルファール
ホルムズ
ジャスク
グワダル
スハール
マスカト
カルハート
スール
アラビア海
バルバラ
ソコトラ島
ラァス・ハーフーニー
ムガディシュー
ブラワ
ラム
マリンディ
モンバサ
スワヒリ
ペンバ島
ザンジバル島
マフィア島
キルワ・キシワニ
キルワ王国
イン
モザンビーク
スファーラの海岸
マダガスカル島

ンド洋交易を破壊しようとする意図をもっていたことを示している。

伝承によると、キリスト教の使徒聖トマスは、西暦五二年、インドのムージリス(マラバール海岸のコーチンに近いクランガノールと比定されている)に上陸し、マラバール地方に七つの教会を建てたといわれる。その後もシリアから定期的に司教がインドに派遣された。コスマス・インディコプレウステスは、六世紀の初め、クーラム・マライ(クイロン)とスリランカには熱心な土着人のキリスト教社会があったことを伝えている。このように、マラバール地方の港市に居住するシリア系キリスト教徒たちは、ポルトガル人が来航する千年以上の昔から、ペルシア湾岸やイラク、イランやシリアのキリスト教徒たちとの密接な交流関係をもちながら、同時にインド洋周縁部における広域的な人的移動、文化・情報交流と貿易活動をつづけていたのである。

十五世紀後半には、マラバール地方のキリスト教徒たちは、東アフリカ海岸の諸港市にも進出し、ガマの航海記によると、すでにモザンビーク、モンバサ、マフィアやマリンディなどに多数のキリスト教徒が居住していたことがわかる。しかし、カリカットのヒンドゥー系支配者層のザモーリンと結びついたムスリム商人社会のマーピッラ、ユダヤ教徒やグジャラート系ムスリム商人たちの勢力が拡大するなかで、彼らキリスト教商人たちには、多くの障害と危険が横たわっていた。インド洋におけるキリスト教系やユダヤ系商人たちは、以上のような状況のなかで新来のポルトガル勢力と相互共存と保護の関係を強めていった。

五

インドに到着したポルトガル人にとって、最大の敵はグジャラート地方のカンバーヤとマラバール地方のカリカットの、二つの港市に根拠地を置くムスリム商人たちであった。カンバーヤは、グジャラート・スルタン国(西暦一三九一～一五八三年)だけでなく、北部デカン高原のバフマーン・スルタン国(西暦一三四七～一五二七年)、マールワー・スルタン国(西暦一四〇一～一五三一年)や、北部インドのデリー・諸スルタン国などに通じる交通・運輸の中心地としての機能を果たした。一方、カリカットはザモーリンを通じて内陸のヒンドゥー系の諸王侯との経済関係を維持したが、いずれの勢力も彼らの経済的発展の基盤は、インド洋を越えて、一つはペルシア湾のホルムズ経由、他は、イエメン、紅海経由でジッダ、カイロへ、そして最終的には地中海世界に達する交通・運輸と貿易のネットワークとかかわっていた。

したがって、カンバーヤとカリカットの二大港市は、ペルシア湾とイエメン、紅海に通じる二つの海上ルートとその貿易取引については激しい競合関係にあって、それぞれの商権をめぐって敵対していた。

インド南西海岸のマラバール地方は、ココヤシ、米、胡椒、生姜、肉桂、白檀などの豊かな物産資源に恵まれ、しかもインド東南海岸のコロマンデル地方、スリランカとマルディヴ諸島から集まる諸物産の集荷市場でもあった。一方、グジャラート地方は、マラバール地方に較べると天然の物産が不足していたが、内陸部に通じる交通・運輸の要地として、また綿織物、藍染料、陶器、装身具などの手工業と仲介商業のうえで重要な位置にあった。カンバーヤ、ブローチェ、ターナ、サイムール(チョウル)、ソームナートなどに拠点を置くグジャラート系ムスリム商人たちの経済活動は、徐々にではあるが着実に拡大し、十三世紀半ばから十四世紀になると、ベンガル地方、スマトラ島やジャワ方面まで海上進出して、東南アジア大陸部・島嶼部の各地のイスラーム化を推進するうえで重要な役割を果たしたことは注目に値する。

また彼らの活動は、イエメン、紅海沿岸や東アフリカ海岸にも広くおよんだ。とくに、彼らの東アフリカ貿易の拠点はマリンディにあって、カンバーヤ産綿布や陶器類、装身具などの輸出に活躍した。ポルトガル人のインド洋進出のころには、カンバーヤとともにゴーガやスーラトが新しいグジャラート系商人たちの根拠地として発達しつつあった。

以上のように、インドにおけるカンバーヤを拠点とするグジャラート系商人たちとカリカットを拠点としたマラバール系商人たちとの経済的な敵対関係の激化は、未知のインド洋に踏みこんだポルトガル人たちにとって、漁夫の利を得るうえで好都合な条件の一つとなった。東アフリカ海岸の諸港市に居留するインド系キリスト教商人たちから入手された、これらのインド洋海域の貿易取引をめぐる複雑な対立関係や内陸国家の情勢などに関する数々の有力情報は、十六世紀以降に始まるJ・カブラール、アルブケルケ、アルメイダなどに指揮されたポルトガル艦隊がインド洋海域の支配を確立していくための戦略上、貿易上の諸政策を決定づける重要な手掛かりとなったのである。

インド洋とその周縁・島嶼部は、モンスーン航海術を使った長距離間の海上運輸の発達にともなって、二千年以上にわたって有機的に結びついた自由交流圏として機能していたのであって、土地支配を基盤に成立した内陸国家とは異なった広域的海域社会の形成、共通の文化・情報の交流や経済の展開がみられた。しかし、十四、十五世紀の社会的・経済的変容期には東西大国の諸勢力が大きく後退して、インド洋をめぐる交流関係にも緊張が高まり、群小国家・港市・人種・宗教・宗派のあいだにも歪みが生じたために、人びとのあいだには、緊張と対立の意識が強まっていた。まさにそうした寸時の歪みを巧みに利用しながら、新勢力ポルトガル船隊のインド洋進出とその支配が達成されていったのである。海・海岸・島嶼によって結ばれたインド洋海域世界は、内陸部を中心として形成し展開した土地支配を基盤としたさまざまな領域国家とまったく分離した、いわば二重構造のまま存在したのではない。インド洋海域世界は、西アジア、地中海地域、インド、中国などの中緯度の内陸部の諸地域・国家のあいだを相互に結びつけるつなぎの役割を果たし、したがって、つねに内陸部からの社会、経済、文化の影響を微妙に投影しながら、その交流圏としての結合のあり方を変えていったのである。

狡猾な人質策、要塞、大砲と戦艦によってインド洋に侵入したポルトガル船隊は、インド洋海域世界に生活する人びとにとっては厄介な海賊と映ったに相違ない。

ガマの一行をマリンディからカリカットに導いたパイロットは、おそらくマラバール系のムスリム商人、船乗りではなく、ポルトガル側史料が伝えているように、グジャラート系の人ではなかったかと推測される。マリンディの王侯は、マリンディとグジャラートの商敵であるカリカットにこの新しい厄介者を送りとどけることで、彼らの商権を保守しようと考えたからであろう。

E　巡礼と人間移動のネットワーク

十一　マルディヴ諸島海民のメッカ巡礼

〈巡礼と島嶼国家〉

はじめに

一九八一年の一月、著者は文部科学省の研究助成金にもとづく海外学術調査「イスラム圏社会・文化変容の比較調査」のために、スリランカ島の南西、インド洋上に浮かぶマルディヴ共和国の首都マーレを訪れた。そのおもな目的は、インド洋の、とくにその西海域にくりひろげられたムスリム海民たちの広範囲にわたる海上活動と彼らの歴史・文化についての調査研究を行うことにあった。ほぼ二カ月にわたるマーレ島滞在のあいだ、同島に現存している考古学的遺物、モスク、墓廟、碑文、外交文書や歴史関係の写本類を調査・収集し、あわせてドーニーと呼ばれる木造帆船の造船と航海活動や、カツオ漁を中心とする海民たちの生活・文化についても広く見聞する機会にめぐまれた。

これらの調査と研究を通じて、著者はマルディヴ諸島の文化的特徴は、孤立・隔絶・辺

マルディヴ諸島の環礁（アトール)。首都マーレ上空より撮影
(1982年)

境とか伝統と保守といった島文化の一般的特徴とならんで、東と西のインド洋を結ぶ文化と経済交流上の接点としての重要性、また彼らムスリム海民たちの広範囲にわたる漁撈、航海と貿易活動に対する理解を深めることができた。

前嶋信次の論攷の一つに、マルディヴ諸島の文化的特徴について論じた「マルディヴ群島の産物——その東亜の文化に対する意義に就いて」があるが、最近、『東西物産の交流』に再録されたのを機会に改めて通読してみた。前嶋信次は、東西にわたる広範な文献史料を縦横に駆使することによって、マルディヴ諸島の東西交流上の重要性を、つぎのように結論づけている。

「印度洋、支那海に沿む無数の国々と、島嶼及びその間に散布する夥しい民族は、悠久の昔より、青き潮の流によって錯綜せる連絡の糸を以って互に結び付けられて来たものである。……真に一碧の海洋は地域と地域とを互に隔離する働きをなす一方、強力な結合の作用をも果しつゝあることは今更に云うまでもない。……かく観じ来ればマルディヴ群島の文化の如きも決して我々と無縁の絶海の孤島のものとは云い得ず、その要素中、他の東亜諸地のものと連絡あることを見出し得るのも決して不思議ではない」

以上に指摘された事実は、筆者がマルディヴ調査を通じて得られた結論とも一致している。本章は、著者がマーレ滞在中に発見したアラビア語年代記、ハサン・タージュ・ウッ＝ディーンによる『マルディヴ諸島の王統史』（以下では『マルディヴ王統史』と略す）にもとづいて、マルディヴ諸島のムスリムたち、とくに彼らの王侯・支配者たちのメッカ巡礼の記録史料を検討し、それによってインド洋上の島嶼文化とムスリム海民社会の特徴についての基礎的資料を提供することを目的としている。

一

マルディヴ諸島の国家・王統の歴史を伝えた重要な記録史料の一つに、ハサン・タージュ・ウッ＝ディーンの著した『マルディヴ王統史』がある。この史料はアラビア語で書かれており、ヒジュラ暦五四八年（西暦一一五三／五四年）に、マルディヴ王シュリー・ヴァーバナーディータ・マハー・ラドゥンがイランのタブリーズ出身のイスラーム神秘主義者（スーフィー）の長、シャイフ＝ユースフ・シャムス・ウッ＝ディーンによってイスラーム教に改宗したことに始まり、ヒジュラ暦一二四四年（西暦一八二八／二九年）のスルタン＝ムハンマド・ムイーン・ウッ＝ディーン（在位ヒジュラ暦一二一四〜五〇年・西暦一七九九〜一八三五年）の治世代までの王統史が記録されている。記載内容の多くは、スルタン名、尊称（ラカブ）、マルディヴ（デヴィヒ）語による王名、即位年次、在位期間と没年を列記した、いわば王名表によって構成されているので、具体的な歴史叙述には乏しい。しかし、ポルトガル艦隊によるマーレ占領（ヒジュラ暦九六五〜九八一年・西暦一五五七〜七三年）よりウテーム王朝（ヒジュラ暦九八一〜一一一二年・西暦一五七三〜一七〇一年）の末期にいたる、ほぼ百四十年間にわたる記載中には、マルディヴ諸島のムスリム社会とその生活習慣や経済活動にまたがる詳細な状況が含まれている。

『マルディヴ王統史』の著者ハサンがその叙述を通じて強く主張しようとした点は、国家・支配層にある人びとはつねに正統イスラームの信仰と法体系を守り、辺境の土着文化との融合の傾向にある民衆ムスリム社会に対する刷新運動を展開し、その過程で国家の統治理念を貫徹すべきであって、そこに正しいマルディヴ・ムスリム国家発展の理想が求められる、としたことにある。したがって、彼ら支配者たちはイスラームの五行の宗教義務を守り、厳格・敬虔なムスリムとしての範を示すべきであって、その道に外れた者には神の罰がくだったこと、また学問修行と巡礼義務を果たすためにイエメンや二大聖地メッカ、メディナに赴いたことの状況を叙述している。さらに、国家官僚や法曹界の要職にはインド、アラビア（とくにハドラマウト地方）やイランなどの諸地方から移住してきたウラマーやスーフィー指導者たちを積極的に招き入れて、国家の官僚体制を整え、神学および法学の研究と振興にも努めていたことを伝えている。

次ページの表は、『マルディヴ王統史』にもとづいて、マルディヴ諸島のスルタンたちのメッカ巡礼と、メディナの預言者ムハンマド廟への参拝（ズィヤーラ）に関する記録を要約して示したものである。以下では、彼らの(1)巡礼ルート・経由・寄港地、(2)日程およ

『マルディヴ王統史』によるスルタンのメッカ巡礼と、メディナ参拝の記録

巡礼の年次(西暦)	スルタン名	巡礼の経路	記　事
1165／66年	ムハンマド・アル＝アーディル		マルディヴ諸島最初のムスリム＝スルタン。メッカに向けて出発後，消息不明
1467～68年	ハサン・ブン・アビー・バクル		メッカ側の史料によれば，ハサンの巡礼年次1434／35年。ハサンの不在中，アラブ人聖者サイイド＝ムハンマドが王位を代行
1667／68年	イブラーヒーム・イスカンダル		第1回目の小巡礼(ウムラ)
1682年2月5日～10月3日	イブラーヒーム・イスカンダル	ジッダ，メディナ，メッカ，ジッダ，ムハー，マーレ	第2回目の巡礼。4艘の大型船と3艘のフーリー船を率いる
1704年1月17日 出発	イブラーヒーム・ムズヒル・ウッ＝ディーン	ラスドゥ環礁，ジッダ，メッカ，ジッダ，ムハー，ソコトラ，スーラト，マーレ	1艘の大型船と43艘のフーリー船，宝貝，ココヤシ，宝石，大砲80門，小銃，火薬などを積載。家族，兵士，ウラマーなど男女300人が天然痘で死去。帰途，ソコトラ島沖で嵐に遭いインド海岸に漂流。留守中に王位を簒奪された
1773年12月 出発	ムハンマド・ギヤース・ウッ＝ディーン		マスカト出身のムハンマド・ブン・ハルファーンの所有するグラーブ船を雇い，家族，ワズィールなどを同伴。留守中に王位を簒奪された
1788年12月28日～1789年9月6日	ハサン・ヌール・ウッ＝ディーン	ラスドゥ環礁，ムハー，フダイダ，ジッダ，メッカ，ジッダ，ムハー，マーレ	第1回目の巡礼
1799年1月24日～10月15日	ハサン・ヌール・ウッ＝ディーン	マーレ，フダイダ，ジッダ，メッカ，ジッダ，クンフザ，カマラーン，フダイダ，サイフート，マスカト，マーレ	第2回目の巡礼。メッカのシャリーフ＝ガーリブとのあいだに紛争がおこり，所持した財産，大砲などをすべて没収された。ハサンはジッダで死去。230人におよぶ随行者は天然痘のために死去。生存して帰還したのは男女75人

び航海の季節、(3)航海に使用の船舶、(4)巡礼の規模、(5)巡礼の動機・目的、の諸点を明らかにしてみたい。

(1)　巡礼ルート・経由・寄港地

マルディヴ諸島の王都マーレからアラビア半島西岸に近い聖地メッカ、メディナまでの旅程については、イブラーヒーム・イスカンダル、イブラーヒーム・ムズヒル・ウッ＝ディーンとハサン・ヌール・ウッ＝ディーンの三人のスルタンによる巡礼記録のなかにみえる。これらの記録を通じてわかることは、一般にジッダまでの往きの航海は、マーレを出てラスドゥ環礁で一時碇泊のあと、西に針路をとってソコトラ島の北側を回ってバーバル・マンデブ海峡を通過、ムハー（モカ）とフダイダ（ホデイダ）に一時寄港した。そこで紅海の航海技術に習熟した水先案内人（ルッバーン）の先導によって、北上をつづけてジッダに着いた。ジッダよりメッカとメディナをめぐってふたたびジッダに戻るが、イブラーヒーム・イスカンダルの第一回目の巡礼ではジッダより出発し、まずメディナにある預言者ムハンマドの廟と教友たちの墓廟などを参拝のあと、メッカのカアバ神殿、マルワとサファーの聖丘を訪れてジッダに戻っている。

復路は、ジッダを出港のあと、クンフザとカマラーン島の近くを通過、フダイダとムハーに寄港した。そこで飲料水と食料を補給して、モンスーンの状況を調べてから、インド洋を横断、ラスドゥ環礁まで直航し、マーレに戻った。

イブラーヒーム・ムズヒル・ウッ＝ディーンの事例では、復路でムハーに寄港したあと、夏の嵐の季節が迫っていたにもかかわらず、一七〇四年六月二十七日、出発を強行したためにソコトラ島の沖を通過するころに強風に遭い、船のマストと帆布を失って難破した。彼の一行は三週間以上にわたる漂流をつづけて、インド・グジャラート地方の海岸に流れつき、苦難のすえスーラトに到着した。またハサン・ヌール・ウッ＝ディーンの第二回目の巡礼の復路では、フダイダを出たあと、ハドラマウト地方のサイフート、さらにはマスカトなどで船を乗り継ぎながらマーレに戻っている。

(2)　日程および航海の季節

マルディヴ諸島からアラビア半島へ向けての往路の航海は、一般に冬季の北東モンスーン（サバーまたはアズヤブと呼ばれた）を利用して、十二月より翌一月末までの時期に行われた。イブラーヒーム・イスカンダルのマーレ出港は二月五日、イブラーヒーム・ムズヒル・ウッ＝ディーンは一月十七日、スルタン＝ムハンマドは十二月十七日、ハサンは第一回目の巡礼では十二月二十八日、第二回目は一月二十四日にそれぞれマーレを出発しており、最も安全な時期を選んで航海が行われたことがわかる。ハサンによる第二回目の巡礼では、マーレからバーバル・マンデブ海峡までの航海日数は二十五日前後であるが、ラスドゥ環礁で数日間の風待ちをしたと思われるので、実際の航海は三週間足らずであったと考えられる。

紅海の北上航海は、バーバル・マンデブ海峡の付近に冬季のアズヤブ風（紅海では東風または南東風）が卓越する一月半ばから北風（シャマール）が吹きはじめる四月中旬までの時期に行われた。ハサンの第一回巡礼では三月九日にフダイダを出航して、ジッダには四月六日に到着した。

復路の航海は、夏季のインド洋モンスーン航海期、すなわちその前期（カウス）の四月から五月、もしくは後期（ダーマニー）の八月下旬から九月上旬まで、のいずれかの時期に合わせて、紅海の港を出帆する必要があった。紅海においては、顕著に出現するシャマールと呼ばれる地方風（北風）は四月中旬から五月初めにはバーバル・マンデブ海峡の付近まで達し、九月までの期間、断続的に北ないしは北西から南の方向に吹く。紅海の中央部に位置する諸港市、例えばジッダ、ヤンブゥ、スワーキンやアイザーブなどを出て、バーバル・マンデブ海峡を通過して、一気にインド洋を横断しようとする船舶は、このシャマール風をうまくとらえて南下し、イエメンまたはハドラマウトの港に一時寄港のあと、インド洋の夏季後期のモンスーン、すなわちダーマニー風に乗ることが必要とされた。つまり、五月末から六月にかけて紅海中央部の港を出て約一カ月の航海でバーバル・マンデブ海峡に近いイエメンの港に達し、そこで二カ月ほど滞在のあと、夏季の南西風が弱まるのを待って出港し、九月上旬から半ばにはマルディヴ諸島、インド南西海岸やスリランカの港に到着するのが通常の安全航海であった。『マルディヴ王統史』によると、イブラーヒーム・イスカンダルは八月十九日、ムハーを出港し、約四十五日間にわたる長旅のあと、ラマダーン明けのイード・アル＝フィトゥル祭日（十月三日）にマーレに着いた。イブラーヒーム・ムズヒル・ウッ＝ディーンの事例では六月五日にジッダを出港、南西風が最も卓越していた六月二十七日にムハーを離れてインド洋を横断しようとしたが、ソコトラ島の沖で難破した。さらに、ハサンの第一回巡礼の事例では、ジッダを五月三十一日に出港、ムハーにしばらく滞在のあと九月六日にはマーレに到着している。

インド洋と紅海には、相互に異なる季節風、地方風、岩礁、浅瀬や渦巻きなどの自然条件があった。したがって、インド洋の航海技術には習熟したマルディヴ海民たちであっても、紅海の航行については未知なために、ムハーやフダイダの港で紅海を専門とする水先案内人を雇い、その先導によって航海を行った。ヒジュラ暦一二〇三年第一ラビーゥ月二十九日（西暦一七八九年一月二十六日）、ハサン・ヌール・ウッ＝ディーンの一行は、マーレを出港、ラスドゥ環礁を経てインド洋を横断し、イエメンのムハーとフダイダに寄港した。『マルディヴ王統史』は、フダイダからジッダまでの航海の状況を、つぎのように記している。

「つづいて彼らは、そこ（ムハー）を出発し、フダイダ港に入った。そこで、スライマー

■マルディヴ諸島の人びとによるメッカ巡礼のルート

（－－－海上ルート　……陸上ルート）

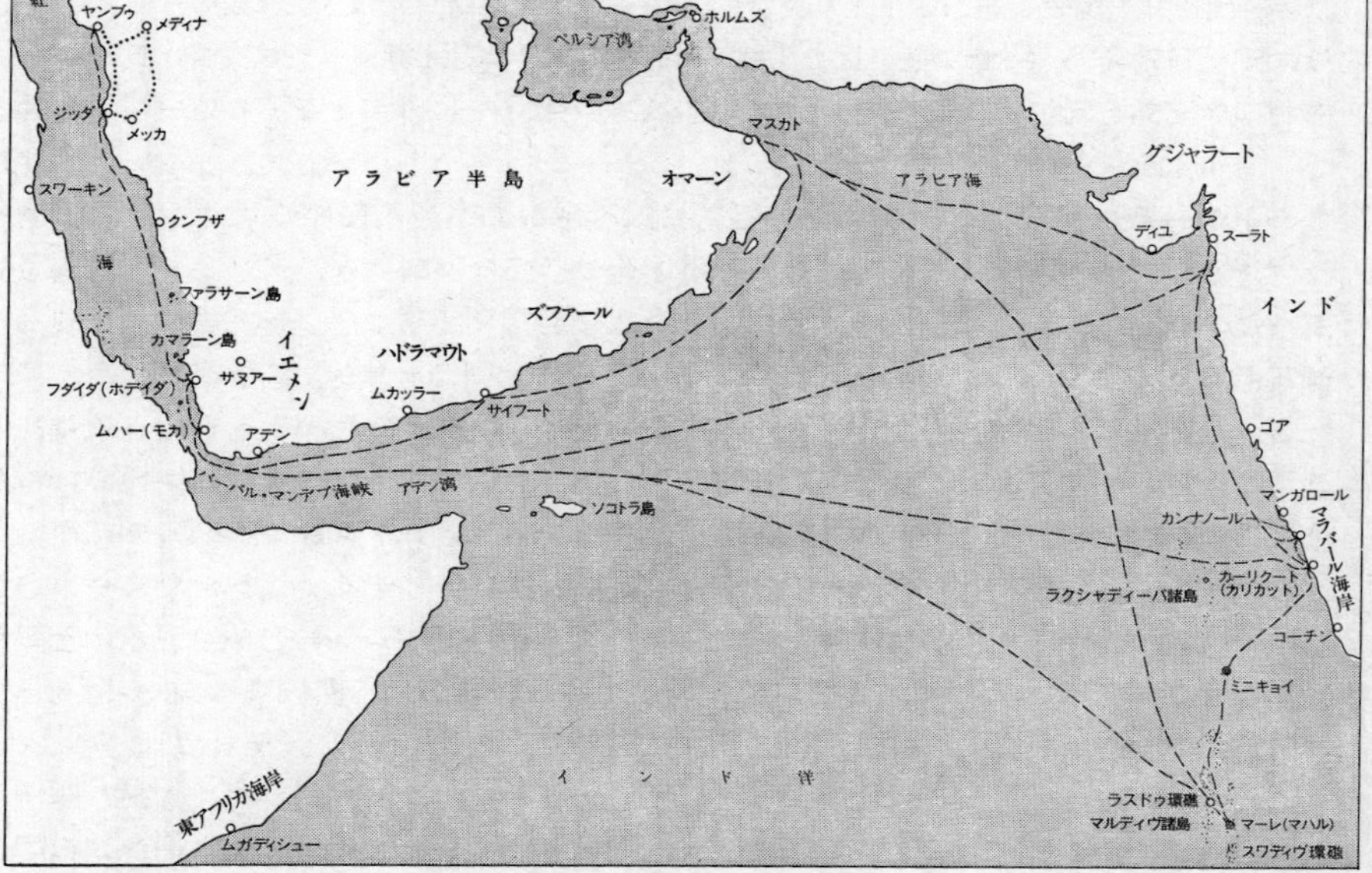

ンと呼ばれる水先案内人（ルッバーン）の男を雇いたいと望んだ。〔彼を雇った後〕つぎにジッダ港に入った。スルタンは、ディーバ（マルディヴ人のため）の〔巡礼〕案内人（ダッラール）で、エジプト人のサルハーンの家に滞在した」

さて、『マルディヴ王統史』の著者ハサン・タージュ・ウッ＝ディーンは自らの巡礼経験を説明して、つぎのような事実を伝えている。

「このスルタン＝ムハンマド・ムヒー・ウッ＝ディーン・アル＝アーディル（在位ヒジュラ暦一一〇二〜〇三年・西暦一六九〇〜九二年）は、マルディヴ地方の人びとが巡礼に出かけることを公式に認めた最初の人物である。彼の以前のスルタンたちは、そのことの許可を与えなかったので、そのころ巡礼に行く者はマリク、すなわちミニキョイ〔環礁〕の人びとにまじって密かに〔インドの〕マラバール地方に出て、そこからマラバールの船に乗ってアラビアの地、ムハーやアデンに向かった。したがって、十分な食料の用意もなく旅をつづけて、メッカにたどり着くといった辛苦をかさねて、やっと巡礼の義務を果たしたのである。マルディヴを出てから帰るまで三年、四年、ときには五年間を要する者もいた」

ハサン・タージュ・ウッ＝ディーンが伝えているムハンマドの治世以前の状況とは、イブラーヒーム（在位ヒジュラ暦一〇五八〜九八年・西暦一六四八〜八七年）の没後に即位した、その子のクダー・ムハンマド（在位ヒジュラ暦一〇九八〜一一〇二年・西暦一六八七〜九一年）のころのことと考えられる。クダー・ムハンマドは年少で即位したために、母親のマルヤムが国政に関与し、マルヤム支持派と反マルヤム派とが激しく権力抗争を展開し、国政と治安は乱れていた。内紛と弾圧を避けて、多くのウラマーやシャイフたちは国外に逃亡し、ある者は南西インドのカンナノールのアリー・ラージャー王国に、またハサン・タージュ・ウッ＝ディーンなどのウラマーたちはカリカットを経由して、船でアデンやメッカに行き、学問修行と巡礼、メディナの聖墓参詣などの目的で滞在をつづけた。以上のように、マルディヴ諸島からムハー、フダイダ、ジッダ、メッカにいたるルートとならんで、マルディヴ諸島の北端に位置するティラドンマティ環礁やミニキョイ環礁、カリカット経由、船でアデンに出てジッダ、メッカに達するルートがあったことがわかる。

(3)　航海に使用の船舶

『マルディヴ王統史』には、マルディヴ諸島のスルタンたちの巡礼用の航海に使用された船舶として、フーリー、クンドゥラ、グラーブ、ダウ（ザウ）、サンブーク、サフィーナ、マルカブなどの名称があげられている。これらのなかで、フーリーとクンドゥラはマルディヴ海民たちが漁撈活動や環礁の内外の運輸航海に広く使用するオディまたはドーニーと呼ばれる中型の船と考えられ、現在、小型のドーニーはマーレの港内でも造られている。ドーニーの船首は弓の弦のように鋭くそり上がって、青色や白色で彩色がほどこされ、船尾は鋭角に合わさったダブル・エンダー型、舵の部分には朱色に描かれた呪術的な渦巻きの文様がみられる。なお、現在、ペルシア湾岸や南アラビア海岸の各地で使用されているフーリーは刳《く》り木舟（舷側上部に箱型の外板をつけて大型化したものもある）のことで、インドのマラバール地方からもたらされている。おそらく、マルディヴ諸島のフーリーは刳り木舟ではなく、構造船として発達し、『マルディヴ王統史』によれば四〇ズィラーウ（腕尺、約二〇メートル）におよぶ大型のフーリーが建造されていたことがわかる。この型の船は、マルディヴ語でオディファハルと呼ばれて、一〇〇トンから二〇〇トンにおよぶ大型の輸送船であるが、現在は失われている。

十四世紀前半にマルディヴ諸島を訪問したイブン・バットゥータは、クンドゥラという船舶名称を伝えて、つぎのように説明している。

「〔外国の〕船（マルカブ）が来たときの島民たちの慣習の一つとして、まず数艘のカナーディルが出むかえる。これは小型のカーリブ舟のことで、その単数はクンドゥラである」

この説明によって、クンドゥラはおもに港内で使用する艀《はしけ》舟の一種であると考えられるが、『マルディヴ王統史』では、艀舟としてはもっぱらサンブークという船舶名称が用いられている。艀舟のような小舟がインド洋を横断したとは考え難いので、フーリーと同様にかなり大型のクンドゥラが存在したのであろう。

グラーブはガレー船に似てオールを備え、ときには大砲を装備した戦艦のことで、ポルトガル船の多くは、この名称で呼ばれた。ムハンマド・ギヤース・ウッ＝ディーンの巡礼では、マスカト出身のムハンマド・ブン・ハルファーン所有のグラーブ船を借りて、彼の家族や高官たちを乗せて出発した、と記録されている。

英語でいうダウ（dhow）は、アラビア海を中心として活動するアラブ型三角帆を装備した木造船のことであるが、十八、十九世紀にはインド洋西海域でみられた大型の縫合型船を指した。一八一四年にジッダを訪れたJ・L・ブルクハルトは、その港に碇泊中の船の種類として、セイ（シューアイ）、セウム（ザイーマ）、サンブーク（スンブーク）、ドウ（ダウ）の四種類をあげて、それらのうちドウが最大級の船でインドへの航海に使われる、と伝えている。

ダウの名称は、イブン・バットゥータがカーリクート（カリカット）に入港する中国（シナ）船を三種類に分類したなかで、中型に属する船としてあげたザウと一致すると思われる。十四世紀半ばより、ダウもしくはザウ、ザウゥの名称は中国所属のジャンクだけに限らず、アラビア海やインド洋西海域でみられる三角帆を装備したアラブ系およびイラン系の船や四角帆のインド船を指す大型船の一般名称としても広く使用されるようになった。したがって、十六、十七世紀以後になって、この名称がインド洋西海域、アラビア海、ペルシア湾や紅海で活動する木造型帆船の意味として、ヨーロッパの諸言語に伝えられたのである。

マルカブとサフィーナは、アラビア語で〝乗りもの〟〝船〟を意味する一般名称であるが、『マルディヴ王統史』ではマルディヴで建造の船ではなく、外国製（とくにインド・マラバール地方やペルシア湾岸で建造）の大型ダウ船のことであって、国家およびスルタンがこれを専有し、おもに官営の外国貿易を行うために使用された。

(4) 巡礼の規模

マルディヴ諸島の王・支配者のなかで、最初のイスラーム教改宗者として知られた、初代スルタンのムハンマド・アル＝アーディルは、ヒジュラ暦五六一年（西暦一一六五／六六年）のある日、人びとに、「私はメッカ巡礼に出る。つぎの金曜日に一艘の船が来るので、それに乗って出発するであろう」と告げた。果たせるかな、その日の明け方、一艘の船があらわれた。礼拝をすませた彼は、随行の人をつけず、食料も持たずに船に乗り、そのまま行方不明となった、と伝えられている。イスラーム教の弘布に貢献した最初のムスリム王がメッカ巡礼のために、ある日突然に旅だち、そのまま姿を消したとする共通のモチーフの伝承は、マルディヴ諸島だけに限らず、ミニキョイ環礁やマラバール海岸のムスリムたちのあいだにも広く分布していたと思われる。D・バルボサは、チェールマーン・ペルマールと呼ばれるマラバール地方の王がメッカから来たムスリムたちの勧めでイスラーム教に改宗したこと、彼は彼らと一緒にメッカに向けて旅だち、そのまま帰らなかったこと、また旅の前にマラバールの諸地方を親族たちに分割したこと、などを記録している。

神秘的な初代スルタン＝ムハンマドによるメッカ巡礼への旅だちの事例をのぞけば、一般にスルタンの巡礼には、その妻、子供、高官やウラマーたち、兵士、さらに一般民衆を多数引き連れて、大規模な巡礼隊を組織してメッカに出かけた。

イブラーヒーム・イスカンダルの第二回目の巡礼では、四艘の大型船（サフィーナ）と三艘の大型フーリーが準備されて、随行の人びとが一緒に出発した。また、メッカ巡礼による留守中、王位を奪われた悲運のスルタンとして有名なイブラーヒーム・ムズヒル・ウッ＝ディーンは巡礼用の大船を購入し、さらに四艘の大型フーリーを新造している。これらの船に宝貝、ココヤシの果実、貨幣、宝石、大砲、小銃や火薬など多数を積載し、随行者にはスルタンの妻、兄などの家族近親者、ウラマーや兵士たちが含まれていた。スルタン一行がメッカ巡礼をすませてジッダに戻り、帰国の準備を急いでいるときに天然痘が流行して、スルタンの兄、妻、カーディー（法官）たち、船員や兵士など男女約三百人があいついで死亡したという。なお、後述するように、このときに積載した荷物の多くは、フダイダ、ムハーやジッダで売却された。

ハサン・ヌール・ウッ＝ディーンによる第二回目の巡礼では、マーレのヒンナヴァル地区にある造船所で大型船が建造された。その船には、マーレの南に位置するスワディヴ（フヴァドウ）環礁で座礁したインドのスーラト所属の船から没収したルピー貨や金貨などが積まれた。巡礼隊の一行は、途中、フダイダで商売をすませた後、ジッダに入港したが、メッカのシャリーフ＝ガーリブとのあいだに、スーラト船の積み荷にかかわる所有権をめぐって激しい対立がおこった。結局、メッカのシャリーフによる執拗な奸計に屈して、ハサンは所持してきた金貨、大砲五門その他の財産を奪われたうえ、天然痘に罹って死亡した。あとに残された随行者たちは、フダイダ、サイフートなどで船を乗りつぎ、苦難の旅をつづけて、やっとマーレに戻ったが、このときの生存者は男女あわせて七十五人であり、一方、途中で死亡した人びとはハサンを含めて二百三十人におよんだ、という。

以上の二つの事例によって明らかなように、少なくとも一回に三百人以上の人びとがスルタンに随行して巡礼を行った、と考えられる。

(5) 巡礼の動機・目的

ムスリム社会におけるメッカ巡礼は、単に彼らの宗教的義務を遂行する目的だけにとどまらず、異文化・社会の見聞、学問修得、商売、出稼ぎ、亡命、移住や社会的地位の獲得、などの多様な目的と動機を内包していた。

『マルディヴ王統史』によって、マルディヴ諸島のスルタンたちによるメッカ巡礼の動機とそれに付随した目的を整理してみると、①フダイダ、ムハーやジッダにおける商取引、②政権闘争や思想・学問弾圧を避けるための亡命・逃避（とくにウラマーたちの場合）、

③学問・武術の修得、④家族や近親者の死を哀悼するため、などであった。巡礼の目的や動機は何であれ、多くのスルタンたちは苦難に満ちた旅、航海中の嵐、座礁、病気や略奪の被害などを経験し、ときには留守中に政敵のために王位を奪われることもあった。初代のイスラーム改宗のスルタン＝ムハンマドは、メッカに向けて出発のあと消息不明となり、またイブラーヒーム・ムズヒル・ウッ＝ディーンやムハンマド・ギヤース・ウッ＝ディーンは巡礼の留守中に王位を簒奪され、さらにハサン・ヌール・ウッ＝ディーンは帰途のジッダで天然痘に罹って死亡した。

では、これらの数々の危険をあえて冒してまでも、なぜ彼らは巡礼の旅に出たのであろうか。これは単に彼らムスリムとしての宗教的義務を果たそうとする自発的な意思や上述したような諸目的、動機だけによるものなのだろうか。

この問題は、おそらくマルディヴ諸島のイスラーム国家権力の性格、ムスリム海民社会における世俗的リーダーとしてのスルタン権威の位置づけ、さらには彼らのイスラーム信仰と倫理道徳のあり方などとの深いかかわり合いがあるように思える。『マルディヴ王統史』の記載内容からも明らかなように、マルディヴ諸島のイスラームは、カーディリー教団（アブド・アル＝カーディル・ジーラーニーを名祖とするスーフィー教団）のタリーカによる影響を受けていて、同時に正統イスラームの伝統を堅く守り、スンナ派ウラマーによる国家の政治権力との結びつきが強くみられた。またカーディリー派スーフィズムとならんで、イエメンのハドラマウト地方からのアラウィー派スーフィズムの影響も強く及んでいた。イブン・バットゥータによると、十四世紀前半にハドラマウト出身者（ハドラミー）の一人アブド・ル＝アッラー・イブン・ムハンマドは、マルディヴ王国のワズィール（宰相）職の地位を占めていたという。『マルディヴ王統史』は、ヒジュラ暦一一七三年（西暦一七五九／六〇年）に、ハドラマウト地方のアラウィー派に属する二人のウラマー＝サイイド＝アリー・ブン・フサインとアブド・ル＝アッラー・イブン・ムハンマドが来島したことを伝えている。

十四世紀の四〇年代にマルディヴ諸島を訪問したイブン・バットゥータは、そこの人びとが敬虔なムスリムで、正しい信仰を守っていること、島々には立派なモスクが建ち、国家の高官や法曹界の人びとのなかにはイエメン、ハドラマウトやメッカから移住してきたウラマーやシャイフたちがいることを指摘して、当時のマルディヴ海民社会がイスラーム信仰と倫理道徳、法体系を基軸とするムスリム国家として、急速に確立しつつあった状況を伝えている。

また、十七世紀の初めに、マルディヴ諸島に漂着したフランス人船員F・ピラールの記録によれば、マルディヴ・ムスリム社会ではアラビア地方の、とくにメディナにあるムハンマドの墓廟を訪れた人をその身分の上下にかかわらず敬う風習があって、多数の貧しい人びとまでが巡礼を行っている、と伝えている。さらに、彼らはアギイ（ハーッジュまたはハーッジー。〝巡礼者〟のこと）と呼ばれて、錦織りの白衣を身にまとい、手にはビーズ（数珠）を携え、あご鬚を剃らずに長くのばしている、とメッカ巡礼者の容姿を詳しく説明している。

これらの若干の記載からも明らかなように、マルディヴ・ムスリム国家と社会においては、スンナ派の正統イスラームにもとづく教義・道徳や生活規範がかなり厳格に守られていたこと、またイエメン、ハドラマウトやメッカなどの、いわば〝本場イスラーム〟の地やその文化・思想に対する強い憧れと外来文化を積極的に吸収しようとする進取的気質がみられたことがわかる。『マルディヴ王統史』には、外来のウラマーやスーフィー聖者たちが国家行政の重職、すなわちワズィール（宰相）、シャー・バンダル（港の王の意。港務長）やカーディー（法官）などにむかえられたり、ときにはスルタン位を占める者がいたことを伝えている。

このような宗教的・社会的環境のなかで、国家の最高権威の地位にあるスルタンは、単に力による政治的・軍事的支配者としてだけでなく、正統イスラームの教えを守り、公平・寛大なムスリム・リーダーとして、さらにはスーフィー聖者（ワリー）に等しい神格的権威を備えた王、神聖者としての性格づけが、海民のムスリム社会から強く要求されていたものと思われる。したがって、イスラームの五行の一つであるメッカ巡礼の義務を果たすことが敬虔なるスルタンとして、また神権を備えた王としてのなすべき行為の一つとみなされた。さらに注目すべき点は、スルタンが巡礼に出かけることは、一切の世俗的権威を失うことに通じており、帰国後も再度スルタン位に留まることは神の意思にそむく行為とみなされていたことである。これらの点について、『マルディヴ王統史』に伝えられた事例をもとに考えてみよう。

六人のスルタンによるメッカ巡礼の記録のなかで、そのうちの四人は、メッカ巡礼の途中で行方不明もしくは病気のために死亡したり、留守中に王位を簒奪されている。また残る二人のうち、ハサン・ブン・アビー・バクルは巡礼より帰国するが、その直後から邪教的な異常行動があらわれたために神の怒りにふれて、熱病に罹り死亡した。またイブラーヒーム・イスカンダルは帰国後四年半にわたって統治をつづけたが、彼の妻マルヤムに毒を盛られて不運な死をとげた。

以上のように、『マルディヴ王統史』に残された六人のスルタンについての巡礼記録によれば、そのすべてのスルタンはメッカ巡礼に旅だつことによって、事実上の王権を失っていることがわかる。したがって、スルタンたちによるメッカ巡礼の目的・動機の一つは、彼らの背景にある海民ムスリム社会により支援された宗教的義務感であった、と推測できるのである。世俗的支配者＝スルタンが神聖的リーダー権を得るための目的で、メッカ巡礼とメディナにあるムハンマドの聖墓を参詣した事例は、西アフリカ・タクルール王国（セネガル川流域にあったイスラーム化した黒人王国）や東アフリカのキルワ王国のスルタンたちにも共通してみられた。

二

以上、『マルディヴ王統史』にもとづいて、マルディヴ諸島の王侯・支配者によるメッカ巡礼の状況を説明した。なお、『マルディヴ王統史』には、スルタンたちの外、カーディー、ワズィール、シャー・バンダルなどの国家官僚や法曹界の人びと、ウラマー、船乗りたちのなかにも巡礼称号のハーッジュ（女性はハーッジャ）という尊称を冠した人びとがしばしばみられる。前述したF・ピラールの記録にあるように、マルディヴ諸島の海民を含めて多数の人びとがメッカ巡礼の義務を果たしていたことがわかる。

・ハサン・ヌール・ウッ＝ディーンの巡礼隊はイエメンのムハー港に到着したとき、マルディヴ諸島のニランド環礁にあるマーエボドゥ島から来たクンドゥラ船と偶然に出合った。その船には、マルディヴ島民の多数の巡礼者たちが乗りこんでいた。またジッダには、マルディヴ巡礼者たちの宿泊と案内を専門としたエジプト人の巡礼案内人（ダッラール）がいた。これらの事実によって判断すると、マルディヴ諸島の海民社会においては、十四世紀前半のころから王侯・支配者を含めて、多くの人びとによってメッカ、メディナ巡礼が行われていたこと、さらにイエメンの諸港やジッダまで彼らの建造した船舶と航海術を使って頻繁に航海活動を行っていたことが考えられる。

マルディヴ諸島は、インド洋のほぼ中央部、スリランカやインド・マラバール海岸に近く、南北七五〇キロにわたって環状の島々が分布している。したがって、インド洋の東と西、すなわち東南アジアやベンガルとインド西岸、アラビア半島や東アフリカとのあいだを結ぶ航海上の中継拠点として、古くから重要な役割を演じてきたことは言うまでもない。マルディヴ諸島の海民たちは、この東西交流上の好位置を利用して、古来、航海と貿易活動のうえで活躍してきた。また、彼らは赤道付近を回遊するカツオ漁に従事し、漁獲したカツオは燻製加工や塩乾燥してスリランカ、インド、東南アジア方面に輸出した。その他、同諸島の輸出品として、宝貝、竜涎香、ココヤシ油やココヤシ繊維からつくったロープ(キンバール)などがあって、いずれにしても彼らの生活と活動は海上文化と深くかかわっていたのである。

『マルディヴ王統史』によると、マルディヴ諸島の漁撈民や船人など、いわば海民たちの多くは十二世紀半ば、イラン北部のタブリーズに生まれたスーフィー聖者シャイフ＝ユースフ・シャムス・ウッ＝ディーンの来島とその改宗運動によってムスリムとなり、その後アッラーへの絶対帰依、一日五回の礼拝、断食などを厳守する敬虔なムスリムとしてふるまってきたという。しかし、同時に彼らは聖者崇拝、聖廟、呪物、護符、アッラー以外の超自然物への尊崇など、数えきれない俗信的信仰への強い傾斜がみられたことも、『マルディヴ王統史』の記録を通じて明らかとなる。

マルディヴ諸島のスルタン国家は、海民たちの生産する特産品を集めて、海外諸国との貿易取引を行い、貿易収入と関税を有力な財源として成立した。スルタンをはじめとする王族支配層の人びとは、円滑な国家運営、すなわち行政・財務と治安維持を実施するだけの世俗的リーダーとしてだけでなく、海民たちからの精神的尊崇をうける、神聖力を備えた敬虔なムスリム・リーダーとしての役割を果たす必要があった。スルタンたちによって実施されたメッカ巡礼とメディナのムハンマド墓廟、マルワとサファーの聖丘の間のサアイ（早駆け）の行は、彼らの民衆海民社会に対する神聖リーダーとしての役割を果たし、巡礼によって得られたバラカ（霊力、御利益）が期待されていたからではないだろうか。

著者は、インド洋にくりひろげられた海民たちの広範囲にわたる航海と漁撈活動がイスラーム教とその文化の伝播のうえで大きな役割を演じたのではないか、と想定している。今後、さらに彼ら海民たちの歴史と文化に関する研究が検討されなければならない。

〈移住と植民〉

十二　東アフリカ・スワヒリ社会の形成

はじめに

アラビア語のサーヒル（サワーヒル）には、「海岸」「水辺」「河畔」「縁《ふち》」「停泊地」などの意味があって、海や川と陸、沙漠と緑地、山と平地などの境に沿って広がる地理的空間のことである。こうした立地条件をもった地域は、サーヒル、またはその複数形のサワーヒルという地名で呼ばれることがあった。例えば、地中海に沿ったパレスチナ海岸、ナイル川沿いの地域、サハラ沙漠に接するチュニジア南部地域、サハラ南縁のニジェール川地域、東アフリカの海岸とそれに隣接する島嶼部などは、古くから慣用の地域名として、サーヒル（サワーヒル）が使われてきた。

スワヒリは、周知のとおり、東アフリカを指す地域名として、また言語名（スワヒリ語）としても使われるが、そもそも、アラビア語のサーヒルの複数形サワーヒルに由来している。

しかし、スワヒリという語は、単に地勢的な特徴を示す名称としてだけでなく、東アフリカ地域を広く包含する文化的・社会的特徴をもった一つの個性体としての機能を含んだ語でもある。すなわちスワヒリは、共通の自然環境や生態系の条件をはじめ、人種的にはアフロ・アジア混血民としての特性を備えており、文化・社会面では多部族共生社会であり、都市的生活をおくり、イスラーム教を信奉し、交易活動が盛んで、共通言語のスワヒリ語をもっている、などの要素が融合することで、一つの共通文化・社会圏としての機能をもっているのである。

では、東アフリカにこのようなスワヒリ圏がいつごろから形成されたのか、また一つの共通文化・社会圏としてどのような特質をもち、それが歴史的にどのように展開していったのであろうか。

東アフリカ・スワヒリ圏の形成過程に関する研究には、その第一には大陸部に広がるバントゥー系諸語を使用する諸部族の基層文化を明らかにする必要があることは言うまでもない。バントゥー系の諸部族は、おそらく二、三世紀以後、徐々に東アフリカの海岸部に広がるようになったと考えられるが、彼ら個々の部族の移動や文化についての記録史料は、現在ではほとんど残されていない。

第二には、インド洋の海上交通を通じてもたらされたさまざまな外来の人びと、社会や文化・情報に関する研究である。東アフリカ・スワヒリ圏はインド洋海域世界をめぐるネットワーク構造のなかに深く組み込まれて形成・展開してきたから、インド洋周縁部、西アジア、インド、中国などでおこった政治・経済・文化の流動現象、また西ヨーロッパ諸勢力による東漸と拡大が東アフリカ海岸にどのように及んだのか、そして外来の人びと、社会と文化が大陸内部からのバントゥー系諸部族と接触・融合することで、どのような新しい展開が生まれたかについて、明らかにされなければならない。

第三には、なぜ東アフリカ地域にだけスワヒリ文化・社会圏としての独自な形成と展開がみられたのか、他のサーヒル、サワーヒルと呼ばれる地域との自然・生態・社会・文化・歴史などとの総合的な比較研究が試みられなければならない。インド南西海岸のマラバール地方や東南アジアのマレー世界では、東アフリカの海岸地域とほぼ同じような地理的・文化的特質をもち、同じような歴史過程をたどってきた。したがって、それら地域との相互的な交流関係や地域圏としての独自の特質についての比較もまた重要な研究課題となる。

本章の目的は、スワヒリ文化・社会形成の歴史をたどったり、従来の研究方法や視点に対しての細かい批判を加えるのではなくして、著者の主張するインド洋海域世界の全体史の視点からみた問題点を指摘し、今後の研究に一つの方向を指示することにある。これまでの東アフリカ・スワヒリ史の研究は、東アフリカの狭い地域史の枠組みにとどまって、とくにインド洋をめぐる海上交易史の立場から総合的に追求しようとする試みには欠けていたといえる。N・チティック、F・グレンヴィル、P・ヴェラン、M・ホートンなどは、広くインド洋海上史の視野に立ってスワヒリ文化・社会の形成過程を究明すべきことを主張してはいるが、必ずしもその試みに成功しているとはいえない。

一

ペルシア湾岸地域と東アフリカ海岸とを結ぶ交通手段は、海上ルートによる以外にはなく、しかもオマーンのマスカトからケニアのモンバサまでは直線距離にして三五〇〇キロ以上におよぶ地理的隔たりがある。そうした自然空間の障害があるにもかかわらず、この二つの地域間には、紀元前にさかのぼる時代から現在にいたるまで、つねに密接な人間の移動、物品の交換、文化・情報の相互伝達があった。したがって、このインド洋を横断する南北の海上ルートを基幹とするネットワーク軸が、スワヒリ文化・社会の形成と展開の諸過程でどのように絡まり、どのような変遷過程をたどったかについて究明することが重要な研究課題となる。以下では、この南北軸ネットワークの成立要因について、(1)自然地理・生態環境、(2)人間の移動、(3)文明の「中心」と「周縁」の関係、の三つの側面から考えてみたい。

(1) 自然地理環境と生態系条件のネットワーク

東アフリカ海岸は、ソマリアのガルダフィ岬からジュバ川の河口付近までほぼ直線の海岸線と海に迫る沙漠地帯が広がるが、その以南になるとしだいに海岸線の出入りは複雑になり、大陸に接して小島が多く分布するようになる。

ラム群島では、マングローブ樹に覆われたパテ、マンダ、ラムなどの島影が狭い海峡をはさんで折り重なるように分布する。外海に面した海岸部には珊瑚礁が発達している。大陸と島とのあいだは、数十キロにわたるマングローブの低湿地と迷路のような水路によって隔てられている。しかも、水路には複雑な潮流があるために、島は大陸部からの外敵に対する安全な保護地となっている。そして海を通じて流れこんできた外来者は、そこに大陸部とは別個の居住世界をつくることができた。また島の北側は冬季に北東モンスーンの影響を受けて、有害な蚊や蠅などが排除されたために、人間にとっての快適な居住地となった。マンダ島のマンダ、タクワ、パテ島のシャンガ、ファーザなどには珊瑚石でつくったイスラーム都市遺跡がある。とくにN・チティックの考古学的発掘調査によって明らかにされたように、マンダ島の北端に近いマンダ遺跡は東アフリカ海岸で最も古い九、十世紀、もしくはそれ以前にさかのぼるもので、ペルシア湾のスィーラーフとの文化・経済上の影響関係が深いことでも注目されている。

東アフリカ海岸に点在する大小の島嶼がペルシア湾岸から海を越えてやってきた人びと

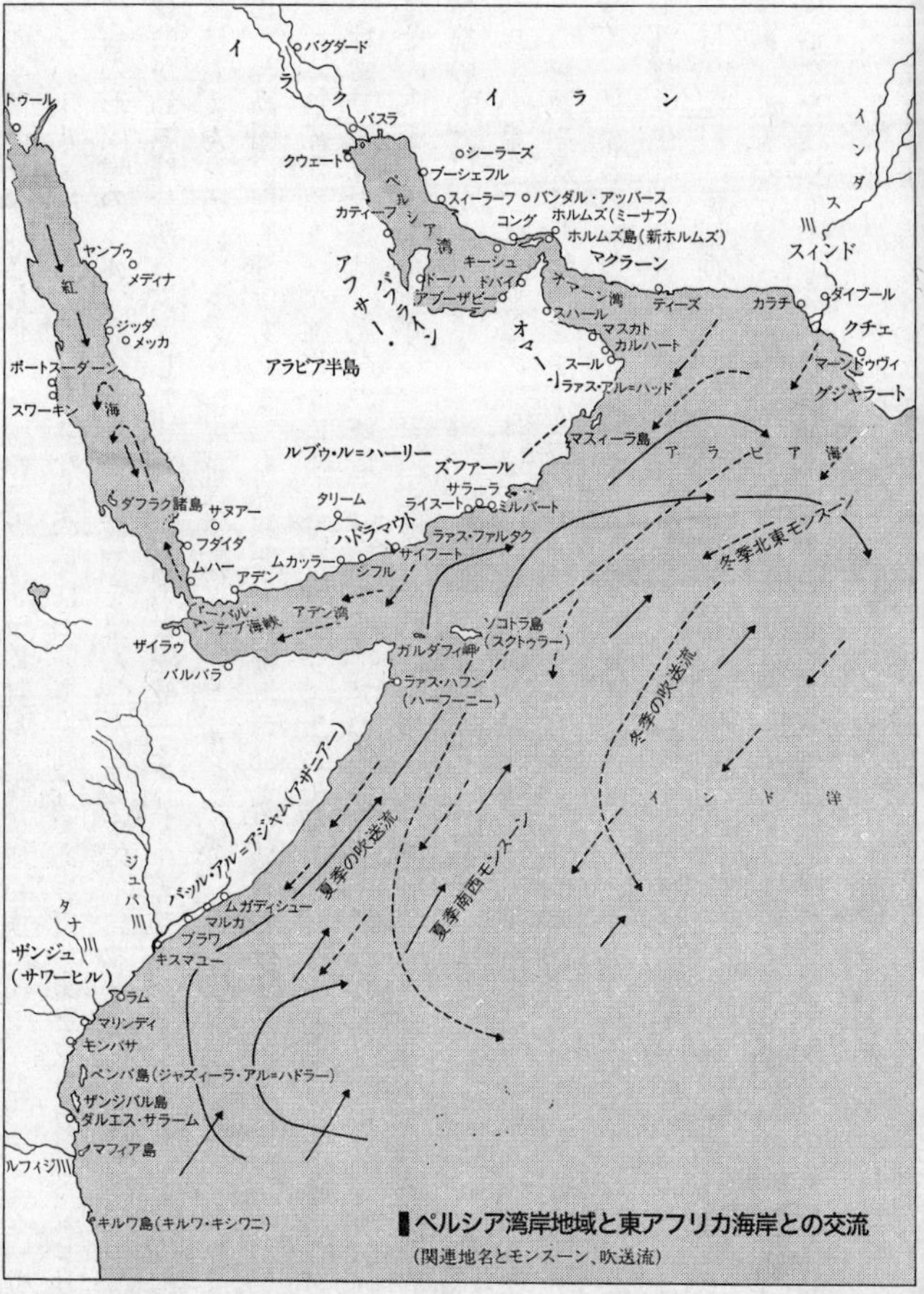

■ペルシア湾岸地域と東アフリカ海岸との交流
(関連地名とモンスーン、吹送流)

にとっての安全な居住地となったことは、ラム群島の例に限らず、モンバサ、ペンバ、ザンジバール、キルワ・キシワニなどの島についても同様であって、東アフリカ・スワヒリ社会の形成史のうえで島嶼が重要な役割を果たしたことを端的に物語っている。スワヒリ社会が島嶼部分から拡大して、その対岸の大陸部、そしてキャラバン・ルートに沿って内陸におよんだのは、とくに十九世紀以後の新しい現象であって、それ以前のスワヒリ文化・経済圏の中心部はあくまでも島嶼と大陸の海岸部とを結んで成立していたのである。ラム群島からケニア海岸を南下して、タンザニアとモザンビークとの国境にあるデルガド岬までの海岸線は、海岸の低地、マングローブの密林、タナ川、ルフィジ川などの大河とその支流、複雑な入り江、大陸に接近した大小の島々など、ほぼ同じような自然地理的環境のもとにある。

以上の東アフリカ海岸の諸地域では、おそらく紀元後二、三世紀のころから、モンスーンの影響を受けた熱帯の海洋性気候を最大限に利用して、ココヤシ、バナナ、タロイモ、砂糖、稲などの有用植物の栽培が行われ、これらは魚とともに重要な食料資源となって、多部族共生社会と人口を集めた交易都市発達の基盤をつくったと考えられる。マングローブ材、鼈甲《べっこう》、竜涎香だけでなく、大陸内部からもたらされる金、鉄、象牙、犀角、豹皮、蜜蠟《みつろう》、奴隷などは、交易品として島の市場に集められた。これらの物産は、南北軸ネットワークを通じてイエメンやペルシア湾岸の交易港に運ばれ、さらに西アジア、地中海世界やインド、中国にも転送・取引された。一方、その見返り商品として西アジア、地中海世界や中国などの、いわゆる中緯度の諸都市で生産・加工された手工業製品が仲介されて東アフリカに運ばれた。以上にように、インド洋の南北軸ネットワークのセンター(中心)とフロンティア(周縁・境域)とのあいだには、自然地理環境と生態系の違いにもとづく相互補完の交換関係が成立する基本的条件があったのである。

インド洋を隔てた長距離間の海上交通は、一年の内に一定の方向性をもって規則的に交代するモンスーンを利用して行われた。とくに、インド洋の西海域では、東シナ海や南シナ海の場合と類似して、大陸の東側に位置することの影響により、モンスーンの風向が南北の方向性をもって顕著に出現すること、さらにモンスーンが海表面にぶつかることで吹送流(モンスーン・カレント)が発生する。吹送流は夏には、南赤道海流の先端がケニア北部からソマリアの海岸にぶつかって北上し、南アラビアのズファール沖を通過してアラビア海を時計針と同じ方向に迂回して、インド南西海岸からマルディヴ諸島とスリランカに向けて流れる。また冬季には、弱い流れではあるが時計針と逆の方向の吹送流がアラビア海、ソコトラ諸島、東アフリカ海岸に沿って南下して、赤道反流に吸収される。このようなモンスーンと吹送流を最大限に利用することによって、ペルシア湾岸地域と南アラビア、ソマリア、東アフリカとのあいだの航海活動は迅速・安全に行われた。つまり、十〜十二月に冬季の北東モンスーンをとらえてペルシア湾岸から出航した船は、三月半ばまでには東アフリカ海岸に到着する。そして、三月末から四月初旬にかけて吹きはじめる夏季の南西モンスーンに乗れば、船は南アラビアとペルシア湾岸に無事に戻る一年の周期航海が可能となる。しかもこの南北航海は、陸地の目標を見定めながらの沿岸航海が可能であるために、航海術が未熟でも、また小型の船であっても、長距離間の航海が比較的安全に行われる。

南緯十五度線以南の海域では、モザンビーク海流の強い北上流がみられ、また北半球のモンスーンの影響はもはやおよばない。七、八世紀以後、東アフリカ海岸の最南端の交易居留地は、スファーラ（ソファラ）に置かれた。そこは象牙と金の集散地として有名であり、その位置はモザンビーク中東部からザンベジ海岸にいたるどこかに求められるが、その位置は特定できない（ノバソファラは、ポルトガルが占領して建設した新港）。スファーラは、ペルシア湾岸から直接来航する船の港ではなく、キルワ、ザンジバルやペンバ（カンバルー）などの交易センターから派遣された沿岸航行の船（サンブーク）が集荷のために訪れる辺境の港市であったと考えられる。

以上の諸事実にもとづいて、島嶼性がスワヒリ文化・社会形成史のうえでどのような役割を果たしたかについてまとめてみよう。まず、島嶼の利点は大陸部とは違った安全な居住世界であること、外洋に通じる良港が得られることである。また、そこはペルシア湾岸地域と結ばれたモンスーンによる一年の周期航海の先端部に位置して、大陸部から集められた物産と船載の商品とが交換される市場であった。北東モンスーンを利用して来航したアラブ系やイラン系の船乗りや商人たちは、最短期間で二週間、最長期間で一月末ころから九月初めまでの約七カ月間をそこに滞在した。島内には、一時的な宿泊所、倉庫があり、大陸部の海岸と島とのあいだを往復する輸送・仲介業者がいた。イブン・バットゥータがマクダシュー（ムガディシュー）の港で出会った仲介業者は、東アフリカ海岸の諸港市のどこにでもいたと考えられる。彼によると、来航する外来の商人と地元の仲買人とは、客と主人との契約関係が結ばれるという。主人である仲買人は客の商人から荷物を受け取ると、それを売却し、また、客の必要とする商品を仕入れる。商人はその間、主人の家に留まっている。こうした地元の仲介業者たちが、おそらくスワヒリ文化・社会形成の最初の担い手であった。大陸の内部にも別の交易システムがあって、マサイランド、タンガニーカ湖、ジンバブウェなどの方面に通じる長距離キャラバン・ルートが発達した。

ペルシア湾岸地域との運輸・貿易量と人の移動の増加にともなって、モンスーンを利用した周期航海の限界を超えて、モザンビークやザンベジ海岸にまで市場圏が拡大していった。とくにスファーラの市場に集められた金と象牙は十一、十二世紀以後の西アジアや中国の市場でますます需要が高まった。以上の状況のなかで、外来者の本格的な移住とスワヒリ都市の形成、とくにキルワでは貿易取引の独占といくつかの港市の支配によって国家統合を促す動きがあらわれた。

さて、すでに説明したように、紅海とペルシア湾はインド洋の「二つの腕」といわれ、地中海世界と結ばれた国際的交通・運輸と貿易活動のうえでの重要な掛け橋であった。しかし紅海は、インド洋のモンスーンや海流の影響を直接的に受けずに、一つの孤立した海としての性格をもっていた。一方、ペルシア湾は冬の北東風を受け入れ、夏の南西風を緩やかに受け止めることで、インド洋のモンスーン航海期とも連動していること、またペルシア湾の海域が古くからの世界的な真珠採集地であって、湾岸地域の人びとが真珠採集に従事することで海と親しみ、造船と航海術に優れた技術と経験をもつようになった。こうした条件のなかで、アラブ系やイラン系の人びとはペルシア湾を出て、インド西海岸や東アフリカ海岸に向けて積極的に航海と貿易活動を展開するようになったと考えられる。

一世紀半ばのギリシア語によって書かれたインド洋航海・貿易案内記『エリュトゥラー海案内記』によると、ペルシア湾にはオムマナ（オマーン、東アラビア海岸、またはイランのマクラーン海岸のこと）とアポログーと呼ばれるパルティア朝ペルシア帝国の支配下に置かれた二つの交易港（エンポリオン）があって、そこからアラビア方面への輸出品として、マダラテと呼ばれる縫合型の小舟、ナツメヤシの果実、真珠、金と奴隷などが運ばれると記されている。おそらくアラブ系やイラン系の人びとは、マダラテと呼ばれる縫合舟に乗ってアザニアー地方の最後の商業地ラプタを訪れたのであろう。アザニアーは、アラビア語のアジャム（al-ʿAjam）のことで、アラビア半島（Barr al-ʿArab）に対応する言葉として、アデン湾を隔てた非アラブの地（Barr al-'Ajam）、すなわちソマリアのバルバラ地方から東アフリカの海岸部を広く指した。アザニアーの最後の碇泊地ラプタがどこにあるかは特定できないが、その記載内容から判断して、ペンバ島からキルワ島にいたる島嶼か海岸部のどこかに求められる。ラプタの地名は、「縫合型の小舟」に由来するという。そこではアラビアの船乗りがラプタの原住民と混血して、その土地の言語を理解していた。するとペルシア湾岸地域で造られた船が南アラビアや東アフリカの交易港を結ぶ交易の道具として利用されていたこと、またスワヒリ社会形成の基礎となる混血化が紀元後一世紀半ばのころにすでに進行していたことが理解される。

(2)　人間移動のネットワーク

西アジア地域は、古くからさまざまな原因によって人間移動が渦巻く、流動性の激しい地域的・社会的特質を備えていた。西アジア地域でおこった人間移動の波は、四方の外縁部に向かって拡大していったが、その重要な拡大の一つの方向がペルシア湾を経て東アフリカ海岸と島嶼部に広がる無限の居住空間であった。つまり西アジア地域の人口密度の稠密部分からインド洋周縁部の熱帯・亜熱帯の疎の部分への大きな人間移動の流れがあって、東アフリカ海岸と島嶼は、西アジア地域だけでなく中緯度圏の各地域からの人間移動の流れを受けとめることでアフロ・アジア混血民、社会・文化面での多部族共生社会を形成していったのである。

イラン高原やアラビア半島の内陸部から押しだされてきた人間移動の波はペルシア湾岸地域に集まり、さらに湾岸から南アラビア地域を経て、東アフリカ海岸とその島嶼部に向かって流れた。この北から南への大きな移動運動は、同時にバントゥー系の諸集団による東アフリカ内陸部からペルシア湾岸地域へ向かう逆流運動とならんで、六世紀以後の各時代において頻繁にみられた現象であった。

サーサーン朝ペルシア帝国時代、ペルシア湾頭のティグリス、ユーフラテスの両河川流域における運河の開削工事や沼沢地の開墾には、ザンジュと呼ばれる多数の黒人労働者たちが利用された。ザンジュの名称は、すでに二世紀半ばのプトレマイオスの『地理書』にはジンギス(Zingis)としてあらわれており、また六世紀の人で、アレクサンドリア生まれのキリスト教僧侶で商人のコスマス・インディコプレウステスにはバルバリア(ソマリア)の端にジンギウム(Zingium)と呼ばれる地域があることを伝えている。ザンジュは、その身体の形質的特徴から考えて、明らかに東アフリカの海岸部に居住したバントゥー系の人びとであって、奴隷として船でペルシア湾岸地域に運ばれている。イスラーム以後も十九世紀の半ばにいたるまで、彼らはオマーン系やイラン系商人たちの船によって、イエメンやペルシア湾岸地域に集められ、各地に売却された。

次ページの表は、年代記や伝承に伝えられた東アフリカ・イスラーム都市の建設者もし

東アフリカへの移住者とその出身地

移住者	出身地	移住先(建設の町)	移住年次	出典
アリー・ブン・フサインとその6人の子供たち	シーラーズ	キルワ	A.H.3世紀半ば(A.D.9世紀半ば)	キルワ王国年代記
アリーの子ムハンマド	シーラーズ	マフィア		キルワ王国年代記
スルタン・ホセンの子7人	シーラーズ	ムガディシュー，ブラワ，キルワ	A.H.400(A.D.1009／10)	デ・バロス
エモザイディ(ウンマ・ザイディーヤ)	イエメン(?)	ザンジバル海岸	シーラーズィー移住以前	デ・バロス
3艘の船でアラブ7人の兄弟が移住	ラシャ(アフサー・東アラビア海岸)	ムガディシュー，ブラワ		デ・バロス
ペルシア人	スィーラーフ	マルカ		マルカ地方伝承
シーラーズィー	ペルシアのシーラーズ	カウ(マフィア)		マフィア地方伝承
ウマイヤ朝カリフ＝アブドゥル・マリク・ブン・ムリアニの派遣したアラブ人	シリア	パテ，マリンディ，ザンジバル，モンバサ	A.H.77(A.D.696／697)	パテ年代記
ハールーン・アッ＝ラシードの派遣したペルシア人		モンバサ	A.H.170(A.D.786／787)	パテ年代記
シーラーズィー	ペルシア	ダール・エス・サラーム		ダール・エス・サラーム伝承
スルタン＝アリー・ビン・セリマニ	ペルシアのシーラーズ	キルワ・キシワニ		キルワ・キシワニ地方伝承

くは移住者に関する記録である。これらの記録が正確な史実であるかどうかは確認できないが、いずれにしてもペルシア湾岸地域のアフサー、バフライン（アラビア半島東岸地域）、オマーン、イランなどの出身者が圧倒的に多いことは、湾岸地域から東アフリカへ流れる人間移動がとくに激しかったことを物語っている。しかも「シーラーズィー（シーラーズ出身者）伝承」に代表される伝説的なイラン的血縁要素が多部族の重層・共生するスワヒリ社会を一つの個性体としてまとめあげていくうえでの価値体系として、現在にいたるまで重要な意味をもちつづけていることは注目すべき点である。

東アフリカ史の記録史料のなかでも、最も詳細で信憑性のある『キルワ王国年代記（キルワ情報に関する慰めの書）』（現存する唯一の写本は、ロンドンの大英博物館に所蔵されているもので、十九世紀後半に筆写された。その原本は一五二〇年ごろに著されたが、作者は不詳）によると、最初にキルワに到着し、その町の基礎をつくった人物は、イランのシーラーズ地方の王侯たちであって、七艘の船に乗り、マンダハ（マンダ島）、シャウグ（シャンガ）、ヤンブゥ（またはマリンディ）、マンファサ（モンバサ）、ジャズィーラ・アル＝ハドラー（ペンバ島）、キルワ、ハンズワーン（コモロ諸島のアンジュアン）の各地に着いたという。シーラーズィーの移住とイスラーム都市の建設に関する伝承は、さまざまなかたちで各地に分布しており、現在でもなおその伝承は拡大しつつある。

では、なぜ「シーラーズィー伝承」が広く流布するようになったのか、またその伝承を根強くささえている社会的・文化的背景は何であろうか。著者の考えでは、「シーラーズィー伝承」の起源は、おそらくペルシア湾岸のスィーラーフ出身の船乗り、商人たちと東アフリカとのあいだの古くからの人的・文化的交流関係を背景として成立したものであって、しかも十世紀後半以後の急激なスィーラーフの衰退にともない東アフリカへの大規模な人間移動があったことの史実にもとづいているのであろう。つまり、スィーラーフの名はイランの代表的な都市シーラーズに変更されているが、ソマリアのムガディシューとマルカで収集された伝承のなかには、シーラーズではなくスィーラーフを祖先の出身地としているものがある。また、『キルワ王国年代記』には、シーラーズの王侯たちが祖国を棄てて移住することになった理由として、王は夢のなかで鼠が町の周壁に穴を開けているのをみて、これを町が滅亡する予兆であると悟ったためである、と伝えている。これと一致する伝承がペルシア語史料の『ワッサーフの歴史』のなかに伝えられており、そこではスィーラーフの崩壊によって住民たちが二五〇キロ南東のキーシュ島に移動することになった、と説明されている（第四章一五五〜一五九ページ参照）。そうした初期のイラン系移住者たちがスワヒリ文化・社会の形成にどのような役割を果たしたのか、またアラブ系の移住者とどちらが早く定住し、相互にどのような文化的・社会的関係をもったのか、バントゥー語系の諸集団との混血・共生はどのように深められたのか、なぜイラン的血縁要素が高い社会的地位を得たのか、それらが時代的・地域的にどのような変遷をたどったか、などについての問題は、今後さらに詳しく究明される必要があろう。

(3) 文明の「中心」と「周縁」を結ぶネットワーク

七、八世紀以後、イスラーム化の波が東アフリカ海岸と島嶼部に達して、人間移動、交易活動やイスラーム的文化体系の流入などの動きが高まった。こうした新しい状況がスワヒリ文化・社会の形成に大きな転換期となったことは言うまでもない。つまり東アフリカ地域は、イスラーム世界全体を覆うネットワークの末端部に位置づけられたこと、またそのネットワークの強力な吸引力によってスワヒリ社会の形成と拡大が徐々に促されたのである。イスラーム的文化体系は、インド洋を横断する南北軸のネットワークを通じてムスリム商人、船乗り、学問・知識人や亡命・移住者たちによってもち込まれた。またスワヒリの人びとは、メッカ巡礼やイエメン、イラク、エジプトへの商売、学問修得や社会関係を求めることによって、イスラーム世界の中心部との交流の機会が増大した。

このように強力な中心文明の周縁への波及は、その当然の結果として周縁部の並列的な地方文明を覆うように統合し、新たな周縁文明圏の形成を促したのである。

八世紀半ば以降、アッバース朝の首都バグダードの繁栄にともなって、バグダードをセンターとする文化的・経済的ネットワークがイスラーム世界の周縁部に向かって張りめぐらされていった。とくにバグダードからペルシア湾岸を経てインド洋に広がるネットワー

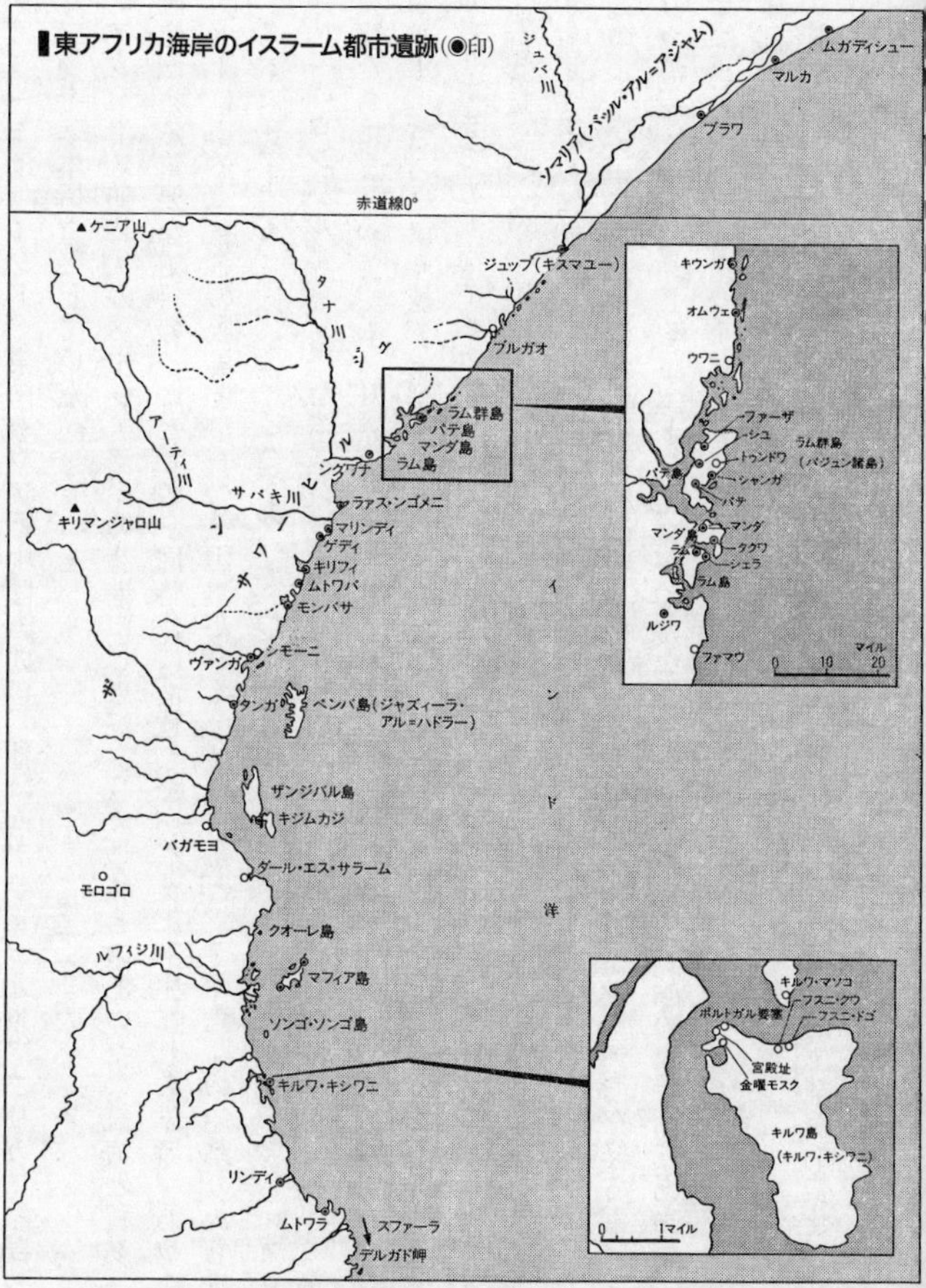
東アフリカ海岸のイスラーム都市遺跡(◉印)
ジュバ川
ソマリア(バッルル・アル=アジャム)
ムガディシュー
マルカ
ブラワ
赤道線0°
ケニア山
ジュップ(キスマユー)
タナ川
ジンジ
ブルガオ
ラム群島
パテ島
マンダ島
ラム島
シングワヤ
アーティ川
サバキ川
キリマンジャロ山
ラァス・ンゴメニ
マリンディ
ゲディ
キリフィ
ムトワパ
モンバサ
シモーニ
ヴァンガ
タンガ
ペンバ島(ジャズィーラ・アル=ハドラー)
ザンジバル島
キジムカジ
バガモヨ
モロゴロ
ダール・エス・サラーム
クオーレ島
ルフィジ川
マフィア島
ソンゴ・ソンゴ島
キルワ・キシワニ
リンディ
ムトワラ
スファーラ
デルガド岬
インド洋
キウンガ
オムウェ
ウワニ
ファーザ
シユ
トゥンドワ
シャンガ
パテ
マンダ
タクワ
シェラ
ルジワ
ファマウ
ラム群島(バジュン諸島)
マイル
0
10
20
キルワ・マソコ
フスニ・クワ
フスニ・ドゴ
ポルトガル要塞
宮殿址
金曜モスク
キルワ島(キルワ・キシワニ)
1マイル

クは、一つは、インド、東南アジアと中国方面に、他は南アラビアと東アフリカに結びつく二つを基本構造としていた。

アッバース朝時代のペルシア湾岸の諸港市と東アフリカ地域とのあいだの航海と貿易活動を伝える重要な史料の一つとして、同時代に活躍したバグダード生まれの学者マスウーディーによる『黄金の牧場と宝石の鉱山』がある。彼によると、オマーンの船乗りたちはアズド（オマーン）系のアラブ人であって、インド洋を越えて、ザンジュの海（インド洋西海域）のカンバルー（一説によるとペンバ）島まで航海すること、その島にはザンジュの異教徒たちにまじって、ムスリムたちが居住するという。またスィーラーフの人びとはカンバルー、さらにはザンジュ地方の端にあるスファーラ地方やワーク・ワーク（マダガスカル島？）までも航海活動を行った。マスウーディー自身もスィーラーフ出身のナーホダー（船舶経営者）の率いる船で何度かこの海を往復航海しており、彼が最後にカンバルー島からオマーンに航海したのはヒジュラ暦三〇四年（西暦九一六／九一七年）のことであった。

このように、八世紀半ばから十世紀は、バグダードを軸心としてペルシア湾を経て東アフリカ海岸・島嶼に通じるネットワークが強力な作用をもって機能し始めた時期であって、オマーン系、スィーラーフ系の船乗りや商人たちの活躍によって、スワヒリ社会形成の基層部にイラン・アラブ的要素が強く付加されたのである。

十世紀後半から十一世紀にかけてのイスラーム世界におこった政治的・経済的変化の諸

相は、スワヒリ社会にも大きな影響を及ぼした。この時期には、イスラーム世界の文化・経済活動の中心は、バグダード・ペルシア湾軸からエジプトのカイロ、フスタートに移動した。それに伴ってイスラーム世界のネットワーク基軸もまた、エジプトを軸心に東はヒジャーズ、イエメン、インド方面に、西は地中海沿岸のイフリーキーヤ、マグリブ方面に通じる軸線上に置かれるようになった。なお、この時期の東アフリカ海岸に通じるインド洋横断の南北軸ネットワークは、ペルシア湾岸、イラク、イラン方面だけでなく、イエメンとハドラマウト地方を中継地にして、インドやヒジャーズ、エジプトとも結ばれていた。したがって、このネットワークによって流れこむイエメンやヒジャーズからのアラブ的要素がペルシア湾岸地域からのイラン・アラブ的要素とぶつかって、緊張関係が生まれた。バグダード・ペルシア湾岸軸のネットワークの衰退、イラク、イランや東アラビア海岸の政治的混乱と経済的危機に伴う人びとの移住・亡命、シーア・ハワーリジュ派の流れをくむイバード派の人びとなどの宗教・文化活動がこの時期のスワヒリ社会の形成に大きな影響を及ぼしたと考えられる。

イスラーム地理書・旅行記のなかに記録された東アフリカ地域の都市名について、九、十世紀と十二、十三世紀のものとを比較すると、明確な違いが認められる。すなわち、九、十世紀の地理書には、ザイラゥ、バルバラ、ラァス・ハーフーニー、ザンジュ、カンバルー、スファーラなどの地名が漠然と記録されているに過ぎない。ところが、十二世紀前半に著されたイドリースィーの地理書には、ラァス・ハーフーニーの南にはマルカ、ブラワ、バズーナ（バジュン）、マリンダ（マリンディ）、マンバサ（モンバサ）、バーニス、バツハナなどの新しい都市名が登場している。さらにヤークート（十三世紀前半）の地理事典『地理集成』は、それらに加えてマクダシュー（ムガディシュー）、ジャズィーラ・アル＝ハドラー（ペンバ島）とキルワなどの重要な港市が交易活動で繁栄していたことを伝えている。つまり十二、十三世紀になって、東アフリカ海岸には多くのイスラーム都市が建設されて、新しいスワヒリ化の時期をむかえていたことを物語っている。この事実は、考古学的遺物資料によっても裏づけることができる。最古の年号を刻んだザンジバル島のキジムカジ・モスクの碑文はヒジュラ暦五〇〇年（西暦一一〇六／〇七年）であり、またムガディシューにある三つの古いモスクの造営年号はヒジュラ暦六三六年ムハッラム月（西暦一二三八年八／九月）、ヒジュラ暦六六七年（西暦一二六八／六九年）とヒジュラ暦六六七年シャアバーン月末日（西暦一二六九年五月）の、いずれも十三世紀である。

モンスーン航海の最南端に位置したイスラーム都市のキルワは、十二世紀半ばにはスファーラ金の貿易を独占することでしだいに繁栄を築いた。とくに、スルタン＝ダーウード・ブン・スライマーン（在位西暦一一三一〜七〇年）は、「貿易の長」と呼ばれて、ペンバ、ザンジバル、マフィアなどの島嶼に勢力を拡大して、奴隷、金、象牙などの集荷と取引に支配権をもった。なお、この時期に、東イスラーム圏のイラクやイランでは、東アフリカからもたらされる金の需要がとくに高まっていた。九世紀から十世紀半ばにかけて、サハラ沙漠南縁部からのスーダン金が大量にイスラーム世界にもたらされた結果、それまで銀本位であったシリア、イラク、イランなどの東イスラーム圏にもディーナール金の使用が広まった。しかし十世紀半ばに入ると、ホラーサーン地方やマーワランナフル地方で産出した銀（地金《じがね》）の生産量が急速に減少したこと、またファーティマ朝シーア派政権の成立とその政治の中心がチュニジアからカイロに移されたことによる東イスラーム圏へのスーダン金流入量の減少、エジプトのアスワーンに近いベジャ地方の金鉱の枯渇などによって、金・銀地金の供給量が全体的に減少しつつあった。こうした背景を受けて、新しい金の供給地として東アフリカのスファーラが注目されるようになったと考えられる。スファーラ金の貿易を独占したキルワ王国の成立と拡大は、そうしたイスラーム世界における金融事情の動向とのかかわりにおいても明らかにされるべき問題であろう。

『キルワ王国年代記』に記された伝承にあるように、キルワ王国はシーラーズの出身者によって建設されたと考えられるが、十三世紀に入ると、イエメン・ラスール朝政府やヒジャーズ地方のアシュラーフ（預言者ムハンマドとの血縁をもったメッカの名家たち。シャリーフ）との文化的・経済的関係を深めた。イブン・アル＝ムジャーウィルは、つぎのような記録を伝えている。

「アデンからマクディシュー（ムガディシュー）までは、一回のモンスーン航海。マクディシューからキルワまでは第二のモンスーン、キルワからクムル（マダガスカル島）までは第三のモンスーン航海であった。ところが〔現在では〕、人びとはいままでの三回のモンスーン航海を一回のモンスーンで渡るようになった」

この記録は、マダガスカル、キルワ、ムガディシューとアデンとを結ぶモンスーン航海が一回の航海で直接結ばれて、相互の交流関係が密接になったことを示している。ムガディシューはブラワやマリンディよりも後代になって建設された町であって、十三世紀半ば、アデンとキルワ、スファーラとをつなぐ中間の寄港地として、その重要性を増したものと考えられる。イブン・バットゥータの訪問した十四世紀初めには、ムガディシューはかなりの規模の町で、そこの住民は富裕な商人たちであったという。またそこの商人たちの一部には、イエメンのアデンに近いアブヤンの町の移住者たちが含まれていたことがイエメン側の史料から確認できる。J・デ・バロスの『アジア誌』は、ムガディシューについて、つぎのような興味深い伝承を伝えている。

「航海〔海上ルート〕によってソファーラ鉱山との商業を行った最初の外来民は、このマガドクソ〔ムガディシュー〕の町〔の人びと〕であった。彼らは海岸を踏査していった結果として〔そのルートを発見したの〕ではなく、たまたまその町の一艘の船が嵐にあい、潮流の影響でそこに流されてしまったのである。彼らは、その後、この貿易が行われている隣接の地域すべてについての知識を得たが、潮流の岬（喜望峰）まではあえて進もうとはしなかった」

以上の伝承が史実であるかは確認できないが、ムガディシュー商人たちによるスファーラ金貿易への進出の過程を物語っている。

さて十三、十四世紀は、イスラーム世界がその周縁部に向かって拡大し、しかもその世界内をめぐる広域間の交流関係が密接に行われた時期として注目される。インドや西アフリカでは、軍事的・宗教的な征服活動、すなわちジハード（聖戦）によるイスラーム化の拡大が大規模に行われたが、同時に種々のスーフィー・タリーカ（ムスリム神秘主義の教団組織）の活動がイスラーム世界の内外で積極的に展開していった。スーフィーやウラマーの移動、巡礼、各種の宗教・教育施設の建設、ワクフ事業（イスラームに独特の財産寄進制度）などの活動を通じて、イスラーム的文化体系の外縁への拡散と地域社会への深化がみられた。そうしたイスラーム世界の全体的な動きのなかで、東アフリカ・スワヒリ社会はどのように変化・変質していたのであろうか。『キルワ王国年代記』は、キルワ王国のスルタンたちがメッカ巡礼を行い、敬虔なムスリム指導者として、多部族共生のスワヒリ・ムスリム社会の統治に専念していたことを伝えている。

この時期になると、東アフリカの各地でのイスラームの宗教・法体系や教育などの学術活動は、ペルシア湾岸地域を経由して流れてくる伝統的なイラン・イスラーム的要素の外に、インドのグジャラート、マラバール経由のインド・イスラーム的要素、そしてハドラマウト、イエメンとヒジャーズ経由のアラブ・イスラーム的要素の、三つの流れによって行われていた。十三世紀にはいって、キルワ王国の法学がハワーリジュ派のものからシャーフィイー派に変わったことは、従来のオマーン・イバーディー派の影響力が弱まって、イエメンとの文化的交流関係が強まったことを示している。

十五、十六世紀以後の動きとして、とくにハドラマウト出身のウラマーたちのインド洋海域全体にわたる文化・教育活動が注目される。ハドラマウト・ウラマーたちの活動については、次章でふたたび言及するので、ここで詳しく述べることは避けたいが、彼らは、ハドラマウト、イエメン、ヒジャーズ、エチオピア、東アフリカ・スワヒリ地域、インドのグジャラートとデカン、ジャワなどのインド洋海域世界を結ぶ広域的な学術交流のネットワークをもっていた。そのネットワークは同時に、ハドラミー（ハドラマウト出身者たち）の商売と移住のネットワークでもあった。ムヒッビーによる人名事典『ヒジュラ暦十一世紀の名士に関する事績要覧』によって、東アフリカの諸都市を訪れたイエメンおよびハドラマウト出身のウラマーたちをあげてみると、以下のとおりである。後述するように、東アフリカの海岸部は、彼らによって、すでにサワーヒル（スワヒリ）地域またはサワーヒル圏（イクリーム・アッ＝サワーヒル）と呼ばれていた。

(1) イエメンのサイイドの一人アブド・アッラー・イブン・アリー・ブン・ハサンは、ハドラマウト、イエメン、ヒジャーズで学問を修め、スワヒリ圏、そしてインドの各地に学問の旅をつづけた。ヒジュラ暦一〇三七年（西暦一六二七／二八年）、ラヘジュに近いワフトで死去。その後、彼の墓地は参拝地として有名になった。
(2) ハドラマウトのアラウィー派のアブー・ターリブ・イブン・アフマドは、法学と芸術を学んだのち、スワヒリ地域、インドなどで詩文、数学その他の一般諸学を教えた。ヒジュラ暦一〇五五年（西暦一六四五／四六年）にオマーンで死去。
(3) アフマド・ブン・アビー・バクル・ブン・サーリムは、イエメンのイーナーンに生まれ、ハドラマウトで学問修行のあと、メッカ巡礼を行い多くの学者との知己を得た。その後、彼はムガディシューやスワヒリ地域の人びととの交流をもった。ヒジュラ暦一〇二〇年（西暦一六一一／一二年）、シフルで死去。
(4) ハドラマウトのアラウィー派のシャイフ＝イブン・アリー・ブン・ムハンマドは、諸学を修めたあと、インド、スワヒリ地域を巡り、ウラマーたちとの交流を深めた。ヒジュラ暦一〇六三年（西暦一六五三年）、シフルで死去。
(5) サイイド、アラウィー＝イブン・ムハンマド・アル＝ジャフリーは、南アラビアのキシンに生まれ、商売を行いながらイエメン、スワヒリ、インドやエジプトなどをめぐる。彼は学者としても活躍し、スーフィーの聖者たちと一緒に旅した。ヒジュラ暦一〇六一年（西暦一六五一年）、ハドラマウトのタリームで死去。
(6) ハドラマウト出身のムハンマド・ブン・バラカートは、当代著名なワリー（聖者）の一人で、インド、エチオピア、スワヒリ、イエメン、ヒジャーズの各地をめぐった。ヒジュラ暦一〇四八年（西暦一六三八／三九年）、イエメンのムハーで死去。

ポルトガル勢力のインド洋進出がスワヒリ社会・文化の形成と展開にどのような影響を及ぼしたかについては、さらに深く究明すべき問題が数多く残されている。ポルトガル勢力のインド洋進出がペルシア湾岸地域と東アフリカとを結ぶ南北軸ネットワークの交流関係にある種の制限を加えたことは確かであろう。しかしそれによってすべてのネットワークが寸断され、スワヒリ都市が孤立無援の状態に置かれたとは考えられない。ポルトガルに限らず、西ヨーロッパ諸国のアジア貿易の関心は、しだいにインド、東南アジア、中国などの、いわばインド洋海域の東側地域に移動していったこと、その際に、東アフリカ海岸は航海上の中継地となった。したがって、ポルトガルの海上支配が弱まった十六世紀半ば以後にはイエメン系、ハドラマウト系やオマーン系のアラブ人たちの経済的・文化的な活動が急速に復活したのである。後述するように、「スワヒリ」の地域名称がそれまではモンバサとその周辺海岸部にかぎられていたのが、しだいに地理的に拡大し、また単に地域名称だけでなく文化的・社会的要素を含む名称へと変化をみせはじめるのは、ポルトガル支配開始の時期から十七、十八世紀にかけての時期であったと考えられる。この時期におけるイエメン、ハドラマウト、ヒジャーズ、オマーン、ペルシア湾岸地域、イランやインドのグジャラート、マラバールなどの各地との人間の移動、交易関係やイスラームの新しい文化・教育などがスワヒリ社会・文化の地域的拡大にどのような影響を及ぼしたかについては、今後に残された重要な研究課題である。

またポルトガル史料にしばしばみられるように、十六、十七世紀は東アフリカ内陸部における非ムスリム系の部族集団カッフィール、すなわちアラビア語の「異教徒《カーフィル》」の大きな部族移動の時期であった。ソマリア地域では、十五世紀の文献史料にスーマール、すなわちソマリ系牧畜民の名前が登場してくる。彼らの移動がやがてガッラ族の南下を促し、さらにバントゥー系の諸部族、ザンビア地方からのジンバ族の海岸部への移動とスワヒリ都市への侵入がつづいた。これらの移動原因の一つは、十五世紀から十七世紀にかけての気候変動と内陸サバンナ地帯の乾燥化の影響であると考えられる。

二

本章の最初に述べたように、「スワヒリ」はアラビア語の「サワーヒル」に由来するが、この言葉が文献史料のなかに、いつごろから、どのような意味をもって登場してくるのであろうか。この問題は、スワヒリ文化・社会の形成過程を探るうえでも一つの重要な鍵となることは言うまでもない。J・ストランデスは、その著書『東アフリカにおけるポルトガル時代』のなかで、括弧付きの意味での「スワヒリ」の言葉を最初に使ったのはイブン・バットゥータであって、それまでの他のアラブの著述家や十五、十六世紀のポルトガル人たちの記録史料にはまったくみられないと述べている。

そこで、イブン・バットゥータによる関連記事を引用してみよう。彼はバーバル・マンデブ海峡に近いザイラゥを出て、バルバラの海岸に沿ってガルダフィ岬を回り、マクダシュー（ムガディシュー）に着いた。さらに彼は、ソマリア海岸に沿って南下をつづけた。

「わたしは、マクダシューの町からサワーヒル地方（Bilād al-Sawāḥil）に向かって海に乗り出した。ザンジュの人たちの地方にある町クルワー（キルワ）をめざしたのである。そしてわれわれはマンバサー（モンバサ）島に着いた。そこは大きな島で、マンバサーとサワーヒルの土地（Arḍ al-Sawāḥil）とのあいだには海を隔てて二日の距離がある。その町〔の人びと〕は大陸部に属領をもたない。島の樹木は、バナナ、レモン、シトロンであり、また彼らにはジャンムーンと呼ばれるオリーブに似た果物がある。その果物はオリーブと似た実の芯があるが、それがとても甘い。この島の住民には農作物はなく、ただサワーヒルからもたらされたものだけである。彼らの食料の大部分は、バナナと魚である。彼らはシャーフィイー派法学によっており、敬虔で慎み深く、徳のある人びとである。……われわれは、その島に一晩滞在のあと、海路でクルワー（キルワ）の町に向かった。クルワーは、海岸に面した大きな町で、住民の大部分は色の真っ黒なザンジュたちであった」

以上の記述によって、イブン・バットゥータが説明する「サワーヒルの土地」とはモンバサ島に隣接した大陸側の地域、もしくはペンバ島、クウォーレ島などの島嶼にあって、モンバサの島民に提供する農産物の生産地であったことがわかる。

W・ホワイトリーは、その著書『スワヒリ――国語の発生』のなかで、イブン・バットゥータの記録にみえるサワーヒルの地はザンジュ地方にあって、穀類の豊富な供給地としてはペンバ島に比定するのがふさわしいと主張している。ペンバ島は「緑の島」、すなわちジャズィーラ・アル＝ハドラーとも呼ばれて、ヤークートによると、そこにはムタナッビーとムカンバルーの二つの町があった。もしムカンバルーが九、十世紀の地理書にみられるカンバルーと同一地名であると推論するならば、ペンバ島はすでに、オマーンやスィーラーフ出身の船乗り・商人たちにとっての東アフリカ貿易の重要な拠点であったことになる。しかしイブン・バットゥータの説明から判断すると、「サワーヒルの地」は、モンバサよりも北側に向かって、ムガディシューとのあいだの海岸部を指したものと考えなければならない。そのことの事実は、つぎに紹介する十五世紀後半に著されたスライマーン・アル＝マフリーとイブン・マージドによる航海書を通じて明らかにされよう。

スライマーンは、『航海指針』のなかで、天体観測によるインド洋の航海を説明してい

スライマーン・アル＝マフリーによる航海上の星座位置

星座名	位置	東アフリカの都市名	地域区分
2つの小熊座	5.5指	マクディシュー港	アジャムの地
2つの小熊座	5指	バラーワ〔ブラワ〕	
2つの小熊座	4指	マラワーン〔ジュップ〕	
2つの小熊座	3指	キターワ〔バッタ〕	
2つの小熊座	2.5指	ミランディー〔マリンディ〕	
2つの小熊座	2指	ムンバサ〔モンバサ〕	
2つの小熊座	1指	ハドラー島〔ペンバ島〕	ザンジュの地
大熊座	12指	マンフィーヤ〔マフィア島〕	
大熊座	11指	キルワ	
大熊座	10指	ラァス・サムーク島	
大熊座	9指	シンジャージー島	
大熊座	8指	ムルバユーニー	
大熊座	7指	クワーマ湾	
大熊座	6指	スファーラ港	
大熊座	5指	キルワーニー	
大熊座	4指	クンバーザ島	
大熊座	3指	サルトゥーフ〔大陸の南限〕	

る。

「二つの小熊座の二指半は、北はジャーワ（ジャワ島）の岬。そこはスンダの港。さらにアジャム（東アフリカ）の大陸のマリンディ。二つの小熊座の二指は、……サワーヒルのムンバサ（Mumbasah min al-Sawāhil）。そこはアジャムの大陸に属する。二つの小熊座の一指は、……ザンジュの地のペンバ島」

また彼は、同書のなかで、スーマール（ソマリア）からザンジュ、スファーラにかけての主要都市とそれらの航海上の天体位置を説明している。それを表にして示すと、上のとおりである。

さらに彼は、別の航海書『航海提要』のなかでインド洋の主要な港市間のモンスーン航海期をつぎのように説明している。

「フルムーズ（ホルムズ）に向けてのサワーヒルのモンスーン航海期は〔ニールーズ＝イラン暦の新年から数えて〕二百九十日目。ディーバ（マルディヴ）に向けてのサワーヒルとマクディシュー（ムガディシュー）の航海期は三百十日目。アラビア半島のズファール、ミシュカース、ハイリージュ、シフル、アデンへのサワーヒルの航海期は、百十五日目。……サワーヒルに向けてのグジャラートのモンスーン航海期は、アズヤブ風の初めから二ールーズの八十日目まで。……コムル諸島へのアル＝ミランディー（マリンディ）のモンスーン航海期は、ニールーズの七十日目から九十日目。スファーラに向けてのキルワー（キルワ）のモンスーン航海期は、ニールーズの初めから五十日目まで」

以上の記録によって、サワーヒルの地がインド洋航海のうえでの重要な目標地点であったこと、また「サワーヒルのモンバサ」「モンバサに属するサワーヒル」とあるように、サワーヒルは明らかにモンバサの町およびその近隣の地域を指していたことがわかる。

イブン・マージドは、彼の航海書『海洋の知識に関する三つの精華』のなかで、ラジャズ調の航海詩「スファーリーヤ（スファール向けの航海詩）」を説明している。

「つまり、それはマラバール、コンカン、ジユージャラート（グジャラート）、スインド、アトワーフからスィーフ・タウィール（ソマリア海岸）まで、さらにそこからサワーヒル地方、ザンジュ、ズファールの地、クムルとその諸島までの海流や天文測量に関する知識しかしイブン・マージドは、他の説明の部分ではソマリアの陸地は、ブラワまでつづき、その後はザンジュの陸地（内陸）――アル＝リーム（ムリーム）とも呼ばれた――が始まるとあって、サワーヒルがザンジュ地方に属するのか、それともアジャムの地（ソマリア）の南端に位置するかについては明確でない。いずれにしても、サワーヒル地方はソマリア海岸とザンジュとの中間の位置にあったこと、おそらく航海者たちがモンバサ付近を指して呼ぶ特殊な地域名称ではなかったかと考えられる。

では、イブン・バットゥータの時代以前の著述家たちは、モンバサとその付近をどのように記述しているのであろうか。モンバサに関する初めての記録を残している十二世紀前半の地理学者イドリースィーは、つぎのように述べている。

「このバズーナ（バジュン）の町から海岸に沿って、ザンジュ地方に属するマリンダ（マリンディ）の町までは海路で三日。……この町からマンバサ（モンバサ）の町まで海岸に沿って二日行程。そこは、ザンジュの小さな町で、住民は鉱山の鉄採掘に従事しており、また豹の狩猟を行っている。……町は、海岸沿いにあり、大きな入り江の岸に沿って船が二日の距離を溯っていく。岸辺には居住地はなく、多くは野獣が両岸辺の森林に住んでいる。……この町には、ザンジュ王と彼の軍隊の居住地がある。……人びとは品物を頭の上や背中に乗せて二つの町マンバサとマリンダに運んできて、そこで売り買いをする」

つまりモンバサは、マリンディから海岸沿いに二日、ザンジュ地方の王居であって、内陸キャラバンによって運ばれてきた品物の取引センターとしても重要な町であったことがわかる。イドリースィーは、マリンディとモンバサとが「海岸つづき（'alā al-sāhil）」であると説明しているが、この海岸（サーヒル）がそれ以後の時代に「海岸地帯《サワーヒル》（al-Sawāhil）」へと呼称が変化していったと推論することは難しい。また彼は、ザンジュ地方の南端部を「海岸のザンジュ（al-Zanj al-sāhiliya）」「ザンジュの海岸（sāhil al-Zanj）」とも呼んでいる。

マムルーク朝時代の百科事典家ヌワイリーによって引用されたヤァクービーの地理書『諸国誌』によると、ザンジュ産の竜涎香は「ザンジュの海岸地帯（sawāhil al-Zanj）」で採れると説明している。この部分ではサーヒルの複数形サワーヒルが使われているが、これもまた特定の地域名称を指しているとは断定できない。以上によって、明確な地域名としてのサワーヒルの初出は、イブン・バットゥータの記録であると断定して誤りないであろう。

すでに紹介したように、イブン・バットゥータとならんで、十五世紀後半のイブン・マージドとスライマーン・アル＝マフリーによる航海書にも、地域名としてのサワーヒルがしばしば登場してくること、しかも注目すべき点はそれらの史料がいずれもサワーヒルをモンバサ周辺のごく限られた地域名として用いていることである。ところが、十五、十六世紀に著されたハドラマウト地方の年代記および聖者伝に関する記録史料を調べてみると、それまではザンジュと呼ばれていた地方までが広くサワーヒルという地域名にふくまれていたことがわかる。このことの事実は『キルワ王国年代記』のなかに、シーラーズ出身の王侯たち（シーラーズィー）が七艘の船に乗って船出した目的地をザンジュではなく、「サワーヒルの土地（arḍ al-Sawāḥil）」として表現されていることとも一致する。現存する唯一の『キルワ王国年代記』の写本は、その筆写年代が一八七七年ではあるが、その原本の著述年代は十六世紀半ばであると考えられることはすでにふれた。

以下では、バー・ファキーフ・アッ＝シフリーによる『ハドラマウト年代記』のなかから、サワーヒルに関連する記録をいくつか紹介してみよう。この年代記は、ポルトガル船のインド洋進出と諸港市への攻撃について、インド洋交易圏の要衝地に位置したハドラマウト地方のシフルで記録されたものとして、貴重な史料である。

「フィランジュ（ポルトガル人）が最初にあらわれたのは、貿易ルートに沿ったサワーヒルの地（arḍ al-Sawāḥil）の大島キルワ（Kilwah）においてであった」

「この年のシャアバーン月（西暦一五二九年四／五月）、サワーヒルから報告があって、フィランジュの増援部隊がルーム（西ヨーロッパ地域）から到着し、モンバサを激しく破壊し略奪した、と」

「（西暦一五三三／三四年）船がシフルの港に碇泊しているあいだに、二艘の〔別の〕船がサワーヒルから着いた」

「(西暦一五三五年) フィランジュ〔の船団〕は、多数の仲間とともにサワーヒルなどからミシュカースにいたる海上ルートを封鎖するために、シフルからひそかに出航していった」

「(西暦一五三五年) 捕らえられたフィランジュの総数は七十人に達した。サワーヒルからの荷を積んだ一団が彼らと合流するためにやってきた」

「この年 (西暦一五六四／六五年) に、〔オスマン・トルコの〕カンブターン (キャプテン) =サファル・アッ=ルーミーは、ルーム (オスマン・トルコ) から十艘の大艦と多量の糧食、軍隊とともに到着した。……彼は〔ソマリアの〕ファイラク沖〔に碇泊中〕のフィランジュを捜索して、アジャムの海岸 (barr al-'Ajam) を巡航した」

以上の記録によって、ソマリアの海岸部が「アジャムの陸地」、それにつづくキルワまでの東アフリカ海岸が「サワーヒルの地 (arḍ al-Sawāḥil)」と呼ばれていたことが明らかとなる。この事実は、さきに紹介したムヒッビーによる人名事典『ヒジュラ暦十一世紀の名士に関する事績要覧』の記録からも裏づけることができる。すなわちイエメン・ハドラマウト系のウラマーたちの移住先として、しばしば登場する「サワーヒル圏 (iqlīm al-Sawāḥil)」「サワーヒルの地 (arḍ al-Sawāḥil)」は、明らかに東アフリカ海岸のスワヒリ諸都市 (ラム、マリンディ、モンバサ、キルワなど) を指していると考えられる。

では、十六世紀前半に著されたイエメン・ハドラマウト史料の多くが、東アフリカ海岸の地方を広くサワーヒルと呼んでいるのはなぜであろうか。この問題は、今後さらに関連の地方の文献史料を詳しく求め、メッカやエジプトの史料、ペルシア湾岸諸地域のアラビア語、ペルシア語の史料なども総合的に調査・分析することによって判断されるべきであろう。しかしいずれにしても、十五世紀後半から十六世紀の前半の時期、すなわちポルトガル人のインド洋海域への進出前後のころには、イエメン・ハドラマウト地方の人びとによって東アフリカ海岸を広く覆う地域圏としてサワーヒル（スワヒリ）の地名が使われていたことは事実であろう。

十五世紀半ばから十六世紀前半にかけての時期、エジプト後期マムルーク朝（一三八二〜一五一七年）を中心とした経済力が後退し、かわってオスマン帝国の台頭があり、また東側では中国・明朝の外交・経済政策の転換にともなって、インド洋西海域と南シナ海からの国家レベルでの商業活動の後退などの影響を受けて、インド洋をめぐるネットワーク構造にも多元化の傾向がみられた。強力な吸引力をもった東西の中心文明の退潮は、周縁文明圏にもさまざまな影響を及ぼして、政治的・経済的分離と対立の諸関係を生んだのである。したがって、この時期は諸港市のあいだの対立、商圏をめぐる商人間の争い、ペルシア湾軸と紅海軸の二つのネットワーク間の競合などの複雑な状況が展開し、また東アフリカ海岸では、キルワ王国の政治・経済力の弱体化にともないモンバサ、マリンディ、ムガディシューなどの港市間の対立、ヒジャーズ、イエメン、ハドラマウト、グジャラート、マラバール、オマーンやペルシア湾岸地域からの人びとの移住や商業活動が活況を呈していた。

東アフリカの内陸部に目を向けると、そこでは各地でガッラ族やソマリ系牧畜民の移動、スワヒリ都市への侵略と破壊が行われていた。ポルトガル人のインド洋進出は、こうしたインド洋世界の変容の時期に、さまざまな地方勢力間の対立と緊張関係を巧みに利用することで達成されていったのである。では、いわば混乱と変容の時期に、なぜ東アフリカ海岸を広く包含する新しい地域名としてのサワーヒルが生まれ、しかもその時期がまさにスワヒリ文化・社会の重要な形成・発展期と一致したのであろうか。スワヒリ文化・社会の形成期の諸問題は、この時期を中心とした総合的な視野からの研究が必要となるであろう。

さらに注目すべき点は、J・ストランデスが指摘しているように、ポルトガル人の記録史料のなかに、東アフリカ海岸を覆う地域圏として、また文化・社会圏として、サワーヒル、もしくはスワヒリの特定名称を用いたものが見いだせないことである。ポルトガル史料では、東アフリカ海岸の社会が「アラブ」「モーロ（Moors）」と「異教徒（カッフィール＝Kaffirs/Cafres）」の三者によって構成されていたと理解されている。アラブとは、オマーン系アラブ人に代表されるペルシア湾やアラビア半島の諸地域からきた外来の人びとで、ムスリムでありアラビア語を喋る軍事的・政治的支配者層であった。モーロは、アラブと土着の人びととの混血のムスリムたちであって、独自の言葉とアラビア語を話し、石とモルタルの家屋でつくったモーロの町（東アフリカ港市都市）に住む人たちであった。また異教徒たちとは、奴隷もしくは内陸部の住民や牧畜民たちである。彼らは戦闘的で野蛮な人びとではあるが、なかには大商人も含まれていた。そして内陸部には、政治組織をもった強力な異教徒の王国が存在した。その他に、モーロの町にはカンバーヤやダブール（ダボール）などのインド亜大陸の西岸からのインド系商人たちが訪れたと記録されている。

ポルトガル人の記録史料のなかにサワーヒルという言葉が登場しないのは、なぜだろうか。おそらく彼らは、東アフリカ海岸を個別で多様な社会として理解し、一つの共通の文化・社会圏としての地域的性格を十分に把握していなかったことを示しているのであろう。ポルトガル人によるインド洋の海上ルートと貿易の支配は、十六世紀前半の約三十年間にわたって維持されたが、実際にはインド洋周縁部の地域社会と交流関係に根本的な変容を及ぼさなかったといえる。それは彼らがインド洋を隔てた地域間の共通文化・社会圏としての機能に関する十分な知識をもたなかったという欠陥を端的に示している。ポルトガル人による要塞の建設、海上ルートの封鎖や戦艦による監視にもかかわらず、インド洋海域世界の各地ではさまざまな地域圏、社会圏が逞しく生きつづけた。十五世紀前半からの国際貿易構造の変化、ポルトガル艦隊のインド洋進出、東アフリカ内陸部におけるさまざまな牧畜民たちの移動などの外的衝撃を受けることによって、サワーヒルはしだいに文化圏として、また社会圏としての独自の性格を強くもつようになっていったのである。

東アフリカ海岸をサワーヒル地方と呼び、その独自の文化・社会圏としての性格を初めて理解したのは、ポルトガル人ではなく、十八世紀後半から十九世紀前半にインドのボンベイ(ムンバイ)に政庁をもったイギリス人たちであった。イギリス人たちは、スワヒリの人びとをソーウィリーズ(Soowilees)、またはソワヒレイズ(Sowhyleses)などの名称で呼び、彼らの言語・社会と習俗の特徴を記録している。一八一一年に東アフリカを訪れたL・T・スミーは、赤道からデルガド岬までの海岸部に住む人びとをソーウィレー(Soowilee)と呼び、その若干の言語を採集した。またキャプテン・オーエンは、一八二三年から一八二四年にかけて東アフリカ海岸を訪れて、初めてスワヒリ文化・社会に関する正確な情報を伝えている。彼の報告するソワヒレイズ(ソワヒリ人)に関する記事をいくつか紹介してみよう。

「ソマゥリー(Somauli=ソマリア人)の言語は、ソワヒリ人(Sowhylese)のそれとは異なっており、アラビア語が理解できる人は非常に少ない。……彼らの武器は、槍、弓と矢であり、一方、アラブ人とソワヒリ人はそれぞれの剣、一本もしくは二本の短刀と丸い槍をもっている」

「ジュバの南方、チュルワン島まで、そしておそらくデラゴアまでの各海岸地域には、現在はソワヒリ人と呼ばれているこうした人種が居住している。彼らの言語は、パッタ(パテ島)からモザンビークまで話されており、その言語の強力な影響はさまざまな方言があって、われわれのコロニー岬の境までも広がっている。そうしたソワヒリ人の国家のなかでも最も富裕なのは、パッタのスルタンであった。海岸線、河川、オヴォムボ湾とのあいだには、今なおいくつかの都市の廃墟がみられる。これらはかつてはかなりの規模であった。これらの破壊は、獰猛で放浪のガッラによるものである」

「ラモゥ（ラム）の町には、マスカト・アラブ人——現在はそこの支配者である——、ソワヒリ人と奴隷からなる五千人ほどの人口がある」

「ソワヒリ人の一団は、内陸部に商業遠征を行ったが、ガッラによって攻撃を受け、略奪された」

以上の記録を通じて、東アフリカ社会の構成は、ポルトガル史料ではアラブ、モーロ人、奴隷と内陸部の異教徒であったのに対して、キャプテン・オーエンの報告ではアラブ、スワヒリ、奴隷と内陸部の異教徒のガッラとして理解されていたことがわかる。そしてスワヒリ人の一部がすでに商業旅行のために内陸部まで進出しはじめていたとの報告は、海岸のスワヒリ文化・社会が徐々に内陸部にも拡大していく過程を伝えたものとして興味深い。

三

本章では、まず初めにインド洋海域世界をめぐるネットワーク構造のうえで、ペルシア湾岸と東アフリカとを結ぶ南北のネットワーク軸の成立要因とその基軸がとくに重要であることの意味について説明した。つまり、東アフリカのスワヒリ文化・社会の形成過程を考えるうえで、ペルシア湾岸地域との人間の移動、ものや文化・情報の交流関係が重要であることを指摘し、それにもとづいてスワヒリ文化・社会の形成史に関する諸問題点を明らかにした。またスワヒリ、すなわちアラビア語のサワーヒルが地域名としてどのように使われたかを歴史的にたどることによって、スワヒリ文化・社会の形成過程を考えようと試みた。その結果として、外来者の東アフリカへのかかわり方の違いによって、スワヒリ名称の使われかたにも差異があることが指摘された。ペルシア湾岸地域からのアラブ系、イラン系の移住者たちは、東アフリカの軍事的・政治的支配者として、またアラビア語、イスラーム教とその法体系の純粋性を維持することで、地域社会に対するリーダーとしての地位を守ろうと努めた。したがって現地社会との融合のなかで生まれてきたスワヒリ文化・社会に対しては十分な関心を払わなかったと思われる。そのことから、オマーン側の記録史料では、支配層のアラブ人と非支配者のザンジュ人との二元構造のなかでのみ東アフリカの社会と文化を捉えようとしており、サワーヒル地方とかサワーヒル人といった表現がみられないのであろう。

一方、イエメン・ハドラマウト出身の人びとは、おもに宗教・文化や商業を主体とした進出であって、東アフリカ社会との交流と融合を第一の目的としていた。したがって、彼らは東アフリカ地域を独自のイスラーム文化・社会圏と捉える新しい概念の「サワーヒル」を積極的に用いたのであろう。インド洋の船乗りたちもまた、彼らの航海の必要上、別の意味でのサワーヒルの地理的概念を用いた。彼らによれば、サワーヒルはマリンディとペンバ島とのあいだのモンバサを中心とする地域であった。ポルトガル人もまた、ちょうどオマーン・アラブ人と同じように、為政者として東アフリカ地域の支配に努めたことによって、サワーヒルに対する十分な理解をもたなかった。以上のように、東アフリカ海岸の社会・文化に対する外部の人びとの捉え方には違いがあったが、十八世紀後半から十九世紀前半になると、アフロ・アジア混血民からなる多部族共生社会の人びとが主体的にスワヒリという言葉によって、自らの共通の文化・社会を捉えて、新しい地域形成に着手し始めたのである。

十三　南アラビア・ハドラマウトの人びとの移住・植民活動

〈移住と植民〉

はじめに

オランダ人のファン・デン・ベルグは、『ハドラマウトとインド島嶼部におけるアラブ人居留地』（バタヴィヤ、一八八六年刊）のなかで、アラブ系、とくに南アラビアのハドラマウト地方の出身者たちによる東南アジア島嶼部での移住者の人数、分布、出身部族、社会構成、生活文化や宗教慣習、また出身地のハドラマウト地方の状況、両地域間の社会的・文化的関係などについて、貴重な調査報告を行っている。それによると、東南アジアやインドシナ半島のアラブ系移住者（アラビー、アラブ）のなかには、ペルシア湾岸、イエメン、ヒジャーズ、エジプトや東アフリカのアラブ人も含まれているが、彼らはごく少数に過ぎず、その大部分が南アラビアのハドラマウト出身者（ハドラミー）たちであるという。

一八五九年以前には公式の統計資料がないために、東南アジアにおける初期のアラブ人移住者の人数とその人口動態を明らかにすることは難しいが、ハドラミーが大挙して東南

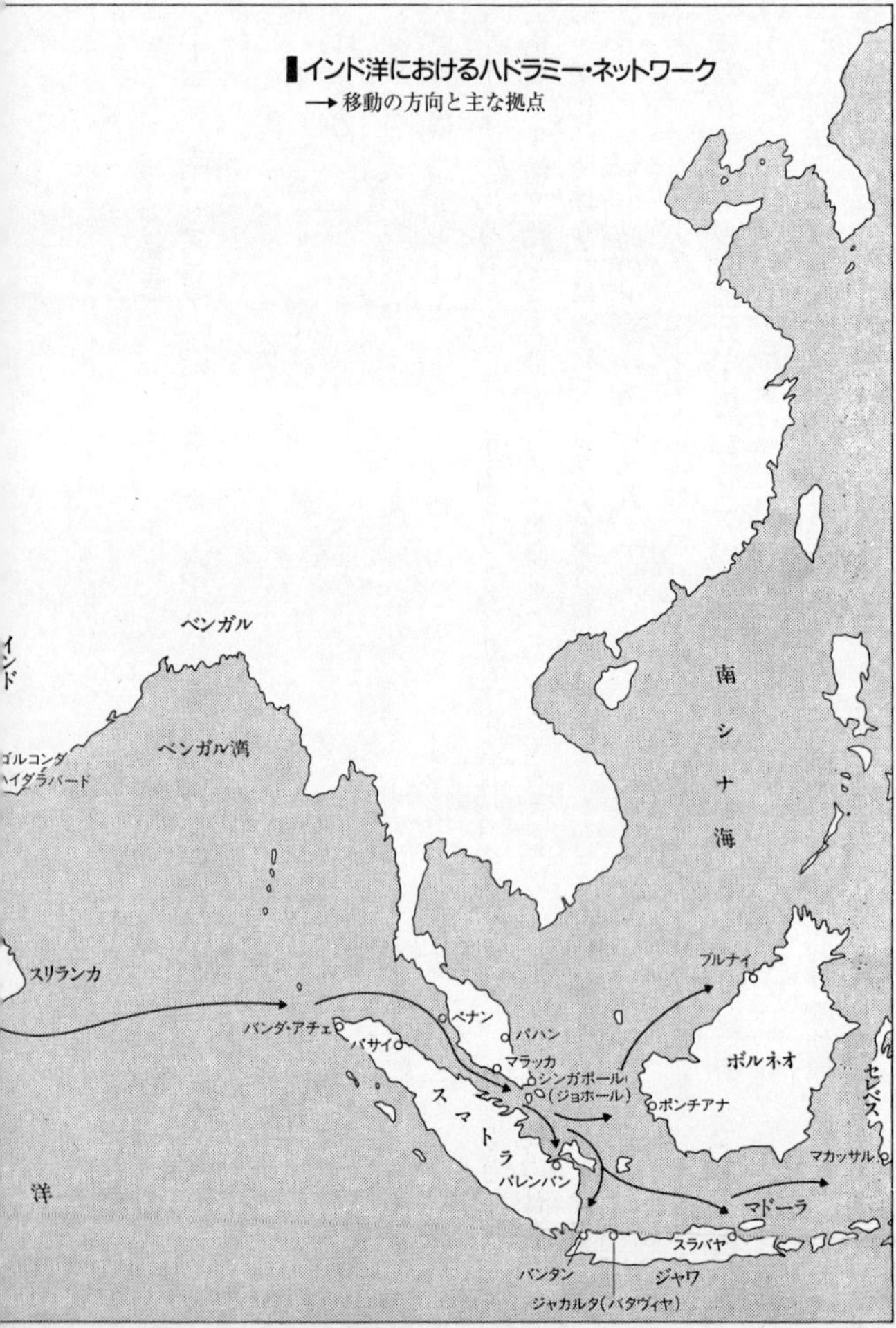

■インド洋におけるハドラミー・ネットワーク

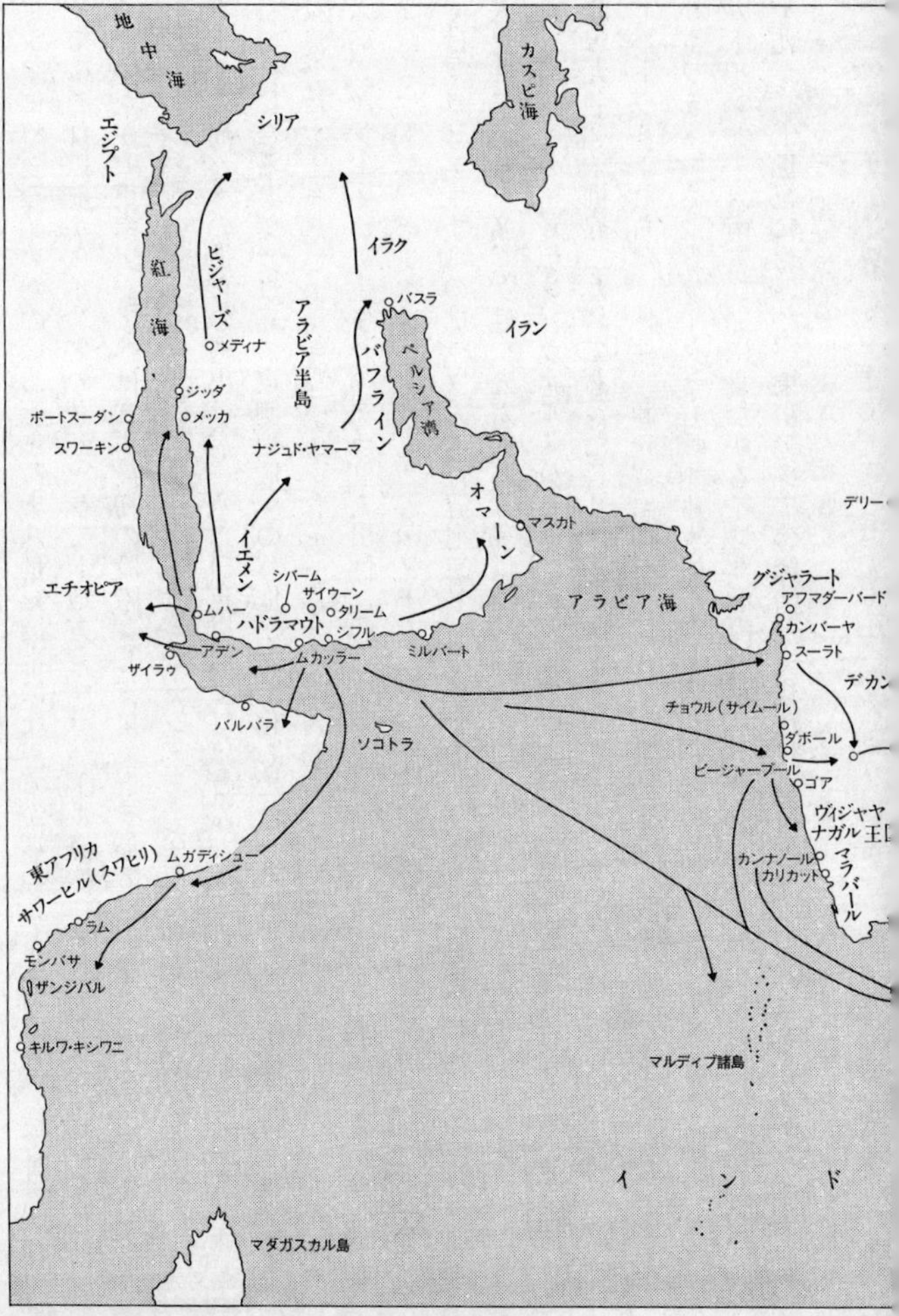
地中海
カスピ海
エジプト
シリア
紅海
ヒジャーズ
イラク
アラビア半島
バスラ
イラン
バフライン
ペルシア湾
メディナ
ジッダ
メッカ
ポートスーダン
スワーキン
ナジュド・ヤマーマ
オマーン
マスカト
デリー
イエメン
シバーム
サイウーン
タリーム
エチオピア
ムハー
ハドラマウト
シフル
ミルバート
アラビア海
グジャラート
アフマダーバード
カンバーヤ
スーラト
アデン
ザイラゥ
ムカッラー
デカン
チョウル(サイムール)
ダボール
バルバラ
ソコトラ
ビージャープール
ゴア
ヴィジャヤナガル王
東アフリカ
サワーヒル(スワヒリ)
ムガディシュー
カンナノール
カリカット
マラバール
ラム
モンバサ
ザンジバル
キルワ・キシワニ
マルディブ諸島
インド
マダガスカル島

アジアに移住を始めたのはおそらく十八世紀後半になってからのことであろう。彼らは、すでにそれ以前からインドのグジャラート地方、マラバール海岸やスリランカに移住を行っていたが、東南アジアへはまず最初の段階としてスマトラ島のバンダ・アチェに、つづいてパレンバンやボルネオ島のポンチアナ（カリマンタン）などに広がった。ジャワやマドーラの島々への彼らの進出は、一八二〇年以前にはほとんどみられなかったが、一八七〇年代になるとジャワ島の東側地域への移住が本格化した。一八八五年の調査では、ジャワ島とマドーラ島でのアラビア生まれのアラブ人（ハドラミー）男性一八五二名、子供六六名、インドネシア生まれのアラブ人男性二〇九二名、女性二三八四名、子供四四九四名、またスマトラ、セレベス（スラウェシ）、メナド（セレベス島北端）、アンボイナなどの島嶼ではアラビア生まれのアラブ人男性五七三名、子供一七名、インドネシア生まれのアラブ人男性二三一一名、女性二五六七名、子供四一四五名であった。一八八四年、シンガポール、マラッカ、ピナン、ウェルスレイではアラビア生まれのアラブ人男性六九九名、女性四〇九名、子供五二九名であった。

ハドラミーたちは、移住、商売、出稼ぎ、巡礼、教育・学問、医術などの活動を通じて、ハドラミー・ネットワークとも呼べる人的結合と情報交流の絆をアラビア半島―東アフリカ―インド―東南アジアにまたがるインド洋海域世界を舞台として築いていった。そして、十九、二十世紀において、東南アジアの経済と文化活動だけでなく、近代イスラーム政治と思想運動（とくにワッハーブ運動）においても彼らは重要な役割を果たしたといわれている。

では、アラブ人たち、すなわちとくにハドラミーたちはいかなる条件のなかで、インド洋周縁部に向かって移住活動を展開するようになったのであろうか。東南アジア地域への移住がいつごろから、どのような目的と過程をもって行われたのか。さらには移住にともなう経済的・文化的影響、他の移住集団との競合、土着社会との融合関係など、彼らの移動の様態をめぐるさまざまな問題がある。著者は、イエメン系およびハドラマウト系アラブ人たちがインド洋海域世界を結びつける担い手として、歴史の各時代にどのような役割を果たしてきたかの問題を究明したいと考えている。本章では、その研究の基礎作業となるイエメンとハドラマウトの自然地理環境と生態系の特徴、インド洋の海上交通の条件、また十四、十五世紀に始まると考えられるハドラミー・ウラマーたち（ウラマーはイスラームの学者・宗教指導者層）のインド洋周縁部に向けての宗教的・文化的活動の一端について明らかにしてみたい。

一

ほぼ方形に近いアラビア半島は、その三方面、すなわち北東側をペルシア湾、東と南を

シバームの高層建築

アラビア海、インド洋、アデン湾、西を紅海によって囲まれている。

内陸部は、南アラビアのズファール、ハドラマウト地方からイエメン、ヒジャーズ、レバノン、シリアへと、アラビア半島を東から南、西と北を縁どるように高度一五〇〇〜三〇〇〇メートルにおよぶ環状の山脈が連なっている。この山脈は、サラート山脈と呼ばれて、イエメン地方で南部になるにつれて高度を増し、イエメン地方では三〇〇〇メートル以上に達する。山脈と海岸部とのあいだは帯状の狭い海岸低地（ティハーマ）になっており、不毛な荒れ地、灌木の点在する幾筋ものワーディー、増水によって運ばれた砂礫の堆積、海岸のラグーン、珊瑚礁などが広がり、高温・多湿な不健康地である。海岸低地につづいて、急勾配で山岳地帯に入る。山岳部を登りつめると深い渓谷と高原・丘陵地がみられ、農耕地、集落と都市が点在する。サラート山脈の東側は、ルブゥ・ル＝ハーリーにいたるステップと沙漠地帯があり、さらにナジドとヤマーマの高原を越えて、ペルシア湾に向かってなだらかな勾配がつづく。

ズファールからハドラマウトにかけての山岳部は、半島の南西部から北に向かうサラート山脈と比べると低く、一〇〇〇～一五〇〇メートルの高さで北東から南西の方向にゆるやかな丘陵が走り、その中心部にはワーディー・ハドラマウトとその支流が長い年月を経て刻んだ幅広い渓谷地帯をつくる。渓谷の底部には、ところどころにナツメヤシの林と農耕地、集落が分布する。高層建築のならぶタリーム、シバーム、セイウーンなどの諸都市は、ワーディー・ハドラマウトに沿って発達し、ハドラミーたちの学術と教育活動の中心地となっている。ズファールのカラー山脈周辺は、南アラビアでも例外的に肥沃な農耕地が広がり、特産の乳香に加えて、十世紀前後のころから熱帯産の栽培植物（とくにバナナ、稲、柑橘類、砂糖キビ、ココヤシ）の栽培が行われるようになった。

イエメンおよびハドラマウトの山岳・高原地帯には、夏季の南西モンスーンのもたらす雨雲がぶつかって、豊かな降雨がある。紀元前一五〇〇～前一〇〇〇年のころから、この雨水を利用したダム（サッド）、貯水池（サハーリジュ、サハーリージュ）、堤防、石垣、水路などの水利・灌漑のための土木と農業技術が高度に発達した。これによって、傾斜地や乾燥地には農耕地帯が拡大して、モロコシ、豆、ゴマ、大麦、果樹、野菜、薬草などの多種・多品目の作物が栽培された。また、イスラーム以後には、稲、ココヤシ、バナナ、砂糖キビ、柑橘類などがインド方面から移植されて、低湿地のティハーマ地方やズファール地方を中心に栽培されるようになった。灌漑施設や土木・農業技術、そして豊かな降雨は農業生産を増大させ、そこに半島内でも珍しく人口の密集する集落と王国の形成を促し、特色ある高度文明を発達させる要因となった。

また、イエメンおよびハドラマウトはインド洋と紅海とを結ぶ海運と貿易活動、軍事上の要衝地、ヒジャーズ、シリアやイラク方面に通じるアラビア半島横断の陸上キャラバン運輸の結節点に位置した。さらにアデン湾とバーバル・マンデブ海峡を隔てた対岸には、自然・生態環境の異なる東部アフリカのエチオピアとソマリアがあった。したがって、そこはインド洋の周縁部から集まる熱帯産の諸物産に加えて、近隣地域からの乳香、没薬《もつやく》、竜涎香、象牙、犀角、奴隷、家畜などの一大集散地となった。国際的交通・運輸の要衝地には、港市と貿易取引センターの形成と繁栄がみられた。

しかし、農業・集落・王国・都市と商業の盛衰は、とくに夏季のモンスーンの強弱によって大きく左右された。夏季の南西モンスーンが適度の強さをもって、例年どおりの方向と時期に卓越するならば、イエメンとハドラマウトの山岳・高原部に豊かな降雨をもたらし、平均的な農業生産が期待できた。つまり南西モンスーンが例年の周期よりも遅れたり、

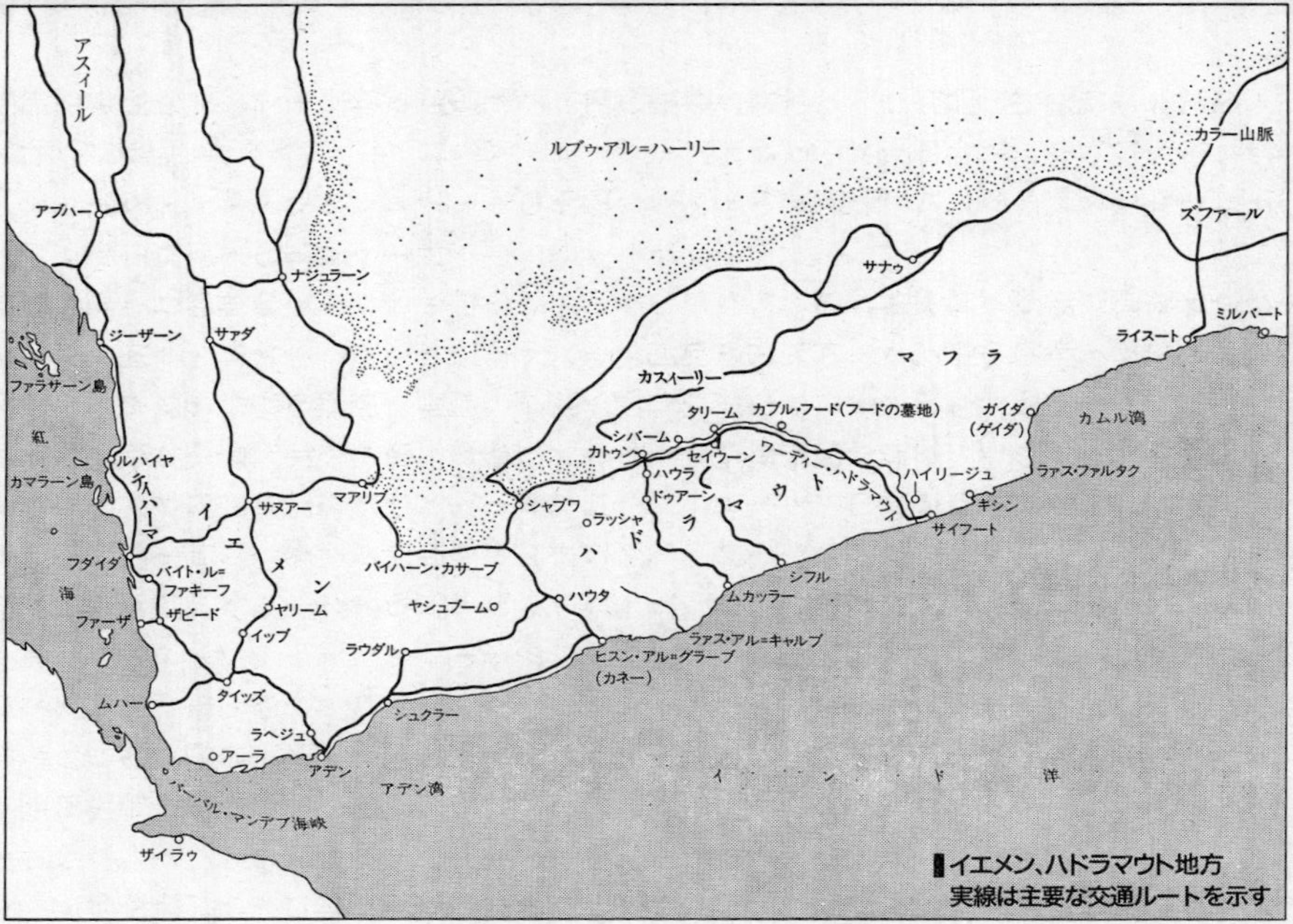

イエメン、ハドラマウト地方
実線は主要な交通ルートを示す

吹き込みが弱いときには降雨量の不足にともなう旱魃、病虫害、農業生産の減収と飢饉をまねいた。また、モンスーンの吹き込みが強すぎることで、豪雨と洪水による耕地の流失や灌漑施設、集落と都市の破壊をもたらした。

これらの条件は、インド洋の海上航海においても同様であった。夏季の南西モンスーンは東アフリカ海岸からイエメン、ハドラマウト、ペルシア湾に向けての北上航海に、またイエメンからインドのグジャラートやマラバール、マルディヴ、スリランカ、東南アジアへ向かう船にとって不可欠の風であった。一方、冬季の北東モンスーンは、ユーラシア大陸の南部を東西に、そして北西から南東に向けて縁どる高山地帯に妨げられて、インド洋への吹き込みは比較的緩やかで、十月半ばから三月末までの長期間にわたって弱い北風と晴天の日がつづき、北から南、東から西への安全な航海期となる。この夏季と冬季のモンスーンの卓越と終息の時期、強弱と方向などは、年ごとに多少のずれがあることは当然であるが、例年とは大きく異なったモンスーン周期の出現によって船の座礁・転覆や来航時期の遅延、目的地の変更などがおこった。そのために、船と積み荷や有能な航海者たちを失い、船主や商人の没落をまねくことも多くあった。

ブズルク・ブン・シャフリヤールの記録『インドの驚異譚』によると、ヒジュラ暦三〇六年（西暦九一八／九一九年）にスィーラーフを出航してインドのサイムールに向かった大型船三艘がグジャラート沖で沈没した。船の遭難と積んでいた商品の損失によってスィーラーフとサイムールの衰亡が早まったという。モンスーンの異常による船の遭難や遅延は、港と内陸のキャラバン運輸の活動にも影響を及ぼし、ヒジャーズ、シリアやエジプトの市場を混乱させることもあった。

以上の説明によって明らかなように、数年間にわたるモンスーン周期の異常現象は、イエメンとハドラマウトの牧畜と農業、陸上と海上の運輸、さらには都市の市場活動を停滞に導いた。自然地理と生態環境の急変にともなう血縁的・地縁的共同体の弱体化、遊牧民の侵略、灌漑施設の崩壊、王国の支配体制の動揺、経済危機などは、他地域への人間移動を引きおこす要因となり、そして新たな地域形成による共同体的連帯の再編運動を生んだ。他地域への人間移動は、既存の伝統社会の完全な崩壊を防ぐとともに、原郷（出身地）と移住先の人びととのあいだに経済的・文化的交流のネットワークを成立させる要因ともなった。

地理学的にみると、一般にイエメンとハドラマウトは、大別して以下の三つの地域に分類され、それぞれの独自な地方文化・経済・社会および歴史の形成と展開があった。

(1) 緑のイエメン地方（アル＝ヤマン・アル＝アフダル） ティハーマおよびアデンとアーラの海岸地域を含む。

(2) 高地イエメン地方（アル＝ビラード・アル・ウリヤー） サァダを中心とする北部イエメンのナジュラーン、ハムダーン、アスィールと、南部イエメン（サヌアーを中心とする）とに分かれる。山岳・高原部のイエメン地方を指す。

(3) ハドラマウト地方（ビラード・ハドラマウト）ハドラマウト渓谷の河川（ワーディー・ハドラマウト）とその支流に沿った地域（タリーム、セイウーンとシバームなどを中心都市とする）と海岸部（シフル、ムカッラー、ゲイダ、サイフートなどの港市）とに分かれる。また歴史的には、これにマフラ地方とズファール地方が含まれた。

以上のように、各地域ごとに自然地理、生態環境、集団や生業形態は複雑に異なっているが、基本的な二つの性格、すなわち「山間の民」「土地の民」としての閉鎖社会と狭小な思考様式を特徴とした性格と、「海上民（海民）」「商人」「移動の民」としての開放性、流動性と国際感覚、また新しい時代潮流に敏感に反応する進取性、の二元性がそれらの人びとのあいだに交差して存在した。つまり前者の性格は、共同体の危機に際して、維持し得なくなった一部分を外部に放出する作用をつづけることで継承された。

一方、外部に出た社会は開放性と流動性をもつことで、原郷の閉鎖的な伝統社会・文化に変容をもたらす要因ともなるが、外部社会ではふたたび固有伝統を重んじることで共同体的社会の再編と強化が行われた。

歴史的にみると、イエメンとハドラマウトの人びとによる他地域への移動運動は、おもにつぎの八つの方向に向けられた。

(1) イエメン―ハドラマウト―オマーン

(2) イエメン―ナジュラーン―ナジドまたはヤマーマ―バフライン―イラク―シリア
(3) イエメン―アスィール―ヒジャーズ―シリア
(4) ハドラマウト―イエメン―バーバル・マンデブ海峡―エチオピア
(5) イエメン―バルバラ―東アフリカ
(6) イエメン、ハドラマウト―インド・グジャラート―デカン
(7) イエメン、ハドラマウト―インド・マラバール―スリランカ
(8) イエメン、ハドラマウト―東南アジア（スマトラ、マレー半島、ジャワ）

イエメンとハドラマウトの人びとの他地域への移動原因がモンスーン周期の異常現象だけであると断定することはできない。しかし、社会と経済のさまざまな分野に流動現象を与える要因として、とくに夏季のモンスーンの強弱が最も重要であったと考えて誤りない。過去において、こうした夏季モンスーン周期の異常や気候変動が何度となくイエメンとハドラマウトを襲った。

とくに、三～五世紀の南アラブ人の北アラビアやエチオピア方面への移動は、ローマ帝国の衰亡にともなうインド洋交易の退潮に加えて、気候変動によるイエメンの生態系環境の急変が引きおこした影響であると考えられる。

また十、十一世紀を境とするイラク―ペルシア湾軸ネットワークからエジプト―紅海軸ネットワークへの転換期、十四、十五世紀のチェルケス・マムルーク朝政権の動揺、大疫

病の流行、気候変動、十七世紀後半の飢饉などの、いわば世界史的な転換期におけるイエメン系とハドラマウト系の人びとの移動原因は、夏季のモンスーン周期の異常と関連づけて考えることができる。重要な点は、非常時における人間の移動と植民活動が広域的に多方面におよんだ結果として、平常時には商業、出稼ぎ、教育活動、巡礼、情報交換や儀礼・贈与関係などを通じて、各地域間に緊密な人的ネットワークの結びつきを維持し、たび重なる非常時における保護・逃避と隠匿の諸関係を保障していたことにある。

二

「緑のイエメン地方」とハドラマウト地方の海岸部は、紅海とインド洋を結ぶ航海上の要衝地にあるために、フダイダ、ガラーフィカ（グラーフィカ）、ムハー、アデン、シフル、ライスート、ミルバートなどの国際的交易港が発達し、各地からの人びと、物品や情報・文化を集める交通・運輸と市場センターとしての機能を果たした。

紅海の航行上の条件を考えてみると、そこはインド洋の付属海の一つであるが、ペルシア湾と違って、孤立した湖に似た性格をもっている。アカバからバーバル・マンデブ海峡までの長さは一九三〇キロ、最大の横幅はマッサワの近くで三六〇キロときわめて細長い。紅海の水深は平均四九〇メートル、最深部はポートスーダーンに近い海域で二五〇〇メートルにも達する。ところがバーバル・マンデブ海峡では、水深五〇～六〇メートルの浅瀬になっている。このように紅海の特徴は、南北に走る地溝帯の一部が地殻変動によって沈水したために、その中央部で水深が異常に深く、また岩礁や島嶼が多く複雑な海底地形をなしていることである。しかも紅海の周囲が高山によって囲まれているために、インド洋に卓越するモンスーンの影響は、冬季のアズヤブ風（アデン湾では東風、バーバル・マンデブ海峡を越えると南または南東風となってポートスーダーンの付近まで北上する）が一部におよぶだけで、とくに紅海の北側の海域ではモンスーンのかわりに複雑な地方風や突風が発生する。顕著に出現するシャマールと呼ばれる風は、五月初旬にはバーバル・マンデブ海峡付近に達し、九月までの期間、断続的に北ないしは北西から南の方向に吹く。

以上の条件のなかで、インド洋を越えてきた貿易船は、ハドラマウトの海岸やバーバル・マンデブ海峡に近いイエメン側の港市に途中寄港する必要があった。その後、積み荷は紅海の航行に適した平底の軽装船（ジルバ、ザイーマ、ズーラク）に積み換え、一、二月のアズヤブ風をとらえて北上するか、もしくは港の市場で取引された後、ラクダ・キャラバンによって高原ルートをサヌアー、サァダ、ナジュラーン、ターイフ、メッカを経てシリアやエジプト方面に運ばれた。地中海沿岸、シリアやエジプト方面から集められた商品もまた、高原ルートをとおるキャラバンによってイエメンおよびハドラマウトの市場に集められるか、紅海の中途に位置する港市（例えば、十一～十五世紀にはジッダ、ヤンブゥ、ス

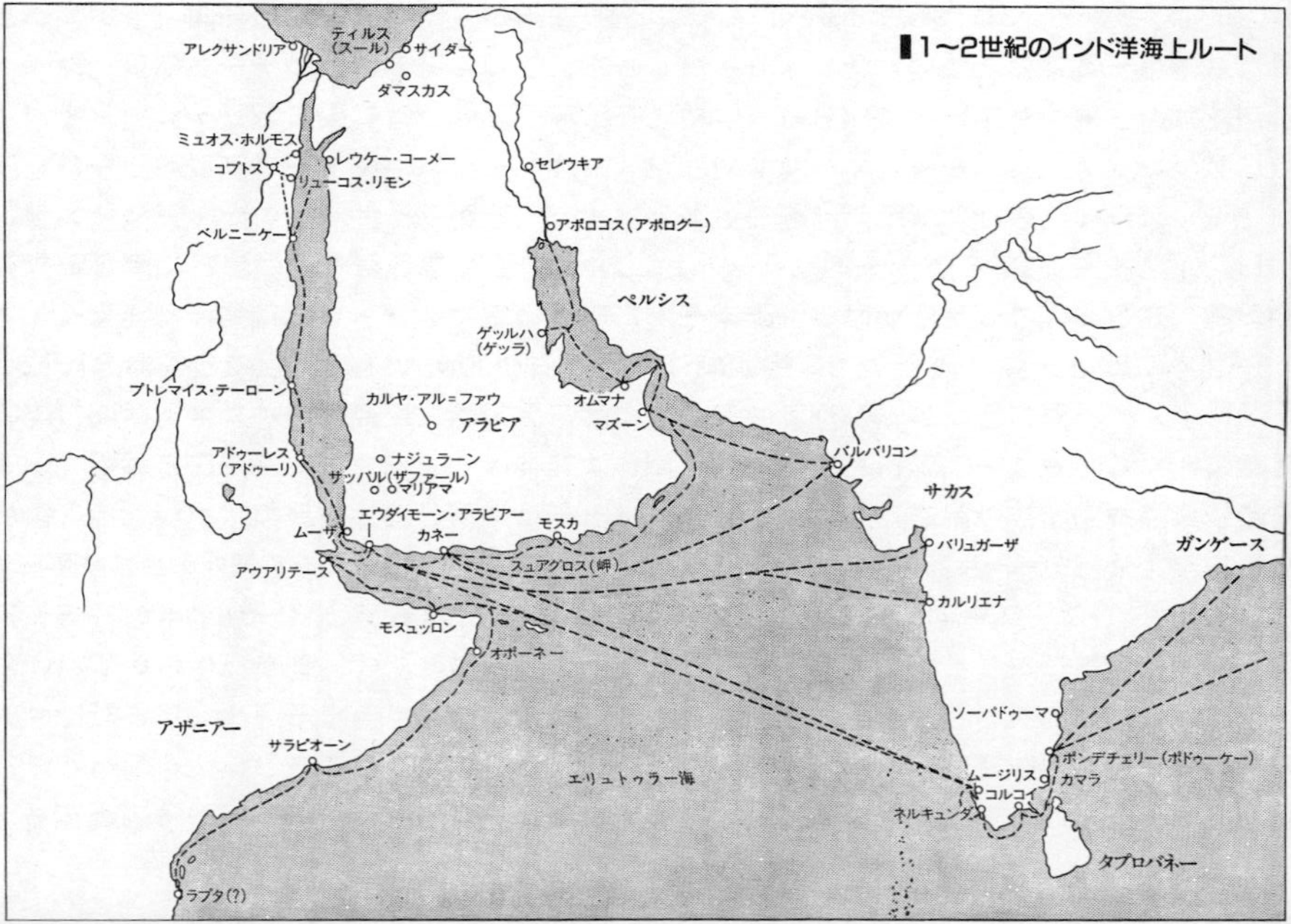

■1〜2世紀のインド洋海上ルート

ワーキン、アイザーブなどが繁栄した）から船でイエメンに向けて運ばれた。

西暦紀元前後の二百年間にわたって、ローマ帝国の対インド洋貿易が繁栄すると、エジプト―紅海軸のネットワークが国際的交通・運輸と貿易活動の主軸となった。インド洋の海上交易を行うローマ帝国の商人たちの主要ルートは、アレクサンドリアからナイル川をさかのぼり、コプトスから東部沙漠を横断、紅海の港リューコス・リモン（クサイル）かベルニーケーに出た後、六月ごろのシャマール風をとらえて南下し、エチオピアのアドゥーレス、イエメンのムーザ、エウダイモーン・アラビアー（アデン）、またはハドラマウトのカネー（カナー）に達した。そこから南西モンスーンに乗ってインドのバルバリコン、バリユガーザ、ムージリスなどに渡った。帰路は、十一、十二月の北東モンスーンを使ってカネーに達した後、一月半ばのアズヤブ風をとらえて紅海を北上航海して、二月から三月初めにはベルニーケーに戻った。なおインドからの積み荷の一部は、ハドラマウトのカネーでおろされて、そこからシャブワ、マアリブ、ナジュラーン、カルヤ・アル＝ファウを経由するサラート山脈東麓沿いのキャラバン・ルートを北上して、一つは東アラビアのゲッルハ（ゲッラ）に、他はナバテア商人たちによってペトラや地中海の港ティルス（スール）やシドン（サイダー）に運ばれた。

しかしマアリブ、ナジュラーン経由のキャラバン・ルートは、三、四世紀以後になって急激に後退したと考えられ、それにかわってサラート山脈の中央部をとおるサヌアー、サアダ、ターイフ、メッカ経由の高原ルートが発達した。四、五世紀において、シリアとイエメンを結ぶ高原キャラバン・ルートに沿って、キリスト教とユダヤ教の人びとによる修道院の建設と植民活動が活発に行われている。イスラームの時代に入って、とくに十世紀半ばから十五世紀後半にかけて、国際交通・運輸と貿易活動の主軸は、それ以前のイラク—ペルシア湾軸ネットワークから再びエジプト—紅海軸ネットワークに置かれた。その時期における海上ルートと寄港地は、ローマ時代のそれとほぼ一致し、また陸上ルートはアデンからサヌアー、サァダ、メッカを経由して、シリアとエジプト方面につうじる高原ルート（高原キャラバン・ルート）が利用された。

以上のように、イエメンとハドラマウトの人びとは海と陸の交通の接点、インド洋と紅海の船の乗り継ぎ地、特産品の集荷地と市場などの立地条件を生かして、海運と陸上キャラバンの輸送業、仲介商業の担い手として活躍した。十四世紀初めにアデンを訪問したイブン・バットゥータは、つぎのように伝えている。

「アデンは、インド人の寄港地であって、クンバーヤ（カンバーヤ）、ターナ、カウラム（クーラム・マライ）、カーリクート（カリカット）、ファンダラーヤナ（ファンダライニ）、アッ＝シャーリヤート、マンジャールール（マンガロール）、ファーカヌール、ヒナウル、スインダーブール（ゴア）などから大船が到着する。インド商人たちはエジプト商人と同じく、そこの居留民である。アデンの住民は、商人、運搬人か漁師のいずれかである。彼らのなかには非常に富裕な商人たちがいて、ときには一人で専有する大船をもっている。彼らは、資金が十分にあるので、他人と共同する必要がなく、そのことでの自負心と高慢さは大変なものである」

ハドラマウト地方は、「緑のイエメン」の一部に数えられることもあるが、その北部と西部、南西部が沙漠、南東部は海によって隔てられているために、古くから他の地域とは異なる独自の社会と文化が発展した。とくにワーディー・ハドラマウトとその支流のワーディーに沿って点在する集落やタリーム、シバーム、セイウーンなどの諸都市に住む人びとは、強固な共同体的結びつきと郷土意識をもっていることで知られた。したがって、彼らは十三世紀から十六世紀にかけて、イエメン・ティハーマ地方の行政と文化の中心都市ザビードとタイッズに成立したスンナ派のイスラーム国家ラスール朝やターヒル朝、山岳部を拠点としたザイド派のイマーム政権（ザイディー・イマーム）とも、しばしば対立し、相互に緊張関係がつづいた。

ハドラマウトからズファールにかけての海岸部には、インド洋横断のための重要な寄港地シフル、ムカッラー、サイフート、ライスート、ミルバートなどが発達した。これらの海岸近くには、乳香、没薬《もつやく》、竜涎香などの特産品の生産地があり、同時にインドからペルシア湾に、またイエメンや東アフリカに向かう船が航海上の目標とする入り江、岬や山があった。インド方面から西に向かって針路をとる船は、まず北東モンスーンに乗って南アラビアの先端に位置するラァス・ファルタクやラァス・キャルブの岬をめざして進んだ。ハドラマウトの諸港市に入った後、船は北に向かえばオマーン、ホルムズ海峡を抜けてペルシア湾に、アデン湾を南下すればアデンを経てバーバル・マンデブ海峡から紅海に向かった。夏季の南西モンスーンとソマリ・カレント（東アフリカ沿岸流）に乗って東アフリカ海岸から北上航海する船もまた、ハドラマウトの山岳と海岸の岬を目標にしながら進んだ。

十六世紀初め、ポルトガル人のD・バルボサは、ハドラマウト地方の中心の港市シフルについて、そこがインドと紅海を結ぶ海上交通の要衝であったことを、つぎのように説明している。

「インドから紅海へ来るすべての船は、到着が遅れたときには、海峡（バーバル・マンデブ）を通過できずに、ベルベラ（バルバラ）とこのシフル港に立ち寄る。また同様に、海峡を出て逆風のときにも、ここ（シフル）に寄り、カンバーヤ海岸の近くに航路を取りつつ、インドに向かう。したがって、この港は多くの船の重要な溜まり場となっている」

上述したように、紀元前後のころ、インド洋を往来する船はハドラマウトの港カネー（現在のビゥル・アリーの村に近く、ヒスン・アル＝グラーブと呼ばれる）を重要な寄港地としていた。したがって、そこからシャブワ、マアリブ、ナジュラーンを経てシリア方面にいたる陸上ルート（インセンス・ロード）が発達した。このルートは、イスラーム以後にはシフルからシバーム、シャブワ、サヌアー、メッカ、シリア方面に通じるルートに変更された。イエメン史料のヤフヤー・ブン・アル＝フサインによる『イエメン地方の情報に関する最高の望み』によると、ヒジュラ暦五二四年（西暦一一二九／三〇年）まで、イエメンのナジュラーンを経て、ヤマーマ、アフサー、イラクのバスラにいたるアラビア半島縦断のキャラバン・ルートがあったが、アッバース朝政権の弱体化とシーア・イスマーイール派のカルマト教団の反乱によってそのルートが途絶えたという。この記録が正しいとするならば、十二世紀前半までハドラマウト、北イエメンを経てトワイク山脈の東南麓沿いに進み、東アラビア海岸とイラクにいたる古くからの陸上ルートがペルシア湾経由の海上ルートとならんで利用されていたことが確認できる。

三

ハドラマウト地方出身の商人や移住者たちが東アフリカ海岸、ヒジャーズやインドの諸都市などに積極的に進出するようになったのは、十三世紀前半に成立したラスール朝（一二二九年成立）以後のことと考えられる。しかし、ラスール朝やターヒル朝の史料のなかに、彼らの海外移住や商業活動を伝えた具体的な記録はきわめて僅少かつ断片的なものに過ぎない。

ラスール朝史料のなかに、ハドラマウト地方の状況がやや詳しく伝えられるようになるのは、ヒジュラ暦六七八年（西暦一二七九年）の初めに挙行されたスルタン＝ムザッファル（アル＝マリク・アル＝ムザッファル、在位西暦一二五〇〜九五年）の軍隊によるズファール遠征以後のことである。ラスール朝がハドラマウトとズファールに対して本格的な支配をおよぼすにいたった理由は、ズファールのハブーディー朝政権とのあいだにインド洋交易をめぐって対立がおこったためであった。ハブーディー朝の創始者であるマフムード・アル＝ヒムヤリーは、もともと、貿易船を所有するナーホダー（船長・船舶経営者）として活躍していた。イブン・ハウカル、イブン・アル＝アスィールやその他の史料によると、マフムードはスィーラーフから移住したマンジュー（マンジャウー）と呼ばれる集団によって建設された地方王朝のワズィール（宰相）となり、やがてマンジュー朝に後継者がないことから、彼が支配権を獲得したという。

十二世紀末から十三世紀初めにかけて、ハドラマウト地方産の乳香貿易が盛んになり、東アジア世界にも多量の乳香や没薬が輸出されていた。中国側の史料、趙汝适の『諸蕃志』には、乳香を説明している。

「乳香は一つには薫陸香と名付けられている。大食の麻囉抜（ミルバート）、施曷（シフル）、奴発（ズファール）の三国の深山窮谷中に産出する。……大食（の商人たち）は、舟に載せて、他の貨物と一緒に三仏斉（サルブザ、唐代のシュリーヴィジャヤの一国）において交易する」

また『嶺外代答』には、つぎのように記載されている。

「〔商人たちが〕大食国から来るときは、小舟で運び、南に向かって航海して、故臨国（クーラム・マライ）に至る。そこで大船に乗り換えて東に航海し、三仏斉に至る」

この記録によって、当時、インド洋西海域を活動圏とするアラブ系やイラン系のダウがインド・マラバール海岸のクーラム・マライもしくはカーリクート（中国側史料による古里、すなわちカーリクート、カリカット）にハドラマウト、ズファール産の乳香を運び、そこからは中国のジャンクがスマトラ島の三仏斉に転送していたことがわかる。十世紀半ばから十四世紀にかけて、サルブザは東・西インド洋海域から集まる熱帯・亜熱帯産の香辛料および薬物料の一大集散地として賑わっていた。

以上のように、乳香貿易の隆盛と中国ジャンクのインド・マラバール海岸への来航などを背景として、ズファールとハドラマウト地方に成立したマンジュー朝とハブーディー朝は、インド洋西海域の海運と貿易において重要な役割を果たしていたことがわかる。イエメン地方に成立した新政権のラスール朝は、ハドラマウト地方への勢力拡大を企てた。ハズラズィーの『イエメン・ラスール朝史に関する真珠の首飾りの書』によると、ラスール朝スルタン＝ムザッファルがハドラマウト地方の港シフル、ズファール地方のライスートとミルバートに遠征軍を派遣するにいたった直接の動機は、イラン（おそらくイル・ハーン朝を指す）向けのラスール朝使節団の乗り組む船がハドラマウトの沖で難破し、その積み荷と乗員たちをハブーディー朝側が没収したことに対する報復行動であった。ラスール朝の軍隊は、アデン港から出発の海軍、サヌアー経由のハドラマウト道と海岸道の陸軍、の三軍にわけて出発した。匿名の『イエメン・ラスール朝年代記』（パリ国立図書館所蔵、アラブ写本四六〇九番）は、ヒジュラ暦六七八年のラジャブ月二十一日（西暦一二七九年十一月二十七日）に、スルタン＝ムザッファルの軍隊とハブーディー朝の支配者サーリム・ブン・イドリースの軍隊との戦闘が行われ、サーリムと兵隊三百人は殺され、多数が捕虜となったことを記録している。同年のラマダーン月には、ズファールとハドラマウトにおいてハブーディー朝支配者へのフトゥバが廃止され、かわってラスール朝スルタン＝ムザッファルの名が唱えられるようになった。

ラスール朝支配のもとで、ハドラミーたち（ハドラマウト出身者）は、アデンやザビードを拠点に紅海沿岸や東アフリカ、インド方面に広く活躍するようになった。R・B・サージェントの紹介したラスール朝時代の航海暦表の断片史料によって、ハドラマウトとズファールの船がモンスーン航海期には定期的にアデン港を訪れていたことがわかる。またアル＝ハサン・ブン・アリー・アル＝フサイニーの著した『アデン港の関税表』には、ハドラマウト、ズファールとライダ（マフラ）からアデンに特産の乳香、鮫（乾燥・塩漬け）、竜涎香などが輸入されていたことが記録されている。

著者は、一九七四年、ソマリアの首都ムガディシューの国立博物館に所蔵されているムスリムの墓石に刻まれた碑文（墓碑銘）を調査した。その際に、ヒジュラ暦七五九年ラマダーン月十三日（西暦一三五八年八月十九日）の没年を銘記したハドラマウト出身のアブー・バクル・イブン・アル＝ハーッジュ・ヤークートら数人のハドラミーたちの碑文を発見した。アブー・バクルが単独でムガディシューに来たのか、または家族や集団で移住したかは明らかでない。十三、十四世紀のムガディシューは、キルワを中心とする東アフリカ貿易の中継基地として急速に隆盛するようになった。ハドラミーたちは、アデン湾をはさんだザイラゥ、バルバラやムガディシューにも居留地をつくり、ターヒル朝（一四五四〜一五一七年）の初期にはラスール家の残存勢力スルタン＝マスウードを支援して、ターヒル朝新政権のスルタン＝アーミル・ブン・ターヒルに対する抵抗運動を展開した（第八章参照）。ヒジュラ暦八六一年の第二ラビーゥ月末（西暦一四五七年三月末）に、ハドラマウト地方のシフルの長アブー・ダジャーナ・ムハンマドは、アデン征服のために多数の艦隊を派遣した。これはラスール朝の残存勢力のスルタン＝マスウードに対する支援軍であったが、彼の艦隊はアデン港の近くで嵐に遭い大破損を被ったために、計画は失敗に終わった。これに対抗して、ターヒル朝は、ヒジュラ暦八六三年（西暦一四五九年）と八六六年（西暦一四六一／六二年）にシフルへ遠征軍を派遣し、これを平定した。

ラスール朝末期の政治的紛争と経済混乱、メッカ・シャリーフたちのアミール権をめぐる争い、マムルーク朝の経済政策の失敗などの原因によって、十五世紀半ば前後におけるエジプト―紅海軸ネットワークの吸引力は次第に後退していった。一方、ペルシア湾ではホルムズ島がインド洋の新しい貿易拠点として、インドのカンバーヤ、カーリクートと結びつく海上ルート、また内陸部はティムール朝（一三七〇～一五〇七年）支配下のラール、シーラーズ、タブリーズ、黒海沿岸や内陸アジアのブハラー、サマルカンド方面とつながるキャラバン・ルートとの接点として重要性を増していた。

ポルトガル勢力のインド洋進出、マムルーク朝政権の衰退、オスマン・トルコによるエジプトとイエメン支配、サヌアーを中心とするシーア派ザイディー・イマーム政権の台頭などが政治的・社会的・経済的要因となって、ハドラミーたちの海外移住はより一層増大したと考えられる。十三世紀のころから十七、十八世紀にかけてのイスラーム世界を特徴づける新しい現象として、スーフィーと呼ばれる神秘主義者たちのつくったさまざまな教団組織（タリーカ）がイスラーム世界の辺境地帯で活動を拡大し、その結果として各地域の国家や民衆のあいだにイスラーム化の現象が著しく進展していった。インド洋の周縁・島嶼部でも、この時期にカーディリー教団、シャーズィリー教団、チシュティー教団、シャッターリー教団、スフラワルディー教団などの多数のスーフィー教団の諸派の人たちが活躍するようになった。そして各地の教団組織を結ぶ修行、学問修得、教育、巡礼、商売、出稼ぎを目的とした人間移動のネットワークが張りめぐらされて、インド洋海域世界を舞台とする文化的・経済的交流がますます盛んになった。ハドラミーたちの東アフリカ、インドや東南アジア方面への移住活動もまた、明らかにそうしたスーフィー・タリーカのネットワークを利用しながら拡大していったと考えられる。

四

ハドラマウト出身のウラマーやスーフィーたちの初期の活動については、十五世紀の名士録であるファースィー・マッキー（アル＝ファースィー・アル＝マッキー）の『メッカ誌（聖なる地〈メッカ〉の情報を望む人の癒し）』、サハーウィーの『ヒジュラ暦九世紀の名士のための輝ける光』や十七世紀のムヒッビーによる『ヒジュラ暦十一世紀の名士に関する事績要覧』などのなかに断片的な記録が残されている。以下では、それらの記録にもとづいて代表的なハドラマウト出身のウラマーやスーフィーたちの広くインド洋海域世界を舞台とする活動の実態を明らかにしてみたい。

ハドラミーたちは、伝説上の部族、預言者に由来する血縁集団や聖家族を指導者とした強い共同体的な連帯意識をもって結ばれていた。例えば、アール・バー・アッバードは、南アラビアの伝説上の預言者フードの聖墓を中心とする帰属意識をもっていた。アール（クラン、血縁集団、大家族）の指導者は、サイイド（サーダ）、またはマシュヤハ（マシャーイフ）と呼ばれて、集団全体に対するカリスマ的リーダー権をもち、同時に、先祖から受け継がれてきた聖域（ハウタ）、聖墓（マクバラ）や参拝地（ズィヤーラ）を守る長であった。そうした場所はアールの集団の構成員にとっての協議、契約と紛争解決のための集まりの場であり、そして末期の場でもあった。

十四、十五世紀以後になると、アールの指導者たちはイスラーム諸学に精通するウラマーとして、またスーフィー・タリーカの長、偉大な聖者としての強い権威をもつようになり、その血縁の兄弟や息子・孫たちはいずれも著名なウラマーやスーフィー聖者として活躍した。彼らは、ハドラマウト地方の文化と教育の中心であるタリーム、シバーム、セイウーンだけでなく、インド洋航海の要衝に位置するシフルやサイフート（セイフート）の港から船で、アデン、ムハー、ザビード、ジッダ、メッカ、メディナなどを学問修行のために訪れ、イスラーム世界の各地から集まる諸学者とのコーラン解釈学、伝承学、神学、法学、アラビア語学などの学問・情報の交流を積極的に行った。彼らはやがて、これらの地域間を結ぶ学術サークルと呼べるハドラミー・ネットワークを形成したのである。

紅海の出入り口付近のザイラゥ、ムガディシュー、アデン、ザビード、タイッズ、ムハー、シフル、ミルバートなどの港は、つぎの理由によって、いわばインド洋海域世界のなかの経済と文化活動、また情報交流の中心地として賑わっていた。

(1) 十一〜十五世紀にかけて、イスラーム世界を結ぶ文化的・経済的ネットワークの主軸がインド洋―イエメン―紅海―ヒジャーズ―エジプト―地中海に置かれていた。

(2) 上述のように、この時期にイスラーム世界の各地でスーフィー・タリーカの普及と拡大があった。

(3) 地方的な聖地・墓廟への参拝も含めて、メッカ、メディナへの巡礼活動が高まり、とくにインド洋の周縁地域からハドラマウトとイエメンを経由して、メッカ、メディナとのあいだを往来するムスリムたちが増大した。

インド洋周縁部に向けてのハドラミーたちの文化的・経済的活動は明らかに、以上のようなさまざまな状況が重なるなかで達成されていったと考えられる。文献史料によって知られるハドラマウト地方の聖家族アラウィー(バー・アラウィー、またはサイイドと呼ばれた)は、いずれもミルバートの支配者ムハンマド(ヒジュラ暦五五七年・西暦一一六二年没)を共通の祖先としており、そこからバー・ファキーフ、バー・サッカーフ、バー・カスィール、バー・アッバード、バー・ファドルなどの著名な聖家族(サイイド)が分かれ出ている。

バー・ファキーフは、タリームに近いアイディードの長マウラー=ムハンマド・ブン・アリー(ヒジュラ暦八六二年・西暦一四五八年没)を始祖とした。彼はアイディードの大聖者として知られた。また彼の息子と子孫たちは、いずれもスーフィー聖者、法学者や教育者として名高く、同時代のアイダルース家の人びとともにシフル、アデン、メッカやインドのグジャラート、マラバールやハイダラバードなどの諸地方で活躍した。

その一人のアブド・ル＝アッラー・イブン・フサインは、タリームに生まれ、多くの学者たちから学んだ後、若くしてインドに向かい、マラバール海岸のカンナノールに移り住んだ。そしてその町にすでに移り住んでいた従兄弟のウマル・ブン・ムハンマドの協力によって、支配者アブド・アル＝ワッハーブとの知己を得た。彼は支配者の娘と結婚することで、ワズィール（宰相）職を獲得し、著述や教育などの面でも活躍した。従兄弟のウマルの子ムハンマドもまた、支配者アブド・アル＝ムジードの娘を娶り、社会的に高い地位を占めた。その後、彼はハイダラバードに移り、そこで死去した。同じバー・ファキーフ家出身のアブド・ル＝アッラーは、タリームに生まれ、コーラン学、伝承学、解釈学などを学び、秀れた学才で知られた。インドに渡り、バー・シャイバーン家のサイイド＝ウマルからタサッウフ（スーフィー学）、アダブを学び、一方、彼は法学を教えた。その後、ビージャープールに行き、バー・ファキーフのシャイフ＝アブー・バクルからスーフィー学を学んだ。ファン・デン・ベルグの報告によると、スマトラ島でおこったアチェ族によるオランダの侵略に対する抵抗戦争のアチェ戦争（一八七三～一九一二年）のときに、オランダ政府側に荷担して重要な政治的業務を果たしたのはアイディード家、すなわちバー・ファキーフのサイイド＝ムハンマド・ブン・アビー・バクル・アイディードであったという。バー・ファドルは、タリームの聖家族（マシュヤハ、マシャーイフ）の一つであって、十五世紀にバー・アラウィーのサイイドたちが台頭する以前には、最も強力な宗教的権威をもっていた。十六、十七世紀に、この家系のウラマーたちはシフル、アデン、ザビード、メッカ、インドの各地をめぐり、スーフィー学、法学や教育活動などで活躍した。その一人のフサイン・ブン・ムハンマドは、ヒジュラ暦一〇一九年（西暦一六一〇／一一年）にシフルで生まれ、コーラン学、法学などを学んだ後、アデン、ザビード、両聖地のメッカとメディナでスーフィーの諸学を修めた。一度、故郷に戻った後、インドに向かい、アイダルース家のジャアファルその他から学んだ。ふたたび、メッカに戻り、毎年、ムハーとのあいだを往復してコーヒーと衣料品の商売をつづけ、ヒジュラ暦一〇六六年（西暦一六五五／五六年）にメッカで死去した。彼は旅を通じて、多くの高名な学者たちと交流し、自らも優れたスーフィーおよびウラマーの一人であった。

バー・ウマルのアリーは、ズファールに生まれ、コーラン学、解釈学などを学び、メッカ巡礼を行った。その後、インドの各地とジャワ地方（ビラード・ジャーワ）に旅してから、故郷に戻った。しだいに彼の学問的名声は広がり、多くの人びとが集まった。さらに彼はメッカとメディナで教育活動を終えた後、故郷のズファールに戻って、ヒジュラ暦一〇九六年（西暦一六八四／八五年）に死去した。彼の記録は、十七世紀にハドラミーのウラマーのなかに、インドを越えて東南アジアのジャワ地方（スマトラ島とジャワ島を含む）まで進出していたことを示すものとして興味深い。

アイダルース家（アール・アイダルース）は、聖家族アラウィー（バー・アラウィー）のなかのバー・サッカーフの支族に属し、十六、十七世紀には南アラビア、東アフリカ、インド、東南アジアなどのインド洋の周縁部で広く活躍した聖家族として、またアイダルースィーヤと呼ばれるスーフィー・タリーカ（クブラウィー派の一分派）の主唱者としても知られた。ファン・デン・ベルグの調査報告書にもみえているように、一七九八年にバタヴィヤ（ジャカルタ）で死去したインドネシアで著名な神学者サイイド＝フサイン・ブン・アビー・バクル・アル＝アイダルースは、アイダルース家の出身であり、現在も彼の墓廟には、多くのムスリムたちが参拝し、巡礼の聖地となっている。また、ボルネオ島のテレンタン川（カプアス川支流）の河畔にあるクブーの町は、サイイド＝アイダルース・ブン・アブド・アッ＝ラフマーンによって一七七〇年ごろに建設された。モルッカ諸島のティドーレでも、そこのスルタンの軍隊として、アイダルースの祖家にあたるバー・サッカーフの移住者たちが活躍した。

アイダルース家の始祖は、アブド・ル＝アッラー・イブン・アビー・バクル・ブン・アブド・ル＝ラフマーン・アッ＝サッカーフ（ヒジュラ暦八一一～八六五年・西暦一四〇八～六一年）であって、彼は解釈学、法学や伝承学を教え、厳格なスーフィーとして知られた。アイダルース家の子孫がインド洋の周縁部に向けて移住を始めたのは、アブド・ル＝アッラーの曾孫にあたるシャイフ＝イブン・アブド・ル＝アッラー（ヒジュラ暦九一九～九九〇年・西暦一五一三～八二年）のときからであるといわれている。このシャイフはタリームに生まれ、メッカ、ザビード、シフルなどで勉学を積んだ後、インドに渡り、多くの弟子たちをつくった。彼はグジャラート地方のワズィール＝イマード・ウッ＝ディーンのもとで国家行政の役目を果たした後、アフマダーバードで死亡した。彼の息子アブド・アル＝カーディルもまた、アフマダーバードにおける著名なスーフィー学者の一人として活躍し、神秘主義や伝記に関する多くの著作を残した。

アブド・アル＝カーディルの弟の子シャイフ＝イブン・アブド・ル＝アッラーは、出生地のタリームで学んだ後、イエメンとヒジャーズで学問修行をつづけた。一六一六年、彼は叔父のアブド・アル＝カーディルを頼ってインドに渡った。そこで修行を積んだ後、デカンに向かい、スルタン＝ブルハーン・ニザーム・シャーや大ワズィール（大宰相）＝アンバルの知遇を得た。さらに、彼はビージャープール王国に移って、スルタン＝イブラーヒーム二世（在位西暦一五八〇～一六二七）のもとに滞在し、スルタンの病を治すことで、宮廷内の名声を博したといわれる。

R・M・イートンによる研究書『ビージャープールのスーフィーたち（一三〇〇～一七〇〇年）――中世インドにおけるスーフィーたちの社会的役割』によって明らかなように、ビージャープール王国は、スルタン＝イブラーヒーム二世の治世下に、カーディリー教団、シャッターリー教団、チシュティー教団などのさまざまなタリーカに属する外来のスーフィーたちが集まって、いわばインド亜大陸におけるイスラーム思想運動の一大中心地となっていた。ビージャープール王国におけるスーフィー・タリーカの盛行は、明らかにイブラーヒーム二世やムハンマド（在位西暦一六二七〜五六年）による積極的なイスラーム文化・思想の受容策のためと考えられるが、それに加えてその王国がインド洋航海の要衝地であるコンカン海岸のチョウル（サイムール）、ダボール、ゴア（スィンダーブール）など重要な港をもったこと、グジャラートやデカンのイスラーム王国から迫害されたスーフィーたちの避難場所となっていたこと、さらにはヒンドゥー王国のヴィジャヤナガルと隣接する境域《スグール》地帯に位置したこと、などが理由としてあげられよう。ビージャープール王国内に集まったスーフィーたちが、つぎの移動の目標としたのはベンガル地方や東南アジアなどのインド洋東海域の世界であった。したがって、ビージャープール王国が彼らにとって東海域への進出の前哨基地となって、インド洋の東西の海域世界を結ぶ文化交流上の中継地としての機能を果たしていたといえる。上述したシャイフ＝イブン・アブド・ル＝アッラーは、ビージャープール王国で蓄えた資金をもとに、祖国のハドラマウトに高層の家屋を建設しようと望んでいたが、その資金を乗せた船は航海の途中で沈没した。スルタン＝イブラーヒーム二世の没後、彼はデカンのダウラターバードに移り、そこのワズィール＝ファトフ・ハーンと親交を結んだ。そしてヒジュラ暦一〇四一年（西暦一六三一／三二年）、その地で死去し、町の郊外のラウダ（霊廟）に埋葬された。

シャイフの息子アブド・ル＝アッラー（ヒジュラ暦一〇一七〜七三年・西暦一六〇八〜六二年）もまた、インドを舞台に広く活躍したことで知られている。彼はハドラマウトのタリームで生まれ、メッカとメディナを訪問の後、グジャラート地方のスーラトに住む従兄弟のジャアファル・アッ＝サーディクのもとに向かった。さらにビージャープール王国のスルタン＝マフムードのもとで一時仕えた後、アラビアに戻り、シフルで死去した。

アリー・ザイン・ウッ＝ディーン・アル＝アービディーンの息子たち（ジャアファル・アッ＝サーディク、ムスタファー、アブド・ル＝アッラー、ジャアファル・ブン・ムスタファー）もまた、グジャラート、デカンやビージャープールなどのインド・イスラーム系の諸王国を広く旅して、教育と著述活動やスーフィー・タリーカの普及に努めた。

以上の他に、さまざまなハドラマウト出身のウラマーやスーフィーたちが十六、十七世紀のインド洋の西海域世界を中心に移動・往来していた。以下では、ムヒッビーの名士録にもとづいて、そうしたハドラミーたちの活動の跡をたどってみたい。

• アブー・バクル・バー・アラウィー・アッ＝シッリー　ヒジュラ暦九九〇年（西暦一五八二／八三年）、タリームに生まれ、メッカ巡礼を果たした後、メディナに四年間滞在した。アデンを経由、インドの各地を広くめぐり、出生地のタリームに戻って死去。

• アフマド・ブン・アビー・バクル・ブン・サーリム　ハドラマウトのイーナーンに生

まれ、アデン、メッカ、サワーヒル地域（東アフリカ）、ムガディシューをめぐって学問修行をつづけた後、ヒジュラ暦一〇二〇年（西暦一六一一／一二年）、シフルで死去。

•アブー・ターリブ・イブン・アフマド・アル＝アラウィー　ハドラマウトのマリーマに生まれ、サワーヒル地域、インド、オマーンをめぐる。ヒジュラ暦一〇五五年（西暦一六四五／四六年）、旅の途中のオマーンで死去。

•アブー・バクル・イブン・サイード・バー・ジャフリー　ハドラマウトのキシンの生まれ。アデン、メッカ、メディナ、インドを移動する。ヒジュラ暦一〇八八年（西暦一六七七／七八年）、タリームで死去。

•アブー・バクル・イブン・フサイン・ブン・アル＝ウスターズ・アル＝ファキーフ　タリームの生まれ。インドのスーラト、ビージャープールに移住した。ヒジュラ暦一〇七四年（西暦一六六三／六四年）、死去。

•アブー・バクル・アフマド・ブン・フサイン・アル＝アイダルース　タリームの生まれ。その後、デカンのダウラターバードに滞在し、ヒジュラ暦一〇四八年（西暦一六三八／三九年）、死去。

•アフマド・ブン・シャイフ・アル＝アイダルース　タリームの生まれで、父の住むグジャラートのアフマダーバードに滞在。一時、アデンに戻り、インドのバンダル・バルージュ（ブローチェ）をめぐり、ヒジュラ暦一〇二四年（西暦一六一五／一六年）、出生地のタリームで死去。
・アル＝ビスクリー・アフマド・ブン・アリー　インドの各地を訪問。ヒジュラ暦一〇〇九年（西暦一六〇〇／〇一年）、アフマダーバードで死去。
・アフマド・ブン・ムハンマド・バー・ジャービル　タリームに生まれ、インドに向かい、ヒジュラ暦一〇〇一年（西暦一五九二／九三年）、ラーフール（ラホール）で死去。
・ザイン・ブン・ウマル・アブド・アッ＝ラフマーン・アラウィー　タリームに生まれ、ミルバートの支配者となる。インドに移り、母方の叔父のもとに滞在するが、叔父の没後は故郷に戻る。その後、ムハーとメッカを訪問。ヒジュラ暦一〇八九年（西暦一六七八／七九年）、メッカで死去。
・サイード・イブン・アブド・アッ＝ラフマーン・バー・バキー　スーフィーとして、アデン、メッカとインドで活躍。ヒジュラ暦一〇七六年（西暦一六六五／六六年）、死去。
・シャイフ＝イブン・アリー・アラウィー・アル＝ジャフリー　シフル、メッカ、インド、サワーヒル地域をめぐり、シフルでヒジュラ暦一〇六三年（西暦一六五二／五三年）、死去。
・アブド・ル＝ラフマーン・イブン・ウカイル　タリームに生まれ、イエメン、メッカ、インドをめぐった後、イエメンに戻る。ヒジュラ暦一〇五九年（西暦一六四九／五〇年）、アデンで死去。

•アブド・ル=アッラー・イブン・アリー　タリームに生まれ、シフル、サワーヒル地域、インドのアフマダーバードをめぐった後、ヒジュラ暦一〇三七年(西暦一六二七／二八年)、イエメンのラヘジュに近いワフトで死去。

•バー・アラウィー・ウカイル・ブン・アブド・ル=アッラー　タリームの生まれ。メッカ巡礼の後、インドに渡る。ふたたびメッカとメディナに戻り、ヒジュラ暦一〇二二年(西暦一六一三／一四年)、故郷のタリームで死去。

•アラウィー・イブン・ウマル・ブン・ウカイル　ハドラマウトのラウア村に生まれ、インドに渡り、スルタン=マリク・ライハーンのワズィールたちの知遇を得る。二度のインド旅行とメッカ、メディナ巡礼を行う。ヒジュラ暦一〇五四年(西暦一六四四／四五年)、死去。

•サイイド・アラウィー=イブン・ムハンマド・アル=ジャフリー　ハドラマウトのキシン生まれ。サワーヒル地域、インド、イエメン、エジプトなどを旅行し、メッカ巡礼を行う。ヒジュラ暦一〇六一年(西暦一六五〇／五一年)、タリームで死去。

•ウマル・ブン・アリー・バー・ウマル・アラウィー　メッカ巡礼の後、インドのビージャープール王国に滞在。ヒジュラ暦一〇六三年(西暦一六五二／五三年)、そこの聖家族アラウィー(バー・アラウィー)の墓所に埋葬された。

•ウマル・ブン・アブド・ル=アッラー・バー・シャイバーン　インドのベルガウム生

まれのハドラミー。バー・シャイバーンの祖国タリームで結婚。そこで勉学を積んだ後、ふたたびインドのスーラト、ビージャープールに戻り、教師としてアラブ芸術を教えた。ヒジュラ暦一〇六六年（西暦一六五五／五六年）、故郷のベルガウムで死去。

•ムハンマド・ブン・アビー・バクル・アル＝アラウィー・アッ＝シッリー　メッカ、インド、メッカのあいだを旅する。ヒジュラ暦一〇九三年（西暦一六八二／八三年）、死去。

•イブン・マァスーム・アッ＝サイイド・ムハンマド・ヤフヤー　父のいるインドに渡り、ヒジュラ暦一〇九二年（西暦一六八一／八二年）に死去するまで、そこに定住。

•ムハンマド・ブン・バラカート・ブン・アッ＝サッカーフ　タリームに生まれ、インド、エチオピア、サワーヒル、イエメン、ヒジャーズをめぐる。ヒジュラ暦一〇四八年（西暦一六三八／三九年）、イエメンのムハーで死去。

•ムハンマド・ブン・アブド・ル＝ラフマーン・バー・ファキーフ　タリームに生まれ、インドに旅する。ヒジュラ暦一〇〇七年（西暦一五九八／九九年）、タリームで死去。

•ムハンマド・ブン・アブド・ル＝ラフマーン　タリーム、シフル、シバーム、ガルファなどのハドラマウト地方をめぐった後、インドに渡る。ふたたびハドラマウトに戻り、マスカース、ドゥアーンなどを訪問。ヒジュラ暦一〇一九年（西暦一六一〇／一一年）、死去。

•ムハンマド・アル＝アイダルース・ブン・アブド・ル＝アッラー　ヒジュラ暦九七〇年（西暦一五六二／六三年）、タリームに生まれ、叔父シャイフ＝イブン・アブド・ル＝アッラーのいるインドのアフマダーバードに呼ばれて、そこで学ぶ。スーラト滞在の後、ヒジュラ暦一〇三〇年（西暦一六二〇／二一年）、ズファール地方のライスートで死去。

•ムハンマド・ブン・アラウィー・アッ＝サッカーフ　シフルに生まれ、タリームで学問修行の後、インドに渡る。その後、イエメン経由、メッカ巡礼を行う。一時、イエメンに滞在し、ヒジュラ暦一〇七一年（西暦一六六〇／六一年）、メッカで死去。

•バー・ハサン・アッ＝タミーミー・ムハンマド・ブン・ウマル　タリームに生まれ、メッカ巡礼の後、インドと故郷のタリームとを何度か往復する。ヒジュラ暦一〇七九年（西暦一六六八／六九年）、タリームで死去。

むすび

ハドラマウト出身のウラマーやスーフィーたちは、どのようにしてインド洋周縁部にあるイスラーム国家・社会と接触し、彼らの支持基盤を獲得していったのであろうか。彼らは、イラク—イラン—ペルシア湾軸のネットワークを通じて、タリーカ組織の拡大に努力するカーディリー教団、チシュティー教団、ナクシュバンディー教団などのスーフィーたちと、教義解釈や信仰形態などで激しい競合関係にあったと思われる。十五〜十七世紀には、こうしたさまざまなスーフィーたちがもたらすイスラーム思想、倫理、道徳と法体系などが、イスラーム教・文化を柱として国家体制を確立しようとする東アフリカ、インド亜大陸や東南アジア島嶼部および半島部などのインド洋周縁部のムスリム支配者たちによって積極的に受容された。またスーフィーたちの演じる呪術、奇跡や霊験力は、民衆へのイスラーム信仰の受容と拡大に大きな力となった。

ハドラミー・ウラマーたちは、スンナ派イスラーム解釈とイスラーム諸学に対する高度な教養、法学、芸術、数学、医学、占い術などの実学をもって、そうした支配者たちとの支持基盤を確立していった。彼らが一たび地域社会に足掛かりを得ると、さらに兄弟や血縁者を呼び寄せ、他のハドラミーたちが商売、出稼ぎ、移住のために進出する機会を与えた。

ポルトガル、イギリスやオランダの勢力がインド洋周縁部に拡大するなかで、ハドラミーたちの移住ネットワークもまた、より広域的に張りめぐらされていった。そのことの理由は、一つにはヨーロッパの諸勢力による急激な植民地化と地域経済の変容が民衆のあいだにイスラーム化運動を高揚させたこと、したがってハドラミーたちがもたらしたイスラームのスーフィズムと学問体系が重視されたこと、また一方ではハドラミーたちは支配体制側のヨーロッパ勢力にとって、地域社会の統治に必要な書記、軍隊、通信、運輸などを担当する下級役人として有能であったことによっている。

イスラーム側の文献史料からは、十七世紀半ば以降、ハドラミーたちがインド亜大陸の各地で築いたネットワーク拠点を足掛かりとして、つぎの目標の東南アジア島嶼部と大陸部に向けて、どのように拡大していったかを明らかにすることはできない。ファン・デン・ベルグによる調査報告にあるように、スマトラ島のバンダ・アチェとパレンバンへのハドラミーたちの進出は、十八世紀の前半から半ばにかけての時期であった。すると、十七世紀の後半において、彼らの移動に新しい展開があったと考えられる。この時期は、まさにヨーロッパ植民地主義の本格的なアジア進出が開始されることで、インド洋海域世界の構造的変化があらわれ始めた時期でもあった。

十三世紀からポルトガル来航後の十六、十七世紀にかけての時代は、東は中国から、西は東アフリカとアラビア半島までを覆うインド洋海域世界の原構造である三層構造(南シナ海、ベンガル湾、アラビア海・インド洋西海域に代表される三つの海域世界)が統合され、さらに東シナ海海域世界を加えることによって、海域を通じての人間の移動、ものや情報・文化の交流が著しく進展していた。このインド洋海域世界は、ヨーロッパ勢力の進出にともなう世界経済システムの形成、さらには植民地政策の拡大するなかで、大きく分断されていったと捉えることができる。こうした時期における世界経済システムと並存する、また競合するインド洋世界の地域間交流(inter-regional relations)がどのように行われていたのか、またどのように変化・変質したかについて、今後さらに地方史史料のなかから詳しく解明されるべきであろう。ハドラミー・ネットワークは、まさにインド洋世界の原構造である三層構造が変化・変質していく過程で、東アフリカ、インドや東南アジアなどの各地に向かって張りめぐらされていったのである。

II　インド洋海域世界が育てた船の文化と信仰

十四　古代型縫合船ダウ

〈ダウとインド洋〉

はじめに

イスラーム教とその社会・文化・歴史を分析する場合に、イスラーム世界の地理的分布がアジア・アフリカの諸地域を広く覆う乾燥・ステップ地帯と一致していることを根拠として、その諸特質を沙漠的な風土と環境に結びつけて解釈することが多い。このような通説は、おそらく十字軍時代にさかのぼるころからの、とくに西ヨーロッパ・キリスト教世界の人びとが抱いていたアラブ・イスラーム観に起源するものであると考えられる。たしかに、西アジア地域だけではなく、その東側に位置する中央アジア、アフガニスタン、パキスタン、そして西側のリビア、チュニジア、アルジェリア、モロッコ、サハラ沙漠の周縁部などの東西にわたる広大なステップもしくは沙漠地帯は、ムスリムたちの生活・文化圏とかなり一致していると思われる。ところが、この通説の見解が誤りであることは、七世紀の前半にイスラーム教が勃興して以来、その世界は、紅海とペルシア湾を国際交通・運輸と貿易活動上の掛け橋として、西側は、地中海とその周縁・島嶼部にその交流圏を広げ、東側は、ペルシア湾岸からアラビア海、インド洋を越えて、インダス川の流域地方やインドのグジャラート、マラバール地方に、また、東南アジア、中国や東アフリカにわたって広がっており、その拡大の方向はつねに東西に広がる二つの海洋、つまりインド洋と地中海に向かって開かれていたことによって、きわめて明瞭である。

現在、インド洋周縁および島嶼部には、ムスリムたちがマジョリティーを占める地域社会や国家が広くみられることからも、イスラーム世界の拡大と展開の諸過程のなかで、海洋が演じた役割がいかに大きかったかを改めて理解する必要があろう。

著者は、一九七四年十月から一九七五年三月末までの半年間にわたって、ペルシア湾岸（オマーン、クウェート）および南アラビアの周辺諸国（南・北イエメン、ソマリア）を訪問し、実地調査を行う機会にめぐまれた。その調査の目的は、イスラーム社会・文化のインド洋周縁部に向かっての拡大と展開の諸過程を、まず歴史的文献史料をもとに追究し、その情報を手掛かりとしてフィールド調査を試みることにあった。

歴史的にみるならば、ペルシア湾岸と南アラビアの諸地域は、インド洋周縁部に向けてのイスラーム文化・社会の拡大の原点ともいえる地域であって、つねにインド洋海域世界のなかに深く組みこまれた交流圏の一部として機能してきたのである。本調査における具体的調査内容の一つは、インド洋の、とくにその西海域において、現在もなお広範な活動をつづけている三角帆を装備した木造型帆船ダウによる海上運輸と貿易に関する実態調査を行うことにあった。

本章は、オマーンのズファール地方において調査したアラブ古代型船の構造をとどめるサンブークと呼ばれるダウに関する報告の一部である。サンブーク船の特徴は、後述するように、船を建造するとき、外板を固定するための鉄釘や木釘を使用せず、板に穿穴をあけて、その穴に紐——ココヤシ樹の実を包む靭皮繊維をたたき、細紐に編んだもの——をとおして縫い合わせたあと、縫い穴、外板の隙間を樹脂、魚油やピッチなどで充塡した船である。こうした構造の船については、中世イスラーム時代のアラビア語やペルシア語による文献史料、ヨーロッパ人旅行家たちの旅行記や中国の文献史料などにも、しばしば興味をもって観察・記録されているので、インド洋、ペルシア湾や紅海で活動していたアラブ系やイラン系の海上民たちが使用してきた、かなり古い構造を残した船であると考えられる。

以下では、①サンブーク船の特徴と構造、②中世文献史料のなかにみられる縫合型船に関する記事の検討、③インド洋の風波に対して抵抗力不十分な縫合型構造の船がなぜ、現在にいたるまで使用されつづけてきたのか、の三点について究明したい。

一

南アラビア海岸のほぼ中央部に位置するズファール地方は、オマーンの南西端とイエメン、ハドラマウト地方とに隣接し、モンスーンを利用したインド洋の海上交通・運輸と貿易活動の要衝である。

そのために古代・中世のインド洋で活躍した貿易船の多くは、インド西海岸の諸港市を出帆すると、冬季の北東モンスーン風に乗って、南アラビアの先端にあるラァス・ファルタク（ファルタク岬）やラァス・キャルブ（キャルブ岬）をめざして西に針路をとり、まずズファールおよびハドラマウト地方の港市（ローマ時代のカネー、モスカ、イスラーム期以後のシフル、ムカッラー、ライスート、ミルバートなど）に着いた。ズファール地方に入港の後、船は南アラビアの沿岸沿いに西にアデン、紅海方面へ、南にソマリア、東アフリカ海岸へ、北上してオマーンのマスィーラ島、ラァス・アル＝ハッド（ハッド岬）を迂回してペルシア湾へ向かった。また、夏季の南西モンスーン風に乗って東アフリカ海岸から北上した船は、ラァス・ファルタクをめざした。ズファール地方の港市で荷下ろしされた積み荷の一部は、キャラバンによって、イエメン、メッカあるいはオマーンの各地に運ばれた。

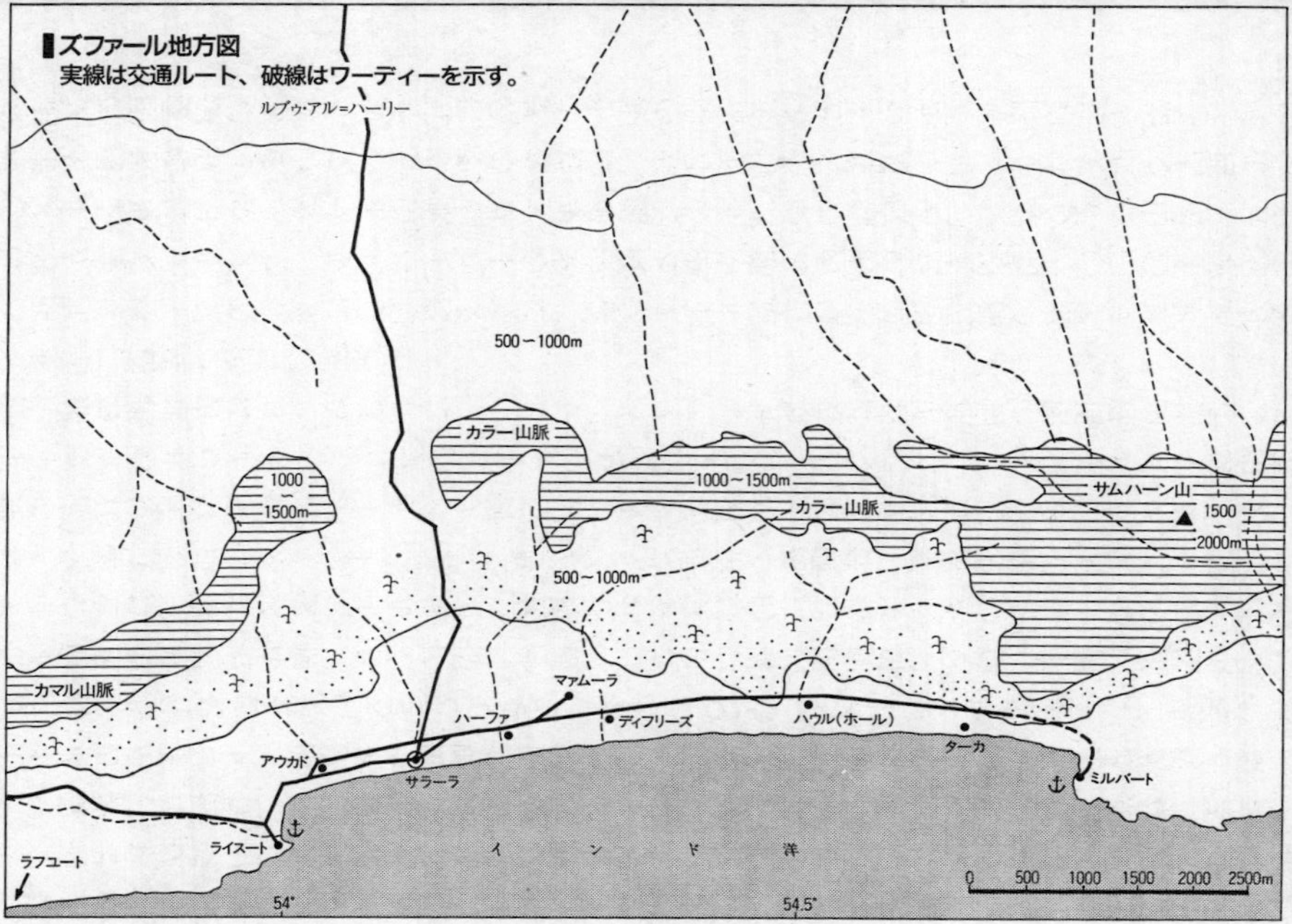

ズファール地方図
実線は交通ルート、破線はワーディーを示す。
ルブゥ・アル＝ハーリー
500～1000m
カラー山脈
1000～1500m
1000～1500m
カラー山脈
サムハーン山
1500～2000m
500～1000m
カマル山脈
マァムーラ
ハーファ
ディフリーズ
ハウル（ホール）
アウカド
サラーラ
ターカ
ミルバート
ライスート
イ ン ド 洋
ラフユート
0 500 1000 1500 2000 2500m
54°
54.5°

以上のように、ズファール地方はインド洋の海運活動の要衝地、しかも内陸のキャラバン交通と結びついた接点として重要な位置にあった。またそこは各種の特産品、とくに乳香、没薬、竜涎香、乾燥魚などの主産地としても有名であった。注目すべき点は、ズファール地方がインド・西ガーツ山脈西側の海岸地帯の熱帯湿潤性の気候・風土とかなり類似した自然条件を備えていることである。そのために、インドおよび東南アジア原産の熱帯・亜熱帯産栽培作物、とくに稲、砂糖、ココヤシ樹、檳榔樹、豆類、芋類、柑橘類、バナナなどは、まずズファール地方に移植され、実験的に栽培されたのち、一つの流れはイエメンの低湿地(ティハーマ地方)、東アフリカ海岸と島嶼部、紅海沿岸、エジプト方面へ、他の流れはオマーンのバーティナ海岸、ペルシア湾沿岸のハサー地方、フージスターン、下イラクのサワード、シリアのゴータ、およびエジプト(とくにファイユーム)や地中海沿岸部の諸地方にもたらされた。つまり、ズファール地方は栽培植物の伝播経由地としても非常に重要な位置にあった。

四九五ページの地図に示したように、ズファール地方はその周辺部の南アラビア地方とはちがって、ルブゥ・ル゠ハーリーの大沙漠と海岸部とのあいだを標高一〇〇〇〜一五〇〇メートルにおよぶカラー山脈とカマル山脈という二つの幅広い、なだらかな山岳・丘陵地帯が弓状に取りまいている。そのために、五月下旬から八月中旬にかけて吹く南西モンスーンの雨雲が、ちょうど一五〇〇メートルの山岳地帯とぶつかって降雨をもたらす。オマーンで最も緑濃い地域がこのズファール地方であり、一九七〇年以降の「ズファール問題」として国際紛争の焦点となっている一因も、ズファール地方の肥沃な可耕地域に対する経済的重要性にあると思われる。

厳密にいうと、ズファール地方は、ラァス・ライスート（ライスート岬）からミルバートまでの海岸部東西約七〇キロ、南北はサムハーン山を最高峰とするカラー山脈と海岸にはさまれた幅約二五キロの帯状に広がる地域であり、サラーラの町を除くと、ライスート、ターカ、ミルバート、ハーファ、ディフリーズ、マァムーラなどの漁村が海岸沿いに点在するに過ぎない。

ズファール地方における歴史的に有名な港市はミルバートとライスートであり、ライスートには近年、テトラポッドを積んだ防波堤と岸壁埠頭が完成して、各種の建築・道路資材、自動車、工作機械類や日用雑貨を積んだ大型船が入港している。また、湾内にはスール、マトラ、ドバイ、クウェート、バスラ、バンダル・アッバース（バンダレ・アッバース）、カラチ（カーラーチー）、ボンベイ（ムンバイ）などから来航したダウが多数碇泊する。ダウによる海運と貿易活動は、数千年にわたるインド洋の自然地理条件と人間社会によって支えられてきた地域間交流を基礎としており、ダウはズファール地方に生活する一般庶民が必要とする食料品、衣料やその他雑貨類を運び込み、またこの土地の特産品である乳香、没薬、羊毛、皮革、家畜、海産物、農産物などを積み出している。一九七四年の十月

サンブーク・ズファール。サラーラに近いターカの漁村で（1974年）

末から十一月に、著者がライスート港を訪れたとき、その湾内には北東モンスーンを利用して、ペルシア湾岸、パキスタンのカラチやインドのマンガロール、カリカット、ボンベイなどの諸港から来航した十四、五艘のダウが碇泊中であった。

さて、ズファール地方を訪れた目的の一つに、一九三九年にイギリス人のA・ヴィリヤーズがクウェート船主所属のアラブ・ダウに乗って、イエメンのアデン港から東アフリカのザンジバル島に向かう途中、ハドラマウト地方のシフルで縫合型アラブ古代船を目撃しているが、そのような古代船の存在を確認し、構造を実地調査することがあった。ズファール地方の海浜、潟、入り江などを詳細に調査した結果、サラーラとターカとのあいだの浜辺に曳きあげられた廃船のなかに八艘、また

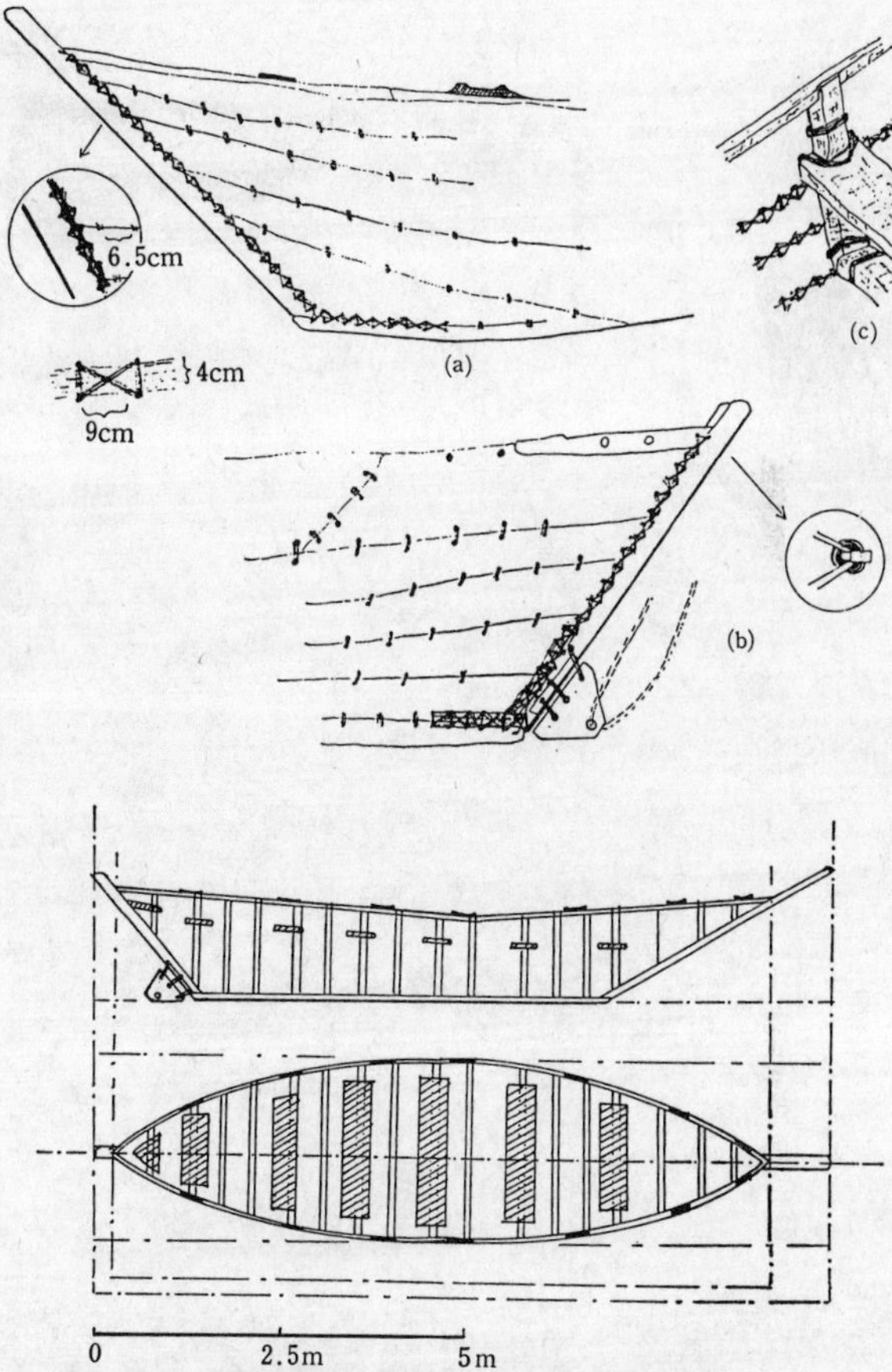

■ズファールの縫合型サンブーク船

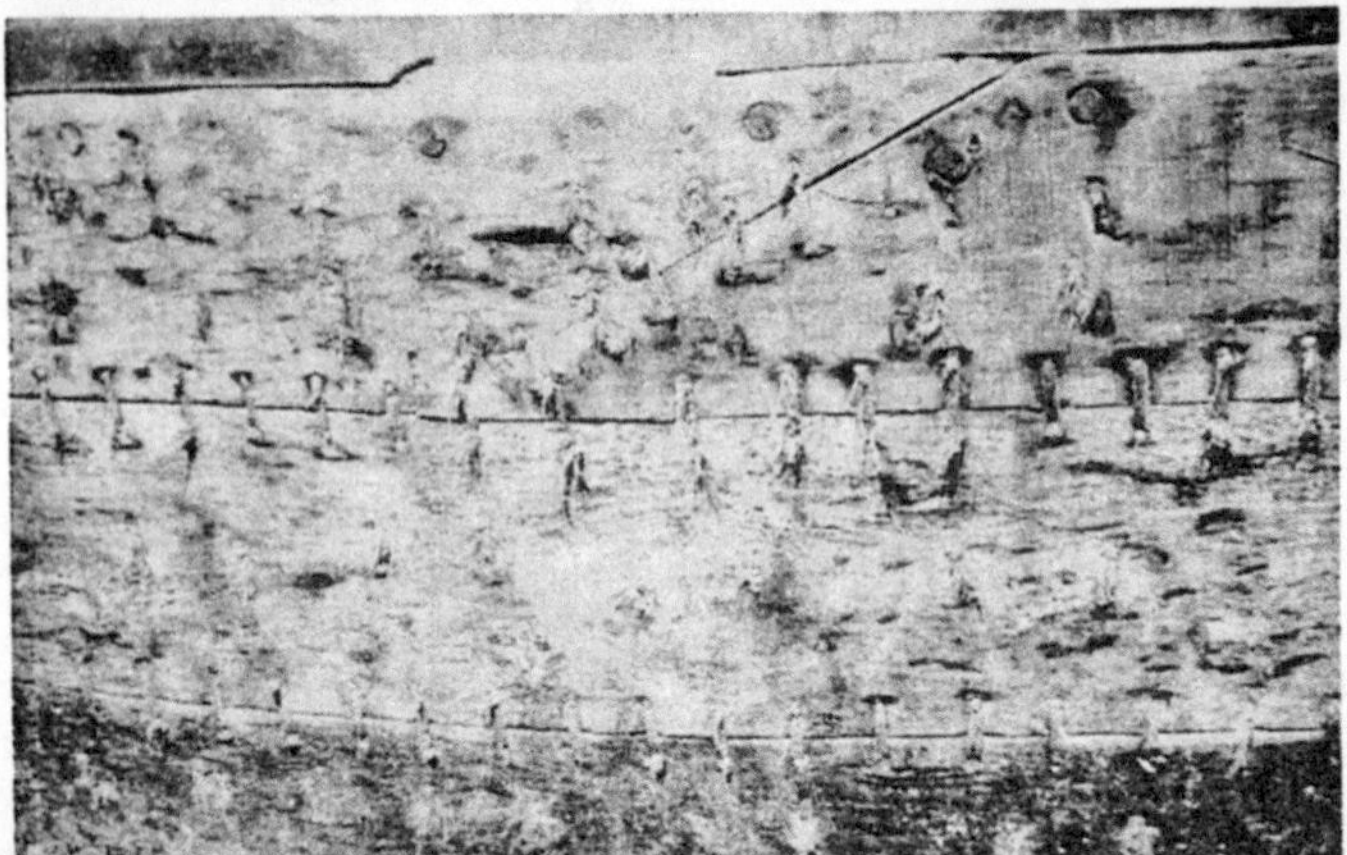

カの海岸では、現在も縫合型の船が利用されている

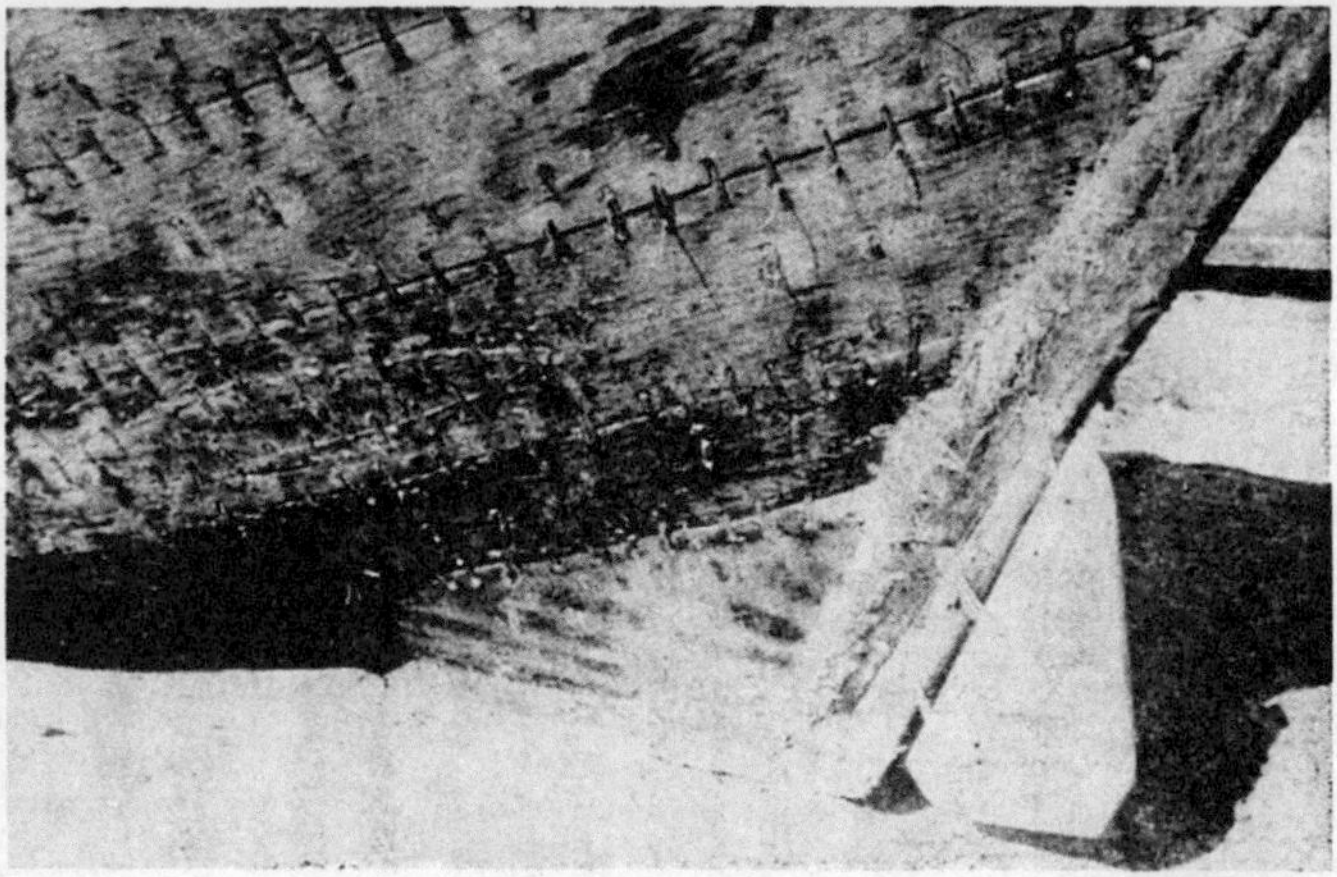

縫合型サンブーク船。オマーンのズファール地方ター

ターカ沖で操業中のイワシ漁船のなかに四、五艘の縫合型サンブーク船が残されているのを見つけた。

四九九ページの図は、ターカの浜辺において観察した最大級の縫合型サンブーク船を図解したものであり、その構造特徴について略述すれば、以下のとおりである。艇身は、八〜一二メートルである。北欧のヴァイキング船の艇身は大きなもので一五〜二〇メートル、中世イスラーム文献史料によって知られるインド洋で使用された最大級のアラブ・イラン船は二五〜三〇メートル前後であるから、現存のサンブーク船はそれらの約半分の規模にあたる。船幅は二〜二・五メートルであって、長さと幅との寸法比は四対一、ないしは四・八対一であって、かなり縦長の船型といえる。また、船首、船尾ともに鋭く尖った、いわゆるダブル・エンダー型の船であって、これはアラブ・イラン船の特徴の一つである。現在、インド洋西海域の大洋航海で最も活躍しているダウはブームと呼ばれる船種であり、これもダブル・エンダー型の伝統をとどめている。

船首は船底に対して、ほぼ三十度の角度、船尾は四十五度、ともに鋭く直線に伸びている。舷側は低く(船底から舷側の上端まで一・二〇〜一・五〇メートル)、船腹も狭いので、長期にわたる大洋航海のために建造されたものではなく、その用途は沿岸の漁業や運搬用に限られている。

船材はすべてココヤシ樹であるが、外板を固定している肋骨材(十五〜二十本)の一部分にはアカシア灌木の自然屈曲した枝が使用されている。横強力となる船梁は六枚、船尾部の船梁一枚は舵手の腰掛け用に三角の椅子構造になっている。艇身一二メートルにおよぶ二艘の船には、五角形のテーブル型舵が装備され、操舵用の紐をとおしたと思われる丸穴がその先端部分にある。また、浜辺に放置された縫合船には、いずれも帆布およびマストは備えていなかったが、沿岸で操業中の同型の船二艘には小型の後尾帆（三角帆）が目撃された。

甲板および船室はないが、舷側の上端には片側五カ所ずつ頂部にへこみのある山型の突起板が鉄鋲で固定されている。これは櫂を置く部分ではなく、へこみ部分がちょうどマングローブ・ポールの太さと一致することから考えて、左右の舷側をわたす横棒を固定するための突起であって、マングローブ・ポールを渡した上に平板を置くと、臨時の甲板となる。

外板の縫い合わせ方法については、前出の図および五〇〇〜一ページの写真によって明らかなように、船首材、船尾材と外板とのあいだの縫合、船底部の縫合はとくに綿密に行われ、藁状にたたいたココヤシ繊維の束を縫い目に挟み、二重の縒《よ》り糸で、一目八〜八・五センチの間隔で縫う。外板は二〇〜三〇センチ幅のココヤシ板を平張りに四、五枚並べ、合わせ目は六〜六・五センチ間隔の縫い目で三重縫い、板と板、縫い目の隙間は魚油、樹脂やピッチ（廃油）などで接着し、防水・防虫用と腐食止めが施されている。縫い目の内

まいはだ・充填	大きさ・乗員	デッキ・船室	マスト	帆布	舵	錨
	南アラビア人舵手・使用人					
鯨油，その他の混合物	スィーラーフ人・オマーン人		ココヤシの幹	ココヤシ樹葉		穴のあいた石
橄欖糖						
油脂，石灰						
ココヤシ繊維	50ズィラーゥ・400人 奴隷200人 商品500マン	バランジュ，ジュンマ	ココヤシの幹 50ズィラーゥ，2本以上		あり	2～6個，重量600マン
油脂，石灰						
					あり，2本綱で左右に引く	測鉛を使用
草，ココヤシ靭皮，油脂，樹脂，鯨油				ムカル樹の葉を編む		
鯨油，乳粉，石灰，古綱	200人		ココヤシの幹	ココヤシ樹葉		石
		2層	1本	織布	船尾舵長方形1枚	鉄製爪型錨

縫合船に関する記事

世紀	出典	造船所・船の活動海域	船材・産地	縫合用細紐
A.D. 1	エリュトゥラー海案内記	オムマナ／南アラビア，東アフリカ	チーク／インド	椰子の繊維，韌皮
9～10	スライマーンら，アブー・ザイド	スィーラーフ／ペルシア湾，インド洋	ココヤシ／南インド，マルディヴ	ココヤシ繊維，太綱
	劉恂『嶺表録異』			桄榔鬚
	ヤァクービー	ウブッラ／インド洋，シナ航海		
	イブン・ルスタ	バスラ船／バスラ、ティグリス川		
	ブズルク・ブン・シャフリヤール	スィーラーフ／ペルシア湾，紅海，アラビア海，インド洋	南インド，マルディヴ，スリランカ	
	マスウーディー	スィーラーフ／ペルシア湾，インド洋	チーク，ココヤシ／インド，マルディヴ	ココヤシ繊維
	ムカッダスィー	紅海	チーク，ココヤシ／インド	
11～12	イブン・ジュバイル	アイザーブ／紅海	ココヤシ／インド，イエメン	ココヤシとナツメヤシ繊維，樹皮
	ビールーニー	アラビア海，ペルシア湾	ココヤシ	毛繊維
	イドリースィー	スィーラーフ，キーシュ，アイザーブ，クルズム，ミルバート／紅海，アラビア海，インド洋，シナ海	チーク，ココヤシ／スリランカ，インド南部，マルディヴ	ナツメヤシとココヤシ繊維
13～14	ハリーリー『マカーマート説話集』	ティグリス川，アラビア海，インド洋		
	イブン・サイード・アル＝マグリビー	インド洋，ティグリス川	チーク，ココヤシ／インド西ガーツ山脈	

いはだ・充塡	大きさ・乗員	デッキ・船室	マスト	帆　布	舵	錨
	水夫少数，航海未経験			むしろ帆，粗製織布	船尾舵テーブル型1キュービト	
魚油		デッキなし，荷物の上に皮覆いをつけ馬を運ぶ	1本	1枚帆	1枚舵	
	高さ7尺余，馬100頭	2～3層				乳香のバラスト
				三角帆		
				木綿帆布		
		デッキなし	葦製マスト，2本	木綿帆布，オール併用		大理石
				丸型板状オール		穴のあいた石

世紀	出　典	造船所・船の活動海域	船材・産地	縫合用細紐
13～14	モンテ・コルヴィーノ	ホルムズ／マラバール，ターナ		縫り糸，モロコシの皮
	オドリコ	ホルムズ船（ジャッセ，イヤッセ）		縫り糸
	J・マンデヴィル	ホルムズ付近		
	マルコ・ポーロ	ホルムズ／ペルシア湾，アラビア海	チーク，ココヤシ	ココヤシ樹皮の縒り糸
	イブン・バットゥータ	イエメン，インド，マラバール，ホルムズ	チーク，ココヤシ／インド，ズファール	実を包む鬚繊維
	汪大淵『島夷誌略』	甘埋里（ホルムズ）船，馬船	椰索板片	
	ヌワイリー	インド洋，アラビア海，ペルシア湾，紅海	チーク，ココヤシ	ココヤシ繊維の綱
15～16	クラヴィホ	ホルムズ，ペルシア湾，シナとの航海		木製釘の併用
	馬歓『瀛涯勝覧』	溜山国（マルディヴ），蕃船（ムスリム船）	ココヤシ	椰子を包む繊維，縄索木楔を使用
	サンテ・ステファノ	紅海，インド，スリランカ，ペグー，スマトラ，ホルムズ		
	ヴァルテーマ	カーリクート		木釘
	G.カッレリ	オマーン		竹，葦

側は菱形を十字にわたすように縫い、内板の隙間には入念に防水油脂が塗布されている。肋骨部に使用されている曲げ木は、ココヤシ繊維の縒り糸でつくった太縄で外板をしめ上げて固定している。

二

五〇四〜〇七ページの表は、十六世紀にいたるまでの主要な文献史料にみられる縫合型船に関係した記事内容を分類して示したものである。以下では、その表の分類にしたがって、古代と中世における縫合型船の構造および特徴について概観してみたい。

(1) 縫合型船の始源とその活動海域

『エリュトゥラー海案内記』によれば、オムマナ（オマナ）から南アラビア（ハドラマウト、イエメン）への輸出品の一つとして、マダラテと呼ばれる、この土地特有の縫い合わせた小舟があること、また東アフリカ海岸の最後の取引地ラプタ——その地名の語源はラプタ・プロイアリア、すなわち「ヤシの靭皮《じんぴ》で縫い合わせた船」に由来する——には、南アラビアからきたアラビア人舵手と使用人が居留地をつくり、原住民と接触を行っている、とある。この記事によって、アラビアの人びとはオマーン地方でつくられた縫合型船に乗って、ラプタまで航海し、居留地を設けて交易活動を行っていたことが推測される。九世紀半ばごろのスライマーンらの航海者による旅行記『中国とインドの諸情報』の記載内容について、新たな検討と増補を加えたスィーラーフの人アブー・ザイド（十世紀初めに記録）は、縫合型船はスィーラーフで建造された特殊船であり、ペルシア湾とインド洋の海域のみで使用されていること、地中海やその他の海洋ではみられないことを指摘している。彼によると、インド洋と地中海とが「北の海」を通じて連続していることの証拠として、つぎのような説明をしている。

「さて、そもそも伝え聞いたところによると、〔紐で〕縫い合わせた〔無釘装の〕アラブ船の板切れが、ルームの海（地中海）で発見された。つまり、その板切れは船乗りたちもろとも船が難破して破壊され、風とともに波間にただよいハザルの海（カスピ海）に押し流され、ついにはルームの海峡（ボスポラス海峡）をとおって、ルーム（ビザンツ帝国）とシャームの海（東地中海）にまで流れついたのである。この事実は他ならぬ、つぎのことを示している。すなわち、海洋は、スィーン（シナ）の諸地方、スィーラー（新羅朝鮮）、トルコやハザル諸地方の背後を回って、海峡に注ぎ込み、シャームの諸地方（大シリア）に通じているのである。そして、紐で縫い合わせた〔外〕板は、とくにスィーラーフの船以外にはないものであって、シャームやルームの〔地中海型〕船は、板を縫い合わさず、装釘船であることからも、この事実は明らかである」

以上と同じ話は、マスウーディーによって、さらに詳しく伝えられている。

「かつて、ルーミーの海（地中海）のイクライトシュ（クレタ島）の近海で、穴をあけたチーク材にココヤシの繊維で縫い合わせた遭難船の板切れが波間にただよっているのが発見された。ところで、こうした構造の船は、ハバシーの海（インド洋）にのみしか存在しない。なぜならば、ルーミーとアラブの海（東地中海）の船はすべて装釘型であって、一方ハバシーの海の船のなかには鉄釘でとめたものは見いだせないからである。〔ハバシーの海の船が無釘装であるのは〕そこの海水が鉄を溶解させ、脆《もろ》くしてしまうためである。したがって船乗りたちは鉄釘のかわりに繊維で縫い紐をつくり、〔外板を縫い合わせた後〕獣脂と石灰を塗布する」

また、十世紀初めごろの人ヤァクービーはペルシア湾頭のウブッラで建造されるヒーティーヤ船と呼ばれる船は、元来、シナ（中国）まで航行する船であったが、北アフリカの大西洋岸のマーッサ村にあるバフルールのモスクの海岸においてもみかける、と述べている。ヒーティーヤ（khiṭīya）船は、明らかにアラビア語の「縫う（khāṭa, yakhīṭu）」に語源のある言葉であり、縫合型船を指している。

さらに縫合船に関する若干の記録史料を紹介してみよう。十三世紀後半に、有名なマルコ・ポーロはイランのホルムズ港を訪れたときに、鉄釘を使わず、縒り糸で外板を縫い合わせるだけの軟弱な構造の船が碇泊している光景を目撃している。

また、一三二一年（または一三二二年）、オルムズ（おそらくホルムズ島と思われる）を訪問したイタリア生まれのフランシスコ派の修道士ポルデーネのオドリコの報告がある。「私が見いだした最初の都市はオルムズと呼ばれる地で、強固に城壁をめぐらした、高価な商品の豊富なところである。この地方では〈ヤセ（Jase）〉と呼ばれて、縒り糸を縫い合わせてつくった船が用いられている。これらの船の一隻に私も乗ったが、その内部には、鉄はまったくどこにも見られなかった」

ヤセはアラビア語とペルシア語のジャハーズ、スワヒリ語のジャハーズィーのことで、船の一般名を意味している。

その他、縫合型船に関するイスラーム文献史料やポルトガル史料などが共通して指摘しているように、縫合型船は、すでに紀元前後のころから、オマーン、南アラビアや東アフリカの海域で、またイスラーム時代以後は、とくにペルシア湾、紅海、マラバールとコロマンデルの海岸地域、マルディヴ、ラクシャディーパ諸島付近などの、いわばインド洋の西海域を中心として広く使用された特殊構造の船であったと考えられる。

また、縫合型船が使用された代表的な港市および建造地としては、ペルシア湾岸では古くはウブッラ、九、十世紀のころはスィーラーフとスハール、さらにそれ以後はキーシュ、ホルムズ、紅海ではアイザーブ、クルズム、ジッダなどであった。これらの港市に住む通商航海民たちは、この構造の船に乗ってインド洋広く航海と貿易活動を行っていたのである。おそらく、中国の唐代、五代や宋初に、広東、福州、温州、揚州などに来航した波斯（ペルシア）船と大食（イスラーム地域）船の多くは、この縫合型構造をもった船であったと考えられる。

唐の末期に、広州に滞在した劉恂は、その著書『嶺表録異』（巻上）において記録している。

「賈人（外国商人）の船は、鉄釘を用いず、ただ桄榔（シュロの一種）の鬚を使って束ねて繫ぎ、橄欖（熱帯に産する果樹の一種）の糖をこれに塗りつける。糖は乾くと、非常に堅く、水に入れると漆のようである」

この文中の「賈人の船」は、おそらく、ペルシア湾から出港のアラブ系およびイラン系の縫合型船ダウのことであろう。

(2) 船材とその産地

現在、ズファール地方で使用されている縫合型船の船材は、ココヤシ材であって、おそらく同地方に生育している樹木を使用している。しかし、文献史料によれば、インド西海岸のコンカン、マラバール、コロマンデル、セイロン島（スリランカ）やマルディヴとラクシャディーパの諸島などがココヤシ材の主産地として知られ、そこからペルシア湾岸、南アラビア、イエメンや紅海沿岸の諸港市に輸出された。また、チーク材は裂けたり、割れと縮みなどの変形の心配が少なく、加工し易いうえに、腐食しにくいなどの理由から最高の船材と考えられた。チーク材は、とくに、インド南西部の西ガーツ山脈の山中から伐採された。また刳り舟（フーリー）には、マンゴー材が多く利用された。

ココヤシ樹は、船の外板となるだけでなく、幹はマストに、樹葉は帆布、樹枝は帆桁に、また果実を包んでいる細い繊維や靭皮は、打ちたたいて縒り、細縄や太縄をつくり、これで外板を縫い合わせる紐、船の曳き綱や舫《もや》い綱として利用された。その果実の汁と果肉部分は、航海中の重要な飲料と食料に利用され、とくにココヤシ油、魚と米とまぜたピラフ料理が船乗りたちの日常食として好まれた。このように、ココヤシ樹は船の建造、索具、艤装と食料にいたるまで、あらゆる必需材料が得られたので、インド洋海域の海民たちにとってきわめて有用な植物であった。

現在では、ココヤシ樹はズファール、南イエメンや東アフリカの海岸および島嶼だけでなく、西アフリカのニジェール川流域部にいたるまで広く分布しているが、その原産地は南インド、ニコバール諸島や東南アジア方面であった。つまりココヤシ樹は、インド西海岸、マルディヴ、ラクシャディーパの諸島、スリランカから、マダガスカル島北部、コモル諸島や東アフリカ海岸、南アラビア、ナイル川流域、サハラ沙漠のオアシス地帯を経由してニジェール川流域に移植・伝播していったと考えられる。

イスラーム側の文献史料によれば、ペルシア湾岸や南アラビア海岸にココヤシ樹が移植

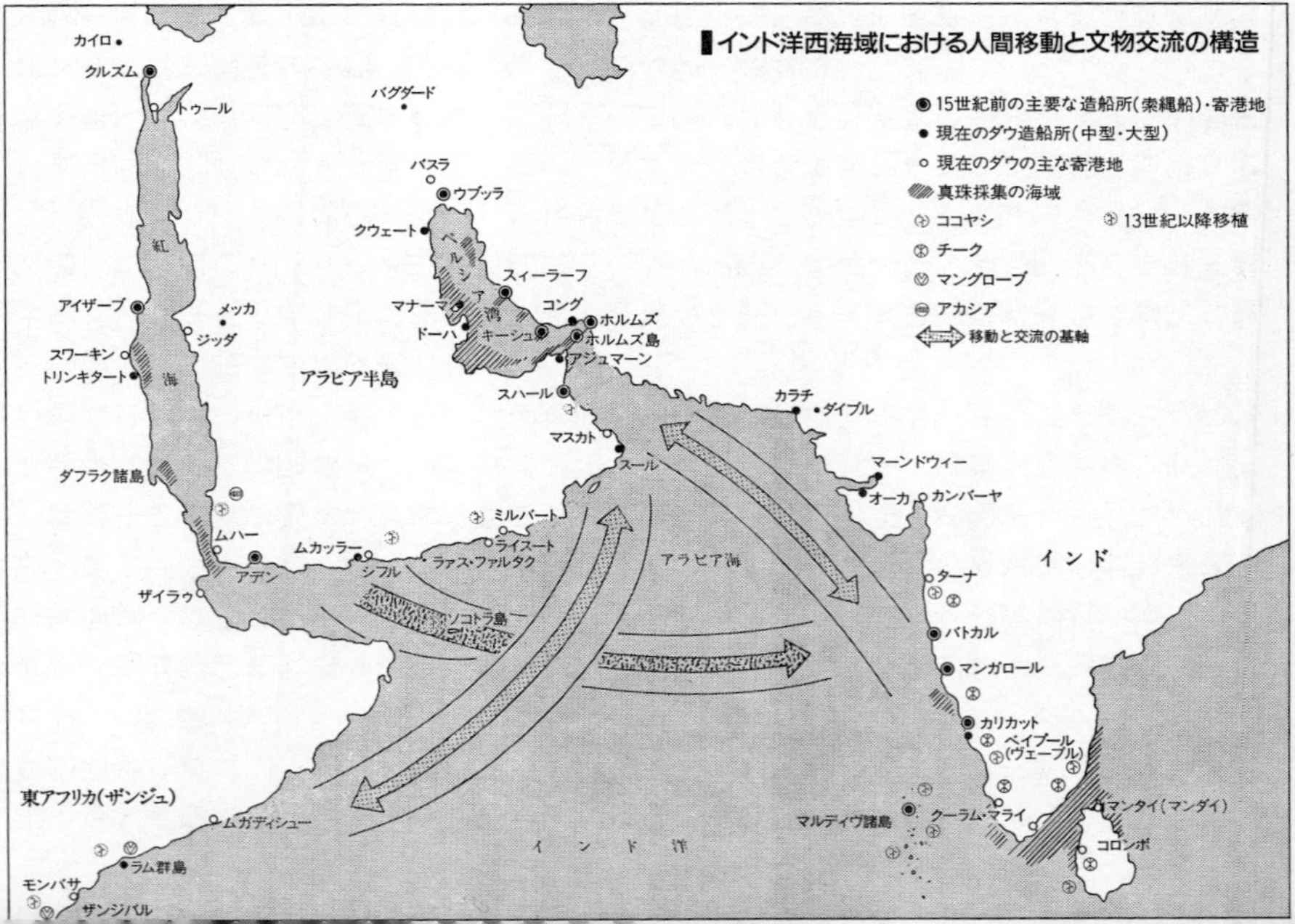
インド洋西海域における人間移動と文物交流の構造
15世紀前の主要な造船所(索縄船)・寄港地
現在のダウ造船所(中型・大型)
現在のダウの主な寄港地
真珠採集の海域
ココヤシ
13世紀以降移植
チーク
マングローブ
アカシア
移動と交流の基軸
カイロ
クルズム
トゥール
バグダード
バスラ
ウブッラ
クウェート
紅
海
アイザーブ
メッカ
ジッダ
スワーキン
トリンキタート
ダフラク諸島
ペルシア湾
スィーラーフ
マナーマ
ドーハ
キーシュ
コング
ホルムズ
ホルムズ島
アジュマーン
アラビア半島
スハール
マスカト
スール
カラチ
ダイブル
マーンドウィー
オーカ
カンバーヤ
ミルバート
ライスート
ラァス・ファルタク
ムハー
アデン
ムカッラー
シフル
ザイラウ
ソコトラ島
アラビア海
インド
ターナ
バトカル
マンガロール
カリカット
ベイプール
(ヴェープル)
マンタイ(マンダイ)
コロンボ
クーラム・マライ
マルディヴ諸島
東アフリカ(ザンジュ)
ムガディシュー
ラム群島
モンバサ
ザンジバル
インド洋

されたのは、十一、十二世紀以後のことであって、それ以前にココヤシ樹の栽培が行われていたという確かな記録は見当たらない。十一世紀半ばに、イランの詩人で『旅行記』の著者として知られるナースィル・フスローは伝聞によって、オマーン地方でココヤシ樹(ナールギール)が生育すると記録している。イブン・バットゥータは、十四世紀の初めごろ、ココヤシ樹と檳榔樹がインド以外では、南アラビアのズファールの町(ミルバート)にのみ生育していること、ココヤシの果実を包む毛髪のような繊維は船(の外板)を縫い合わせたり綱にすること、また果実の汁と果肉は滋養食となる、と説明している。イブン・バットゥータが強調しているように、ココヤシ樹はアラビア半島では、ズファール地方とイエメン・ラスール朝の首都ザビードにあったスルタンの特別庭園にだけしか知られておらず、その伝播の歴史がまだ浅かったことを物語っている。

十世紀初め、スィーラーフの人アブー・ザイドによれば、ペルシア湾岸の、とくにオマーン出身の人びとは、マルディヴとラクシャディーパの諸島に向かって航海し、その島々に生えているココヤシ樹を伐採し、縫合型船を建造したという。さらに、それを使って帆、帆桁と船綱をつくり、ココヤシ(材または果実)を積んでオマーンに持ち帰り、莫大な利潤を得た、とある。オマーンのスハール、マスカト、スール、カルハートなどは、古くからインド産チークやココヤシ材などの木材取引の中心として繁栄し、現在においても、スールとマトラは東アフリカのラム島やモンバサ方面からダウによって運ばれてくるマングロープ材の集散地として重要な役割を果たしている。

(3) 縫合のための細紐

船の外板を縫い合わせるための細紐には、ココヤシの実を包む鬚繊維の加工品が使用された。その繊維を水に漬けて柔らかくした後、石でたたいて縒り糸にした細紐はキンバール、またはカンバールと呼ばれた。細紐はさらに束ねて縒り、太綱をつくり、船の錨綱、曳き綱やその他の索具に利用された。なお、ティムール朝へのカスティリャ・レオン王国の遣使クラヴィホと中国の鄭和遠征の随行員の馬歓が等しく伝えているところによると、縫合型船の外板の固定には紐だけではなく、木製のペグ(杭)も使用されていた。

(4) 外板の充塡

北海やバルト海で活躍したヴァイキング船や韓国の新安沖から発見された沈船の構造は、外板と外板とを重ねた鎧《よろい》張りの、いわゆるクリンカー・ビルトであるが、地中海ではギリシア・ローマ時代から八世紀末までは枘《ほぞ》で外板を接合し、最後に肋骨材でしめ上げていく、いわゆるシェル・タイプの船が一般的であったと思われる。九世紀以後になると、地中海の船の一部には竜骨構造がみられるようになり、それにともなって装釘型の船が普及し始めた。

南シナ海、インド洋、ペルシア湾や紅海では、シェル・タイプで無釘装の船が広く使用されつづけ、ヴァイキング型のクリンカー・ビルト構造の船は、現在までの調査では、韓国の新安沖で発見の沈船を除いて、明確な事例を見いだすことができない。外板と外板とを紐で縫い合わせ、釘を使用しない構造の船は、外板の隙間、縫い合わせの掛け穴および紐の部分に防水、腐食と虫害（フナクイムシ）防止のためのまいはだと充塡を必要とした。そのために、ココヤシ樹の繊維、古綱、木屑、魚（鮫、鯨）油、樹脂、石灰、乳製品のまぜもの、ナツメヤシ樹からとれるドゥスールと呼ばれる樹液、石油ピッチなどを混合して、外板とその隙間、紐の掛け穴に塗布された。動物性油脂のなかでも、とくに高価ですぐれたものは、鯨油であった。船の定期修理や外板塗装に必要な鯨油は富裕な船主たちが独占的に購入したと文献史料は伝えている。

(5) 船の大きさ、乗員

縫合型船の大きさ、規模に関する具体的記録には乏しいが、ブズルク・ブン・シャフリヤールの『インドの驚異譚』によれば、イエメンから出帆した船（おそらくスィーラーフの船）の艇身は五〇ズィラーゥ（約二九～三五メートル）と報告されている。しかし、縫合型という特殊構造とココヤシ材の長さによって、船の大きさには一定の限度と基準があった。おそらく、艇身三〇メートル前後の船が操舵性と経済性の点からみても、最も大型な部類に属し、普通は一五～二〇メートル前後の船が多く使用されていたと考えられる。ブズルクによると、スィーラーフからインドのサイムール（チョウル）に向けて出帆した三艘の大型船団は総勢千二百人（一艘平均四百人）と五〇〇マン（約四二六トン、一艘当たり一四二トン）の積み荷を収容したと報告している。また東アフリカのザンジュ地方とオマーンとを往来していた十世紀の船は二百人の黒人奴隷を積んだといわれるが、艇身わずか二〇～三〇メートルの縫合型船が、果たしてどれだけの積載能力をもっていたかは判断し難い。

インド洋を往来したアラブ系、ペルシア系の船は、香辛料類、貴金属、宝石、皮革、その他各種の高価な商品とならんで、巡礼、出稼ぎ、商売などで乗る乗客、奴隷、家畜、穀物類（とくに、インド産の米）、木材（チーク、ココヤシ、マングローブ）や馬など、かさばりと重量のある商品をその積載品としていた。とくに、十一、十二世紀以後になると、対インド向けの馬貿易が急速に重要性を増した。そしてその輸送には、多くの縫合型船が利用された。十三世紀末から十四世紀にかけて、イエメン、南アラビアやペルシア湾岸の諸地方から運ばれた馬の輸送頭数は、年間二千頭以上にも達したといわれているので、その馬を輸送するためには非常に多くの縫合船を必要としたことは想像できる。それに加えて、インド洋を西側（アラビア半島、ペルシア湾岸）から東側（インド、東南アジア）に向かう横断航海は逆の方向にくらべて難しく、限られた航海期（四月中旬～五月中旬、八月下旬～

九月上旬、十月上旬〜中旬）と激しい南西風による荒海であるために、一回の航海期にできる限り多数の馬を輸送することが要求された。したがって、三隻以上、ときには二十隻におよぶ大船団（サンジャル、スィルスィラ）を編成してインド洋を航行することが多かった。

十三〜十六世紀に、馬を運ぶ専用の船は、ヨーロッパ側の記録史料によると、トゥースール（ウストゥールのことで、〝艦隊〟の意）、ヤッセ（ジャハーズ、またはジャーハズィーのこと。〝船〟の意）、タヴァ（おそらくダウのこと）などの名称で呼ばれた。現在に残る文献史料からは、一艘の縫合型船が何頭の馬を積載したかについては明らかではないが、マルコ・ポーロによると、ホルムズ港で使用の縫合型船は荷物の上に皮革のカバーをかぶせ、そのうえに馬を乗せたという。いずれにせよ、このような船でインド洋の荒海を乗りきるためには熟練した航海術が必要とされたことは言うまでもない。

(6)　デッキと船室

マルコ・ポーロ、ヴァルテーマやポルトガル人のD・バルボサなどの記録によると、ムスリム船にはデッキが装備されていない、と伝えられている。十三世紀前半に筆写されたハリーリーによる『マカーマート説話集』に付された挿絵（パリ写本およびサンクトペテルブルグ写本）の一部には、ペルシア湾もしくはアラビア海、インド洋を航行中の縫合型船の絵図がみられる（本書のカバー、三一ページ参照）。それによると、絵図の船には、明らかにデッキと商人用の船室が認められる。また十世紀の記録ブズルクの『インドの驚異譚』には、バランジュもしくはジュンマという〈船艙〉〈船底〉あるいは〈船室〉を意味する言葉が用いられている。以上のことから判断して、縫合型船の内部はいくつかの船室に区切られ、女性専用船室や荷物室があった、と考えられる。なお、イスラーム法学書のなかには、航海中の船は男性と女性との船室が仕切りによって明確に区別されることを義務づけているものがある。

(7)　マスト
マストは真っすぐなココヤシ樹の太幹やチーク材が用いられ、五〇ズィラーゥ（二九～三五メートル）におよぶ高いものがあって、先端部には望楼台（アーラート）を備えていた。またマストは大檣と小檣に分かれていた。十二世紀の地理学者イドリースィーによると、船の前側にある大マストの頂部には、特別の見張り台があって、水先案内人（ルッバーン）がそこに座り、船の進行する先方にある海中の暗礁を探した。大嵐の時には、船のバランスを保つために帆をおろして大檣を切った。

(8)　帆布

帆布は、ナツメヤシ樹やココヤシ樹の葉と繊維をむしろ状に編んだものや亜麻布、木綿などの織布が用いられた。アレクサンドリア生まれの歴史家のヌワイリー（ムハンマド・ブン・アル＝カースィム・アン＝ヌワイリー、ヒジュラ暦七七五年・西暦一三七二年没）は、その著書『アレクサンドリアにおける十字軍事件顚末記』のなかで、地中海、ナイル川、ティグリス川、紅海とインド洋で使用されている船舶の種類と特徴について概観している。それによると、インド洋海域で使用されている船舶のうち、インド船は七枚の四角帆を装備し、帆はココヤシの樹葉と亜麻布にキンバールと呼ばれるココヤシ繊維の紐糸で縫いつけたものを使用したという。なお、当時のペルシア湾とインド洋を航行するアラブ系やイラン系の船乗りたちの使用した縫合型船は三角帆であったと考えられる（異説もある）。三角帆の起源がどこであるかについては諸説があるが、三角帆は横波や逆風にも強いので、インド洋の吹送流とモンスーンを最大限に利用して、迅速に横断航海を行う軽装の縫合型船にとっては最も適した帆型であったと考えられる。地中海における小型の三角帆の使用例は、すでに紀元後二世紀の墓石に刻まれた浮き彫り図、四世紀のモザイク・タイル絵などにもみられるが、東地中海でアラブ型三角帆を装備した大型船の登場は、九世紀に入ってからであって、それはペルシア湾もしくは紅海方面から伝えられたものであろう。

(9)　舵

地中海の船には、船首、船体の中央および船尾に近い舷側の部分に、二本または三本の横舵が取りつけられた。これらの舵は、船尾につけられる方向舵としての機能ではなく、むしろ船の横流れを防ぎ、また櫂舵の役割を果たしていた。ペルシア湾、紅海やインド洋のアラブ系やイラン系の船は、ダブル・エンダー型の船尾であることから、船尾に舵の取つけが難しいために、その装備の発達が遅れた。軽装で、迅速に航海することを本来の機能として造られた縫合型船は、風と潮流の方向、目標位置を見定めながら直線航行をつづけたので、舵と帆型およびその操縦法には十分な改良と工夫が加えられた。しかし、文献史料のうえからは、舵と帆型に関する具体的な記録はほとんど見いだせない。インド洋の縫合型船では、櫂は特殊な用務をもった軍用船や沿岸と湾内などで臨時に使用されるほか、大洋航海では装備されなかったので、地中海のガレー船や丸型船（ラウンド・シップ）とも大きく異なっている。紅海では、船はしばしばマングローブ・ポールの竿を使って、珊瑚礁の浅瀬や岩礁の多い海域を通過した。船尾舵はハリーリーの挿絵やモンテ・コルヴィーノの報告によれば、長方形のテーブル型正舵一枚が使用された。

(10)　錨

ハリーリーの『マカーマート説話集』の挿絵には、爪型の鉄製錨が描かれている。また、ブズルク・ブン・シャフリヤールの記録によると、穴のあいた複数の石（大理石）の錨が用いられ、すべてで六〇〇マン（三・六トン）以上におよぶ重量があったという。スィーラーフや東アフリカのマンダ島から発見された円錐形の石材は、地中海のキプロス島やシリア海岸のアルワード島近くの海底で発明されたものと形状がきわめて類似しており、おそらく錨およびバラストとして使用されたと考えられる。ブズルクによると、船の安定を保つために、二個から六個の錨が舷側から太綱でおろされた。浅瀬や岩礁の多い危険な海域では、水深を測定するために、長い紐のついた石製の錨（測鉛）が使用された。とくに、ジッダからアイラ（エイラト）、スエズにいたる紅海の北部海域では、危険な暗礁が多いために、水先案内人（ルッバーン）は舳先に立って、この測鉛を用いて水深を測り、水路を見定めながら航海をつづけた。

⑾　曳き舟、艀

オマーンのズファール地方で著者が調査した縫合型サンブーク船のなかには、三メートル前後の、フーリー（ホーリー）と呼ばれる丸木の曳き舟を備えているものがあった。イスラーム文献史料によっても、大型の外洋船にはカーリブ、ドゥーニジュ、ズーラク、ズーマ（ザイーマ）などと呼ばれる救命用補助ボートが積みこまれたことがわかる。十世紀のブズルクの記録には、ミトヤールと呼ばれる曳き舟が本船と引き縄で結ばれており、一

■ インド洋における縫合型船とアウトリガー型カヌーの活動圏

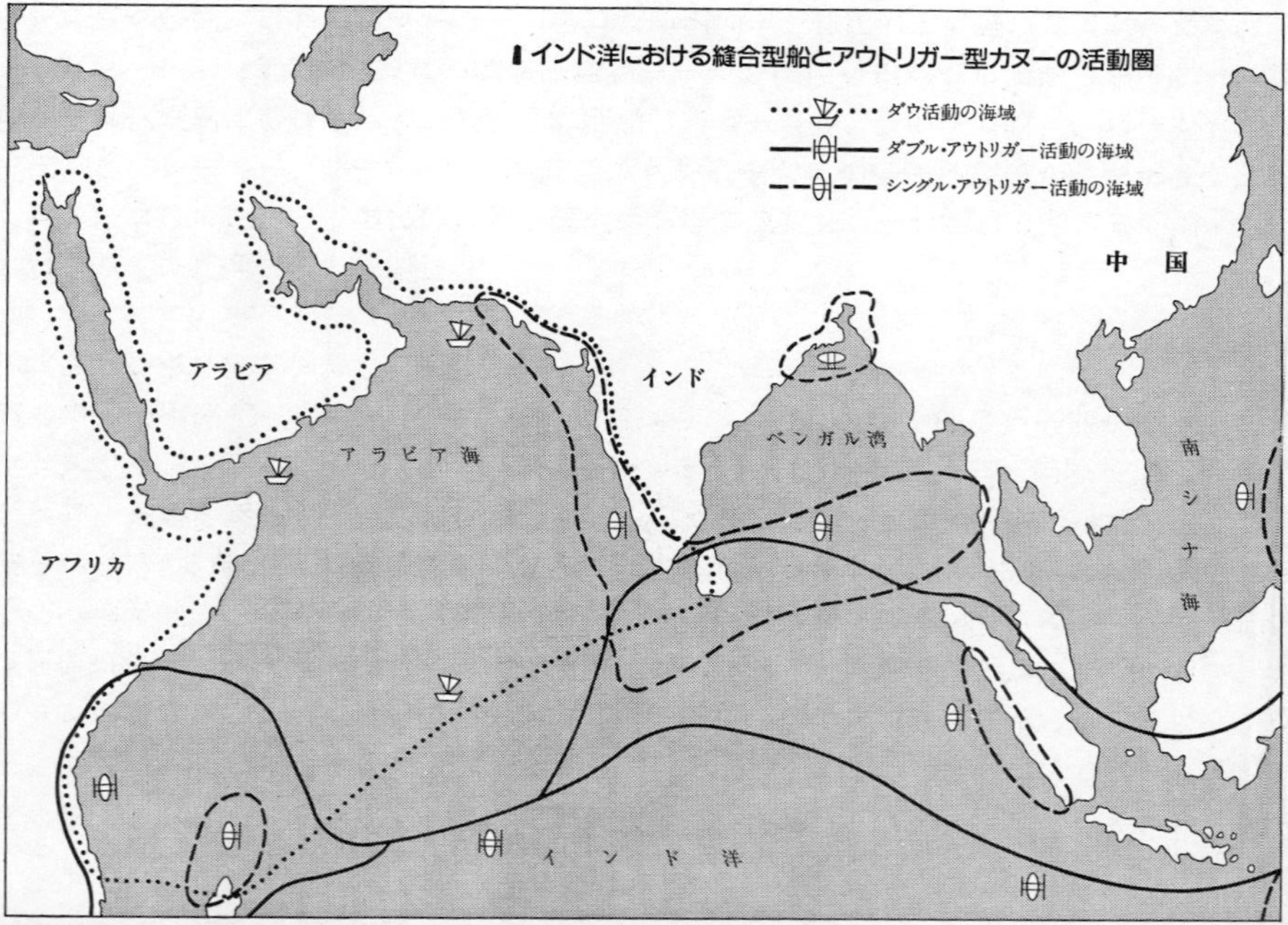

部の積み荷や乗員をのせ、嵐で本船が危険になったときには、これに避難したと記されている。

インド洋の、とくにその西海域、アラビア海、ペルシア湾と紅海では、上述したような構造と機能をもった縫合型船が広く使用されていたが、一方、東南アジアの島嶼部、南インドとスリランカ周辺の海域や東アフリカ海岸では、アウトリガー型のカヌーが活動していた。よく知られているように、ジャワ島にあるボロブドゥール遺跡に刻まれた浮き彫り図のなかに、大型のアウトリガー型の船が描かれている。この図絵は、八世紀後半から九世紀前半、すなわちシュリーヴィジャヤ王国の全盛時代のものと推定され、インドと東南アジアを横断航海する船を描いたものであろう。

前ページの地図は、著者による調査とJ・ホーネルの研究を加えて、インド洋におけるダブル・アウトリガー型カヌーとシングル・アウトリガー型カヌーの活動圏を図示したものである。これによると、アウトリガー型カヌーの分布圏は、東南アジアから太平洋、西はインド南端、スリランカをとおって、マダガスカル北部やコモル（コモロ）諸島にいたるまで、東西に広がる。その分布範囲から推測すると、アウトリガー型船は、島嶼、半島、珊瑚礁などがきわめて接近した海域や南赤道海流・反流と貿易風に乗って航海するのに好都合な構造と機能を備えていることが理解できる。

中国の六朝、隋から唐初にかけての情報を伝える中国の文献史料のなかには、船と呼ばれる海外から来航した船（番舶、西南夷舶、南海舶、崑崙舶、波斯舶）についての記録が散見する。桑原隲蔵の研究によれば、船は一般に、インド、セイロン（スリランカ）、ペルシア（イラン）およびマライ（マレー）方面から来た外国船を指して用いられた言葉であるという。松本信廣がすでに明らかにしたように、船の語源は外来語であり、おそらくオーストロネシア・マレー語系統の言葉であると考えて間違いない。中国文献中の船は、もともとは外洋航海の帆を備えたアウトリガー型の大型外国船を意味したのではないか、と著者は考えている。そしてペルシア湾岸を出航したアラブ系、イラン系の縫合型船が、南インド、スリランカを越えて、東南アジアや南シナの諸港市に達すると（七世紀末から八世紀初め）、この縫合型船にも中国人たちは船（波斯舶、大食舶）の名称を付けたのであろう。『エリュトゥラー海案内記』には、南インドの海岸でサンガラと呼ばれる大きな独木舟をつなぎ合わせた船があったと記録されている。丸太をつなぎ合わせた舟は現在、コモリン岬周辺、スリランカやインド東海岸などで広く使用されており、筏舟（カットマラン）と呼ばれている。しかし『エリュトゥラー海案内記』が「独木舟を繋ぎ合わせた非常に大きな舟」と説明していることから判断して、二艘のボートを繋ぎ合わせて船底を張った双胴船（ジャンガール、ジャンガダ）、もしくはアウトリガー型の船であると想定できる。これが正しい解釈とすれば、すでに一世紀のころ、アウトリガー型の船の活動圏が南インドの海域までおよんでいたことを物語っている。

また南アラビアとイエメン地方の歴史・地誌と伝承などの詳しい情報を伝えた、イブン・アル＝ムジャーウィルの書『イエメン地方とメッカおよび一部のヒジャーズ地方誌』にはつぎの記述がある。

「ヒジュラ暦六二六年（西暦一二二八／二九年）、クムルの船一艘が、以上に述べた〔クムルーキルワームガディシュー――アデンの〕モンスーン航海ルートに乗って、アデンにやって来た。その船はクムルを出ると、キルワをめざし、つづいて、アデンに入港した。彼らの船には舷外浮材がついていた。それは彼らのところの海が〔島が多いために〕狭く、また、危険な海流があったり、浅瀬があるからである。〔アデンにおいて〕クムルの勢力が弱まると、〔新たに移住してきた〕バルバラ人たちが勢力を拡大して、彼らをそこから追い払って占領した。そこでクムルの人たちは、〔アデン郊外の〕ワーディー（河谷）に住むようになった。現在、そこには丸太小屋の居住区がある。彼らはアデンで最初に丸太小屋を造った人たちである。その後、その場所は廃墟になって、そのままに放置されていたが、やがてスィーラーフからスィーラーフの家族が移り住んできた」

クムル人が移住したヒジュラ暦六二六年という年号には、多少の疑問があるが、以上の記事はクムル（コムル）人、すなわちマダガスカル島住民の一部（おそらく東南アジアから移住のオーストロネシア・マレー系の人びと）がアウトリガー型の船に乗りこみ、イエメン

ケニア・ヴァンガ海岸にもやっているダブル・アウトリガー

のアデンまで来航し、移住した事実を伝えた興味深い記録である。

なお、著者は、一九七四年および一九七八年、一九八四年の三回にわたって、インド洋の西海域におけるアウトリガー型カヌーの分布調査を行った。その結果、東アフリカではケニア海岸(ラム群島、マリンディ、モンバサ、シモーニ、ヴァンガ)、タンザニアのタンガとマダガスカル北西部海岸において、ダブル・アウトリガー型カヌーを、またスリランカ、南インドのマラバール海岸、パキスタンのカラチ漁港とそれに近い漁村のイブラーヒーム・ヘドリー、ソンミヤーニなどにおいてシングル・アウトリガー型カヌーが使用されていることを確認した。しかし、紅海沿岸の南アラビアとペルシア湾岸地方においては、アウトリガー型カヌーをまったく発見することができなかった。

おそらく過去において、紅海、南アラビアの海域やペルシア湾にも、アウトリガー型カヌーの来着があったと考えられるが、その使用が普及しなかったものと考えられる。つまり、縫合型船が盛んに活動していたインド洋の西海域（現在のダウの交易圏と一致する）には、アウトリガー型船の使用が普及せずに、ダウとアウトリガーの両者の活動海域は対照的に二分されていたのである。そのことの理由は、三角帆を備えた軽装の縫合型船はインド洋の西海域において、とくに北東から受ける冬季のモンスーンを利用して、直線的に大陸間を横断する遠距離航海にすぐれた性能を発揮したのに対して、アウトリガー型船は、インド洋西海域では南インド、スリランカ、マルディヴ、ラクシャディーパ、コモル諸島やマダガスカル北西部などの、海岸線の複雑な島嶼部、珊瑚礁の海、南赤道海流と反流の影響する海域などで利用されたのである。

四、五世紀のころ、東南アジアの島嶼部を出帆して、マダガスカル島や東アフリカ海岸の一部まで大洋航海を行ったオーストロネシア・マレー系移民たちは、このアウトリガー型船を使って南赤道海流を乗りきったのであろう。彼らの移住は一時的なものではなく、アウトリガー型船による移動と往来を繰り返したのであって、稲、ココヤシ、バナナ、砂糖キビや芋類などの熱帯産栽培作物を西方にもたらすうえでも重要な役割を担ったと考えられる。

さて、中国の大型構造船ジャンクは、十世紀半ばに入って急速に発達し、十二世紀末から十三世紀になると、南インドのクーラム・マライ（クイロン）、カリカット（カーリクー

中国の泉州・后渚港付近で発見された宋・元代の埋没船（『文物』1975年10月号）

ト）、ジュルファッタン、ヒーリーなどのマラバール海岸の諸港を訪問するようになった。その影響によって、ペルシア湾岸の諸港を母港としたアラブ系やイラン系の縫合型船の活動海域は、しだいに中国の港から後退して、チャンパ（占城）、フィリピンやマラッカ海峡に近いカラ（カラバール）に、そして十二、十三世紀にはインド洋の西海域にのみ限定されるようになった。したがって、南インド・マラバール海岸の諸港市は、東側から来航した中国ジャンクと西側からのアラブ系やイラン系の縫合型船とが交流する国際的交通・運輸と貿易活動の一大中心地として繁栄したのである。

南インド・マラバール海岸の諸港市に来航した中国ジャンクの構造は、マルコ・ポーロによると、鉄釘によって外板を二重張りにして瀝青を充填したもので、船の乗員は二百〜三百人、五千籠から六千籠の胡椒を積載することができたという。また、船材は樅《もみ》と松、甲板は一層で、六十の船室、舵は一つ、マスト四本、補助マスト二本、仕切り隔壁が内部に十三壁などの装備をもっており、縫合型船とは規模・構造ともに大きく異なっていたことがわかる。なお、一九七三年八月、泉州の后渚港付近の湿地に、南宋時代から元初にかけてのジャンクがほぼ完全に近い姿で埋没されているのが発見された。一九七五年十月号の『文物』に掲載の発掘報告にあるように、そのジャンクの構造と規模は上述したマルコ・ポーロの記載内容とほぼ一致している。

インド洋西海域を活動圏としたムスリム航海者たちは、外板を釘どめし、隔壁構造をもち、羅針盤を装備した中国ジャンクの優秀性について、十分な知識をもっていたと考えられる。しかしなぜ彼らは縫合型船をそれ以後も改良することなく使用しつづけたのであろうか。

三

G・ハウラニは、その著書『古代と中世初期のインド洋におけるアラブ人航海技術』のなかで、インド洋で活動したムスリム航海者たちによって、縫合型船の伝統が根強く保持された理由について、つぎの諸点を指摘している。

① 磁石山伝説による影響。海中には強い磁石をおびた岩礁があって、鉄釘で外板をと

めた船はそこに吸いよせられて大破し、沈没すると考えられた。
②　船材に使用する木材が堅いため、鉄釘の使用が難しかった。
③　インド洋の海水は地中海のそれとは異なって、鉄釘を腐蝕させ易い。
④　装釘船よりも縫合型船の方が岩礁や珊瑚礁にぶつかった際に柔軟性がある。
⑤　インド洋の周縁地域では、鉄資源が不足しているため、鉄が高価であった。
結論として、G・ハウラニは、以上のような理由に固執しようとしたムスリム航海者たちの根強い伝統性・保守性によるものである、と考えた。つまり、装釘船が縫合船に比較して、いくつかの点ですぐれていることがわかっていながらも、伝統的な造船技術を変えようとしなかった彼らの保守性が最大の理由ではないか、と述べている。

脆《もろ》い構造の縫合型船がなぜ、現在にいたるまで数千年にわたってインド洋の西海域で使用されてきたのか、という問いには、少なくともつぎの二つの問題が含まれている。
①　縫合型船の起源にかかわる問題。すなわち、なぜ、インド洋の西海域、なかでもペルシア湾岸で古くから特殊構造をもつ縫合型の船が考え出されたのか。
②　縫合型船の利用と普及に関する自然・生態環境と社会的条件。すなわち、これらの海域では、なぜ、航海者たちによって縫合型船が広く利用され、しかもその造船法が維持されたのか。

オマーンのバーティナ海岸で沿岸の鰯漁に使われているシャーシャ。ナツメヤシの樹枝を束ねた簡単な構造で、2人乗り、吃水は舷の上になる

(1) 縫合型船の起源

人類は、身近で入手可能な最良の船材を使い、しかも安定性とより大きな容積をもった船を造るために、つねに工夫と改良をしつづけてきた。丸太を横にならべた筏は船を大型化する最も原初的手法であるが、留意すべき問題は船材に適した材料をどこで入手するのか、入手することが難しい場合には、それを他の何によって補うか（船材）、そして得た材料をどのように組み立てるか（構造）、また何の目的のためにその船を使用するのか（用途）、という点にある。この三つの条件によって、船の構造には地方的な多様性が生まれた。

西アジアの乾燥地域では、造船に適した木材が極端に入手しにくく、そのために古い時代から皮革、葦類や樹枝などの材料を用いたり、また組み立ては素材の違いによって、編む・縫う・縛る・枠組みする・枘《ほぞ》穴どめ・金属や木釘でとめる、などのさまざまな工夫がなされた。中国の構造船ジャンクは、基本的には筏、つまり丸太を横にならべるという原初構造から出発して、大型船の建造に適した船材が得られたこと、また組み立て技術の発展、国内の産業構造の変化や中国人の海外進出の気運が高揚したこと、といった諸条件が重なって、急激な発展を遂げたのであろう。

五〇四～五〇七ページに掲げた諸文献史料によって結論づけられるように、縫合型船が古くから、しかも最も多く使用された活動海域はペルシア湾、アラビア海と紅海の周辺であった。ところが、これらの沿岸部と、内陸部ともに、船材となる木材資源が極端に不足していた地域であって、唯一の豊富な樹木であるナツメヤシ樹は重量があり、木質・導管部が粗いうえに、弾力性に乏しく、加工しにくいなどの理由で、船材としては不適当とされた。ティグリス川の河口に近いバターイフ（バティーハ）の湖沼地帯やペルシア湾で現在も用いられているシャーシャと呼ばれる小舟（前ページ写真参照）は、ナツメヤシ樹枝を編んでつくられる。船の発達する条件の一つと考えられる大河川は、ティグリス、ユーフラテスの両河川を除いては見当たらない。縫合型船は、こうした造船技術の発達のうえで必要な二つの基本条件の欠けた海域で生まれたという点に注目する必要があろう。

さらに、この海域の特殊条件について考えてみると、船種の多様性を生む第三の条件として掲げた、船を使用する目的、用途と必要性が昔からきわめて高かったのも、またこの海域であった。なぜならば、ペルシア湾の海域はシュメール・アッカド時代（前四〇〇〇～前三〇〇〇年紀）から世界有数の真珠採集場として知られ、その沿岸に住む多くの人びとは、真珠採集を専業として活躍した。真珠採集には、母船（大型船）を中心として、数艘の小型採集舟や運搬船が一つの船団をつくった。J・G・ロリマーによる一九〇〇年初めごろの報告によれば、ペルシア湾内では四千五百一隻におよぶ真珠採集船があり、七万四千九十六人の人びとが、その採集の仕事に従事していた。

問題とすべき点は、以上に指摘したいくつかの特殊条件の絡み合ったなかで縫合型船が生まれ、多用されつづけた、ということにある。

では、南西インドやマルディヴ、ラクシャディーパなどの諸島などで産するマンゴー、チークやココヤシなどの船材がペルシア湾岸、南アラビアや紅海沿岸にもたらされる以前の段階には、何が船材として用いられていたのであろうか。おそらく最も手近な樹木であるナツメヤシ樹、動物皮革やティグリス川の河口に近いシャット・アル＝アラブ川の周辺と湖沼地帯に茂る葦類がかなり広く利用されていたのであろう。『エリュトゥラー海案内記』によると、南アラビアの一地方では特有の革嚢でつくった筏や舟があって、その舟に乳香を乗せて集荷地のカネーに運んだという。グッバ（クッバ）と呼ばれる革嚢を縫い合わせた円型の舟は、一九四〇年代まで、ティグリス川で広く使われていた。さきに述べたとおり、ナツメヤシ樹材は木質・導管部が粗く、釘やペッグを用いても利かないことから、皮革を縫い合わせる、という方法にならってナツメヤシ樹の板木や樹枝を縫い合わせる特殊方法が考え出されたのではないだろうか。このような外板の縫合法は、のちにインド産のチーク材やココヤシ材が容易に入手されるようになっても引きつづき用いられたと考えられる。

(2) 縫合型船の利用と普及に関する自然生態的・社会的条件

この問題は、インド洋の西海域とその周縁部に住む人間と社会が古くから、共通性をもって機能する〈一つの海域世界〉をつくっていた、ということと密接な関連があるように思える。

インド洋とその周縁部では、モンスーンと吹送流を利用した頻繁な船による人間の移動・交流が発達し、その影響を受けて、きわめて複合化の進んだ共通世界を形成していた。この複合・共通世界を一つの社会・生活圏としてつねに結びつけてきた足として、この縫合型船が重要な役割を果たしたのである。そのようなインド洋海域世界が機能する限りにおいて、縫合型船は人びとによって利用されつづけた。また、ペルシア湾岸や南アラビア沿岸部で使用されていた縫合型船がペルシア湾を出て、インド洋海域に広くその活動範囲を拡大し、その利用を普遍化させたのは、何よりもまず三角帆の発明と利用ということと深い関連をもっていたと考えられる。さきにも述べたように、三角帆を装備した縫合型船はモンスーンと吹送流を最大限に利用する航海に最も適合した船であった。しかも、迅速、直線的にインド洋を隔てた大陸間の横断には、大型であるよりは、小型で軽装の縫合型船である方が望ましかったのである。

アラブ系やイラン系航海者、商人、船主たちが中国ジャンクのような大型の構造船を建造し、利用しなかった理由の一つとして、彼ら海上商人たちの資本形態の特殊性があげられる。すなわち、彼らは、一回の航海によって、船の建造費をすべて儲ける、というように比較的少額に限定された出資と分散投資を行うことが多く、また血縁と肉親・兄弟間の共同合資（ムカーラダ）の形態によったため、大資本を集めて一艘の大型船を建造することは少なかった。さらに、浅瀬、岩礁、島嶼、入り江が無数に散在する紅海やペルシア湾の航海では、小型で平底の縫合型船（ジラーブ、ザイーマ、ドゥーニジュ）が適していたのであり、大型構造船には難しく、危険とされていた。

では、地中海において古くから使用されていた装釘船が、どうしてインド洋の海域では普及しなかったのだろうか。その最大の理由は、ペルシア湾岸とインド洋周縁部には鉄資源が乏しく、また西アジア地域では鉄の精錬に必要な木材資源が不足していたことによっている。中世イスラーム時代における鉄鉱山と製鉄産地は、いずれも近くに木材資源が豊富にある地域に限られ、その主産地は地中海沿岸部のチュニジア、アンダルス、小アジア、ビザンツ帝国内や西ヨーロッパなどにあって、西アジアのムスリム商人たちは、これらの地方から鉄を購入し、インド洋周縁部に再輸出した。十二世紀の地理学者イドリースィーは、東アフリカのスファーラ産の鉄鉱石がインドに運ばれたと伝えている。おそらくこの鉄は、インドで精錬の後、ふたたび、西アジアの諸地域に運ばれたものと考えられる。鉄製の刀や斧などの道具類は、ムスリム商人たちがインド洋の周縁部、東南アジアとその島嶼部に寄港した際に、彼らが求める熱帯産の各種の特産品（とくに香料・薬物料、ココヤシ、金、宝石、珍鳥類など）を得るために原住民たちに提供していた重要な商品であった。以上の諸点から考えても、多数の船を建造するために、貴重な鉄を使用して釘をつくることはあえて行わなかったのであろう。

むすび

以上によって明らかにされたように、縫合型船はとくにインド洋西海域とその周縁部の自然地理・生態環境と人間社会に最も適合したなかで生まれ、使用されてきた洗練された芸術品、あるいは完成品ともいえる船であって、インド洋海域世界を一つに結ぶ貴重な足として、その役割を果たしつづけてきたのである。

本章では、南アラビアのズファール地方に現存する縫合型構造船サンブークの実地調査をもとに、インド洋西海域を舞台に活動してきた縫合型船に関する歴史資料を収集・分析した。なお縫合型船は、この海域だけに限らず、その他の海域、内陸河川や湖沼でも広く

鳥を象った縫合船ムテペの模型（ケニア・ポルトガル要塞博物館）

使用された。著者が一九八四年一月に、インド南西海岸を調査した際に、カリカットやトリヴァンドラムの海岸では、艇身一二～一五メートルにおよぶ縫合型の刳り舟トーニー（ソーニー）が使用されていた。またクイロン（クーラム・マライ）からコーチンに通じるバック・ウォーター（内水湖と運河地帯）で使用されている二〇～三〇メートルにおよぶ帆走の運搬船が縫合型構造であることを確認した。

スリランカ北部のマンナール湾から南端のマタラ（マターラ）までの海岸地帯で見られるシングル・アウトリガー型カヌーのバッラムは、船底型に丸太の刳り舟を配置し、さら

スリランカ南西海岸で使用されるオルーワ型アウトリガー・カヌー

に舷側部には別の外板をつぎ足した縫合型船である。また、マサーラ（パーダイ）と呼ばれる漁船は艇身一五メートルにおよぶ平底箱型の縫合型船で、外板の継ぎ目はココヤシの細紐で縫い合わせ、その表面には鮫の肝油が塗られていた。マサーラは、十二～十四本の横梁材を除いて、肋骨材を一切使用しない骨なし構造の板舟であって、荒波にもきわめて弾力性があって、柔構造の船としての特徴を備えている。

一方、アフリカ内陸部の河川や湖沼でも縫合型船が現在でも残されている。川田順造の報告によると、西アフリカのニジェール川大湾曲部に住むボゾ族の漁民や運搬人たちは、外板に穴をあけてしばり合わせた縫合型船を使用している。

東アフリカ海岸でも広く縫合型船が古くから活動していたことは明らかである。現在、ケニアのモンバサ港に近いポルトガル要塞博物館には、ムテペと呼ばれる縫合型船の模型が展示されている。ムテペは、四角のむしろ帆を装備し、一九二〇年代まで東アフリカ、アラビアとインドまでを活動圏とした艇身二五メートルにおよぶ大型の縫合型船であった。

人間は、古くから限られた船材を使って大型構造船を組み立てるための工夫を試みてきた。〝エジプトのギーザの大ピラミッド付近から発見された〝太陽の船〟には、すでに縫合型構造船としての高度な技術が生かされている。外板や船底部を組み立てる場合、船の素材、技術と伝統などの違いによって、縫合、枘、接着、釘などの方法が発案された。それらのなかでも、縫合という方法が最も古くから各地域で外板を接合する技術として用いられた。以上に述べてきたように、とくにインド洋西海域、ペルシア湾と紅海で活躍したアラブ系やイラン系の海上民たちが、大型の縫合型構造船を発達させ、モンスーンを利用して、東はインド、東南アジア、中国に、南は東アフリカ海岸とマダガスカル島にまたがる海上活動を展開することで、歴史上大きな役割を果たしてきたことは注目すべき点である。

十五　ダウの装飾と儀礼をめぐって
〈ダウとインド洋〉

はじめに

生産と生活の場をもっぱら海上に求める漁民（海民）や船乗りたちにとって、海は親しみの世界であるが、同時に「板子一枚下は地獄」といわれるように、航海や漁撈活動の途中で、天候の急変によって嵐が襲ってきたり、高波、渦巻きや暗礁などによって、船が転覆したり、座礁や漂流する危険に満ちた世界でもある。天候の変化だけでなく、長い航海中には異常体験と出合うことも多く、また理由もわからずに急に不漁の日々がつづくこともある。彼らは、海とのかかわりを深め、海を知れば知るほど、人間の力の限界に気づいて、さまざまな信仰への傾斜を強めていった。彼らの精神的・心理的動揺、不安、恐怖、危険との遭遇、死などのなかで、一方では人間の能力をはるかに凌駕する絶対神への積極的な信仰を求めるが、同時に種々の自然界に精霊を認めたり、奇跡、呪力、霊感をもった事物、霊界との関係をもつことのできる特殊能力を備えた人物＝聖人、等々への尊崇を強めていったと思われる。

インド洋の西海域を舞台に、現在もなお活動をつづけている三角帆を装備した船ダウには、その船首部または船尾部に呪術的な目玉が描かれ、舳先部分にはちょうど、鳥のくちばしを象った装飾が認められる（五三九ページ写真参照）。また、ダウの船名には、「光（ヌール）」「太陽（シャムス）」「純潔なるもの（ムタッハル）」「神の恵み、霊徳および霊験を与えられたもの（ムバーラク）」や「神の御慈悲を開くもの（ファーティフ・ル＝アッラー）」などの神名や超自然力に加護を求めるような名称が多くみられる。

これらの事実の深層には、ダウを一つの神聖な生きもの、あるいは、鳥とか魚と考える、漁民や船乗りたちの古くからの信仰なり神的観念が深くかかわっていると考えられる。同じような観念は、インド洋海域に限らず、地中海、南シナ海、東シナ海、太平洋にまたがって分布しており、いわば海上文化のもつ広範な影響や保守性などの特質を探るうえでの重要な比較材料を提供している。本章の目的は、著者のこれまでの実地調査によって収集した造船と航海に結びついた儀礼や信仰に関する習俗の資料を紹介し、あわせておもに中世イスラーム文献史料に伝えられた関連記事との比較を試みることにある。以上の問題の多くは、東南アジア文化、黒潮文化や古代日本の研究において議論されている基層文化の問題とも一致するものであるから、今後の海上文化・習俗をめぐる総合的比較研究をすすめていくうえでの一助となる材料を提供すると思う。

ダウの装飾と世界観

●ダウの船名

著者は、一九七八年の二月と三月、ケニアのモンバサを訪れて、旧市街にあるダウ・ポートで調査を実施した。モンバサのキリンディーニ・ハーバーは、近代的な港湾設備を備え、絶え間なく大型貨物船やタンカーが出入りする東アフリカ海岸の最大の国際港となっている。一方、ダウ・ポートはモンバサ島の北西側、ポルトガル要塞に隣接し、その港を中心に旧市街が広がっている。ダウ・ポートはケニア港湾監督局の管理下にあって、タンザニアとケニアの海岸に沿って往来する小型・中型ダウ（五〜五〇トン前後）や北東モンスーンによって来航し、南西モンスーンによって戻っていくソマリア、南アラビア、ペルシア湾岸やインド南西海岸からの中型・大型ダウ（「大洋航行ダウ」と呼ばれる五〇〜二五〇トンの船）が碇泊するダウ専用の港となっている。このダウ・ポートは、とくに一九六四年におこったザンジバル革命以後、ダウの海運と貿易活動のうえで、重要な中継拠点となっており、東アフリカ海岸を訪れるほとんどすべての大洋航行ダウは、ここに寄港する。

著者は、このダウ・ポートにあるダウ管理事務所において、一九六三年から一九七八年までの十五年間にわたるダウ・レコード（ダウの出入港に関する記録書類）を調査する機会にめぐまれた。ダウ・レコードには、船名、船籍、船長（ナーホダー）、総トン数、入港日、母港、および経由港、船員数、出航日と出航先などが記録されており、インド洋の西海域におけるダウの航海活動を知るための貴重な資料である。

とくにこのダウ・レコードに記されたダウの船名には、ダウをつくった船主、船大工や船乗り、漁民や商人たちの船および航海、海、旅などに関する信仰や神話的世界観といったものが表現されていて興味深い。そこで、ダウ・レコードに記録されたおもな船名をとりだして、それらを意味内容によって大別してみると、以下のとおりである。

(1) 全智・全能なる神およびその属性（速さ、安全、智力、慈悲、栄光、平安、勝利など）を意味する船名

アル＝アクバル（偉大なるアッラー）、ファーティフ・アル＝ハイル（善を開く者アッラー）、ファーテフ・アル＝ムバーラク（御利益を開く者アッラー）、マァルーフ（認められたるものアッラー、施し物）、アン＝ナースィル（勝利者）、ムバーラク（御利益、御加護）、アティーヤ・アッラー（アッラーの御慈悲の施し）、サラーミー（わが平安）

以上の例にあるように、船そのものをイスラームの神アッラーとみたてたり、ムスリムとしての敬虔な信仰心、アッラーへの祝福と航海安全を祈願した船名が圧倒的多数を占めている。また興味深い点は、インドのグジャラート地方やケーララ海岸からきたインド系ダウのなかにはナーホダーがムスリムでありながら、インドの古代伝承やヒンドゥー教の神々の名前をつけた船名が多くあることである。例えば、ダマヤンティは『マハーバーラタ』の大叙事詩に登場するナーラ王の妻の名前、ラクシュミーはヴィシュヌ神の妻で幸福

の女神、サガルはおそらくサガラ、ケシェリーはケサリ、ハリヴァンシャはハリー神の系譜につながるものと考えられる。

(2) 聖地、川、泉に関する船名

ザムザム（メッカの聖泉）、マディーナ（ムハンマドの聖墓のある町メディナ）、フラート（ユーフラテス川）、ターイフ（ヒジャーズ地方の町）

(3) 光、天体、太陽の名称および天体の諸現象に関する船名

シャムス（太陽）、ヌール（光）、ジュダイ・アル＝カリーム（崇高なる北極星）、カマル（月）

(4) 古代王侯、預言者、聖者名に関する船名

フスラウ（ホスロー）、ムハンマディー、アリー、フサイン、ユースフ

(5) 宗派、部族、人名に関する船名

アフマッディーヤ、ムハンマディーヤ、フサイニー、アラウィー、ラシードなど。また小型船には、所有者の名前をつけることが多い。

(6) 国家の独立、愛国、自由にかかわる船名

ジュムフーリーヤ（共和国）、フッリーヤ（自由）、ミーハーン・ドゥースト（愛国者）、イーラーン・ドゥースト（イラン愛国者）や革命記念日を船名とするもので、最近のダウに多くみられる。

(7) 動物名や金、銀、宝石名に関する船名

アサド（獅子）、ヒサーン（馬）、ムクラマタイン（ラクダ）、シームルグ（イラン伝説上の霊鳥）などの強さ、速さに象徴される動物。またジャウハル（宝石）、ルゥルゥ（真珠）、ディーナール（金貨）、ダルヤー・アッ＝ドッラ（真珠の海）などの財宝や貨幣。

(8) 速さ、優越、慶賀や幸運などを意味する一般名称や物の船名

サールーフ（ロケット）、イクバール（吉兆）、ファドル（優越）、タウフィーク（アッラーによって保障された幸運）

以上のようにダウの船名には多種多様のものがあって、ある一定の基準や観念にもとづき命名されたとは決め難い。また、ダウの命名をいつ、誰が、何を根拠としてつけていたかが個々の事例ごとに確認できない限りは、船名のみを根拠としてインド洋に生活する漁民や船乗りたちの船や海上文化に対する一般的な信仰観や神話的思想を解くことは困難であろう。しかし、これらの船名のなかで、船そのものが単に人や物を運ぶための道具以上のもの、例えばある人格をもつ物体、そして神聖なる生き物とみなされていることの投影として名づけられたと思われるものが圧倒的に多いことに気づくであろう。

船は、航海や漁撈活動における安全性と結びついているから、船そのものを生きた神聖物とみなしたり、また船霊信仰のようにそこに船神を祀ることで霊的な力を付与しようと

する船乗りたちの信仰が生まれるのは当然のことである。ダウで活躍する人びとが船を実際に神聖な生き物と考えていることは、単にその船名だけではなく、後述するようにダウの造船過程、航海と漁撈生活の具体的場面でも、しばしば確認できることである。

アデンのダウ造船所のマアッラーやケニアのラム島のマトンドーニー村の造船所では、ダウの造船の工程で外来者の訪問を極端に嫌う。船大工たちの説明によると、造船中のダウは未完成であり、隔離された場所に置かれて、外部の穢《けが》れを避けるためであるという。古くからの海上習慣にあるように、走航中のダウの船上では靴を脱ぎ、殺傷、けんかや犯罪は強くタブー視された。船上では船乗りたちは、敬虔なムスリムとして振る舞い、身分的・宗教的区分なく、食事における平等（＝共食）が守られるなどは、船の上が一つの聖域であるとの基本的観念にもとづいている。航海中におこったさまざまな問題の処理は、船の絶対的統率者であるナーホダーにすべての権限があった。後述するように、ナーホダーはその本来の意味が「水の主」（ペルシア語でナー＝水、ホダー＝主人、神の意味）であって、おそらく聖なる乗りもの（＝船）と一体となった水の守護神であったのではないかと推測される。もし船上で殺傷や犯罪事件がおこった場合、その判定は、船上では行われずに、船が港に入った後、ナーホダーがその件を海事裁判所（バイト・アル＝バフル）に報告する。このように、船上での流血、殺傷の禁忌や、船と一体になった水の守護神ナーホダーの役割などは、船が聖域性と人格をもつ物体であることを示しているのではないだろうか。

一六七二年から七四年にかけて、インド西海岸およびペルシア湾岸、アラビア海周辺の諸地域を旅行したアベ・カレの記録によると、インド・ムスリムたちのあいだでは死者もしくは死者の骨が船に積み込まれていると、船は航海中に時化《しけ》や嵐のために必ず転覆するとの言い伝えがあった。したがって、そうした積み荷は多くの場合、ナーホダーに気づかれないように密かに船に運びこまれた。この事実は聖域としての船が死体によって穢れることをナーホダーが恐れたからであると考えられる。

バグダードの著名な歴史家タバリーが伝えているように、イスラーム以前、メッカのカアバ神殿の屋根は紅海の港市ジッダに漂着したビザンツ（ルーム）商人所有の難破船から集められた廃材によって修復されたという。また、『キルワ王国年代記』によっても、東アフリカのイスラーム都市キルワにあるモスクは、沈船の廃材を使って建設されたことがわかる。これらの事実は、流れ物としての船そのものが神聖物とみなされていたことから、カアバ神殿やムスリムたちの礼拝の場であるモスクの建材として、廃材がとくに利用されたのである。

ジャン・ルージェは、その著書『古代の船と航海』のなかで、ローマ時代の航海者たちが船そのものを生ける存在物とみなし、船にしばしば神の名をつけていたことを指摘している。そして、その具体的事例として、「われわれはミセナ艦隊の船のリストを知っているが、そのリストはまことに教えるところが大きい。九隻の〈四の船〉のうち八隻が神名をそなえており、神名をそなえていない船でも、かなり象徴的な名を、すなわち帝国の勝利の名であるダキウスという名をつけている」と説明している。

このように考えてみると、多数のダウの船名が神とその属性にかかわる象徴的な名であったり、また太陽、月、宝石などの自然界の霊力を備えた対象物、聖地、聖者や霊的な動物などの名であることが理解できるのである。

●ダウ船首の鳥型装飾

モンバサのポルトガル要塞内にある博物館の通廊には、長さ二メートルほどのダウの模型が展示されている（五三九ページの写真）。この船は、ダブル・エンダー型の縫合型船で四角帆を備えており、船体の中央部分にはココヤシの樹葉でつくった船室がある。船の舳先部分は鳥の嘴のように鋭く尖り、鳥目を象った装飾文様が描かれている。よく見ると、水押《みずきり》と船尾部分にも日輪と星を象ったと思われる紋様があって、一見して船全体が一羽の鳥として表象されていることがわかる。この船はムテペと呼ばれて、一九二〇年代まで東アフリカ海岸とその島嶼部を結ぶ輸送船として活躍していた。

現在のダウには、これほど明確に船の部分に鳥を具象化したものは少ないが、古い船型をとどめているガンジャ、クーティーヤ、ハンシャーなどのダウの船首像には、オウムまたはクジャクの頭部を象ったと思われるものがみられる。そこには嘴、目玉、王冠、首の回りの鎖飾り、胸毛と羽毛の渦巻き文が細かく彫り込まれ、赤、白、青、黄色などの極彩色で塗られている。ペルシア湾やアラビア海で漁船および輸送船として利用されているシューアイ、サンブーク、ジャリーブート、また紅海とアデン湾のザルーク、ザイーマなどのダウは、いずれも船首部分が海鳥の嘴に似せて鋭く尖り、円形または星形の目玉の文様が刻まれている。

現在、インド洋西海域を舞台に最も多く活動しているブーム型ダウの船首部分は、簡略化されていて、ガンジャ型やクーティーヤ型ダウのような複雑な彫り込みはない。しかし、その先端部は黒と白で塗り分けられ、抽象化された鳥の嘴が表現されていることは明らかである。なお、著者が一九七八年にイランのホルムズ島で見た艇身一〇メートルほどの小型漁船は、魚または鳥を表象したと思われる文様が船首と船尾に描かれていた（五五三ページの写真）。

東アフリカ海域で活動するジャハーズィー型ダウのなかには、船首の部分に怪魚（おそらくイルカ、サメなど）や占い数字を彫った護符板をさげたものを見かける。また船首につづく舷側の部分には飾り板をつけ、板には青と白の色彩でコーランの文字、羽を広げたクジャクと聖木が描かれている。これらもまた船首を神聖な部分とみなし、鳥にかかわる文様をつけることで船全体が鳥であるとみたてている。

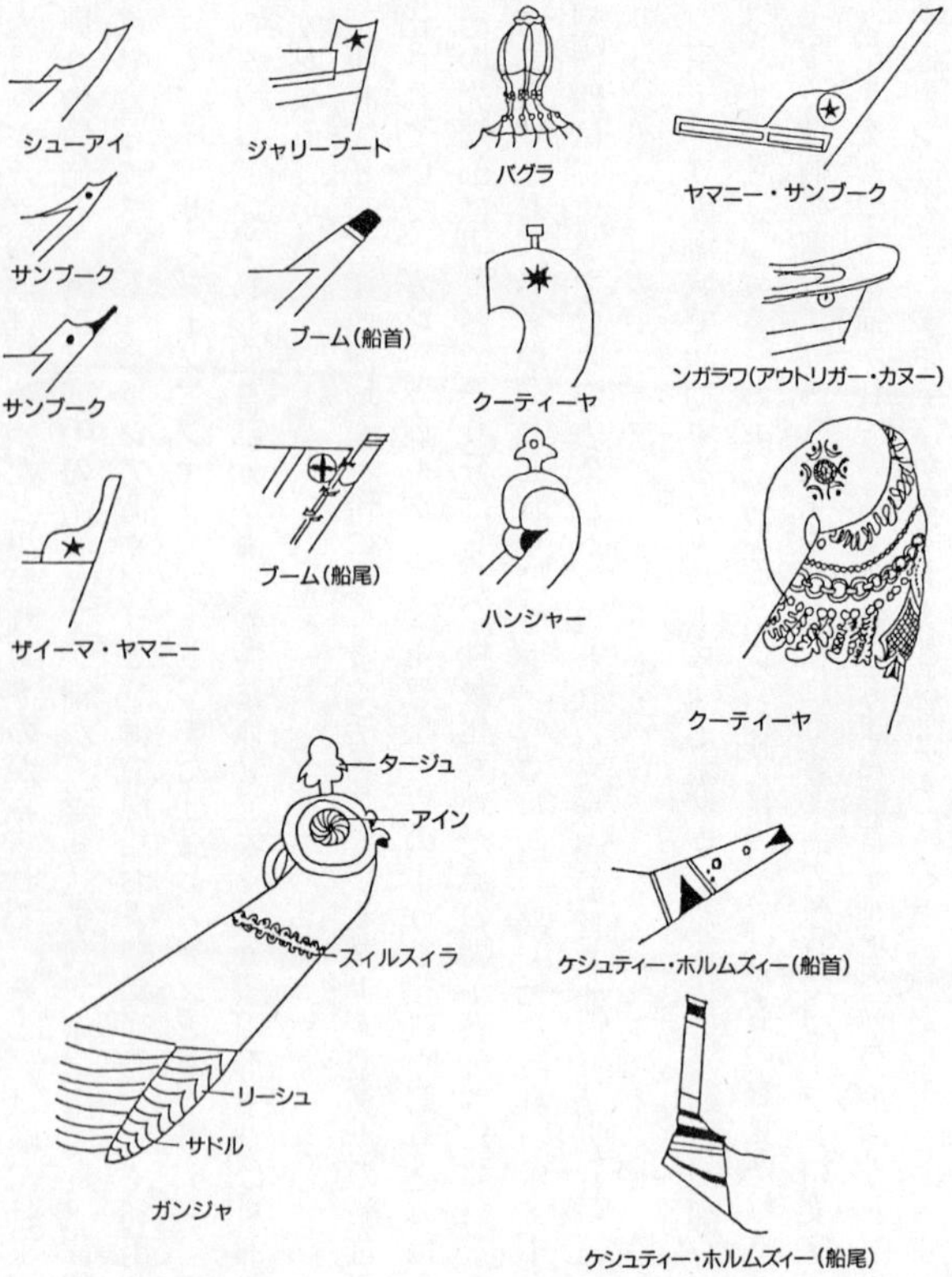
シューアイ
ジャリーブート
バグラ
ヤマニー・サンブーク
サンブーク
ブーム(船首)
クーティーヤ
ンガラワ(アウトリガー・カヌー)
サンブーク
ブーム(船尾)
ハンシャー
ザイーマ・ヤマニー
クーティーヤ
タージュ
アイン
スィルスィラ
リーシュ
サドル
ガンジャ
ケシュティー・ホルムズィー(船首)
ケシュティー・ホルムズィー(船尾)

■ダウ船の船首像

ホルムズ島の漁民が使う魚（鳥？）型文様を描いた漁船

十三世紀初めに筆写されたハリーリーによる『マカーマート説話集』（娯楽や教訓を目的とした物語形式の説話集）の挿絵の一つには、インド洋を航行する大型ダウが描かれている。その船首、船体と船尾には、クジャクの羽毛に似た呪術的な渦巻き文（目玉）または花文が描かれ、やはり船自体を鳥と表象する観念が古くから存在していたことがわかる（本書カバー、三二ページの写真）。

インド洋や紅海、アラビア海周辺だけに限らず、地中海でも船を鳥にみたてる信仰上の観念が船乗りたちのあいだに広がっていた。その一つの事例は、チュニジアのテメトラ遺跡から発掘された三、四世紀のモザイク絵のなかにみられるもので、船は明確に鳥として表現されている（次ページの写真）。

十世紀前半、バグダードからヴォルガ川中流部のブルガール王国に使節として派遣されたイブン・ファドラーンは、スカンジナヴィア・ルース人（ヴァイキング）の船葬儀礼について詳しく報告している。それによると、彼らの有力者の葬儀では死者を納めた船内で馬、牛と鶏の犠牲供犠が行われた後に、船に火を放って焼くとあって、船、鳥と死者の三者のかかわりあいを明確に認めることができる。

船と鳥を同一視する信仰は、東南アジアのドンソンの銅鼓に描かれた彫刻文、南ボルネオのダヤク族の天船、日本の珍敷塚《めずらしづか》古墳に描かれた鳥船図などにもうかがえる。松本信廣は、こうした鳥船信仰について説明している。「霊魂が死後鳥に化し、又は鳥によって東

チュニジアのテメトラ遺跡から発掘されたモザイク画に描かれた3〜4世紀の地中海の船。舳先には目玉が描かれ、船全体が鳥を表象している（L. Foucher, *Navires et Barques*, Tunis, 1957）

方太陽又は天に運ばれると云う考えと、祖先が船に乗って現在の国に到達したので、死後、船に乗って祖先の国に帰ると云う表象とが合致して、鳥形をなせる船が霊魂を彼岸に運ぶと云う神話表象が生じた」

以上のような諸事実によって判断すると、船と鳥とを関連づける観念は、つぎに述べる目玉の信仰とともに、東は太平洋の黒潮圏から東南アジア、インド洋、アラビア海、西は地中海、北方のヴォルガ川流域までの各地域に古くから分布していたものと結論づけられる。

・ダウの目玉

ダウが神聖な性格（イフティラーム）をもった生きものであるとする観念は、ダウの船首もしくは船尾の部分に目玉が描かれることによっても確認できる。アデンのマアッラーやインド・グジャラート地方のマーンドゥヴィーでは、ダウの進水式のときに船主の親類や縁者たちが多数集まり、黒の雄羊もしくは山羊を犠牲に供して、その血を船首部分に塗り、船の幸運と航海安全を祈る。その儀式のとき、舳先部分に目玉（アイン）を入れることによって、そのダウは生き返る、生命を得た、といわれる。ペルシア湾岸のカタルのドーハ造船所では、ダウの進水式の日に、船の舳先と船底に米をばらまいて、集まった人びとに祝儀を施す。そのときに、鳥型をしたダウの舳先の部分に目玉を描き入れる。

ダウの目玉は、鳥の目玉、太陽、月輪、三日月や星によっても表象される。東アフリカ海域やアデン湾で活動するラム・ジャハーズィー型ダウは、直径一五、六センチほどの木製の円型板の目玉（イトー）を船首または船尾の部分に取りつける。目玉には、外側から赤と白の日輪、内側には三日月と星の文様が彫り込まれている。この目玉は、古くは花弁状の鳥目と月輪の二つの組み合わせであった。

現在、シリア、レバノン、エジプト、マルタ島やチュニジアなどの地中海沿岸部で広く使用されているフォルッカ型帆船にも、その船首に目玉がみられる。これは悪運を避けるための厄払いの目玉であるという。上述のテメトラ遺跡出土のモザイク絵に描かれた船の舳先部と後部にも目玉が描かれている。また船の目玉は、古くはすでにエジプトの古代ファラオたちの埋葬船にみられる。周知のとおり、このオシリスの目は死者を冥界に導く案内者、守護者としてシンボライズされていた。

古典アラビア語におけるアイン（ʿayn, ʿuyūn）の意味には、「目玉」のほかに太陽、泉、宝石、石、金の粒、また泉が湧くように降る雨、などがあった。つまり、いずれの意味も何か不可思議な霊力をもった対象物であって、古代セム系の人びとがこれらを一括して神聖物とみなしていたことがわかる。よく知られている事実であるが、目玉とそれに類似した形状のものが霊力を備えた対象物および神聖なものであるとみなす、いわゆる目玉信仰、珠玉信仰はきわめて古くから地中海沿岸部や西アジア一帯のみならず、ユーラシア大陸の全域、さらにはアフリカ大陸にも共通した広い分布を示している。したがって、目玉を船に取りつけることの意味には、それぞれの地域の古くからの多様な信仰要素が複雑にとけこんでいると思われるので、その意味を単純・一律に解釈することは難しい。少なくとも、インド洋の漁民や船乗りたちにとって、ダウの目玉は霊的な力の集約したシンボルとして船とのあいだに同化作用をもたらし、その結果、船の安全と加護を補強することに重要な目的の一つがあったのではあるまいか、と著者は考えている。

ダウの造船と航海にともなう儀礼

ダウの造船の工程、航海への出発、航海中や帰港などの機会に、船大工や漁民、船乗りたちによって、さまざまな形式の儀礼行為が行われた。それらの、いわば海の習俗に関連する信仰は、さきに述べた船そのものにかかわる観念の外に、航海の安全と豊漁、聖人や自然物に対する信仰などとも結びついていて、明確に分化していないことが多い。したがって、それらの信仰の系譜や内容を安易に整理・分析することは危険であるといわざるをえないが、以下では具体的事例を挙げて分析してみたい。

・ダウをつくる工程にともなう儀礼

インドのカリカット(カーリクート)に近い造船村ベイプール(ヴェープル)と東アフリカ海岸のマトンドーニー村では、造船はヤシ葉を葺いた納屋のなかで行われる。一方、パキスタンのカラチ、ペルシア湾岸、南アラビアや紅海沿岸でのダウ造船所は、なんの囲いもない海岸の平坦な砂浜にある。現在ではどこでも、一つには経済的理由によって、ダウの造船過程での儀礼はしだいに簡略化されるようになってきた。

文献史料にあらわれた記録や聞き取り調査によって得られた情報によると、本来、ダウの建造開始から進水式までには三回の儀礼が行われたようである。つまり、まず一定の場所に船底材(竜骨材、ヒーラーブ)と舷側板(マーリク)が置かれて建造が開始されたとき、つぎに船の中棚(ヒンドゥラーニー)ができた中途の段階、そして進水式の船おろしのとき、である。これらの三回の儀礼には、それぞれ羊または山羊の供犠(サダカ)が行われて、その血と肉片を舳先、舷板と船底部に塗りつける。

著者は一九七八年、ラム島のマトンドーニー村にあるラム・ジャハーズィー型ダウの造船所で、中棚の儀礼を目撃した。そこでの儀礼は、夜間から早朝にかけて黒色の雄山羊を犠牲に供して、その血と肉片を船底や梁材に振りかけ、アッラーの加護を祈るものであった。

進水式は、船の完成を祝うとともに、その安全と航海の無事を祈願するための最も重要な儀礼である。現在、クウェートやカタルの造船所では、進水式の船おろしのとき、米を舳先や船底にばらまいて、集まった親類や縁者たちに祝儀を与える。またアデンやラム群島のキジンギティーニーでは、羊または山羊の供犠を実施する。そして前述したとおり、進水式のときに目玉が入れられて、ダウは完成する。

● ダウ出港のときに航海安全を祈る儀礼

船の出港は、期待と同時に不安や恐怖が入りまじる瞬間であるが、こうした精神状況は数十年にわたって海に暮らす漁民や船乗りたちといえども同様に感じられたに違いない。彼らは、家族や知人と別れ、航海の途中で直面しなければならない危険、しばしば神のほかに頼るべきものがなくなる恐怖などを考えながら、出港の前日にはモスクを訪れて礼拝（サラート）を行った。また、アデン、ラムやスールの事例にみられるように、ダウの船乗りたちは航海安全の祈りをこめた金曜日の礼拝をすませた後、船出することを慣行とした。船の出港は、港にとっての大きなイベントであって、イエメン・ラスール朝時代のアデンでは出港を知らせる鈴をもった男が街中をまわり、波止場ではトランペットが鳴り響いて、夜にはかがり火が焚かれたという。大商人、王侯貴族、名士たちやメッカ巡礼隊の乗る船の出発のときには、さらに盛大な祝典が行われた。

一般に、波止場に隣接してモスク、聖者の庵、墓廟や水の聖人ヒズル（ハディル、ヒドル）の祠《ほこら》が建てられた。これらは、船乗りや乗船する商人たちが出発のときに神の加護を求めたり、航海の安全と無事の帰港を感謝するために参拝するところであった。また、神の神殿は港にあり、港は隔離された聖域であると考える航海者たちの古くからの観念があった。したがって、こうした宗教施設が港内およびその近くに建てられたと推測されるのである。

ペルシア湾のハーラク（カーグ）島は、インド洋航行の大型船とティグリスの川船との出合いの港であって、三、四世紀のころから重要な海運・交易センターとして発達した。R・ギルシュマンによるハーラク島遺跡の発掘によると、少なくとも八〇〇〇平方メートルにわたる遺跡内には、行政的な建物とならんでネストリウス派キリスト教徒たちの教会、修道院と墓地などの複合施設がみつかっている。ネストリウス派キリスト教会の面積は、縦三〇メートル、横一五メートルであり、R・ギルシュマンの推定では修道院は百人の収容が可能であった。すると、そこは明らかに一つの聖域空間であり、同時にペルシア湾やインド洋に向けてのネストリウス派キリスト教徒たちの宗教的・経済的な活動拠点であったと考えられる。イスラーム時代にも、そこにはスーフィー聖者の廟が建てられて、船乗りたちの信仰を集めた。スィーラーフ港の大モスク、アデン港の入り口に近い聖なるスィーラ山(島)、ジッダのシャイフ=マルズームの聖墓などは、港と聖域とのかかわりを端的に示している。

十、十一世紀のサンスクリット文献によると、船の出港のときに、船乗りたちは海に聖水を注ぎ、ギー(油脂)、ミルク、米と花輪をまいた。さらに手のひらを船の、とくに舷板の継ぎ目にこすりつけて航海の吉兆を占ったという。十八世紀のペルシア語史料によると、グジャラート地方の港スーラトでは、出港の前日に海が荒れたり、風向きが悪いときには、ヒンドゥー教徒とムスリムたちが一緒になってタープティー川の河口に集まり、ココナツを供物として水に投げた。また船をさまざまな色彩で飾り、多くの人びとがこの儀礼に参加して陽気に騒いだという。

出港や帰港を前にして、湾内または近くの海上にある小島や岩礁に詣でて、航海の無事・安全を祈願する儀礼はペルシア湾、紅海、インド洋の周縁部などで広く行われた。十四世紀に著されたヌワイリー(ムハンマド・ブン・カースィム・アン=ヌワイリー)の記録によると、紅海の船乗りたちは、船(ジラーブ)が陸地に近づくと、岩礁に土製の容器をもって上陸し、その岩礁に平安の祈りを捧げるのが慣習であった。つまり、ヌワイリーは記している。

「〝おお山よ。これはこれこれの地からこれこれに旅するナーホダーの船であります。汝の御加護を〟と祈る。しばしば、いくらかの米を炊いて、海に投げいれて、〝これぞ汝の客なり。おお山よ〟と唱える。彼らは、そこにある岩礁ごとに同じようなことをする。アイザーブの海でも同様であって、そこでは商人たちから食べ物が集められて、贈り物として海に投げ込まれる」

すなわち、岩礁や海底に住む精霊（ジン）の怒りを鎮めるための儀礼が行われたことがわかる。後述するように、こうした小島や岩礁、岬の先端には、しばしばヒズル（ヒドル）、もしくはイリヤース（エリエ）の聖廟や祠が設けられた。とくに、ヒズル、すなわち「緑の人」と呼ばれる海の聖人は、漁民や航海者にとっての守護神であって、危険に陥った際に、彼らはその名を呼び、彼の助けを求めた。したがって、出港にさきだって、つつがなき航海を祈願したり、また無事に戻ったときにはその成願を感謝することを決して忘れなかった。

インド洋を航海する船乗りや商人たちは、航海中の好風を願ったり、海賊の被害をまぬがれるために効力のある護符を持参したり、高名な聖者の名を唱えて神の加護を求めた。十四世紀前半のイブン・バットゥータの記録によると、逆風が吹いたり、海賊の危険が迫ったときには、シナの海（南シナ海、インド洋）を航海する人びとは、イランのカーゼルーンに住む聖者シャイフ＝アブー・イスハークの霊験を求めて願をかけたという。その願い事を紙片に書きつけておくと、あとで無事に陸地についたとき、その聖者の庵室（ザーウィヤ）から派遣された代理人が来て、しかるべき献金を要求した。当時、シナやインドから来航する多くの船舶が数千ディーナールにおよぶ大金を彼に納めていたという。

インド洋横断のモンスーン航海期は、数千年にわたる航海者たちの経験によって編み出された精緻なダイアグラムにもとづいて決められた。しかし、毎年、モンスーンの開始と終わりの時期、風の強弱や方向には多少のずれがあるため、船乗りたちは出港の時期を超自然的な諸現象によって決定することもあった。十三世紀初めの状況を伝えたと思われるイブン・アル＝ムジャーウィルの記録によると、アデン港に近いスィーラ山とフッカート山のあいだに位置するムゥジャリーンと呼ばれる泉の水温とその水面の動きによって、航海の吉兆を占ったり、またカーズィーという樹木に咲く花の開きぐあいを見て航海日を判断した。すなわち、泉の水温が冷たいときには、冬季のモンスーン（サバー）で航海する人びとには厳しい年であって、嵐と高波が多く、また泉の水が澱んだ状態の年は、航海が安全で、危険はない、と判断された。

•船の帰港をうながし、航海の無事を感謝する儀礼

船で旅に出ている者の安全を祈ったり、予定期日になっても船の到着がなく、その情報が途絶えたときには、その留守居の家族、血縁集団や船乗り仲間たちによって、種々の儀

礼が行われた。カイロの中世ユダヤ・コミュニティが残した「カイロ・ゲニザ文書」の記録によると、チュニジアに住む女性は東方に旅だった兄が病気になったことを知ると、昼間の食事を断ち、衣服を替えない、公衆風呂（ハンマーム）に行かない、などによって、彼の健康の回復を祈ったという。このように、留守の者たちが神聖さを守る、穢れのない状態を守るなどの習俗は、古くから東西の各地に分布している。

イブン・アル＝ムジャーウィルの記録によると、アデン港の目の前に位置するスィーラ山（スィーラ島）には、航海安全の守り神が住むと伝えられ、そこは船乗りたちのあいだで広く崇拝された聖地であった（二四〇ページ写真を参照）。イブン・アル＝ムジャーウィルは、イエメン・ズライゥ朝（西暦一一三八〜七三年）のころまで盛んに行われていたスィーラ島における牛の供犠について、つぎのような興味深い記録を残している。

「アデン港のモンスーン航海期が来ても、船の到着が遅れた場合には、夕暮れ時にスィーラ山（島）のもとに七頭の家畜（雌牛）がもたらされる。牛は真夜中までそのままの状態にされる。午前零時を過ぎると、そのなかの六頭はアデンにつれ戻されるが、一頭はそのまま置かれ、明け方になるとそこで犠牲に供せられる。これは、〈山（スィーラ島）の供犠〉と呼ばれている。こうした供犠が行われると、船はつぎつぎに到着してくる。この慣習は、バヌー・ズライゥ（ズライゥ朝）およびアラブ系王朝などの古き時代に行われていたが、現在のわれわれの時代（十三世紀初め）にはそうしたことは悪習とみなされている」

スィーラ島は、インド洋を航海する船乗りや商人たちにとっての重要な信仰の中心であり、イブン・アル＝ムジャーウィルが伝えるところによると、その山の火口から最後の審判のときに死者が甦るとか、またその火口はインドの聖地ウージャインに通じているなどの伝承があった。また、その山の近くには巫女が住み、彼女は一夜にしてインドのマラバール海岸とのあいだを往復したり、人間を動物に変えるさまざまな呪術をもっていたという。巫女が船の航海安全の儀礼とどのように結びつきがあったかは明らかでないが、日本における船霊信仰とのかかわりで解釈するならば、きわめて興味深い事実であろう。すなわち牧田茂、北見俊夫などによって指摘されたように、船霊様《ふなだま》は女性であって、その御神体に女の髪を入れるのは古くは巫女がそれを管掌していたからではないかと考えられる。

ジッダの北の周壁の外側にはハゥワー（エヴァ、イヴ）の墓があった。毎年、インドからの船の到着が遅れて、便りが途絶えたときに、そこではアッラーの加護を求める儀礼が行われた。十六世紀に著されたアブド・アル＝カーディルの『ジッダ史』によれば、つぎのように記してある。

「人びとは、船乗りの一人にたのんで、一緒に町の中からその墓まで太鼓とパイプ楽器を奏でながら向かう。その船乗りは墓に着くころには失神状態になっている。彼は、遅れた船の消息についてたずねられると、今どうなっていて、どこにいて、無事か難破したかについて語る。このようにして、全能の神アッラーのお許しによって、人びとは彼が答えたことがすべて真実であることを知るのである。その墓には、すべての地方から参拝者が願をかけに集まってくる」

つまり、神が創造した最初の女性ハゥワー（エヴァ）をまつる聖墓が海上安全を祈願する祀りの場であり、海のかなたにも広がりをもった世界であると信じられていたのである。ハゥワーの墓に近く、町の周壁のなかには聖者シャイフ＝マルズームの聖墓があった。この墓もまた、紅海やインド洋の船乗りたちの信仰の対象地として知られていた。インド、シリア、イエメンやイランから来航する船乗りたちは、いずれもシャイフ＝マルズームの霊的な力と奇跡に加護を求めて、彼の墓を参拝したという。そして、もし偽りの誓いをすれば、船乗りは苦難と災厄を受けると信じられていた。

●航海難所の通過儀礼

インド洋を航海する船乗りたちにとっての危険な海の難所は、ティグリス川の河口に近いアッバーダーン付近、ラァス・ムサンダムとラァス・ジュムジュマのあいだのホルムズ海峡、南アラビアのラァス・ファルタク、ラァス・キャルブ、ソマリアのラァス・ハーフーニーとソコトラ島とのあいだの海峡、紅海の北側の海域やインド南端のマンナール湾からアダムズ・ブリッジにかけての海域などにあった。これらの海の難所は、現在のダウにとっても危険な海域として船乗りたちに知られている。海の難所の通過には、熟練のパイロット（ルッバーン）を雇ったり、船団を組むことによって相互の船が連絡をとり合いながら、視界の良い昼間に航海をした。また、これらの難所を通過するときには、祈りを捧げ、海底に住む精霊（ジン）を鎮めるためのさまざまな儀礼が行われた。

イブン・アル＝ムジャーウィルは、船がソコトラ島とジャバル・クドンムルという岩礁と向かい合わせの海域——そこはファウラと呼ばれて、海の難所として知られた——に達したとき、いわゆる精霊送りに似た儀礼が行われたことを記録している。

「〔その海域を通過するとき、船乗りたちによって〕一つの鍋が用意されて、そこに船具としての帆と舵がつけられる。鍋の中には少量のココヤシ、塩と灰からなる食料が満たされる。その後、それは荒れた波の海に投げ入れられる。経験を積み、知識をもった人びとの説明によると、その鍋は無事に岩礁の根元に達するであろう、という」

イブン・アル＝ムジャーウィルは、ファウラという言葉を特定の地名（海域）として用いているが、この言葉は現在では航海難所の通過儀礼を意味する一般名詞として広く使われている。ラム群島のバジュンの漁民やダウの船乗りたちは、これをファウルと呼び、岬、入り江や海峡を無事通過すること、特別の意味では北東モンスーン期が終わり、南西モンスーン期が始まる風の交代期の三月末に実施される季節のボートレースに勝つことを意味した。

現在、アデン周辺やハドラマウト地方の船乗りたちは、難所通過の儀礼をファウラと呼

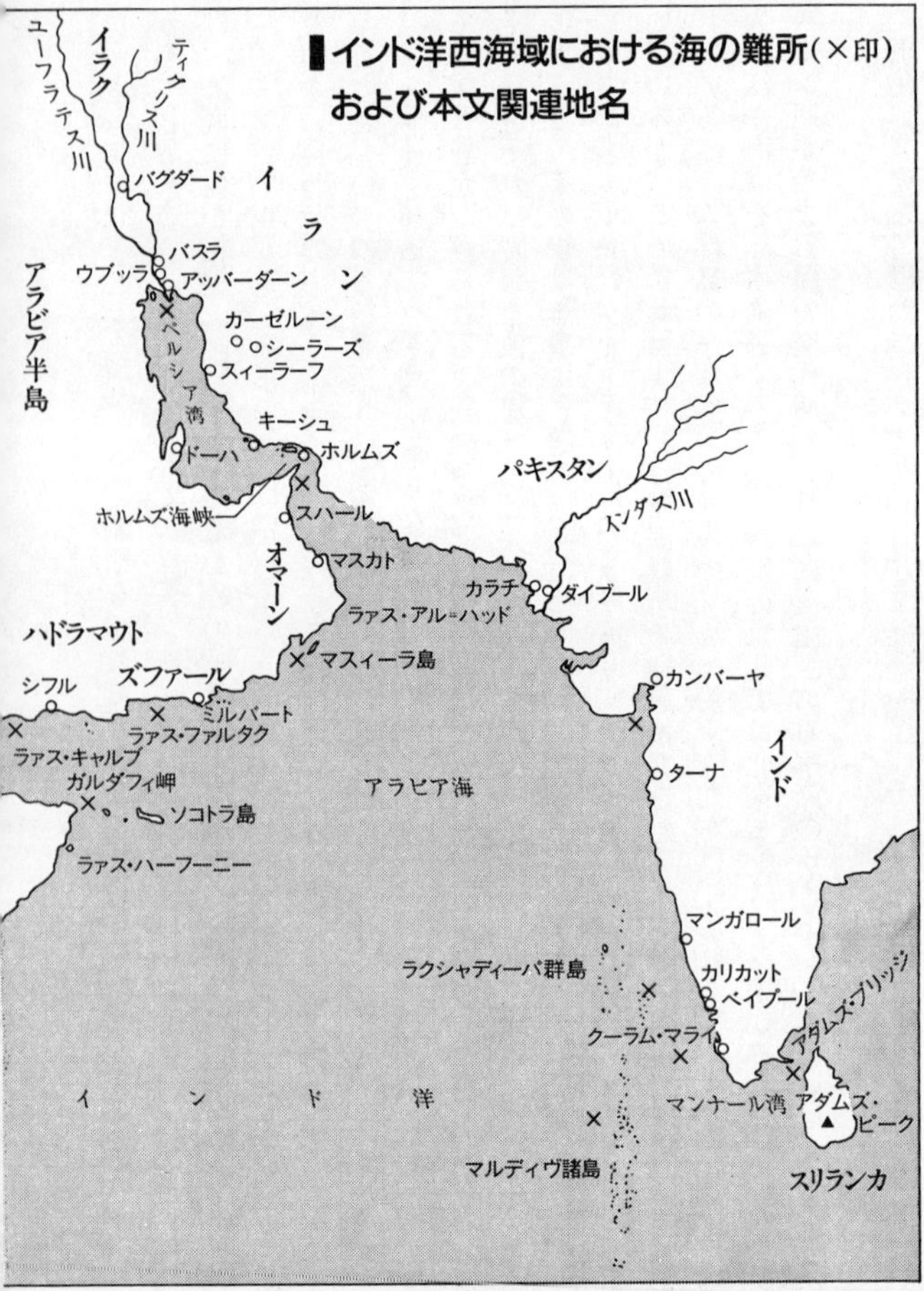

インド洋西海域における海の難所(×印)
および本文関連地名
ユーフラテス川
イラク
ティグリス川
バグダード
イラン
バスラ
ウブッラ
アッバーダーン
アラビア半島
カーゼルーン
シーラーズ
スィーラーフ
ペルシア湾
キーシュ
ドーハ
ホルムズ
ホルムズ海峡
パキスタン
インダス川
スハール
オマーン
マスカト
カラチ
ダイブール
ラアス・アル=ハッド
ハドラマウト
マスィーラ島
シフル
ズファール
ミルバート
ラアス・ファルタク
ラアス・キャルブ
ガルダフィ岬
ソコトラ島
アラビア海
カンバーヤ
ターナ
インド
ラアス・ハーフーニー
マンガロール
ラクシャディーバ群島
カリカット
ベイプール
クーラム・マライ
アダムズ・ブリッジ
インド洋
マンナール湾
アダムズ・ピーク
マルディヴ諸島
スリランカ

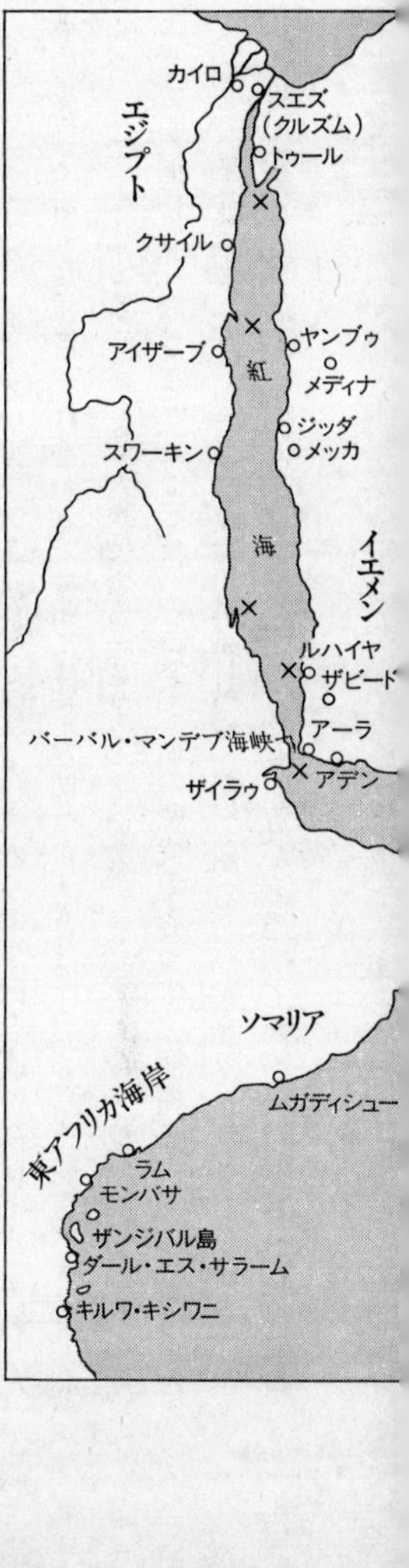

び、上述したイブン・アル＝ムジャーウィルの記録にきわめて類似した海上儀礼を行っている。著者が一九七四年にアデンを訪問した際に収集したファウラに関する情報を要約して述べてみよう。

船が航海難所にさしかかると、船乗りたちは太鼓を激しく叩き、仮装をして甲板の上を練り歩きながら、「ヤー・ハウラ（ファウラ）、ヤー・ハウラ、ヤッラーフ、ヤッラーフ、ハウラ、ヤー、アッラーフ、イン・シャー・アッラーフ・ナジーバ（おおハウラよ、おおハウラよ。おお神よ、おお神よ。ハウラよ。おお神よ。望むなら、おお気高き神よ）」というかけ合いの合唱歌（ザミール）を唄う。これが終わると、ナーホダーは船乗りたちに祝儀を贈り、乗客たちからは金品を集める。彼らの説明によると、ファウラの儀礼は、航海難所の岩礁に住む精霊（ジン）の怒りを和らげるために捧げる馬鹿騒ぎであるという。またアデンやソマリアのダウの船乗りたちは、ソマリア海岸のラァス・ハーフーニー沖を通過するときに海の精霊のためにココヤシの殻で模型船をつくり、ファウラの馬鹿騒ぎを行って、その船を海に流すという。同じようなファウラの儀礼は、バーバル・マンデブ海峡に近いラァス・アスィールの沖合でも行われると聞く。

最近、ムハンマド・サーリブが採録したカタルの真珠採集の海士《あま》たちによる仕事唄のなかにも、ハウリー、ハウル、またはフールーと呼ばれるかけ合いの合唱歌がみられる。ハウリーは、上述したハウラ、ファウラと同じく、水に住む精霊に対する儀礼の一部として唄われるものである。

●時化《しけ》や凪《なぎ》のときの儀礼

十世紀初めの記録で、ブズルク・ブン・シャフリヤールの書『インドの驚異譚』には、船が順風をうけて快調に航海をつづけているときも、船乗りたちは毎日、「船に住む天使たち（マラーイク・アル＝マルカブ）」のもとにバター入りの米飯を盛った皿と水をいれた柄杓《ひしゃく》を供える、と報告されている。「船に住む天使たち」とは、おそらく船霊のことであろう。この柄杓もまたきわめて重要な意味をもっている。なぜならば、柳田國男が説いたように、柄杓は「ひさご」「ひさこ」のこと、霊の憑代《よりしろ》であって、柄杓によって船霊をとどめて、船を安全に守ってもらうための神具の一種である。ブズルク・ブン・シャフリヤールは、「天使たち」が船のどの部分に祀られているかを述べていないが、おそらく船艙の帆柱の立つ根元部分ではなかったかと考えられる。彼の記述によると、スィーラーフの船主に所属する船がインドの港から船出して、南シナ海を航海の途中、大嵐に遭い、奈落の底に向かって流されているときに、船にひそんでいたアンダルス出身の年老いたムスリムが突然に現れた。彼は船出の夜に乗船する客の雑踏にまぎれて、船のなかに忍び込み、天使たちの供え物を食べて飢えをしのいでいた。そして船の人びとが彼の語る話を聞いているうちに嵐は弱まり、海は穏やかになったという。この挿話のなかの老人は、『三国志』「魏志倭人伝」のなかに記された持衰《じさい》という人物と類似した性格をもっていて興味深い。持衰は、船に勝手に乗り込んで、海上のしるべを行う霊的な力をもった人物で、航海が無事にすむと、人びとから施し物をもらうが、航海がうまくいかないと殺されたという。

ペルシア湾やインド洋西海域で活動する船乗りたちにとって、船の舳先とならんで聖なるものの宿るところは、帆柱（ダカル）であると考えられた。現在のブーム型ダウの帆柱の頂部、中央と底部の三カ所には、呪術的なリング状の文様が赤、青と白の色彩で塗りわけられている。カタルやオマーンでみかけるダウの帆柱の頂部（クッバ）には、動物の骨や水牛の角をぶらさげて、厄払いのまじないとする。J・H・ジュウェルの報告によると、ダウが東アフリカのモンバサのダウ・ポートに碇泊中、他のダウのナーホダーや船員たちが訪れてきて、帆柱の周りを七回まわり、奇声を発したり、ダンスや道化芝居を行うという。このような行動もまた、帆柱を神聖視して、船および海の精霊を鎮めるための儀礼であると考えられる。帆柱の部分でも、とくにそれを立てる根元〔ウスール・アッ＝ダカル〕のところが最も神聖な部分とされた。その事実は、後に述べるように、凪のときの動物供犠が帆柱をたてる部分を中心として行われたことによっても明らかであろう。

航海安全の守護神として船霊を祀る習俗は、日本の各地に分布している。野口武徳の報告によると、船の帆柱をたてる部分にツツと呼ばれる竪木があり、ここにマッチ箱二つほどの大きさの穴をくり抜いてあけ、そのなかに船霊の御神体を納め、上から覆うというのが普通の祀り方であるという。すると、前述したスィーラーフ船の「船に住む天使たち」もまた、帆柱を立てる部分にそれと類似の形態で納められたものと考えられる。

航海中の一番の危険は、時化と凪のときである。十四世紀のヌワイリーの記録には、凪のときに行われる秘儀的な儀礼についてかなり詳しく伝えているので、その記録を紹介してみよう。

「〔紅海やインド洋で活躍する〕船乗りたちの習俗として、凪になったときには黒の雌鶏か黒の子山羊を屠って、その血を帆柱の根元の部分に振りかける。そしてクムル〔クメール〕産沈香を焚く。ある商人が言うには、〝わたしは船員のひとりが風に立ち向かって刀をとったのを見た。わたしがその理由をたずねると、その船員は、歯向かう風と戦うのである〟と。さらにつづけて語ってくれました。〝わたしは一週間まったく風のない状態で〔船に〕いました。ぴくりとも動かないままに、大海中にいたのです。すると、彼ら船員たちは椀形の容器（キッラ）を用意して、米、灰などのものをまとめてそのなかに少しずつ入れました。彼らは帆柱と帆のついた船とおなじような形にその容器をつくり、帆柱には蠟燭を取りつけました。船乗りたちは、引き船（サンブーク）に乗り移ると、その容器でつくった舟をとり、本船の周囲の海を七回まわりました。つぎに、蠟燭の火をつけたままその容器を水に放して浮かべ、〈これぞ海の贈り物なり〉と唱えたのです。その容器は、そのまま海面に留まっていましたが、やがて風が吹いてきて波が強くなると、波にとられて消えてしまいました〟」

D・E・ノーブルの報告によると、東アフリカ海岸の船乗りたちは凪のときに、「コー、コー、コー」という奇声をあげて、風が吹くのを待ったという。これも奇声を発することによって、風の精霊に対する喚起を促そうとするものであろう。

マルディヴ諸島の漁民たちは、逆風、凪や嵐のときに、風を支配する精霊——彼らはこれを「風の王」と呼んだ——に対して、さまざまな儀礼を施した。十七世紀初め、マルディヴ諸島に滞在したフランス人のF・ピラールは、つぎのような興味深い記録を残している。

「彼らがシアレ（すなわち参拝廟《ズィヤーラ》）と呼んでいるところは、この風の王を祀る所であって、常世から隔たった島の一角にある。そこには、〔海の〕危険から逃れた人が毎日、飾りたてた小型の舟を供えにやってくる。その舟は特別仕立てのもので、香料、樹脂、花と香木で満たされている。香料（線香）に火をつけて、小型舟を海に放すと、舟はしばらく浮かんでいるが、十分に火がまわれば、すべて燃え尽きてしまう。こうした状態になったとき、〝風の王はその舟をお受けになられた〟と彼らは説明する。彼らは船や大型ボート（刳り舟）を進水させるとき、またなにか困難なことがおこったとき、数羽の雄と雌の鶏を殺して、それを進水させようとする船の前の海に投げる。同じように、彼らは〈海の王〉を信仰していて、航海中に風の王に対して行うのと同じような祈りと儀礼を行う。すなわち漁に出たとき、風の王と海の王を怒らせないようにと、つねに畏怖の念を抱いている。したがって、海上にいるときにも、唾を吐いたり、風に向かって何かを投げることは、風の神を怒らせるといって恐れるのである」

上述のヌワイリーやF・ピラールの記録内容には、共通する祭祀形態であるばかりか、海民のもつ同じ信仰原理が貫かれていて興味深い。さらに、このような風の精と闘ったり、精霊船を送って海底に住む霊を鎮めようとする信仰は、インド洋周縁のみならず、黒潮海域圏に沿って、日本の各地にも共通して広く分布していることは周知の事実である。

時化のときに風を弱め、波を鎮めようとする祈願儀礼は、凪のときと同じ内容で、風の精と海底の精霊の両者に対する鎮魂が目的とされた。また、船が嵐や時化に遭うのは多くの場合、航海難所の海域であったことから、難所通過の儀礼として、岩礁や海の精霊に捧げるファウラの祭祀が行われた。「カイロ・ゲニザ文書」のなかには、十一世紀ごろの地中海では、嵐の海を鎮めるために、真新しい土器の容器に聖なる名前を刻んで海に投げいれたことを伝えた記録がある。

・年中行事の儀礼

宗教的な祭日や航海期の初めと終わりなどには、一年の海上安全と豊漁を祈願するさまざまな儀礼が行われた。イエメンのザビード地方で行われる「ナツメヤシ収穫のスブートの祭り」は、おそらくイスラーム以前からの古い民間信仰の流れをくむものである。これは、ナツメヤシ樹の果実が色づき、収穫される時期に行われる一種のピクニックの祭りであり、その日に街中総出で、郊外の丘や海岸に出て一日を過ごす。人びとは、美しく着飾り、太鼓を打ち鳴らし笛を吹いて、ナツメヤシ樹園のなかを遊覧して歩く。

イブン・アル＝ムジャーウィルは、ザビードの外港ファーザで行われるナツメヤシ収穫祭りについて報告しているが、これは、明らかに海上安全を祈願する儀礼と結びついている。すなわち、ナツメヤシ樹の果実がみのると、大人と子供たちがこぞって楽器を奏で、綺麗に着飾った服装でラクダや荷馬車などに乗って、海に突き出たモスクに向かった。そこはジャバルの子ムアーズの雌ラクダの足跡を納めた聖域であり、ファーザと呼ばれた。そこで女たちは、男たちと一緒に酒をのみ、踊り、ふざけ合いながら、そこをとおって海のなかに入った。その後、そこから町には一人ずつ戻って来たという。

地中海の航海期初めの祭りは、「レンズ豆の木曜日」と呼ばれた。アレクサンドリアの市民たちは五月の第一木曜日に、町中の老若男女すべてが一年の海の平安を祈ったという。十二世紀の記録によると、アレクサンドリアの住民はこの日にレンズ豆の食べ物を持参して、灯台のもとに集まった。そのときに灯台が開かれて、人びとはアッラーへの祈りと栄光を唱え、歓喜しながら、そこに滞在し、正午になると町中に戻った。そしてその日から灯台の火がともされて、海の活動が開始された。

著者は、一九七九年十月から十二月にかけて、チュニジアのガーベス湾を中心とする漁撈文化の調査を実施した。ガーベス湾に沿った海岸やケルケンナ諸島のあちこちには、マラブー(マラブート、ムラービト)聖者を祀った白い聖廟(ザーウィヤ)がみられる。現在でも、マラブーの聖廟は、漁民たちにとっての海の信仰の中心として尊崇を集めており、安全航海と豊漁を祈願するところとなっている。聖廟では、犠牲祭の日(イード・アル＝アドハー)、ラマダーン明けの祭り(イード・アル＝フィトル)、新年(ラァス・アッ＝サナ)などに、漁民、船大工、船主や網元の人びとが集まって、アッラーの栄光を称えるズィクル(アッラーへの賛美の祈り、念誦)が行われる。彼らの説明によると、それは航海安全を祈り、豊漁を祈願するための重要な年中行事であるという。

北チュニジアのタバルカは、アルジェリア国境に近く、急斜面の山を背にした風光明媚な港町であり、古くから地中海の珊瑚採集基地として知られていた。著者は、この港でイスラーム暦の新年に行われる「黒牛の供犠」を目撃する機会にめぐまれた。タバルカ港の埠頭には、二、三十艘の珊瑚採集船がひとかたまりになって繋泊していた。そのなかの一艘を見ると、真っ黒な子牛が船上にいて、別の船にも同じような黒牛や黒山羊が乗っている。しばらくすると、四、五人の漁民が乗り込んできて、黒牛の足を縛って押し倒した。長老らしき一人が小刀をもって牛の頸部を切ると、別の男がその流れる血を洗面器に受けて、船の舳先、船室、船尾や珊瑚採りの十字形の「聖アンドレーの十字架」と呼ばれる木片、網などに血を注いだ。この儀礼は、聖者シディー・ムーサーに捧げられる「黒牛の供犠」と呼ばれるもので、牛の血を船の各部に注ぐことで一年の安全航海と豊漁を祈願するのであるという。

黒牛は、呪力の対象として、また犠牲に供せられる神聖動物として、地中海周縁部のみならず、上述したペルシア湾とインド洋の船乗りたちの行うさまざまな儀礼や信仰形態のなかにも取りいれられていて、東西の海で生活する人びとに等しく重要な宗教的意義が認められていたのである。

・ナーホダーと「緑の人」

現在のダウの海運経営における人的要素として、①ダウ所有者の船主、②ダウを実際に運用する経営者・監督者のナーホダー、③船員のムハンディス(機関長)、スッカーニー

（舵主）、バッハーリーン（一般船員）、タッバーフ（料理人）、④荷主および商人、などがあげられる。

しかし、これら四者が明確に分岐されるのではなく、とくに船主は同時にナーホダーであることが多く、船主兼ナーホダーは、航海上および経営上のすべての責任と権限をもっている。彼は、船員の雇い入れ、積み荷の仕入れから売却まで、さらに寄港・目的地の選択、船員と乗客の監督、嵐や座礁のときの船と積み荷の処遇、とくに投げ荷や遭難の責任などの、船の運用に関するすべての責任をもっている。こうしたダウのナーホダーの役割は、現在に限らず過去においても同様であって、ムアッリムやルッバーンが航路や海の状態、天文的な知識などの実地の専門知識に精通していたのに対して、彼はそれらの知識に加えて船の経営者としての性格を強くもっていた。

さらに注目すべき点は、ナーホダーが海上安全の祈願を行うさまざまな儀礼行為のリーダー的な役割を果たしていたことにある。現在でも、彼は緑色のターバンを巻いて、ダウを守る儀礼上の一種の神聖な人物として振る舞うことがある。ナーホダー、もしくはナーフザーの本来の意味は、おそらくペルシア語のナー（nā＝水）、またはナーウ（nāv＝水、河川、船）とホダー（khudā, khodā＝主、神）、すなわち「水の主」「水神」の意であったと推測される。これに対応する航海の実務者がルッバーン（rubbān）であって、すなわちラーフ（rāh＝道）、バーン（bān＝君主、支配者）、「道の支配者」「航海の指揮者」を意味した。

中世イスラーム文献史料では、紅海で活躍する船の水先案内人としてルッバーンの用語がしばしば使われ、他の海域ではムアッリムが使われた。これによって明らかなように、ナーホダーは語源的にも「水神を司る人物」であって、聖なる生き物としてのダウを守るか、またそれと一体化した守護神としての役割を担っていたのではないだろうか。

現在のダウのナーホダーが緑色のターバンを巻いていることは、彼がヒズル、すなわち「緑の人」とかかわりをもった人物であるからだと説明されている。ヒズル（khiḍr）、ヒドラ（khiḍra）、またはヒスル（khiṣr）とは、ムスリムたちにとっての神話と伝説上の人物であって、不死の放浪をする聖者であると考えられた。ヒズルは、とくに漁民や船乗りたちのあいだでは、「海の守護者（ムカッラフ・フィー・アル＝バフル）」、または「さまざまな海を渡る聖なる人（ハッワード・アル＝ブフール）」と呼ばれて、船が嵐で危険な状態に陥ったり、不安と恐怖にうろたえる人の前に現れて、救いの手をさしのべると信じられている。ヒズルの神話は、イスラーム以前にさかのぼるイリヤース（エリエ）の伝承とも結びつき、さらに各地のさまざまな神話や信仰上の要素とも混合することで広域的に分布するようになった。イリヤースは、一般には、陸上を旅する人びとの守護神（ムカッラフ・フィー・アル＝バッル）として尊崇を受けたが、必ずしも陸上の、とくに沙漠地帯だけでなく、ヒズルと一緒に泉、河口、海峡、島や岬などにも住み、通過する旅人を守った。

ヒズルやイリヤースは、多くの場合、洞窟、泉、墓地、山の頂上、岩礁、島の先端、河口や中洲などに住むと伝えられたために、それらの場所に祠、モスク、隠遁者の庵と廟などが建てられて、船乗りや旅人たちの参拝の聖地となった。現在、インダス川流域やベンガル地方の各地では、ヒズルはハワージャ・ヒズル、ホージャ・ヒジルと呼ばれて、とくに河川の中洲にヒズルの廟や祠がみられる。そこは、ムスリム系船乗りや漁民たちにとっての守り主で、全能・不死の聖人が住む場所であると信じられている。

次ページの表は、イブン・バットゥータの旅行記に記されたヒズルとイリヤースの聖廟および庵の所在地である。これによって明らかなように、その信仰の場所がとくに水（海と川と湖）もしくは海を見おろす山にかかわる地点に存在し、しかもその分布が地中海、黒海、ペルシア湾、インド洋にまたがる広い地域にあったことがわかる。

十三、四世紀以後、イスラーム教各宗派のスーフィーたちの活動が盛んになり、またメッカ巡礼と地方聖地への巡礼旅行が民衆レベルで行われるようになると、ヒズルおよびイリヤースの信仰もまた急激な広がりをみせ、それに由来するモスクや廟が増加した。とくに注目すべき点は、移動するスーフィー聖者が生きたヒズル、「緑の人」として、船乗りや旅人たちの守護者の役割を果たしたことである。彼は人びとに道中の安全を守るための護符を発行したり、彼の墓廟が参拝場所となって、訪れる人たちに御利益《ごりやく》（バラカ）を施した。イブン・バットゥータは、ホルムズ島にあるヒズルの参拝地について、つぎのような記録を残している。

イブン・バットゥータによるヒズルとイリヤース（エリエ）の聖地

所在地	聖廟・庵	隣接する施設	場所の特徴
アッバーダーン	ヒズルとイリヤースの庵	ザーウィヤ，4人の隠遁者	ティグリス川の河口，海難の場所
アダムの山（スリランカ）	ヒズルの洞窟	魚が住む泉	アダムの山の山頂に近い，船乗り航海の目標の山
アザーク（アゾフ）	墓地，ヒズルとイリヤースに由来する庵	庵，墓地，アザークの郊外	アゾフ海の要衝地，内陸アジア・キャラバンの出発地
サヌーブ（シノープ）	ヒズルとイリヤースの庵	泉，霊験が得られる墓地，ザーウィヤ	黒海沿岸の港，半島にある山
ダマスカス	ヒズルを祀る家	洞窟，モスク，イエスとマリアの聖地	カシオン山の外れの丘
ホルムズ	ヒズルとイリヤースの参拝地	ザーウィヤが隣接，シャイフが住む	ペルシア湾最大の港，ホルムズ海峡に近い
クーカ（ゴーガ）	ヒズルとイリヤースのマスジド	シャイフとハイダリーヤの隠遁者が住む	グジャラートのキャンベイ湾内の交通の要地

「この〔ホルムズの〕町から六マイル〔約一二キロメートル〕のところに、ヒズルとイリヤースに由来する参拝地（マザール）がある――この二人に平安あれ――。伝えられるところでは、その二人がそこで一心に祈りをつづけたところ、御利益と霊験があらわれたという。そこは現在、ザーウィヤとなっていて、シャイフ（長老）のひとりが住み、旅行者たちのための〔食事や宿舎の〕奉仕を行っている」

このシャイフは、おそらくスーフィー教団の長であろう。イブン・バットゥータが南アラビアのズファール地方から、マスィーラ島を経て、オマーンのスールに向かう航海で、マスィーラ島出身のアリー・ブン・イドリースという男の所有する小船に乗った。その船には、インド出身の巡礼者でヒズルと呼ばれる人物が同乗していた。彼は、コーランを誦じ、能書家であったので、「マウラーナー(わが主)」と人びとから尊称されていた。嵐になって天使が人間の魂を奪いにきたとき、彼は神への救いを求めて祈り、船の遭難を救ったという。このように、嵐による船の転覆や乗客たちが溺死するのを救うのは、一緒に船に乗り込んでいるヒズルと呼ばれるスーフィー指導者(マウラー)であった。つまり、彼は、人びとと神との仲介者として、人びとが困難に陥ったときには神に祈り、その加護を求める特殊な霊力を備えていたのである。そして、十三〜十五世紀には、スーフィーたちの活躍によって、陸上と海上の交通ルート沿いの各地で多くのリバート(聖者の修道所)やザーウィヤが建設されて、人びとの広域的移動を可能にした。

ヒジュラ暦一〇七〇年(西暦一六五九/六〇年)に死亡したスーフィー聖者アブー・バクル・アッ゠ザイライーは、不思議な霊力を備えた人物として知られ、紅海の船乗りたちのあいだで尊崇されていた。彼らは、海上航海で危険に遭うと、彼の名前を唱えて祈る。するとその聖者が彼らの目の前に現れて、その霊験によってアッラーが彼らを救ったという。そうして、彼らが無事にイエメンのルハイヤ港に戻ると、その聖者は御布施を要求した。この聖者は、明らかにヒズル信仰と結びついた霊力を備えることによって、船乗りたちの尊崇を得ていたのであろう。興味深いことに、このアブー・バクルの子アリー(西暦一六一五〜八五年)もまた聖者(ワリー)として知られ、海の危険を恐れなかったという。したがって、彼の所有する船は紅海のクサイルとヤンブゥとのあいだをいつも安全無事に横断航海することができた。

むすび

以上、ペルシア湾、紅海とインド洋を中心とする海上民たち（漁民、海民、船乗り）の信仰および儀礼とそれに関連する習俗について、船名、船を鳥とみたてる観念、目玉、造船と航海、の各分野に分けて具体的な資料を提供し、検討を加えてきた。しかし、それらの問題はいずれも相互密接に結ばれているので、個々に分けて検討すべきでないことは言うまでもない。従来、海上民の信仰や習俗に関する研究は、東南アジア島嶼部、南シナ海に沿った黒潮海域圏や日本の沿岸地域を中心としたものであって、その起源と影響関係を考えるのにも、限られた地域だけを対象にしてきた。しかし、以上の考察によっても明らかなように、それらの問題はインド洋からペルシア湾、紅海、そして地中海にまたがって直接的・間接的にかかわっているので、相互の比較や影響関係、さらには歴史をさかのぼった総合的な考察が必要であろう。また、海上信仰と習俗だけに限らずに、それ以外の事象とも関連させて探究されなければならない。例えば、海上民の多くの儀礼行為のなかに登場してきた米（飯米）は、稲作栽培を中心とした農業文化の伝播の問題とも深くかかわっていたと思われる。

インド洋を舞台として活躍するダウの船大工や船乗りたちのもっている信仰、儀礼や習俗の文化は、すでに古い時代からのさまざまな地域、人びとの文化と交流・融合し、また長期間にわたる複雑な変容を経てきているので、その本来の姿や意味を探ることは難しい。とくに近年、帆船ダウの減少、経済構造の変化や国際政治などの影響を受けて、ダウの造船と航海にかかわる儀礼や信仰その他の海上文化は急速に消滅しつつある。たとえ、それらの一部が残っていたとしても、その本来の意味が変わったり、単純に形式化することが多い。そうした意味において今後とも、海上文化に関する広域的な、また歴史的な比較研究がなされなければならないであろう。

あとがき

海は、人間の歴史にとっていかなる役割を果たしてきたのであろうか。なぜ人間は交流の場を海に求め、どのようにして広大な海を越えたのであろうか。わたしたちの想像を超えた遠い過去の時代から、海は人間移動の舞台であり、栽培植物伝播の道、道具・技術や、さまざまな文化・情報の交流したクロス・ロードでもあった。

本書では、七世紀前半に始まるイスラームの時代から十七世紀までのインド洋を舞台として繰り広げられてきた人間の移動と交流のさまざまな断面が述べられている。ここで著者がいうインド洋とは、地理的区分でのインド洋海域ではなく、歴史的にみた「インド洋」のことであって、東シナ海、南シナ海からインド洋、ベンガル湾、アラビア海、ペルシア湾、紅海までとその周縁部・島嶼部を含んでいる。つまり、ユーラシア大陸の南縁とアフリカ大陸の東側に広がる広大な海域を一つに統合された人間の活動舞台「インド洋海域世界」として捉えることで、この海域世界そのものが人類の文明交流史のうえでどのような役割を果たしてきたのか、また中緯度地帯を中心に発達した陸の大都市文明圏――中国・インド・西アジア・地中海沿岸の諸地域——との間にどのような文化的・経済的関係が保たれたか、について明らかにしたいと考えている。

「インド洋」は、中緯度地帯の内陸的な国家＝大文明圏の相互間をむすびつける共通の交流の場であり、また中緯度地帯に発達した都市の人びとはインド洋や南シナ海に広がる熱帯・亜熱帯圏に産するさまざまな動植物や鉱物資源を求めて進出し、文化的・経済的交流を行ってきた。さらに重要な点は、彼らの国家・社会・経済になんらかの変化が起こったとき、自由な活動空間＝海に向かって人間集団による大きな移動・拡散運動が引き起こされたことである。歴史的にみると、「インド洋」は、そうしたさまざまな外的刺激を受けることで、人間、もの、文化などが交じり合い、ある種の一つの共通の交流媒体としての姿を形づくってきた。そして、ユーラシア大陸やアフリカ大陸に形成・展開していったハードな陸の領域国家・文明は、その外縁部を取り囲むソフトな海域世界、すなわち「インド洋海域世界」と「地中海海域世界」の存在によってさまざまなダイナミズムの動因を創りあげてきたのである。

本書における主要な研究対象は、イスラーム世界の形成と展開過程における「インド洋」の史的役割を究明することに重点が置かれている。とくに十、十一世紀の時代を境として、イスラーム世界の文化的・経済的中心軸がバグダードからカイロおよびフスタートに移行したことに伴って、「インド洋」を舞台とする交流関係のうえにどのような変化が見られたかを解明することに本書の一番たくさんのスペースがとられている。そのことの理由は、著者がイスラーム史研究を専門とし、イスラーム世界史の上で「十、十一世紀の転換期」が極めて重要な展開の時期であること、この前後の時期に「インド洋海域世界」が一つの全体として内的統合をはたしたこと、またアラビア語史料や漢籍史料などにインド洋を舞台とする記録史料が比較的豊富になったこと、などによっている。

世界史に共通する大きなうねりの時期、いわゆる「歴史的転換期」は十、十一世紀の外にも、三〜五世紀、十四、十五世紀、十七世紀後半〜十八世紀とか十九世紀半ば前後などにも設定されると思う。これらの各時代に「インド洋海域世界」をめぐって、いかなる歴史展開が起こったかを「時代比較」するための出発点として、著者はまず「十、十一世紀の転換期」をめぐる諸問題を考えようとしているのである。したがって本書では、十五、十六世紀以後の「インド洋海域世界」をめぐる問題についてはほとんど究明されていないが、これは目下、著者が進めている研究課題の中心でもあるので、近い将来にその成果を別の一書にまとめてみたいと考えている。

近年、F・ブローデルは一つの豊かな〈生命体〉としての「地中海世界」を描くことで、海域史研究に新たな方法を提示し、また海の歴史に対する一般的関心を広く呼び起こしたが、海域をめぐる人間交流史、なかでもインド洋海域の文明史についての私たちの認識は、大変に浅くて断片的なものに過ぎない。人間は、四方を陸に囲まれた静かな海「地中海」

だけでなく、南極大陸まで果てしなく続く広大な海「インド洋」を人間移動と文明交流のクロス・ロードとして、また海を共通の活動舞台として結び付いた一つの歴史的世界を創ってきたことを重要な認識の対象とすべきであろう。

本書の叙述を通じて、インド洋が創る世界の存在を想定し、その世界の在り方や他の世界との結び付きの構造、海域文明の特質、熱帯・亜熱帯圏と中緯度圏との南北関係（人、もの、文化情報の交流、軍事的・経済的問題や環境変化など、今日的問題までを含む）等々について、総合的に考える端緒となればと著者は願っている。その意味において、本書は、専門の歴史研究者のみでなく、広く歴史・社会・文化に関心をもつ人びとを読者に予想してまとめた。このため、学説的な論議、細かい考証的なこと、傍証の文献史料名などは、つとめて省くことにした。しかし、本書で叙述の基礎となった文献史料や史料内容のなかには、著者自らが新たに捜し出し、はじめて読み解くことを試みたものが多くある。そこで、しばしば長文の引用文を載せたり、史料の説明にも紙面を割いている。これらの具体的史料を通じて、多くの人びとがインド洋海域史をめぐる諸問題に関心を持たれることをも著者は願っている。

また、著者はすでに、『イスラム世界の成立と国際商業――国際商業ネットワークの変動を中心に』（岩波書店、一九九一年）と題する一書を公刊しているが、そこで取り扱われた問題意識や方法については、本書と共通するものである。とくに本書でも扱われた「ネットワーク論」についてのより詳しい説明は、前書によって少しでも分かりやすくなればと願うものである。

なお本文中での人名と地名については、片仮名表記で統一し、巻末索引に一括して転写文字で示した。本書の内容の大部分は、既刊の論文に基づくものであるが、本書に採録するに当たっては、いずれも大幅な訂正と補筆を行った。また、第一章の「インド洋海域世界とネットワークの三層構造」、第十章「西からの挑戦――インド航路の鍵を与えたのは誰か」と第十三章「南アラビア・ハドラマウトの人びとの移住・植民活動」については、一部を既刊の論文に基づきながらも、今回新たに書き下ろしたものである。

本書では、本文の説明を補う「補注」と本文中に引用された史料、研究書および論文名の略記表を除いて、出典個所を示す詳しい注を載せていない。これは、紙数と印刷活字の都合によるものであって、さらに詳しく典拠史料を求められる読者の方々には、以下に掲げる各章の初出の発表論文を参照されたい。

序＝「インド洋世界とダウ」『季刊民族学』国立民族学博物館監修・民族学振興会、第七号、一九七九年。

第一章＝「インド洋海上史論の試み」『地域研究と第三世界』慶應義塾大学地域研究センター編、慶応通信、一九八九年。

第二章＝「唐末期における中国・大食間のインド洋通商路」『歴史教育』第十五巻第五・六号、日本書院、一九六七年。

第三章＝「インド洋におけるシーラーフ系商人の交易ネットワークと物品の流通」『深井晋司博士追悼　シルクロード美術論集』吉川弘文館、一九八七年。

第四章＝「インド洋通商とイエメン——南アラビアのSīrāf居留地」『アジア・アフリカ言語文化研究』第五号、アジア・アフリカ言語文化研究所、一九七二年。

第五章＝「モンゴル帝国時代のインド洋貿易——特にKīsh商人の貿易活動をめぐって」『東洋学報』第五十七巻第三・四号、一九七六年。

第六章＝「インド洋通商史に関する一考察——十二世紀の舶商（nā-khudā）Rāmasht について」『オリエント』第十巻第一・二号、日本オリエント学会、一九六七年。

第七章＝「東西交渉よりみた紅海とバーバルマンデブ——とくに十五世紀前半の情勢を中心としての考察」『アラビア研究論叢——民族と文化』日本サウディアラビア協会・日本クウェイト協会、一九七六年。

第八章＝「イエメン・ラスール朝の崩壊とスルタン・マスウードのインド亡命」『内陸アジア・西アジアの社会と文化』山川出版社、一九八三年。

第九章＝「十五世紀におけるインド洋通商史の一齣——鄭和遠征分隊のイエメン訪問について」『アジア・アフリカ言語文化研究』第八号、一九七四年。

第十章＝「インド洋航路の鍵を与えたのは誰か——ポルトガル来航前後のインド洋」『Bulletin, Kuwait-Japan Society』第九十五号、一九八一年。

第十一章＝「マルディヴ群島海民のメッカ巡礼」『西と東と——前嶋信次先生追悼論文集』汲古書院、一九八五年。

第十二章＝「東アフリカ・スワヒリ文化圏の形成過程に関する諸問題」『アジア・アフリカ言語文化研究』第四十一号、一九九一年。

第十三章＝「紅海とイエメン地域——その経済・文化交流上の位置と歴史的役割をめぐって」『南北イエメンを中心とする紅海情勢の研究』中東調査会、一九八三年。

第十四章＝「アラブ古代型縫合船Sanbūk Zafārīについて」『アジア・アフリカ言語文化研究』第十三号、一九七七年。

第十五章＝「ダウの装飾と儀礼」『インド洋西海域における地域間交流の構造と機能——ダウ調査報告2』アジア・アフリカ言語文化研究所、一九七九年。「海民信仰をめぐる諸問題——とくにIbn Baṭṭūṭaによるヒズルとイリヤースの信仰」『アジア・アフリカ言語文化研究』第四十二号、一九九二年。

本書に述べられた「インド洋海域世界」の構想を強く抱くようになったのは、著者が一九七四年の十月末に、イエメンのアデンに滞在したときであった。宿舎に荷物を置いて、早速、町中を歩いてみた。すると、そこで出会う人びとはアラブ系、ソマリア系、エチオピア系、東アフリカ海岸からのバントゥー系、南インド・北インドのインド系のムスリム、ヒンドゥー教徒、そしてマレー系の人びと、等々。さらには使用されている言語もアラビア語、スワヒリ語、ソマリア語、インド亜大陸の諸言語、バルーチー語など、少なくとも十カ国語近くが聞かれる。とくに驚いたのは、マレー系の奥さんを連れたアラブ人たちやその混血の人たちを多く見かけたことだった。

彼らは、いずれもホータ、あるいはロンジーと呼ばれる腰布を巻き、上半身には衣服の裾をだらりと垂らしたワイシャツを着て、キンマの実を噛み、茶屋でミルク紅茶を飲んでいる。息苦しいほど高い湿度のため、全身が汗まみれになる。カレー粉、生姜、肉桂などの香辛料と異様な香水の匂い、レコードから流れるかん高いインド女性の歌声……等々、「ああ、またこの世界に戻ってきた」と、自分の体が応えている。

こうして、多種多様な中に、何か渾然一体となった共通の「インド洋海域社会」が存在すること、それを一つの「海域世界」として歴史の上で捉えていくことの重要性を著者は深く認識したのである。それ以後、歴史の史料を読み、解釈するとき、著者はいつもオマーンのマトラ、マスカト、イエメンのアデン、ケニアのモンバサ、ラム、インドやスマトラの港町で感じ取った感覚と体験を大事にしながら研究を進めてきた。本書を読まれた方がたがそうした著者のインド洋史研究にかける情熱の一部を感じとっていただけたら幸甚である。

著者がこの研究を続けるうえで、多くの方がたから有益な助言をいただいた。とくに、東京外国語大学アジア・アフリカ言語文化研究所の教授を務められた後、現在では、静岡精華短期大学におられる三木亘教授からは、幾度となく適切な助言と励ましをいただいた。

本書の刊行にあたり、朝日新聞社出版局書籍第一編集室の川橋啓一氏に大変に御世話になった。本書の構成から個々の問題点について川橋氏の多大の御尽力と御厚意に対し、深く感謝している。同じく校正や索引のまとめ、その他煩雑な労を執って下さった畠堀操八氏に心からの感謝を捧げる。

一九九二年初冬

家島彦一

文庫版あとがき

「インド洋海域世界」とは何か。大方の読者には、馴染みの薄い言葉かもしれないが、本書において著者が試みようとすることは、アジア・モンスーンの影響を受けたユーラシア大陸の南側とアフリカ大陸の東側を縁取るように広がる南シナ海、ベンガル湾、アラビア海、インド洋とその付属海に張り巡らされた人の移動と経済・文化交流のネットワークを一つの全体として機能する歴史舞台、すなわち「海域世界」として捉えること、そしてその世界の生成、発展、成熟、衰退の歴史過程を探ること、それに対して、「陸域世界」を中心とした領土（国境）・軍事・行政の主権をもとに成立した領域国家と対比しつつ、その両者の違いや相互の関係について考えることにある。これまでの歴史では、後者、すなわち陸域世界の歴史を中心・主役として、前者、海域世界を周縁・脇役として位置付けてきたといえよう。

歴史的に観ると、海域は本来、陸域の国家と国家との間の狭間、所有権や支配権のあいまいな状態の、いわば「無主・無縁の場」「ぼやけた歴史空間」であったがゆえに、領域国家の枠を越えて多種・多様な人びとの自由な移動と交流を保障してきた。ところが、とくに世界秩序が激しく変貌しつつある現今、国際紛争の中心は陸域から海域へ拡大し、さまざまな国家による軍事・政治的・経済的思惑によって海域が分割・領域化されることで、島（島嶼）や海峡、大陸棚の線引きと海底資源の掘削、漁業権、航行権などといった問題がつぎつぎに生まれてきたのである。そうした問題に関連して、とくに近年には北方四島、竹島や尖閣列島の領有権、経済的排他水域をめぐる問題や中国によって着々と進められている南シナ海の実効支配と軍事拠点化、一帯一路政策、それらに抵抗するように米国による「航行の自由作戦」など、国際法と国際秩序に抵触する事態や軍事的衝突を孕《はら》んだ危険な事件が頻発している。日本は、これらの状況に対してどのように関与し、海を国家間の争いの場とせず、いかにして平和への道を探っていくべきか。

以上のように海域の領有権をめぐる諸問題は直接的・間接的に緊張する近年における国際政治・経済の影響とも複雑にかかわっていることは言うまでもないが、同時に長い歴史過程のなかで複雑に生成・展開してきた要因とも複雑に絡み合っている。そこで、上述したアジア・アフリカの諸地域が接触する「インド洋海域世界」がどのような自然生態環境のなかに成立し、一つの全体としてどのような機能と役割を果たしたのか、またどのような長い歴史過程を歩んできたのか、さらにはそもそも陸域（領域国家）は海域をどのように位置付け、どのような関係にあったのか、などの基本的な問題を整理し、解きほぐしてゆかねばならない、と著者は考えている。

著者は、これまでにさまざまなアラビア語史料を読み、七世紀に始まるイスラームの歴史のなかで、とくにインド洋——現在に残された記録史料の性質上、アラビア海（ペルシア湾と紅海を含む）とインド洋西海域を考察の中心としてきたが——を舞台とする人びとの移動と交流の歴史に興味を抱いて研究を進めてきた。こうした「海」に対する興味の原点には、五歳から六歳にかけての一年間ほど、愛知県知多半島の中部、知多湾に面した河《こう》和《わ》（現在の美浜町の一部）という小さな町で過ごした頃の経験が強く影響を及ぼしているように思える。名鉄河和線の終点、河和駅の改札を出ると、だだっぴろい未舗装の道が広がり、その左側にはこんもりとした緑の松並木が続いていた。我が家はその松林の中にあり、裏庭の木戸をくぐって、松葉を敷き詰めた小径を通り、小高い砂丘を越えると、突然目の前に真っ青な海が広がった。伊勢湾口を挟んで渥美半島西端の伊良湖《いらご》岬、篠島、そして遠くには志摩半島が望まれた。終日、壊れかけたコンクリートの波止場の先端に腰を下ろして、漁船が白波を蹴立てて沖に向かう光景や、海草の間でキラキラと魚鱗を光らせて泳ぎ回る小魚を見たり、海岸を歩きながら砂地を掘り返してアサリやマテガイを採り、海が荒れた翌日の早朝、海辺に打ち上げられた漂流物を捜し、珍しい貝殻を拾うのが楽しみだった。戦後の海は美しく、穏やかで豊かであった印象が強い。

そして著者が大学に入り、壮大なイスラーム世界の歴史に興味を抱いて研究し、海域世界をフィールドとしてアラビア海やインド洋の多くの港を旅するようになった意識的・無意識的誘引は、おそらく幼い頃の河和の海への追憶に由来するのかも知れない。恩師、前嶋信次先生（一九〇三〜八三）の授業でイスラームの歴史について学び、アラビア半島を出たムスリムたちの移動・征服の方向は陸域では東にはシリア、イラク、イラン、エジプトへ、そして西には北アフリカのリビヤ、チュニジア、モロッコやジブラルタル海峡を越えてイベリア半島（アンダルス）の奥深くまで拡大しただけに止まらず、東アフリカ海岸、スリランカ、スマトラ島、ジャワ島やマレーシアの島嶼部など、インド洋を隔てた諸地域にも向かったことを知った。では、船を除いて交通・連絡の手段がないにもかかわらず、インド洋を舞台としてムスリムたちやその他のさまざまな人びとはどのような動機と条件のもとに海に進出し、しかも彼らの移動が長期・継続したのはなぜか、いつ頃からその世界の各地にイスラームが広がったのか、現地の人たちと社会との間にどのような接触と交流があったのか。例えば、インドネシアのスマトラ島北端に位置するアチェは別名「メッカのベランダ」と呼ばれ、イスラームが東南アジアの島嶼部に拡大してゆく経済的・文化的拠点として重要な役割を果たしたが、アラビア半島南西端のアデンやムカッラーとの間には広大なインド洋を挟んで約五〇〇〇キロメートルの距離を隔てている。さらにイエメンから両聖都メッカ・メディナに達するためには紅海やアラビア内陸部の砂漠を越えなければならない。

そもそも著者が、イスラームの歴史に興味を抱くようになった最初の動機は、これらの問題に疑問を抱き、関連する研究論文・参考書や史料を調べるようになったからである。そして、問題を解くための一つの重要な鍵がインド洋という「海」に対する捉え方そのものにあることに気付いた。すなわち、海域そのものを人の移動や文化・情報の交流を妨げる障壁と考え、歴史を陸に限定するという旧来からの一般的な見方を打破しなければならないこと、むしろ多様な人びとの自由な活動、多元的な文化接触のクロスロードとしての海の機能と役割を積極的に認めるべきであるとの逆転の発想が必要ではないか、と。

私がインド洋海域世界という新たなパラダイムを発想し、それに基づいてその世界をめぐる諸問題を相互有機的に関連付けて考えるようになった直接の契機は、一九六九年の春、南東イラクのシャット・アル＝アラブ（ティグリスとユーフラテスの両河が合流してペルシア湾に注ぐ流域）の河岸に停泊中の木造帆船ダウ船を目撃したことにある。ホテル前の船着き場には、ブーム、クーティーヤ、デンギー、トーニーなど、さまざまな様式・規模・形状のダウ船が横付けされて、船員たちが忙しく積荷を道路脇に運び出していた。そこで彼らの数人に、どこから来たのか、積荷は何か、復路には何を積み込むのか、などの簡単な質問をしてみると、ひどいインド訛りの英語で、ダウ船はパキスタンのカラチ（カラーチー）、インドのマーンドヴィー、ジャムナガル、ボンベイ（ムンバイ）、マンガロール、カーリクート（カリカット、カジコーデ）などの港を出て、冬季の北東モンスーンを利用して、アラビア海・ペルシア湾を越えて来航したこと、主に胡椒・生姜・紅茶・米・木材・綿布などを積載し、帰りの航海にはバスラ産のナツメヤシの果実（デーツ）を一艘で一五〇〇から二〇〇〇袋（一袋が約六〇キログラム）を積み込み、二週間後の四月半ばには出港するとのことである。また、南イエメンに滞在した時、アデンの町中で出会った人びとは、アラブ系（ソコトラ島、ハドラマウト、内陸イエメンなどの出身者）、ソマリア系、エチオピア系、東アフリカから来たバントゥー系、南西インドやパキスタン出身のムスリム、ヒンドゥー教の人びと等々。市場《スーク》や茶屋《マクハー》で使用されている言語もアラビア語、スワヒリ語、ペルシア語、バルーチー語、ウルドゥー語、インドのマラヤーラム語、グジャラート語など、聞き分けただけでも十ヵ国近くのさまざまな言語が耳に入ってくる。とくに驚いたのは、マレー系の奥さんを連れたハドラマウト出身のアラブ人（ハドラミー）とその混血の人たちを多く見かけたことだ。その後も、東アフリカ海岸のソマリア、ケニア、タンザニアの町々、インド、パキスタン、スリランカ、マルディヴ（モルディブ）諸島、インドネシア、マレーシア等々、著者はインド洋海域の周縁・島嶼部を尋ね回り、さまざまな異文化を体験する旅を続けた。

インド洋海域世界論に基づく最初の研究成果は、一九九三年に発表した『海が創る文明――インド洋海域世界の歴史』（朝日新聞社）であり、本書の原本となっている。この原本は、今からすでに二五年以上も昔の、いわば未熟な研究途上で出版されたものであるから、読み返してみると、書かれた内容について訂正すべき点や、別の新しい史料を付け加えて補うべき個所も多々あることは言うまでもない。しかし、インド洋海域世界論という新しい視点に基づき、さまざまな史料を必死になって蒐集した頃の熱き情熱が懐かしく想い出される。

この書物が「文庫」という多くの人びとの手に届きやすい仕方で再版され、近年、問題にされるようになったホルムズ海峡をめぐる国際関係、ソマリア沖の海賊やバーバル海峡問題、「インド太平洋問題」などの複雑・多岐にわたる世界情勢を、歴史的視点に立ってより正確な知識に基づいて考察してゆくための手がかりを与えることは、まさに時宜にかなった喜ばしいことであると思っている。なお、新版を上梓するにあたって、原本にある地名や人名の一部の表記を改めた。

本書の刊行にあたって、筑摩書房「ちくま学芸文庫」編集部の藤岡泰介氏には多大なご助力をいただいた。記して、感謝の意を表したい。

二〇二〇年　師走　　　家島彦一

カ言語文化研究』東京外国語大学アジア・アフリカ言語文化研究所，第7号，pp. 165-181, 1974
家島彦一「イエメン・ラスール朝史に関する新写本補遺」『アジア・アフリカ言語文化研究』東京外国語大学アジア・アフリカ言語文化研究所，第8号，pp. 157-159, 1974
H. Yajima, *The Arab Dhow Trade in the Indian Ocean*, Tokyo, 1976
家島彦一，上岡弘二『インド洋西海域における地域間交流の構造と機能――ダウ調査報告2』東京外国語大学アジア・アフリカ言語文化研究所，1979
家島彦一「チュニジア・ガーベス湾をめぐる漁撈文化――地中海世界史の視点から」『イスラム世界の人びと――海上民』東洋経済新報社，pp. 202-239, 1984
家島彦一「ダウ船とインド洋海域世界」〈シリーズ世界史への問い2〉『生活の技術 生産の技術』岩波書店，pp. 105〜128, 1990
ヤフヤー・ブン・アル＝フサイン『イエメン地方の情報に関する最高の望み』＝Yaḥyā b. al-Ḥusayn, *Ghāyat al-Amānī fī Akhbār al-Quṭr al-Yamānī*, ed. A. F. Sa'īd 'Āshūr., Cairo, 2 vols., 1968
山本達郎「鄭和の西征」『東洋学報』第21巻第3・第4号，昭和9年
B・ルイス＝B. Lewis, "The Fatimids and the Routes to India", *Revue de la Faculte des Sciences Économiques d'Istanbul*, no. 11, Istanbul, 1949-50, pp. 50-54
劉恂『嶺表録異』
J・G・ロリマー『ペルシア湾地名事典』＝J. G. Lorimer, *Gazetteer of the Persian Gulf, 'Oman and Central Arabia*, vol. 1 (Historical), vol. 2 (Geographical and Statistical), Part 3 (Tables/Maps), Calcatta, 1908, 1915 (repr., 1970)
ワッサーフ『ワッサーフの歴史』＝*Waṣṣāf, Ta'rīkh-i Waṣṣāf* (*Tajziyat al-Amṣār wa Tazjiyat al-A'sār*), Photographic edition, Bombay; *The History of India*, ed. H. M. Elliot, vol. 3, pp. 24-54, Delhi, 1964

マスウーディー『黄金の牧場と宝石の鉱山』＝al-Mas'ūdī, *Murūj al-Dhahab wa Ma'ādin al-Jawhar, Les prairies d'or*, texte et trad. par C. Barbier de Meynard et Pavet de Courteille, 9 vols., Paris, 1861-77
松本信廣『東亜民族文化論攷』誠文堂新光社，昭和 43 年
マルコ・ポーロ『東方見聞録』＝Marco Polo, *The Book of Ser Marco Polo*, trans. Sie H. Yule, 3rd ed. revised by H. Cordier, 3 vols., London, 1903-20（repr., 1975）
『明史』＝清張廷玉等撰『明史』
ムカッダスィー『諸地方の知識に関する最良の分類の書』＝al-Muqaddasī, *Kitāb Aḥsan al-Taqāsīm fī Ma'rifat al-Aqālīm, B. G. A.* 3, ed. M. J. de Goeje, Leiden, 1906
ムナッジム（イスハーク・ブン・アル＝フサイン・アル＝ムナッジム）『諸都市の記載に関する山と積まれた珊瑚の書』＝Isḥāq b. Ḥusayn al-Munajjim, *Kitāb Ākām al-Marjān fī Dhikr al-Madā'in*, ed. Angela Codazzi, Roma, 1929
ムハンマド・サーリブ『カタル民謡――船乗りたちの唄』＝Muḥammad Ṣālib Salmān, *al-Aghniyat al-Sha'bīya fī Qaṭar*, vol. 4（Aghnī al-Baḥḥār）, Qaṭar, 1975
ムヒッビー『ヒジュラ暦十一世紀の名士に関する事績要覧』＝al-Muḥibbī, *Khulāṣat al-Athar fī A'yān al-Qarn al-Ḥādī 'Ashar*, Būlāq 4 vols.,（repr., Beirut）
モンテ・コルヴィーノ『宣教師報告』＝John of Montecorvino, *Letters and Reports of Missionary Friars*. H. Yule, *Cathay and the Way Thither*, vol. 3, pp. 45-103 所収
ヤァクービー『諸国誌』＝al-Ya'qūbī, *Kitāb al-Buldān*, ed. M. J. de Goeje, Leiden, 1892
ヤークート『地理集成』＝Yāqūt al-Ḥamawī, *Mu'jam al-Buldān. Jacut's Geographisches Wörter buch*, ed. F. Wüstenfeld, 6 vols., Leipzig, 1866-73
家島彦一「イスラム史料中にみる鄭和遠征記事について」『史学』第 38 巻第 4 号，pp. 95-101, 1966
家島彦一「イエメン・ラスール朝史に関する新写本」『アジア・アフリ

深井晋司・高橋敏『ペルシアの古陶器』淡交社，1980
藤田豊八『東西交渉史の研究』「南海篇」荻原星文館，昭和 18 年
ブズルク・ブン・シャフリヤール『インドの驚異譚』＝Buzurk b. Shahriyār, *'Ajā'ib al-Hind, Livre des merveilles de l'Inde*, trad. par M. Devic, texte arabe et notes par P. A. van der Lith, Leiden, 1883–86；藤本勝次・福原信義訳注『インドの不思議』関西大学出版・広報部，1978；家島彦一訳注『インドの驚異譚』平凡社（東洋文庫），1～2 巻，2011
J・L・ブルクハルト『アラビア旅行』＝J. L. Burckhardt, *Travels in Arabia*, London, 1829
ペレイラ＝N. V. Pereira, *Nuno Vaz Pereira's Settlement of Kilwa Affaires 1506* ⇨F・グレンヴィル『東アフリカ史料集』
ベンヤミン・トゥデイラ『旅行記』＝Benjamin Tudela, *The Itinerary of Benjamin Tudela*, trans. M. N. Adler, London, 1907
J・ホーネル＝J. Hornell, "A Tentative Classification of Arab Sea-craft", *Mariners Mirror*, no. 28, pp. 11–40, London, 1942
D・ホワイトハウス「スィーラーフ発掘」＝D. Whitehouse, "Excavations at Siraf: First Interim Report", *Iran*, no. 6, 1968; *Iran*, no. 7, 1970; *Iran*, no. 8, 1971; *Iran*, no. 9, 1972; *Iran*, no. 10, 1973; *Iran*, no. 11, 1974
W・ホワイトリー『スワヒリ――国語の発生』＝Wilfred Whitely, *Swahili: The Rise of a National Language*, London, 1969
S・B・マイルズ＝S. B. Miles, *The Countries and Tribes of the Persian Gulf*, London, 1919
前嶋信次「マルディヴ群島の産物――その東亜の文化に対する意義に就いて」『東西物産の交流』誠文堂新光社，1982
牧田茂『海の民俗学』岩崎美術社，昭和 41 年
マクリーズィー『諸王国の知識のための事績の書』＝al-Maqrīzī, *Kitāb al-Sulūk li-Ma'rifat Duwal al-Mulūk*, ed. N. Ziada, A. F. 'Āshūr, and H. Rabie, 5 vols., Cairo, 1934–77
マクリーズィー『エジプト地誌』＝al-Maqrīzī, *al-Khiṭaṭ* (*Kitāb al-Mawā'iẓ wa'l-I'tibār*), 2 vols., Cairo, Būlāq

on Recent Archaeological Excavations at Banbhore, Karachi, 1963
費信『星槎勝覧』馮承鈞校注，中華書局
F・ピラール『東インド・マルディヴ・モルッカ・ブラジル旅行』＝François Pyrard, *The Voyage of François Pyrard of Laval to the East Indies, the Maldives, the Moluccas and Brazil*, trans. by A. Gray, 3 vols., Hakluyt Society 1st ser. nos. 76-77, 80, London, 1887-90
アル＝ファースィー・アル＝マッキー『メッカ誌（聖なる地〈メッカ〉の情報を望む人の癒し）』＝al-Fāsī al-Makkī, *Shifā' al-Gharām bi Akhbār al-Balad al-Ḥarām*, ed. Maktabat al-Nahḍat al-Ḥadītha, 2 vols., Cairo, 1956
アル＝ファースィー・アル＝マッキー『信義厚き地（メッカ）の歴史に関する高価なる首飾り』＝al-Fāsī al-Makkī, *al-'Iqd al-Thamīn fī Ta'rīkh al-Balad al-Amīn*, ed. M. Ḥāmid & S. Fu'ād, 8 vols., Cairo, 1958-69
ファリア・イ・ソザ＝Faria y Sousa: *The Portuguese Asia or the History of the Discovery and Conquest of India by the Portuguese*, 3 vols., London, 1695 (repr., London, 1971)
ファン・デン・ベルグ『ハドラマウトとインド島嶼部におけるアラブ人居留地』＝Van den Berg, *Le Hadramout et les colonies arabes dans l'archipel indien*, Batavia, 1886
G・フェラン『アラブ航海天文学入門』＝G. Ferrand, *Introduction à l'astronomie nautique arabe*, Paris, 1928
G・フェラン「南海における崑崙と古代海洋横断の航海」＝G. Ferrand, "Le K'ouen-louen et les anciennes navigations interocéaniques dans les mers du sud", *Journal Asiatique*, 2e série, tomes 13-14, Paris, 1919
G・フェラン「ヴァスコ・ダ・ガマのアラブ・パイロット」＝G. Ferrand, "Le pilote arabe de Vasco da Gama et les instructions nautiques des arabes au xve siècle", *Annales de la Géographie*, no. 7, Paris, 1922, pp. 289-307
G・フェラン「イブン・マージド」＝G. Ferrand, "Les Mu'allim, Ibn Mājid et Sulaymān al-Mahrī", *Introduction à l'astronomie nautique arabe*, Paris, 1928, pp. 177-237

馬歓『瀛涯勝覧』馮承鈞校注，中華書局
ハサン・ブン・アリー『アデン港の関税表』＝Ḥasan b. ʻAlī, *Kitāb Mulakhkhaṣ al-Fiṭan wa'l-Albāb wa'l-Misbāḥ al-Hudā li'l-Kuttāb*, MS. Ambrosiana. NFH., no. 130
ハサン・タージュ・ウッ＝ディーン『マルディヴ諸島の王統史』＝Ḥasan Tāj al-Dīn, *The Islamic History of the Maldive Islands*, vol. 1 (Arabic text), ed. H. Yajima, Tokyo, 1982, vol. 2 (Annotations and Indices), H. Yajima, Tokyo, 1984
D・パセコ・ペレイラ＝Pereira, Duarte Pacheco, "Esmeraldo de Situ Orbis 1505-1508", ed. by Epiphanio da Silva Dias, *Boletim da Sociedade de Geographia de Lisboa*, 1903-04, Lisboa, 1905 ⇨F・グレンヴィル『東アフリカ史料集』
ハズラズィー『イエメン・ラスール朝史に関する真珠の首飾りの書』＝al-Khazrajī, *Kitāb al-ʻUqūd al-Lu'lu'īya fī Ta'rīkh al-Dawlat al-Rasūlīya*, Arabic text ed. Muḥammad ʻAsal, 2 vols., London, 1913, 1918
バー・ファキーフ・アッ＝シフリー『ハドラマウト年代記』＝Bā Faqīh al-Shiḥrī, *Ta'rīkh Ḥaḍramawt* (R. B. Serjeant, *The Portuguese off the South Arabian Coast, Hadrami Chronicles*), Oxford U. P. 1963; Ṣāliḥ al-Ḥāmid al-ʻAlawī, *Ta'rīkh Ḥaḍramawt*, 2 vols., Judda, 1968
ハリーリー『マカーマート説話集』挿絵＝Muḥammad al-Qāsim al-Ḥarīrī, *al-Maqāmāt*: マカーマート挿絵は，サンクトペテルブルグの科学アカデミーとパリの国立図書館に所蔵の13世紀写本による
D・バルボサ『デュアルテ・バルボサの書（東アフリカとマラバール海岸の地誌）』＝Duarte Barbosa, *The Book of Duarte Barbosa, An Account of the Countries bordering on the Indian Ocean and Their Inhabitants*, trans. by M. Longworth Dames, 2 vols., Hakluyt Society, London, 1918-21
J・デ・バロス『アジア誌』＝Jõao de Barros, *Da Asia* ⇨F・グレンヴィル『東アフリカ史料集』
汪大淵『島夷誌略』藤田豊八校注，雪堂叢刻
『バンボール遺跡報告』＝F. A. Khan, *Banbhore: A Preliminary Report*

Faḍl Ja'far b. 'Alī, *Kitāb al-Ishārat ilā Maḥāsin al-Tijāra*, Cairo, A. H. 1318
鄭鶴聲編『鄭和遺事彙編』台湾中華書局，中華民国 59 年
「鄭和航海図」＝茅元儀『武備志』巻 240 所収
匿名のペルシア語地理書『世界の境域地域』＝*Ḥudūd al-'Ālam, Regions of the World, a Persian Geography, 372 A. H. -982 A. D.*, trans. and commentary by V. Minorsky, E. J. Gibb Memorial Series, London, 1937
ナースィル・フスロー『旅行記』＝Nāṣir Khusrau, *Safar-i Nāmah, Relation du voyage de Nassiri Khosrau*, trans., C. Schefer, repr., Amsterdam, 1970
ナフラワーリー『オスマン征服に関するイエメンの閃光』＝Quṭb al-Dīn Muḥammad b. Aḥmad al-Nahrawārī, *al-Barq al-Yamānī fī al-Fatḥ al-Uthmānī*, ed. Ḥamad al-Jāsir, Cairo, 1967
ナフラワーリー『メッカ誌（聖なるアッラーの家のしるしに関する情報の書）』＝Quṭb al-Dīn Muḥammad b. Aḥmad al-Nahrawārī, *Kitāb al-I'lām bi-A'lām Bayt Allāh al-Ḥarām*（*Akhbār Makka*, ed. F. Wüstenfeld. no. 3）, repr., Beirut, 1964
ヌワイリー＝al-Nuwayrī, *Nihāyat al-'Arab fī Funūn al-Adab*, 3 vols., MS. Bibliothèque Nationale, Paris, Arabe nos. 1577-1579
ヌワイリー『アレクサンドリアにおける十字軍事件顚末記』＝al-Nuwayrī, Muḥammad b. Qāsim b. Muḥammad al-Nuwayrī, *Kitāb al-Ilmām bi'l-I'lām*, Hyderabad-Deccan, 6 vols., 1968-73
C・S・ニコルス『スワヒリ海岸』＝C. S. Nicholls, *The Swahili Coast*, London, 1971
野口武徳「船霊とエビス」『山人と海人——非平地民の生活と伝承』日本民俗文化大系 5，小学館，昭和 58 年，pp. 394-420
D・E・ノーブル＝D. E. Noble, "The Coastal Dhow Trade of Kenya", *Geographical Journal*, London, 1963
G・F・ハウラニ『古代と中世初期のインド洋におけるアラブ人航海技術』＝G. F. Hourani, *Arab Seafaring in the Indian Ocean in Ancient and Early Medieval Times*, Princeton, 1951

note 1)
スライマーン，アブー・ザイド『シナ・インド事情』＝Sulaymān, Abū Zayd, *Silsilat at-Tawārīkh*, Bibliothèque Nationale, Paris, MS. Arabe, 2222; J. Reinaud (ed. & trans.), *Relation des voyages faits par les Arabes et les Persans dans l'Inde et la Chine*, 2 vols., Paris, 1845; J. Sauvaget, *'Aḥbār aṣ-Ṣīn wa'l-Hind, Relation de la Chine et de l'Inde rédigée en 851* (*anonymous*), Paris, 1948；家島彦一訳注『中国とインドの諸情報』全2巻，平凡社，2007
スライマーン・アル＝マフリー『航海指針』＝Sulaymān al-Mahrī, *Minhāj al-Fākhir fī 'Ilm al-Baḥr al-Zākhir*, ed. Ibrāhīm Khūrī, Dimashq, 1970
スライマーン・アル＝マフリー『航海提要』＝Sulaymān al-Mahrī, *Kitāb al-'Umdat al-Mahrīya fī Ḍabṭ al-'Ulūm al-Baḥrīya*, ed. Ibrāhīm Khūrī, Dimashq, 1970
「泉州湾宋代海船発掘簡報」『文物』1975. 10.
『宋会要』＝『徐（松）輯宋会要稿』
N・チティック『マンダ島』＝N. Chittick, *Manda Excavations at an Island Port in the Kenya Coast*, The British Institute in Eastern Africa, Nairobi, 1981
N・チティック＝N. Chittick, *East Africa and the Orient, Cultural Syntheses in Pre-colonial Times*, London, 1975
N・チティック＝N. Chittick, "The East Coast, Madagascar and the Indian Ocean" in the *Cambridge History of Africa*, vol. 3, London, 1977, pp. 183–231
趙汝适『諸蕃志』馮承鈞校注，中華書局
P・テイセイラ『ホルムズ王統史』＝Pedro Teixeira, *The Travels of Pedro Teixeira; with his 'Kings of Harmuz', and Extracts from his 'Kings of Persia'*, trans. & annotated by W. F. Sinclair, the Hakluyt Society, 1st ser. no. 9, London, 1902
タバリー『年代記』＝al-Ṭabarī, *al-Ta'rīkh al-Rusul wa'l-Mulūk*, ed. M. J. de Goeje, 15 vols., Leiden, new ed., 1879–1901
ディマシュキー『商業美徳に関する提示の書』＝al-Dimashqī, Abū al-

Majid, pp. 182–183)
コスマス・インディコプレウステス『コスマスのキリスト教地理学』＝Cosmas Indicopleustes, *The Christian Topography of Cosmas, An Egyptian Monk*, trans. McCrindel, The Hakluyt Society 1st ser. no. 48, London, 1897
サアーリビー『諸知識の名言』＝al-Tha'ālibī, *Laṭā'if al-Ma'ārif*, ed. I. al-Abyārī, Cairo, 1960
R・B・サージェント『ハドラマウト年代記』＝R. B. Serjeant, *The Portuguese off the South Arabian Coast* (*Hadramī Chronicles*), Oxford U. P. 1963
サハーウィー『ヒジュラ暦九世紀の名士のための輝ける光』＝al-Sakhāwī, *al-Ḍaw' al-Lāmi' li-Ahl al-Qarn al-Tāsi'*, 12 vols., Cairo, A. H., 1353–55
サムアーニー『人名由来事典（アンサーブ）』＝al-Sam'ānī, al-Imām Abī Sa'd 'Abd al-Karīm, *al-Ansāb*, ed. Muḥammad 'Abd al-Mu'īd Khān, 6 vols., Hyderabad-Deccan, 1962–66
ジャアファリー『二つの幸運の曙』＝Sayf al-Dīn al-Ja'farī, *Maṭla' al-Sa'dayn* ⇨J・オーバン「ホルムズ王統史」
シャンバル『ハドラマウト年代記』＝Shanbal, *Ta'rīkh Shanbal* ⇨R・B・サージェント『ハドラマウト年代記』; *Ta'rīkh Shanbal*, ed. 'Abd Allāh M. al-Ḥibshī, San'ā', 1994.
ジャン・ルージェ，酒井傳六訳『古代の船と航海』法政大学出版局，1982
『新唐書』宋欧陽脩等奉勅撰
J・H・A・ジュウェル＝J. H. A. Jewell, *Dhows at Mombasa*, Nairobi, 1969
周去非『嶺外代答』
祝允明『前聞記』
J・ストランデス『東アフリカにおけるポルトガル時代』＝Justus Strandes, *The Portuguese Period in East Africa*, Nairobi, 1961
L・T・スミー＝L. T. Smee, India Office Library, London, *Marine Miscellaneous*, no. 586 (C. S. Nicholls, *The Swahili Coast*, London, 1971,

鞏珍『西洋番国志』向達校注，中華書局
R・ギルシュマン＝R. Ghirshman, *Jazīrat Khārak*, Tehran, 1973
『キルワ王国年代記（キルワ情報に関する慰めの書）』＝Anonymous, *Kitāb al-Salwat fī Akhbār Kilwa*, MS. British Museum, no. Or. 2666
クトゥブ・ウッ＝ディーン・アン＝ナフラワーリー『メッカ誌（聖なるアッラーの家のしるしに関する情報の書）』⇨ナフラワーリー
『旧唐書』後晋劉昫監修
クラヴィホ『ティムール帝国紀行』＝Clavijo, *Embassy to Tamerlane 1403～1406*, trans. from Spanish by G. Le Strange, London, 1928；クラヴィホ著・山田信夫訳『チムール帝国紀行』桃源社，昭和54年
J・H・クラマース「バルヒー，イスタフリー，イブン・ハウカル問題とイスラムの地図」＝J. H. Kramers, "La question Balḫī-Iṣṭaḫrī-Ibn Ḥawḳal et l'Atlas de l'Islam", *Acta Orientaria*, no. 10, 1932, pp. 9-30
F・グレンヴィル『タンガニカ海岸の中世史』＝G. S. P. Freeman-Grenville, *The Medieval History of the Coast of Tanganyika*, Oxford, 1962
F・グレンヴィル『東アフリカ史料集』＝G. S. P. Freeman-Grenville, *The East African Coast, Select Documents from the First to the Earlier Nineteenth Century*, Oxford, 1962
桑原隲蔵『東西交通史論叢』桑原隲蔵全集3，岩波書店，1968
桑原隲蔵『蒲寿庚の事蹟』岩波書店，昭和10年
S・D・ゴイテイン『イスラーム史研究』＝S. D. Goitein, *Studies in Islamic History and Institutions*, Leiden, 1966
S・D・ゴイテイン「キーシュ王のアデンへの遠征に関する目撃者の二つの報告」⇨「カイロ・ゲニザ文書」
S・D・ゴイテイン『地中海社会』＝S. D. Goitein, *A Mediterranean Society: The Jewish Communities of the Arab World as portrayed in the Documents of the Cairo Geniza*, vol. 1（Economic Foundations), Los Angeles, 1967
『皇明実録』
『高麗史』金宗瑞・鄭麟趾ら撰，国書刊行会出版，3 vols., 1908-09
ゴエス＝Damiao de Goes, *Chronica do serenissimo senhor rei D. Emmanuel escrita por Damiao de Goes*, Coimbra, 1790（G. Ferrand, *Ibn*

ゥラー海案内記』生活社，昭和 23 年
オドリコ・ポルデノン『東方世界誌』=Odoric of Pordenone, *The Eastern Parts of the World described*, trans. & ed. with notes by Henry Yule and revised by H. Cordier (Cathay and the Way Thither, vol 2, London, 1913)；オドリコ，家入敏光訳『東洋旅行記』桃源社，昭和 41 年
J・オーバン「スィーラーフの崩壊」=J. Aubin, "La ruin de Sīrāf et les routes du Golfe Persique aux XIe et XIIe siècles", *Cahiers de Civilization Médiéval*, Paris, no. 1, 1959, pp. 295-301
J・オーバン「ホルムズ王統史」=J. Aubin, "Les princes d'Ormuz du XIIIe au XVe siècle", *Journal Asiatique*, 241, 1953, pp. 77-137
「カイロ・ゲニザ文書」=S. D. Goitein, "Two Eyewitness Reports on the Expedition of the King of Kish against Aden", *Bulletin of the School of Oriental and African Studies* (*B. S. O. A. S.*), no. 16, 1954, pp. 254-55
岳珂『桯史』
J・カースウェル，M・プリケットによるマンタイ遺跡発掘=J. Carswell & M. E. Prickett, "Mantai 1980: A Preliminary Investigation", *Ancient Ceylon, Journal of the Archaeological Survey*, Department of Sri Lanka, no. 5, 1984; M. E. Prickett, *Excavation at Mantai, 1980: Preliminary Report of the Field Director*, Colombo, 1981
賈耽『道里記（皇華四達記)』=『新唐書』(巻 43 下「地理志」) 引用
カルカシャンディー『黎明』=al-Qalqashandī, *Ṣubḥ al-A'shā'*, 14 vols., Cairo, 1914-28
カルピニ，ルブルク『東方紀行』=カルピニ，ルブルク，護雅夫訳『中央アジア　蒙古旅行記』桃源社，昭和 40 年
「魏志倭人伝」=和田清・石原道博編訳『魏志倭人伝・後漢書倭伝・宋書倭国伝・隋書倭国伝』岩波書店，1951
北見俊夫『日本海上交通史の研究』鳴鳳社，1973
キャプテン・オーエン=Chaptain W. F. W. Owen, *Narrative of Voyage to explore the Shores of Africa, Arabia and Madagascar*, London, 2 vols., 1833

Mursī, Cairo, 1969
イブン・マージド『有益の書』=Aḥmad Ibn Mājid, *Kitāb al-Fawā'iḍ fī Uṣūl 'Ilm al-Baḥr wa'l-Qawā'id*, ed. Ibrāhīm Khūrī, Dimashq, 1971; G. R. Tibbetts, *Arab Navigation in the Indian Ocean before the Coming of the Portuguese*, London, 1971
イブン・アル=ムジャーウィル『イエメン地方とメッカおよび一部のヒジャーズ地方誌』=Ibn al-Mujāwir, *Ṣifat Bilād al-Yaman wa Makkat wa Ba'ḍ al-Ḥijāz al-musammāt Ta'rīkh al-Mustabṣir* (*Descriptio Arabiae Meridionalis*), ed. O. Löfgren, 2 vols., Leiden, 1951-54
ヴァスコ・ダ・ガマ『ドン・ヴァスコ・ダ・ガマのインド航海記』= Correa Gaspar, *The Three Voyages of Vasco da Gama*, trans. by Lord H. Stanley, 1869, Hakluyt Society, ser. 1, no. 42, London, 1869; コロンブス，アメリゴ，バルボア，マゼラン他『航海の記録』(大航海時代叢書 1)，岩波書店，1965
L・ディ・ヴァルテーマ『旅行記』=L. di Varthema, *The Travels of Ludovico di Varthema*, ed. & trans. by J. Winter Jones & G. Percy Badger, London, 1893
A・J・ヴィリアーズ=A. J. Villiers, *Sons of Sindbad*, London, 1940
A・J・ヴィリアーズ=A. J. Villiers, "Some Aspects of the Arab Dhow Trade", *The Middle Eastern Journal*, no. 2, 1948, pp. 399-416
P・ヴェラン=Pierre Vérin, "Austoronesian Contributions to the Cultures of Madagascar: Some Archaeological Problems", ed. I. Rotberg & H. Neville Chittick, *East Africa and the Orient, Cultural Syntheses in Pre-colonial Times*, London, 1975, pp. 164-191
ウマーラ・アル=ハカミー『イエメン史』=al-'Umārah al-Ḥakamī, *Ta'rīkh al-Yaman. Yaman: Its Early Medieval History*, text, trans. and notes by H. Cassels Kay, London, 1892
『運行する七つの星座の緯度経度表』=Anonymous, *Taqwīm al-Kawākib al-Sab'at al-Sayyāra*, MS. Taymūr Library, al-Riyāḍāt, no. 272, Cairo, Dār al-Kutub al-Miṣrīya
『エリュトゥラー海案内記』=Lionel Casson (ed. & trans.), *The Periplus Maris Erythraei*, Princeton, U. P. 1989; 村川堅太郎訳『エリュト

1977, 1986
イブン・タグリー・ビルディー『時代の諸事件』=Ibn Taghrī Birdī, *Ḥawādith al-Duhūr fi Madā al-Ayyām wa'l-Shuhūr*, ed. W. Popper, 8 vols., California Berkeley, 1930-31
イブン・タグリー・ビルディー『フスタート（ミスル）とカイロの諸王侯に関する輝ける星』=Ibn Taghrī Birdī, *al-Nujūm al-Zāhira fī Mulūk Miṣr wa'l-Qāhira*, 16 vols., Cairo, 1929-72
イブン・ハウカル『大地の姿』=Ibn Ḥawqal, *Kitāb Ṣūrat al-Arḍ*, ed. J. H. Kramers, Leiden, 2 vols., 1938-39
イブン・ハウカル『パリ要約本』=*Epitome Parisiensis* (*B. G. A.*, 2, ed. M. J. de Goeje, Leiden, 1872; M. J. de Goeje, *Indices Glossarium et Addenda et Emendanda Ad Part I-III, B. G. A.* 4, Leiden 1873
イブン・ハジャル・アル=アスカッラーニー『人生の知識に関する未経験の情報』=Ibn Ḥajar al-'Asqallānī, *Inbā' al-Ghumr bi Abnā' al-'Umur*, ed. Ḥasan Ḥabashī, 2 vols., Cairo, 1970-71
イブン・バットゥータ『大旅行記』=Ibn Baṭṭūṭa, *Riḥlat Ibn Baṭṭūṭa*, Beirut, 1960; *Voyages d'ibn battûṭa*, texte arabe accompagné d'une traduction par C. Defrémery et B. R. Sanguinetti, 4 vols., Paris, 1853-58; *The Travels of Ibn Baṭṭūta*, trans. by H. A. R. Gibb, 3 vols. Hakluyt Society, Cambridge, 1956, 1961, 1971; *The Riḥla of Ibn Baṭṭūṭa* (*India, Maldive Islands and Ceylon*), trans. and commentary by Mahdi Husain, Baroda, 1953;『大旅行記』全8巻，家島彦一訳注，平凡社，1996-2002
イブン・アル=バルヒー『ファールス地誌』=Ibn al-Balkhī, *Fārs Nāmah* (*The Fársnama of Ibnu'l-Balkhí*), ed. G. Le Strange & R. A. Nicholson, London, 1921
イブン・ファドラーン『ヴォルガ・ブルガール旅行記』家島彦一訳注，平凡社，2009
イブン・フルダーズベ『諸道・諸国の書』=Ibn Khurdādhbeh, *Kitāb al-Masālik wa'l-Mamālik* (*B. G. A.* 6, ed. M. J. de Goeje), Leiden, 1889
イブン・マージド『海洋の知識に関する三つの精華』=Aḥmad Ibn Mājid, *Thalāth Azhār fī Ma'rifat al-Biḥār*, ed. Muḥammad Munīr

Kitāb Masālik al-Mamālik（*B. G. A.* 1, ed. M. J. de Goeje）, Leiden, 1889／1967
イドリースィー『諸地方の踏破を望む人への慰め』＝al-Idrīsī, *Kitāb Nuzhat al-Mushtāq fī al-Ikhtirāq al-Āfāq*（*Opus Geographicum*）, ed., Insituto Universitario Orientale di Napoli, 9 vols., Leiden, 1970–84
R・M・イートン『ビージャープールのスーフィーたち（1300～1700）――中世インドにおけるスーフィーたちの社会的役割』＝Rechard Maxwell Eaton, *Sufis of Bijapur, 1300–1700: Social Roles of Sufis in Medieval India*, Princeton U. P., 1978
イブラーヒーム・フーリー『イブン・マージド』＝Ibrāhīm Khūrī, *Ibn Mājid, Shi'r-hu al-Milāhī*, Ra's al-Khayma, 1989
イブン・アル＝アスィール『完史』＝Ibn al-Athīr, *al-Kāmil fī al-Ta'rīkh*, 13 vols., ed., C. J. Tornberg, repr., Beirut, 1965–67
イブン・イヤース＝Ibn Iyās, *Badā'i' al-Zuhūr fī Waqā'i' al-Duhūr*, ed. Muḥammad Muṣṭafā, 5 vols., Cairo, 1961–75
イブン・アッ＝サーイー『歴史動向に関する大要集成』＝Ibn al-Sā'ī, *al-Mukhtaṣar fī 'Unwān al-Tawārīkh wa 'Uyūn al-Siyar*, vol. 9, ed. Muṣṭafā Jawwād, Baghdad, 1934
イブン・サイード・アル＝マグリビー『緯度・経度による大地の広がりの書（地理書）』＝Ibn Sa'īd al-Maghribī, *Kitāb Basṭ fī al-Ṭūl wa'l-'Arḍ*（*Kitāb al-Jughrāfīya*）, ed. Ismā'īl al-'Arabī, Beirut, 1970
イブン・ジュバイル『メッカ巡礼記』＝Ibn Jubayr, *Riḥlat Abī al-Ḥusayn Muḥammad b. Aḥmad b. Jubayr*（*Tadhkirat bi'l-Akhbār 'an Ittifāqāt al-Asfār*）, *The Travel of Ibn Jubayr*, ed. W. Wright, London, 1907；イブン・ジュバイル『メッカ巡礼記』家島彦一訳注，平凡社，全3巻，2016/01, 03, 05
イブン・アッ＝ダイバゥ『ザビード誌（ザビードの町の情報に関する有益なる望み）』＝Ibn al-Dayba', *Bughyat al-Mustafīd fī Akhbār Madīnat Zabīd*, MS. Bibliothèque Nationale, Paris, MS. Arabe no. 6069
イブン・アッ＝ダイバゥ『イエメン・ターヒル朝史（幸運のイエメン情報に関する眼の慰めの書）』＝Ibn al-Dayba', *Kitāb Qurrat al-'Uyūn fī Akhbār al-Yaman al-Maymūn*, ed. M. 'Alī al-Akwa', Cairo, 2 vols.,

引用文献一覧

本書の執筆にあたって参照した文献は多いが，ここに収録したのは，本文中に直接・間接に引用した史料，研究書および論文に限った。「あとがき」でもふれているように，本書の各章は筆者がこれまでに雑誌や著書の一部に発表した論稿をもとにしているので，さらに詳しい参考文献や引用史料の出典個所については，それらオリジナル論稿に付された注記を参照されたい。

アブー・ザイド・アル＝ハサン⇨スライマーン，アブー・ザイド『中国とインドの諸情報』

アブー・マフラマ『アデン港の歴史』＝Abū Makhramah, *Ta'rīkh Thaghr 'Adan* (*Arabische Texte zur Kenntnis der Stadt Aden im Mittelalter*), ed. O. Löfgren, 3 vols., Leiden, 1936, 1950

アブー・マフラマ『時代の名士たちの死去に関する胸飾り』＝Abū Makhramah, *Qilādat al-Naḥr fī Wafāyāt A'yān al-Dahr*, MS. Leiden Library, no. Or. 2598

アブド・アル＝カーディル『ジッダ史』＝'Abd al-Qādir b. Aḥmad Faraj, *al-Silāḥ wa'l-'Udda fī Ta'rīkh Bandar Judda*, ed. M. 'Īsā Ṣāliḥiya, Beirut, 1983

アブド・アッ＝ラッザーク＝'Abd al-Razzāq al-Samarqandī, *Maṭla' Sa'dayn wa Majma' Baḥrayn*, ed. 'Abd al-Ḥusayn, Tehran, 1353; R. H. Major, *India in the Fifteenth Century*, London, 1857

アベ・カレ＝Abbé Carré, *The Abbé Carré in India and the Near East, 1672 to 1674*, trans. by Lady Fawcett, 3 vols., Hakluyt Society, 2nd ser. vols. 95-97, London, 1948

『アラビア地理叢書』＝ed. M. J. de Goeje, *Bibliotheca Geographorum Arabicorum* (*B. G. A.*)

『イエメン・ラスール朝年代記』＝Anonymous, *Ta'rīkh al-Dawlat al-Rasūlīya fī al-Yaman*, ed. & notes H. Yajima, Tokyo, 1977

イスタフリー『諸国の道程の書』＝Abū Isḥāq al-Fārisī al-Iṣṭakhrī,

り

る

れ

ろ

わ

や

ゆ

ら

も

Nāṣir ⇨アン＝ナースィル
マリク・ライハーン（スルタン） al-Sulṭān Malik Rayhān 482
マルコ・ポーロ Marco Polo 19, 30, 61, 211, 218, 510, 519, 530-1
マルズーム（シャイフ） al-Shaykh Marzūm 561, 566
マルヤム（イブラーヒーム・イスカンダルの母親） Maryam umm al-Sulṭān Ibrāhīm 389, 398
マレモ・カナカ Malemo Canaqua/Malemo Cana 355-6
マンジュー al-Manjū/al-Manjawīyūn 184-5
マンスール（アッバース朝カリフ） al-Manṣūr 79
マンスール・ウマル1世〔アル＝マリク・アル＝マンスール・ウマル〕（スルタン） al-Malik al-Manṣūr Nūr al-Dīn 'Umar I 168, 259
アル＝マンスール・フサイン（ハサン，キルワ王国スルタン） al-Manṣūr Ḥusayn 290, 304-5

む

ムアイヤドII（ラスール朝スルタン） al-Malik al-Mu'ayyad II 291, 293, 295-9, 303, 309
ムイッズ・ウッ＝ディーン・サンジャル Mu'izz al-Dīn Sanjar 202
アル＝ムイーン・アブー・アル＝フトゥーフ・アブド・アル＝ワーヒド al-Mu'īn Abū al-Futūḥ 'Abd al-Wāḥid 203
アル＝ムゥタミド・ラディー・ウッ＝ディーン・アリー・ブン・ムハンマド・アッ＝ティクリーティー al-Mu'tamid Raḍī al-Dīn 'Alī b. Muḥammad al-Tikrītī 165
ムカッダスィー（地理学者） al-Muqaddasī 143-4, 167, 179-80, 191, 224, 252, 505
アル＝ムカッラム・アフマド al-Mukarram Aḥmad b. 'Alī 239
ムクタディル（アッバース朝カリフ） al-Muqtadir 143
ムーサー・ブン・イスハーク（商人） Mūsā b. Isḥāq 122
ムーサー・ブン・ラーマシュト Mūsā b. Rāmasht 232, 247
ムザッファル〔アル＝マリク・アル＝ムザッファル〕（ラスール朝スルタン） al-Malik al-Muẓaffar Shams al-Dīn Yūsuf I 261, 466-8
ムザッファル（ラスール朝スルタン）al-Malik al-Muẓaffar Yūsuf III

92-3, 107, 112, 121-2, 131-2, 454, 505, 517, 522, 570
フスロー1世　Khusrau I　25
フダイル（キルワ王）　al-Fuḍayl b. Sulaymān　357
フード（預言者）　Hūd　471
プトレマイオス　Claudius Ptolemaeus　414
M・E・プリケット　M. E. Prickett　131
J・L・ブルクハルト　J. L. Burckhardt　391
ブルハーン・ニザーム・シャー（スルタン）　al-Sulṭān　Burhān　Niẓām Shāh　477

へ

ベンヤミン　Benjamin de Tudela　220

ほ

蒲囉辛　249-50
法顕　63, 71
保那盍　⇨アル＝バルヒー（バルヒー）
M・ホートン　Mark Horton　404
J・ホーネル　J. Hornell　525
D・ホワイトハウス　D. Whitehouse　126, 140
W・ホワイトリー　Wilfred Whiteley　431

ま

マァムーン（カリフ）　al-Ma'mūn　137
マイヤース家　Āl Mayyās　179-80
前嶋信次　379, 597
牧田茂　565
マクリーズィー（歴史家）　al-Maqrīzī　268, 270, 272, 275, 283, 341-3, 345, 348
マスウーディー　al-Mas'ūdī　75, 83, 97-8, 100, 104, 107, 112, 122, 149, 230, 420, 509
マスウード〔アブー・アル＝カースィム・ブン・イスマーイール・ブ

ひ

ふ

に

ぬ

の

は

ち

て

と

な

Shrī Vābanadīta Mahā Radun　380

す

スィラージュ・ウッ＝ディーン・イブン・イブラーヒーム　Sirāj al-Dīn b. Ibrāhīm　210
J・ストランデス　Justus Strandes　430, 439
スフヤーン〔アリー・ブン・スフヤーン〕(シャリーフ)　al-Sharīf Sufyān ʻAlī　291-2, 299, 308
L・T・スミー　L. T. Smee　441
スライマーン（商人）　Sulaymān al-Tājir　29, 75, 78, 85, 89-91, 104-6, 112, 123, 141, 509
スライマーン（ルッバーン）　Rubbān Sulaymān　386-8
スライマーン・アル＝マフリー　Sulaymān al-Mahrī　19, 61, 431-2, 435
スライマーン・ブン・サイード（キルワ王国スルタン）　al-Sulṭān Sulaymān b. Saʻīd　291, 304, 306
スルターン＝アブー・アル＝バラカート・アル＝ハーリス・ハザーラスブス　Sulṭān Abū al-Barakāt al-Ḥāraith Hazārāsb b. Jamshīd　167-8
スルターン＝シャー・ブン・ジャムシード・ブン・アスアド・ブン・カイサル　Sulṭān Shāh b. Jamshīd b. Asʻad b. Qayṣar　160-1, 164, 166, 168-9
スルール（シャイフ）　al-Shaykh Surūr　296-7, 302, 306, 309

せ

聖アンドレー　St. André　577
靖宗　106
聖トマス　St. Thomas　372
セリーム２世　Selim II　358
宣徳帝　315, 336, 365

た

ダーウード・ブン・スライマーン（キルワ王，貿易の王）　al-Sulṭān Dāʼūd b. Sulaymān　422

し

サイード・イブン・アブド・アッ＝ラフマーン・バー・バキー　Sa'īd b. 'Abd al-Raḥmān Bā Baqī　481
サイード・ブン・フサイン（キルワ王国スルタン）　Sa'īd b. Ḥusayn（Ḥasan）　290, 304–5, 310
サイフ・ウッ＝ディーン・スンカル（アミール）　Amīr Sayf al-Dīn Sunqar　280–1
サイフ・ウッ＝ディーン・マハール・ブン・フィールーズ・シャー（ホルムズ王）　Sayf al-Dīn Mahār b. Fīrūz Shāh　351–2
サイヤール家　Āl Sayyār　179–80
ザイン・ブン・ウマル・アブド・アッ＝ラフマーン・アラウィー　Zayn b. 'Umar 'Abd al-Raḥmān　481
ザイン・ウッ＝ディーン・シュクル・アル＝アダニー（アミール）　Amīr Zayn al-Dīn Shukr al-'Adanī　277
サガル　Saghar/Sagara　546
R・B・サージェント　R. B. Serjeant　468
サバー（ナーホダー）　Nākhodā Sabā'　121
サバー・ブン・アビー・アッ＝スウード（アブー・アッ＝スウードの息子，ダーイー）　Sabā' b. Abī al-Su'ūd（al-Dā'ī, Banū 'Abbās）　169, 171, 241
サハーウィー（マムルーク朝伝記史家）　al-Sakhāwī　298, 308–9, 352, 471
アッ＝ザーヒル・ブン・アル＝マンスール　al-Zāhir b. al-Manṣūr Ayyūb　⇨アル＝マリク・アッ＝ザーヒル・ヤフヤー
サファル・アッ＝ルーミー　Safar al-Rūmī　437
サマド・ブン・ジャアファル　Samad b. Ja'far　149
サムアーニー　Abū Sa'd al-Sam'ānī　248
サラディン　⇨サラーフ・ウッ＝ディーン
サラーフ・ウッ＝ディーン〔サラディン〕（スルタン）　al-Malik al-Nāṣir Ṣalāḥ al-Dīn　172, 256–7, 259
サーリム・ブン・イドリース　Sālim b. Idrīs　468
サルハーン（ダッラール）　al-Dallāl Sarhān al-Miṣrī　388
サワーミリー　al-Sawāmilī　195, 201–2, 209

け

こ

さ

う

え

お

い

アブド・アル＝カーディル　'Abd al-Qādir b. Aḥmad　565
アブド・アル＝カーディル・ブン・シャイフ　'Abd al-Qādir b. Shaykh b. 'Abd Allāh　477
アブド・アル＝マンアム・ムーサー・アッ＝ダジャーシー（ハティーブ）　al-Khaṭīb 'Abd al-Man'am Mūsā al-Dajāshī　296
アブド・アル＝ムジード　'Abd al-Mujīd　474
アブド・アル＝ラッザーク　'Abd al-Razzāq al-Samarqandī　351
アブド・ル＝ラフマーン・イブン・ウカイル　'Abd al-Raḥmān b. 'Uqayr　481
アブド・アル＝ワッハーブ　'Abd al-Wahhāb　474
アフマド（ジャアファルの子）　Aḥmad b. Ja'far　149
アフマド・ブン・アビー・バクル・ブン・サーリム　Aḥmad b. Abī Bakr b. Sālim　427, 480
アフマド・ブン・ギヤース　Aḥmad b. Ghiyāth　229
アフマド・ブン・ジャアファル　Aḥmad b. Ja'far　149
アフマド・ブン・シャイフ・アル＝アイダルース　Aḥmad b. Shaykh al-'Aydarūs　480
アフマド・ブン・マージド　Aḥmad Ibn Mājid　⇨イブン・マージド
アフマド・ブン・ムハンマド・バー・ジャービル　Aḥmad b. Muḥammad Bā Jābir　481
アベ・カレ　Abbé Carré　549
アーミドの子（キーシュの支配者）　Ibn 'Āmid　234
アーミル・ブン・ターヒル（アリー・ブン・ターヒルの弟，スルタン）　al-Sulṭān 'Āmir b. Ṭāhir　292, 294, 296-7, 300, 308-9, 469
アミール・カイシュ　Amīr Kaysh　192
アミル・セイファディン・アベン・アザル〔アミール＝サイフ・ウッ＝ディーン・アバー・ナダル〕　Amir Seyfadin Aben Azar〔Amīr Sayf al-Dīn Abā Naḍar〕　200
アラウィー〔バー・アラウィー・サイイド〕（聖家族）　Bā 'Alawī Sayyid　473, 475-6, 483
アラウィー・イブン・ウマル・ブン・ウカイル　'Alawī b. 'Umar b. 'Uqayl　482

人名索引

あ

アイダルース・ブン・アブド・アッ＝ラフマーン（サイイド） al-Sayyid ʻAydarūs b. ʻAbd al-Raḥmān 476
アイダルース家（アール・アイダルース） Āl ʻAydarūs 473, 475-7
アイディード家（アール・アイディード） Āl ʻAydīd 474
アシュラフ・イスマーイール３世（ラスール朝スルタン） al-Malik al-Ashraf Ismāʻīl III 293
アシュラフ・サイフ・ウッ＝ディーン・バルスバイ al-Ashraf Sayf al-Dīn Barsbay ⇨バルスバイ
アスアド・ブン・カイサル Asʻad b. Qayṣar 160, 164
アッバース・ブン・マーハーン（サイムールのフナルマン） ʻAbbās b. Māhān 121
アドゥド・アッ＝ダウラ（スルタン） ʻAdud al-Dawla, Būyid 143
アブー・アル＝アッバース（シャリーフ） al-Sharīf Abū al-ʻAbbās 296
アブー・アブド・ル＝アッラー・イブン・アリー（サイイド） al-Sayyid Abū ʻAbd Allāh b. ʻAlī 482
アブー・アブド・ル＝アッラー・ムハンマド・アブド・ル＝アッラー・イドリースィー Abū ʻAbd Allāh Muḥammad ʻAbd Allāh b. Idrīs ⇨イドリースィー
アブー・アブド・アッラー・ムハンマド・ブン・バーブシャード（ナーホダー） Abū ʻAbd Allāh b. Muḥammad b. Bābshād 132
アブー・イスハーク・アル＝カーザルーニー（シャイフ） al-Shaykh Abū Isḥāq al-Kāzarūnī 562
アブー・アル＝カースィム Abū al-Qāsim 192-3
アブー・アル＝カースィム（カイス・アミール） Abū al-Qāsim 156
アブー・アル＝カースィム（ラーマシュト，アッ＝シャイフ） al-Shaykh Abū al-Qāsim Rāmasht ⇨ラーマシュト

島
マンダブ　al-Mandab　⇨バーバル・マンデブ海峡
マーンドヴィー　Mandvi　35, 37-9, 555, 598
マントータ　Mantota　⇨マンタイ
マントッタム　Manttotam　⇨マンタイ
マンナール（地区，島，半島）Mannar　93, 131
マンナール（湾）Gulf of Mannar　93, 113, 131-2, 198, 539, 566
マンバサー　Manbasā　⇨モンバサ
マンファサ　Manfasa　⇨モンバサ

み

ミシュカース　Mishqāṣ　433, 437
ミスル　Miṣr　⇨フスタート
緑のイエメン　al-Yaman al-Akhḍar　455, 458, 463
ミーナブ　Mīnab　84, 231
ミニキョイ（環礁）Minikyoi/Minicoy　⇨マリク環礁
ミフラーン（川）〔彌蘭大海〕Nahr Mihrān　⇨インダス川
ミュオス・ホルモス　Myos Hormos　260, 460
ミリンディー　Milindī　⇨マリンディ
ミルバート〔麻羅抜〕Mirbāṭ　139, 147, 154, 162, 183-4, 194, 205, 260-1, 274, 458, 463, 466-7, 472-3, 481, 494, 497, 505, 515
ミンダナオ（島）Mindanao Is.　60

む

ムゥジャリーン　al-Mu'jalīn　563
ムカッラー　al-Mukallā'　37, 39, 234-6, 289, 456, 463, 494, 597
ムガディシュー〔マガドクソ，マクダシュー，マクディシュー，木骨都束〕Mugadishū/Muqadishū　164, 205, 310, 318, 328, 331, 411, 417, 422, 424-5, 427, 430-1, 433, 438, 469, 472, 480, 527
ムカンダ（海峡）Mkanda　126
ムカンバルー　Mkanbalū　431
ムーザ　Muza　461
ムージャ〔蒙舍，アル＝ムーシャ，アル＝ムージャ，南詔国〕al-Mūja/al-Mūsha　103-4
ムージリス　Muziris　372, 461
ムタナッビー　Mtanabbī　431
ムハー〔モカ〕al-Mukhā'　163, 177, 182, 262, 274, 278, 281, 307, 309, 347-8, 382-4, 386, 388-9, 393-4, 399, 428, 458, 472, 475, 481, 483

ほ

ま

へ

ふ

ひ

せ

そ

す

し

さ

く

き

う

え

お

か

い

地名索引

本書は一九九三年に朝日新聞社から刊行された『海が創る文明
――インド洋海域世界の歴史』を改題し、文庫化したものである。

増補 中国「反日」の源流　岡本隆司

「愛国」が「反日」と結びつく中国。この心情は何に由来するのか。近代史の大家が20世紀の日中関係を解き、中国の論理を描き切る。（五百旗頭薫）

世界システム論講義　川北稔

近代の世界史を有機的な展開過程として捉える見方、それが〈世界システム論〉にほかならない。第一人者が豊富なトピックとともにこの理論を解説する。

インド文化入門　辛島昇

異なる宗教・言語・文化が多様なまま統一された稀有な国インド。なぜ多様性は排除されなかったのか。共存の思想をインドの歴史に学ぶ。（竹中千春）

中国の歴史　岸本美緒

中国とは何か。独特の道筋をたどった中国社会の変遷を、東アジアとの関係に留意して解説。初期王朝から現代に至る通史を簡明かつダイナミックに描く。

大都会の誕生　喜安朗／川北稔

都市型の生活様式は、歴史的にどのように形成されてきたのか。この魅力的な問いに、碩学がふたつの都市の豊富な事例をふまえて重層的に描写する。

共産主義黒書〈ソ連篇〉　ステファヌ・クルトワ／ニコラ・ヴェルト　外川継男訳

史上初の共産主義国家〈ソ連〉は、大量殺人・テロル・強制収容所を統治形態にまで高めた。レーニン以来行われてきた犯罪を赤裸々に暴いた衝撃の書。

共産主義黒書〈アジア篇〉　ステファヌ・クルトワ／ジャン＝ルイ・マルゴラン　高橋武智訳

アジアの共産主義国家は抑圧政策においてソ連以上の悲惨を生んだ。中国、北朝鮮、カンボジアなどでの実態は我々に歴史の重さを突き付けてやまない。

ヨーロッパの帝国主義　アルフレッド・W・クロスビー　佐々木昭夫訳

15世紀末の新大陸発見以降、ヨーロッパ人はなぜ次々と植民地を獲得できたのか。病気や動植物に着目して帝国主義の謎を解き明かす。（川北稔）

民のモラル　近藤和彦

統治者といえど時代の約束事に従わざるをえなかった18世紀イギリス。新聞記事や裁判記録、ホーガースの風刺画などから騒擾と制裁の歴史をひもとく。

アラブが見た十字軍
アミン・マアルーフ
牟田口義郎／新川雅子訳

十字軍とはアラブにとって何だったのか？ 豊富な史料を渉猟し、激動の12、13世紀をあざやかに、しかも手際よくまとめた反十字軍史。

バクトリア王国の興亡
前田耕作

ゾロアスター教が生まれ、のちにヘレニズムが開花したバクトリア。様々な民族・宗教が交わるこの地に栄えた王国の歴史を描く唯一無二の概説書。

ディスコルシ
ニッコロ・マキァヴェッリ
永井三明訳

ローマ帝国はなぜあれほどまでに繁栄しえたのか。その鍵は〝ヴィルトゥ〟。パワー・ポリティクスの教祖が、したたかに歴史を解読する。

戦争の技術
ニッコロ・マキァヴェッリ
服部文彦訳

出版されるや否や各国語に翻訳された最強にして安全な軍隊の作り方。この理念により創設された新生フィレンツェ軍は一五〇九年、ピサを奪回する。

マクニール世界史講義
ウィリアム・H・マクニール
北川知子訳

ベストセラー『世界史』の著者が人類の歴史を読み解くための三つの視点を易しく語る白熱の入門講義。本物の歴史感覚を学べます。文庫オリジナル。

古代ローマ旅行ガイド
フィリップ・マティザック
安原和見訳

タイムスリップして古代ローマを訪れるなら？ そんな想定で作られた前代未聞のトラベル・ガイド。必見の名所・娯楽ほか情報満載。カラー頁多数。

古代アテネ旅行ガイド
フィリップ・マティザック
安原和見訳

古代ギリシャに旅行できるなら何を観て何を食べる？ そうだソクラテスにも会ってみよう！ 神殿等の名所・娯楽ほか現地情報満載。カラー図版多数。

古代ローマ帝国軍 非公式マニュアル
フィリップ・マティザック
安原和見訳

帝国は諸君を必要としている！ ローマ軍兵士として必要な武器、戦闘訓練、敵の攻略法等々、超実践的な詳細ガイド。血沸き肉躍るカラー図版多数。

世界市場の形成
松井透

世界システム論のウォーラーステイン、グローバルヒストリーのポメランツに先んじて、各世界が接続される過程を描いた歴史的名著を文庫化。（秋田茂）

ちくま学芸文庫

インド洋海域世界《ようかいいきせかい》の歴史《れきし》
人《ひと》の移動《いどう》と交流《こうりゅう》のクロス・ロード

二〇二一年九月十日　第一刷発行

著　者　家島彦一（やじま・ひこいち）
発行者　喜入冬子
発行所　株式会社　筑摩書房
東京都台東区蔵前二―五―三　〒一一一―八七五五
電話番号　〇三―五六八七―二六〇一（代表）
装幀者　安野光雅
印刷所　株式会社精興社
製本所　加藤製本株式会社

ISBN978-4-480-51069-3 C0122